언어와 명예:
명예훼손의 언어, 법, 그리고 문화

언어와 명예: 명예훼손의 언어, 법, 그리고 문화

발행	2024년 10월 27일
지은이	이성범
발행인	윤상문
편집인	이은혜, 이대순
디자인	박진경, 표소영
발행처	킹덤북스
등록	제2009-29호(2009년 10월 19일)
주소	경기도 용인시 기흥구 동백동 622-2
문의	전화 031-275-0196 팩스 031-275-0296

ISBN 979-11-5886-321-0 93000

Copyright ⓒ 2024 이성범
이 책은 저작권법에 따라 보호받는 저작물이므로 무단전재와 복제를 금지하며,
이 책의 내용의 전부 또는 일부를 이용하려면 반드시 저작권자와 킹덤북스의
서면 동의를 받아야 합니다.

표지 사진: Paul Morse의 Oval Office from above.jpg
출처: https://commons.wikimedia.org/

※ 잘못된 책은 구입한 곳에서 교환하여 드립니다.
※ 책 가격은 표지 뒷면에 있습니다.

이 저서는 2017년 정부(교육부)의 재원으로 한국연구재단의 지원을 받아 수행된 연구임 (NRF-2017S1A6A4A01022563)

킹덤북스(Kingdom Books)는 문서 사역을 통해 하나님의 나라를 확장하고, 한국 교회와 세계 교회를 섬기고자 설립된 출판사입니다.

언어와 명예

명예훼손의 언어, 법, 그리고 문화

이성범 지음

킹덤북스

서문

　이제는 벌써 오래 전 옛 이야기처럼 들리지만 지난 수년 간 우리 삶을 옥죄던 코로나19는 바이러스가 변이에 변이를 거듭하며 팬데믹에서 엔데믹으로 바뀌어가고 있지만 이 암울한 고난의 시기를 겪으면서 지치고 무뎌진 사람들의 마음은 아직 새로운 희망을 품기에는 너무나 피폐해져 있다. 과학자와 의료진, 전문가들과 자원봉사자들의 유례없는 헌신과 희생 덕분에 육체적인 질병은 극복해 가고 있지만 개인들마다 응어리처럼 남은 정신적인 공허함은 누구도 채워줄 수 없고 쉽게 치유되지 않을 것이다. 전대미문의 바이러스에 굴복하지 않고 이겨낸 자들은 우리의 몸이 살아남은 것처럼 우리의 마음도 소생해야 완전히 회복한 것이라고 할 수 있는데 그렇기 위해서는 우리 각자가 자신을 긍정적으로 바라보며 서로를 위로하고 마음을 어루만져주는 따뜻한 말과 격려의 소통이 필요하다. 그런데 유감스럽게도 시대적 상황은 여전히 '누구나 제대로 된 의미있는 대화를 원하지만 현실적으로 제대로 된 의미있는 소통은 볼 수 없는' 이른바 "소통의 아이러니" 속에서(이성범 2019: 413) 한 치도 벗어나지 못하고 있고 오히려 시간이 갈수록 더 깊은 절망의 수렁으로 빠져들고 있는 느낌이다. 이 점은 30년 넘게 언어와 소통을 생각해 온 본 연구자에게조차 당혹스럽고 풀기 어려운 아포리아가 아닐 수 없다.

물론 어려운 문제이겠지만 그렇기 때문에 더욱 학문적으로 가치있는 도전이 될 수 있는 "소통의 아이러니"를 풀기 위한 첫걸음은 사회 구성원들 사이의 조화 관계에 대한 공동의 인식과 이를 구현하기 위한 언어 행위 방식에 대한 이해에서 시작해야 한다고 생각한다. 이런 이해는 언어 공동체를 구성하고 있는 우리 각자가 실천할 수 있는 아주 작은 것부터 돌봄으로써 비로소 가능해지는데 그 작은 것이란 바로 자신의 언어 사용에 대한 깊은 성찰이다. 2011년 5월 19일 한국일보의 임철순 주필은 〈이 분노의 공화국〉이라는 제목의 칼럼에서 "지금 우리 사회에 대해서는 '만인의 만인에 대한 분노'라는 말이 가능할 것 같다."는 절망적인 선언을 한 바 있다. 또한 2017년 11월『혐오의 시대』라는 단행본에서 저자들은 "현재 사회에 혐오 문화가 유행처럼 번지고 있다"고 진단하였다.

이처럼 우리가 살고 있는 사회는 "분노의 공화국"이라고 불리기도 했고, 우리의 인생이 지나가고 있는 이 시기는 "혐오의 시대"라고 불리기도 하는데, 이제는 분노와 혐오가 그 거칠고 투박한 외형을 갈아입고, 보다 세련되지만 더 독성이 강한 사회적 분쟁과 법적 다툼으로 비화되어 명실공히 "명예훼손의 전성기"라고 할 수 있을 정도로 우리 주위에서 명예훼손 행위가 빈발하고 있다. 경찰청 통계에 따르면 2021년 명예훼손과 관련하여 경찰이 수사한 사건이 3만 건을 넘는다고 하니, 거의 하루에 100건에 가까운데 실제로 경찰 수사까지 가지 않고 끝난 경우를 포함하면 그 숫자는 훨씬 더 많을 것이다. 한때 동방예의지국에서 이처럼 명예훼손 행위가 증가하게 된 것은 한편으로는 개인들이 사회적 평판으로서의 자신들의 외적 명예와 인간적 가치로서의 내적 명예에 대한 인격권의 의식이 고양된 데에서 그 이유를 찾을 수 있고, 다른 한편으로는 각종 모바일 기기와 온라인 통신 수단의 광범위한 보급과 사용으로 인해 사회적 소통이 폭증한 데에서도 또 다른 이유를 찾을 수 있을 것이다. 이 두 가지 현상은 앞으로도 계속 유지되거나 확대될 것으로 보이므로 우리 주변에서의 명예훼손은 줄어들기보다는 늘어날 가능성이 매우 높다.

이런 시대적 배경은 우리로 하여금 명예훼손의 실체를 한층 더 정확히 그리고 심도있게 파악할 것을 명령하고 있다. 그동안 명예훼손은 주로 법적인 측면에서 다루어져 왔는데 명예훼손의 근본은 공격적 언어를 사용하는 사회적 언어 행위로서 언어의 사용을 다루는 화용론의 연구 대상이며 동시에 이런 언어 행위가 일어나는 문화적 요소들과의 관련성을 세심하게 살펴보아야 할 통합적인 연구 주제이다. 이에 이 책에서는 명예훼손의 세 가지 차원이라고 할 수 있는 언어와 법, 그리고 문화의 각 차원에서 주요 연구 주제를 선정해서 기술하고 이 세 차원을 통합하는 접근법을 제시하려고 하였다. 이 책을 읽으시는 독자 중에는 명예훼손의 언어적 차원에 더 관심이 있는 분들도 있을 것이고 법이나 문화적 차원에 더 흥미를 느끼는 분들도 있을 것이다. 명예훼손 현상과 관련된 자료를 수집하고 각종 문헌들을 살펴보면 볼수록 이 주제는 어느 한 학문 분야의 고립된 연구만으로는 제대로 다루기에는 부족하며 인접 학문들끼리의 통합적 접근이 필수불가결하다는 것을 절감할 수 있었다. 다만 언어와 법, 문화라는 이 엄청난 괴물들을 노련한 사육사처럼 자유자재로 다루고 길들이기에는 본 연구자의 역량이 제한되어 있다는 점 역시 절감하게 된다. 바라기는 동학 및 후학 제현들께서 이 작은 책을 읽고 명예훼손이라는 우리 소통의 바이러스와 같은 문제에 대해 실체를 정확히 파악하는 데 도움이 되어 새로운 흥미를 느끼고 소통의 아이러니를 극복하고자 계속 도전할 의욕을 갖게 된다면 본 연구자의 몫은 다한 것으로 감사하며 명예롭게 생각하고자 한다. 이 책을 출간하는 데 있어 너무나 어려운 작업을 흔쾌히 맡아 훌륭히 완수해낸 킹덤북스(Kingdom Books) 윤상문 사장님과 편집진들께 깊은 감사의 말씀을 드리며 지원을 아끼지 않은 한국연구재단과 지난 34년간의 강단 생활을 명예롭게 마칠 수 있게 해준 제자들과 사랑하는 가족들에게도 감사의 뜻을 표한다. 이 책은 못난 아들을 "자신의 눈동자처럼 사랑"하시던 어머니 영전에 바치고자 한다.

牛眠寓居에서 이성범 씀

이 책을
사랑하는 어머니 영전에
바칩니다.

CONTENTS

서문
4

1. 명예훼손이란?
13

- **1.1.** 현황···14
- **1.2.** 명예훼손의 사전적 정의···17
- **1.3.** 명예훼손과 언어···23
- **1.4.** 명예훼손과 법 규범···30
- **1.5.** 명예훼손의 소통 구조···45
- **1.6.** 명예훼손과 문화···47
- **1.7.** 통합적 접근···54
- **1.8.** 명예훼손의 동기와 성격···57
- 명예훼손의 Q&A···69

2. 언어적 차원
113

- **2.1.** 명예훼손 발화의 어휘적 측면···115
- **2.2.** 어휘의 감정 규준···135
- **2.3.** 분노···142
- **2.4.** 대화의 원리···193
- **2.5.** 비대칭적 소통: 갑과 을···220
- **2.6.** 전략적 의사소통···225
- **2.7.** 다문화 맥락에서의 대화···232

3. 법적 차원
245

- **3.1.** 법체계와 법 규정···250
- **3.2.** 명예훼손 법 조항···257
- **3.3.** 주요 쟁점···272
- **3.4.** 익명성···290
- **3.5.** 공인과 공익···297

3.6. 사실성···314

3.7. 유포 경로···330

3.8. 피해자의 지각과 대응···337

3.9. 보통 언어 운동···372

4.
문화적 차원
383

4.1. 법과 법 감정···387

4.2. 사회적 갈등과 명예훼손···395

4.3. 조화 관계 이론···427

4.4. 감정 표출과 문화···439

4.5. 문화와 화용론···450

4.6. 공감과 배려···478

4.7. 명예훼손의 언어와 법과 문화···484

참고 문헌
495

부록
519

부록 1. 명예훼손성 발화의 지각과 대응에 관한 설문 조사

부록 2. 영어 설문 조사

부록 3. 중국어 설문 조사

부록 4. 참고한 명예훼손 관련 자료 목록

색인
533

1.
명예훼손이란?

1. 명예훼손이란?

1.1. 현황

현재 우리 사회는 명예훼손 행위를 둘러싼 갈등과 논쟁이 날로 증가하고 있다. 대검찰청에서 발간한 『2020 범죄 분석』에 따르면 주요 범죄 중 재산 범죄는 2007년부터 2013년까지는 꾸준히 증가하다가 2014년부터 감소 추세를 보이고 있고, 강력범죄(흉악) 역시 2007년부터 2015년까지는 증가하다가 2016년부터 감소 추세로 돌아섰다. 반면에 명예훼손으로 기소된 사건은 형사상의 명예훼손과 민사상의 명예훼손을 모두 합할 경우 2006년에는 2,583건이었던 것에서 2011년에는 7,094건으로 늘어났고 2017년에는 10,000건을 넘었으며, 2020년에는 사이버명예훼손만으로도 13,352건을 기록했고, 2021년에는 경찰청에 총 30,814건의 명예훼손 관련 사건이 기록되었는데 앞으로도 꾸준히 증가세를 이어갈 것으로 예상된다.

특히 이 중에서도 언론 보도에 의한 명예훼손과 정보통신망법에 의한 온라인 명예훼손 사건이 큰 폭으로 증가하고 있다. 다만 명예훼손의 특성상 법적 소송으로 가기 전에 당사자들끼리 합의에 이르러 해결하는 경우가 많기 때문에 우리 주위에서 벌어지는 명예훼손의 다툼은 해당 기관이 발표하는 통계 수치를 훨씬 상회할 것으로 생각된다. 명예훼손 중에서 신문이나 방송의 보도에 의한 명예훼손을 중재하는 역할을 하는 언론중재위원회의 자료에 따르면 언론 보도로 인해 자신의 명예가 훼손당했다고 언론중재위원회에 피해 상담을 한 건수가 2004년에는 1,816건이었다가 꾸준히 증가하여 2015년에는 2,546건, 2017년에는 2,965건을 기록했다고 한다(언론중재위원회 정보자료실 https://www.pac.or.kr/kor/pages/?p=69&b=B_1_6&cate=PD01).

개인뿐 아니라 국가 기관에 의한 언론사 또는 언론인의 명예훼손 소송도 늘어가는 추세인데 2023년 12월 미국의 소리(VOA)는 한국에서의 언론 자유가 위축되고 있다는 제목 아래 정부나 여당의 명예훼손 제기가 증가하고 있음을 보도했다. 즉 이명박 정부하에서는 7건, 박근혜 정부하에서는 8건, 문재인 정부하에서는 5년간 4건이었는데 비해 윤석열 대통령 취임 후 18개월 동안 이미 11건의 명예훼손 소송이 언론을 상대로 제기되었다는 것이다. 이에 용산대통령실에서는 가짜 뉴스의 증가 등을 이유로 내세우지만 VOA는 "한국은 일견 자유롭지만 혼탁하고 분열적인 언론 환경을 가진 나라"라고 평하였다. 이처럼 우리 주위에서 명예훼손이 날로 늘어나는 것은 다음 장에서도 보겠지만, 한편으로는 개인의 인격권으로서 명예에 대한 의식이 높아지면서 이에 대한 사회적, 사법적 판단과 보호를 원하는 경우가 증가한 것과 아울러 정보 통신 기술의 발달로 인한 인터넷과 휴대폰 및 SNS 등의 보급과 사용이 널리 확산되면서 명예훼손을 야기할 만한 정보의 공개와 교류가 증가했기 때문으로 보인다.

 명예훼손의 사례와 판례를 조사해 보면 명예훼손 행위는 국가와 민족을 막론하고 모두 언어와 법, 문화의 세 가지 차원이 공존하는 것을 알 수 있다. 즉 명예훼손은 말과 무관하게 행동으로도 일어날 수 있지만 거의 대부분은 문서나 구두로 표현되는 언어에 의해 발생하며 이는 피해자의 사회적 평판을 저해시킬 수 있으므로 법적 판단의 대상이 되는 동시에 이와 부수적으로 가해자의 표현의 자유, 언론의 자유 문제가 얽히게 된다. 또한 명예훼손은 사회적으로 지킬 만한 가치를 비하하거나 폄훼하는 것으로 그러한 가치는 그 사회 구성원들이 공유하는 문화에서 비롯되는 것으로 문화가 다르면 가치 체계도 다를 수 있고 그에 따른 발화의 명예훼손성 여부도 달라질 수 있다. 때에 따라서는 아무리 신랄한 인신공격성 발화와 분노의 표출도 공공의 이익을 위해서라면 명예훼손죄의 조각 사유(阻却 事由, justification)가 되기도 하는데 이때 공공의 이익은 단순히 법으로 재단할 문제가 아닌 문화적 차원의 문제이다. 즉 언어와 법, 문화 이 세 차원은 명예훼손을 제대로 이해하기 위해 어느 하나도 빠짐없이 면밀하게 검토되어야 한다. 그럼에도 불구하고 한국에서 명예훼손에 관한 논의는 주로 사법부에서 법관이 양심과 법률에 의해 내린 판례를 중심으로 이루어지고 가장 기본을 이루는 언어 행위로서 명예훼손 발화 행위에 대한 언어학적 검토는 배제되어 온 것이 사실이다. 또한 다문화와 국제화 시대를 맞이하여 다른 언어를 사용하는 사람들끼리 문화 간 소통(intercultural communication)이 늘어나고 있고 실제로 문화에 대한 이해가 부족하여 적지 않은 마찰과 갈등이 일어나기도 한다. 특히 개인이 아니라 특정 집단 간 명예훼손은 자칫하면 법적 분쟁으로 이어지기 쉬운 부분이기 때문에 해당 언어와 법이 사용되는 사회나 국가의 문화적 특성을 이해할 필요가 있다. 이런 관점에서 본 저술은 명예훼손을 언어와 법, 문화의 세 가지 차원으로 나누어 접근하고 그 결과를 통합하려는 첫 시도이다.

1.2. 명예훼손의 사전적 정의

그렇다면 이처럼 문제가 되는 명예훼손이란 무엇인가? 이 용어의 법적인 정의는 다음 1.4절에서 보겠지만 우선 일반적인 언어 사용에서의 정의를 보자. '명예'란 국립국어원에서 편찬한 표준국어대사전에는 "세상에서 훌륭하다고 인정되는 이름이나 자랑, 또는 그런 존엄이나 품위"로 정의되어 있다. '명예'의 한자 표현은 '이름 명(名)'에 '기릴 예(譽)'로 '이름을 기리는 것'으로서 '예'는 고대 중국에서 훌륭한 업적을 남긴 사람의 이름 앞에 붙이는 좋은 칭호를 가리키던 것이다.

보다 구체적으로 '명예'라 함은 한국이든 외국이든 보편적으로 사람의 인격적 가치에 대한 사회적 평가를 지칭하는 것으로서 단지 도덕적, 윤리적인 것에 국한되지 않고, 사람의 신분, 성격, 혈통, 용모, 지식, 능력, 직업, 건강, 품성 등에 대한 사회적 평가를 의미하며, 그 사람이 가지는 주관적 의식으로서 명예와는 관계가 없다. 현대 한국어에서 '명예'는 '명예 시민'이나 '명예 박사', '명예 대사' 등과 같은 복합어에서 일반적인 '시민'이나 '박사', '대사'와 달리 별도의 절차를 거쳐 얻게 된 실질적인 권한은 없는 별종의 직위나 자격을 가리키는 말로 다소 퇴색하기도 했지만, 우리 속담에 '호랑이는 죽어서 가죽을 남기고, 사람은 죽어서 이름을 남긴다'는 말이 있을 정도로 한국 사회는 이름에 대한 의식이 높았고 이름을 더럽히는 것은 사회적 가치를 잃어버리는 것으로 생각했다. 그런 배경을 갖고 있는 한국 사회는 실질보다 명분(名分)에 사로잡히는 경향이 강한 나머지 개인이나 가문, 학교, 지역 등의 이름을 감히 훼손하는 것을 용납하지 않는 문화가 있는데 이 점에 대해서는 명예훼손의 문화적 차원을 논할 때 다시 언급하기로 한다.

  '명예훼손'이라는 말은 어느 샌가 우리가 거의 매일 접하는 일상 용어가 되었지만 실은 법률 용어로 시작한 것이다. 이 표현은 영어의 defamation을 한국어로 번역한 것인데 여기서 de-는 demote, decapacitate, decaffeinated, decrease, deficient와 같은 단어에서 보듯 분리나 이탈, 제거, 하락을 뜻하는 접두사로서 defame이란 'to move from fame[fame으로부터 벗어나게 하다]', 즉 '면목을 잃게 하다', '중상하다'의 뜻을 갖는다. 그런데 중요한 것은 이때 fame이란 한국어의 '명예'와 그 의미가 비슷하지만 정확한 번역이 아니라는 점이다. 한국어에도 물론 '명예'라는 단어가 쓰이지만 이 단어의 뜻은 영어의 fame보다는 honour 또는 honor에 더 가깝고, fame은 우리말의 '평판'이나 '명성'에 더 근접한 뜻을 갖는다. fame과 honour의 차이를 좀 더 살피기 위해 이들의 사전적 정의를 Cambridge 온라인 사전에서 찾아보면 다음과 같다.

> fame:
> 1. the state of being known by many people
> 2. the state of being known for having or doing something important
> 3. the state of being known or recognized by many people because of your achievements, skills, etc.
>
> honour:
> 1. qualities such as goodness, honesty, and bravery that make people respect you
> 2. a quality that combines respect, being proud, and honesty

fame은 honour와 의미가 매우 유사하지만, 근본적으로 첫 번째 뜻은 '많은 사람들이 알고 있는 상태'라는 것이다. 물론 그렇게 되려면 보통은 남달리 중요한 일을 했거나 갖고 있어야 하고 그런 업적이나 기술 또는 그 밖의 다른 계기로 널리 알려지게 된 상태를 말한다. 반면에 honour는 '사람들의 존경을 받게 해주는 선함이나 정직함, 용감함 등의 자질들'로서 단순히 잘 알려진 상태를 가리키는 것이 아니라 그런 상태에 있게 해준 좋은 특성들을 가리킨다. 따라서 honour가 한국어의 '명예' 또는 '영예', '영광' 등에 가깝고 fame은 '명성' 또는 '유명함'에 더 가깝다고 볼 수 있다. 이들 명사의 형용사형인 famous는 'well-known, noted[유명한, 유명세를 치르는]'인 반면, honorable은 'respectable, adorable, praiseworthy[존경할 만한, 사랑스러운, 칭찬할 만한]'이며 famous person은 트럼프나 푸틴도 포함되지만 honourable man은 많은 대중들이 공통으로 인정하는 긍정적인 품성을 가진 사람만 가리킨다. 이 밖에도 Oxford 영한사전의 예를 보면

    Robin Hood is the world's most famous outlaw.
    Eiffel Tower is a famous Paris landmark.
    (He is) an actor famous for his rugged good looks.

이들 예문에서 famous는 '명예로운'으로 번역하는 것보다 '명성이 자자한, 널리 알려진, 인기가 높은' 등으로 번역하는 것이 가깝다. 이와 비교할 때 한국어의 '명예'는 다음 예문에서 보듯 영어의 honour/honor와 더 근접한 뜻을 갖고 있다.

He was a most perfect knight, for he had great honor and chivalry.
His honor was unstained.
He gained fame for his honor.

따라서 defamation이란 fame이 없어진다는 뜻이라기보다는 잘 알려진 상태에서 안 좋은 쪽으로 하락이 일어나게 했다는 것으로 해석되어 '명예훼손'이라기보다는 '명성침해' 또는 '명성훼손'이라고 번역하는 것이 이 원어 표현의 의미에 더 근접한 번역으로 생각된다. 우리가 흔히 스포츠에서 "Hall of Fame"을 "명예의 전당"이라고 부르지만 실은 다음 안내문에서 보듯 미국 노스캐롤라이나주의 샬롯에 위치한 전미자동차경주협회 NASCAR의 "Hall of Fame"의 가장 중요한 곳은 "Hall of Honor"라고 불린다는 점을 음미할 필요가 있다:

The Hall of Honor is the heart and soul of the NASCAR Hall of Fame. Enshrinement in the Hall of Honor marks the pinnacle of a career. Walk through this hallowed Hall and stand in awe of the contributions these Legends have made to our beloved sport.

다만 이미 defamation의 한글 번역으로 '명예훼손'이란 용어가 도입되어 사용된 지 오래이기 때문에 이를 하루아침에 생소한 다른 용어로 바꾸는 것은 쉽지도 않거니와 정확한 개념 정립이라는 득보다는 혼란을 초래할 실이 더 많아서 바람직하지도 않다. 따라서 우리는 '명예훼손'이란 용어를 사용하도록 하되 이것이 사회적 존경을 받는 고고한 품성의 사람들에 대한 비난 행위만을 뜻하지는 않는다는 점을 염두에 두고 이 용어를 사용하고자 한다. 명예는 흔히 객관적 명예와 주관적 명예로 나누는데 객관적 명예에는 '내적 명예'와 '외적 명예'가 있고, 주관적 명예란 한 개인이 타인의 평가와는 무관하게 자기 자신에 대해 내리는 주관적 평가로서 '명예 감정'이라고도 한다. 반면에 '내적 명예'란 한 개인의 고유한 내면적 인격 가치이고, '외적 명예'는 세상 사람들에 의해 외부적으로 주어지는, 개인에 대한 사회적 평가나 명성을 말한다(한병구 2000: 251). 이 중에서 공연히 사실을 적시함으로써 발생하는 명예훼손죄의 보호 법익은 사람의 가치에 대한 사회적 평가인 '외적 명예'이다. 또 다른 객관적 개념으로서의 '내적 명예'는 자기 자신이나 다른 사람이 내리는 평가와 무관하게 독립적으로 존재하는 내부적 가치로서 다른 사람에 의해 침해될 수 없는 것이기 때문에 명예훼손죄의 보호 법익이 아니다. 사실의 적시가 아니라 "돌대가리"나 "여우 같은 년" 등처럼 단순히 사람을 모욕하는 모욕죄의 경우는 '외적 명예'뿐 아니라 '내적 명예'나 '명예 감정'도 보호 법익이 될 수 있다.

1.3. 명예훼손과 언어

　명예훼손과 관련된 언어의 문제는 우선 명예훼손의 어휘적 측면과 화용적 측면으로 나눌 수 있다. 먼저 명예훼손은 그 발화에 사용된 특정 어휘에 의해 발생할 수 있다. 예를 들어 독설적인 비평으로 유명한 진중권 교수는 보수 논객인 변희재 미디어워치 대표를 "듣보잡(듣지도 보지도 못하던 잡놈)"이라고 불렀다가 명예훼손으로 결국 벌금 300만 원의 유죄 판결을 받았다. 변희재 대표는 연예인 김미화 씨를 "종북 친노좌파"라고 불렀다가 역시 벌금 1300만 원의 유죄 판결을 받았다. 이에 대해서는 다음 장에서 더 다루겠지만 언어는 이처럼 타인의 명예를 떨어뜨리는 무서운 칼이 될 수 있고 종종 그 칼은 그것을 던진 사람에게 되돌아오기도 한다.

　어휘적 측면과 구별되는 명예훼손의 또 다른 언어적 측면은 화용적 측면이다. 같은 취지의 말이라도 어떻게 담고 포장하는가에 따라 그 결과는 크게 차이가 날 수 있다. 즉 보다 직설적인 어법으로 공격할 수도 있지만 때로는 이것이 정말 남의 명예를 훼손한 것인지 알쏭달쏭할 정도로 간접적이고 함축적인 어법으로 꾊을 수 있다. 다음 장에서 그 사례를 자세히 보겠지만 "문재인 씨는 사회주의자"라고 말하는 것과 "대통령은 자유 민주주의를 저버린 지도자"라고 말하는 것은 비슷하기는 하지만 명예훼손의 법적 판단을 내릴 때 천양지차의 결과가 나올 수 있다. 명예훼손은 발화의 직접성/간접성 또는 명시성/

암시성이 매우 중요하며 이는 화용론적 접근이 불가피한 부분이다. 아울러 명예훼손 발화는 각종 부정적인 감정의 표현과 밀접한 관련이 있는데 주로 쓰이는 부정적 감정의 표현에 대해 객관적인 기준 마련이 필요하다.

영어에서도 발화의 요점은 같지만 그것을 표현하는 데 사용되는 어휘와 구문 및 운율적 요인들은 다를 수 있는데 이런 차이들은 그 발화의 요점을 표시하는 직접성/간접성의 정도에 차이를 가져올 수 있다. 예를 들어 가상의 인물로 대법원장인 McBribe에 대한 비난은 다음과 같이 달리 표현할 수 있다.

(1) Mr. McBribe, the Chief Justice of the Supreme Court, has acted dishonestly while in office.
(2) The Chief Justice of the Supreme Court is an office for an honest man. Mr. McBribe is obviously in the wrong post.
(3) If prizes were being given for honesty in office, Chief Justice Mr. McBribe would not be a main contender.

위 발화들은 모두 특정인을 비난한다는 점에서 발화 요점은 같지만 이를 전달하는 방식에서는 차이가 있다. (1)은 그가 부정을 저질러 왔음을 매우 직접적으로 단언하고 있는 반면, (2)는 대법원장 자리는 정직성이 요구되는데 McBribe는 잘못된 자리에 있다고 말함으로써 둘 사이의 연관성을 간접적으로 추론하게끔 하여 그가 정직하지 못한 인물이라는 비난의 뜻을 약간 에둘러 전달하고 있다. 마지막으로 (3)은 McBribe를 직설적으로 부정직하다고 공격하지는 않지만 일종의 암시(hint)를 통해 그가 정직한 인물은커녕 오히려 부정직한 인물임을 함축하고 있다. (2)와 (3)은 그 말을 듣는 사람으로 하여금 McBribe가 정직하지 않다고 생각한다는 것을 생각할 수 있는 단서(clue)를 제공하고 있으며 합리적인 대화참여자라면 이런 단서가 그들의 대화에 적합한 단서임을 알아차릴 수 있다. 암시적인 언급을 함으로써 (2)와 (3)은 청자가 그 발화 해석에 필요한 맥락의 선택 범위를 제한하였고 대법원장에 대해 잠재적으로 명예훼손이 될 수 있는 말을 함축한 것이다. 다음 장에서도 보겠지만 이처럼 같은 맥락에서 명시적으로 단언한 것이 아니라 상대방이 결론을 내릴 수 있도록 단서만 제기하는 함축 행위도 명예훼손으로 간주할 수 있는지의 문제가 남는다. 명예훼손은 단언(assertion)일 경우는 물론 명시적인 비난 행위로 화자의 의도가 명백하기 때문에 화자의 책임이 가장 무겁다고 볼 수 있지만 함축(implicature)일 경우는 취소 가능성이 있는 맥락의존적 추론이라는 점에서 단언보다는 책임성이 약하다고 볼 수 있다. 함축의 의미가 겉으로는 잘 드러나지 않게 여러 겹으로 포장된 발화는 비록 화자의 의도는 같다고 하더라도 단언에 의한 명예훼손 발화와 동일한 수준의 불법 행위로 인식되지 않을 가능성이 높다. 그럼에도 불구하고 사람들은 직접적인 공격의 발화보다 간접적인 비난의 발화를 더 불쾌하게 생각한다는 연구도 있다(이성범 2020, 이한나 2021). 이런 점에서 명예훼손죄를 판단할 때 언어의 사용 측면을 정밀하게 살펴볼 필요가 있다.

많은 언어에는 '명예'와 유사한 말로 '체면'이나 '자부심'이 있는데 사회학자인 Goffman(1967)은 '체면(face)'을 "모든 사회 구성원들이 스스로에게 주장하고자 하는 공적인 자기 이미지(public self-image)"로 정의하고 있다. 여기서 중요한 점은 '체면'은 어떤 사회에 속한 개인이 자기 스스로 주장하는 주관적 가치나 그런 가치에 대한 믿음을 말한다는 점이다. 그런 면에서 '체면'도 넓은 의미에서 명예의 한 부분이 될 수 있다. 그러나 엄밀히 말하자면 '체면'은 같은 사회를 구성하는 타인들을 의식하여 그들에게 비추어지기를 바라는 자기의 좋은 모습으로, 객관적인 평가 기준이 없기 때문에 사람에 따라 같은 상황에서 체면에 대한 생각이 다를 수 있고 수시로 바뀔 수도 있다. 반면에 한 개인의 명예는 그 사람 자신이 주장하는 것이 아니라 사회가 그 개인에 대해 평가하는 것으로서 주관을 뛰어넘는 간주관적(intersubjective)인 사회 구성원들이 인정하고 공유하는 판단 기준에 의해 정해지는 것이다. 일단 내려진 사회적 평가로서 명예는 그 개인이 마음대로 처분할 수 없고 당사자의 내적인 감정이나 기분과 무관하다. 따라서 개인의 주관적 느낌이나 의지가 아닌 타인의 인정과 평가가 필요한 '명예 시민', '명예 박사', '명예 홍보 대사' 등은 있어도 '체면 시민', '체면 박사', '체면 홍보 대사'란 말은 적어도 공식적으로는 사용되지 않고 반면에 개인의 노력을 의미하는 '체면치레', '체면차리기', '이면체면'

은 있어도 '명예치레', '명예차리기', '이면명예'는 없다.

　'체면' 외에도 '명예'와 유사한 의미로 '자부심'이라는 용어가 있는데 '자부심'은 가문이라든지 재산, 학력 또는 업적 등과 같이 개인에게 주어졌거나 개인이 성취한 것에 대해 스스로 자랑스럽게 생각하는 것이다. '명예'는 개인의 감정이나 생각이 아닌 외적인 평가를 말하는 반면 '자부심'은 개인의 주관적인 판단에 근거한 내적 만족감을 말한다는 점에서 구분된다. 즉 '자부심'은 외부의 평가인 '명예'와는 달리 어디까지나 그 개인의 내적 평가에 따른 심리적 고양 상태를 일컫는 말이다. 물론 명예를 얻게 되면 그 결과로 자신의 체면이나 자부심이 높아질 수 있지만 반드시 그러한 인과 관계가 성립하는 것은 아니다. '명예'는 주로 간주관적이고 사회적 영역에 속하는 현상인 반면, '자부심'은 주로 주관적이고 개인적 영역에 속하는 현상이다. 예를 들어 어떤 한국인은 자신이 한국에서 태어난 것을 자랑스럽게 생각하고 한국인으로서 자부심을 갖고 있지만, 다른 한국인은 이에 대해 별로 자부심을 갖지 않을 수도 있다. 반면에 뺑소니를 치고 도망가는 사람을 끝까지 쫓아가 제압하여 경찰에 넘긴 용감한 시민은 사회적으로 누구나 높이 평가할 수 있는 일을 한 사람으로서 경우에 따라서는 '명예경찰'이라는 칭호를 받기도 한다.

　이상에서 '명예'의 정의와 유의적 개념으로 '체면'과 '자부심'을 살펴보았는데 '명예'란 사전에 수록된 정의보다 더 다양하고 가변적인 의미를 갖는다. 즉 다음 2장에서 보겠지만 언어 표현의 의미는 사전적, 지시적 의미 외에도 평가적, 사회적 의미도 있는데 그렇기 때문에 '명예' 또는 '명예훼손'에 대한 이해는 단순히 사전적 정의만으로는 충분하지 않다. 또한 글말에 의한 것이든 입말에 의한 것이든 명예훼손은 언어를 사용하는 방식에 의해 발생하는 것이다. 그러므로 언어 사용에 대한 연구인 언어학, 그 중에서도 화용론이 명예훼손의 내용적 연구에 중심적인 역할을 해야 한다. 그런 관점에서 미국의 법언어학자인 Robert Shuy는 『The Language of Defamation Cases』란 저서에서 명예훼손의 주된 언어학적 주제를 다음과 같이 열거한다.

1) 문법적 지시 행위(grammatical referencing)
2) 화행(또는 언어 행위, speech acts)
3) 담화 구조(discourse structure)
4) 프레이밍(framing)
5) 지향성(또는 의도성, intentionality)
6) 악의적 언어(malicious language)

이 중 문법적 지시 행위란 문장 내에 사용된 표현들이 정보를 가리키는 현상을 말하는데 특히 대명사나 지시사, 직시 표현 등의 사용이 핵심적인 요소이며 다양한 담화의 구조에서 여러 종류의 화행에 담겨있는 이런 표현들의 사용은 화자의 의도를 추적할 수 있게 해준다. 또한 프레이밍이란 어떤 인물이나 사건을 특정한 관점에서 바라

보고 해석하는 행위를 말하는데 악의적 언어를 포함하여 특정 단어나 표현은 사건에 대한 긍정적 또는 부정적인 평가를 내리는 데 사용되기 때문에 발화의 명예훼손 여부를 밝히는 데 키워드 역할을 할 수 있다. 또한 문장의 구조는 정보의 중요도를 나타내고, 독자의 주의를 특정 부분으로 집중시키는 기능을 하고 비유와 은유는 복잡한 개념을 간단하게 설명하고, 감정적인 호소를 강화함으로써 화자의 의도를 엿볼 수 있게 해 준다. 마지막으로 지향성이란 어떤 행위나 사건에 담긴 의미나 목적을 말하는데 언어학은 명예훼손성 발화를 둘러싼 화자의 의도를 파악하고 문제가 되는 언어 행위의 의미를 해석하는 데 핵심적인 역할을 할 수 있다.

Shuy(2010: 3)에 따르면 1)-6)에 대한 언어적 분석이 미국의 명예훼손 법적 공방에서 중요한 역할을 하는데 이처럼 언어학은 명예훼손을 다루는 법률가들이 실제 사건에서 갈등을 해결하는 데 유용할 뿐 아니라 필수적이라는 인식이 높아지고 있다. 이런 종류의 언어학을 법언어학(forensic linguistics)이라고 부르는데 이는 언어학이 법학과 만나는 부분이다. 법언어학은 법률적인 문제에 언어학적 분석 방법을 적용하여 사건 해결에 기여하는 학문이다. 구체적으로 법언어학은 범죄 수사, 재판, 법률 문서, 사법 행정 등 법과 관련된 다양한 영역에서 발생하는 언어적 자료를 분석하여 사건의 진실을 밝히는 데 도움을 준다. 예를 들어 법언어학 전문가는 녹음 파일이나 이메일, 문자 메시지 등 다양한 형태의 언어적 증거를 수집하고 분석하며 용의자의 연령과 출신 지역, 교육 수준 등을 언어 특징을 통해 추론한다. 또한 언어가 사용된 상황과 맥락을 고려하여 화자의 진정한 의도를 추적하고 때로는 법정에서 전문가 증인으로 참여하여 분석 결과를 설명하고, 사건 해결에 기여한다.

1.4. 명예훼손과 법 규범

위에서 살펴본 것처럼 명예는 누구나 인정하는 객관적이고 지킬 만한 가치가 있는 사회적 평판이기 때문에 이를 공공연히 훼손하는 것은 개인의 삶을 흔들고 더 나아가 그런 평판이 이루어지고 유지되는 사회적 질서를 무너뜨리는 불법 행위가 될 수 있다. 반면 개인의 주관적인 체면을 손상하는 것이나 자부심을 저하시키는 것은 사회적 질서 교란 행위라기보다는 특정 개인의 감정을 상하게 하는 행위로서 비난의 대상이 될 수는 있어도 법적인 제재의 대상이 되지는 않는 것이 보통이다. 법에서 보호하는 명예란 앞서 본 **뺑소니범을** 따라가 잡은 용감한 시민처럼 굳이 사회적으로 좋은 일을 하지 않더라도 누구나 사람이라면 사회 구성원으로서 사회에서 누릴 수 있는 좋은 평가를 말한다.

자연인으로서 사람뿐 아니라 국가나 기관, 법인 등도 사회적 평가를 받을 수 있기 때문에 명예를 가질 수 있는 존재로 인정되며 이런 자연인이 아닌 개체의 명예도 법으로 보호받을 수 있다. 실제로 1959년 12월 23일의 4291형상539 사건에서 대법원은 자연인뿐만 아니라 법인격을 가진 단체도 명예훼손죄의 대상이 된다고 판시하였다. 다만 명예훼손의 경우 그 죄가 인정될 경우 법적으로 손해 배상을 받을 수 있는데 자연인이라면 몰라도 국가나 단체, 조직체 등은 무정물이므로 정신적 고통이 있을 수 없다는 이유로 위자료가 인정될 수 없다는 견해가 있으나 대한민국은 비자연인에 대해서도 위자료를 지급하는 것이 타당하다는 대법원 판례가 있다(대법원 1965. 11. 30. 선고 65다1707).

그런데 사람이 아닌 비인격체에 대한 명예훼손으로 법적 다툼이 벌어지는 것은 외국에서는 드물거나 아예 인정되지 않지만, 한국은 종종 그런 사건이 발생했다. 1975년 3월 25, 형법 104조 2항에 내국인이 대한민국이나 헌법에 의하여 설치된 국가 기관을 모욕 또는 비방하거나 그에 관한 사실을 왜곡하고 허위 사실을 유포하는 경우 7년 이하의 징역이나 금고 처분을 받을 수 있게 하는 '국가 모독죄'란 것이 신설되었다가 6월 민주화 항쟁 이후인 1988년 12월 31일에 폐지되었다. 그런데 신라 경문왕 때 왕의 두건을 만들어 올리다가 임금의 신체적 비밀을 알게 된 복두쟁이가 그 말을 전하지 못하고 참다 참다 드디어 죽을 때가 되자 대나무 숲에 들어가 "임금님 귀는 당나귀 귀"라고 외쳤다는 삼국유사의 여이 설화는 표현의 자유가 얼마나 절실한 것인지를 비유적으로 보여준다. 또한 "없는 자리에서는 나랏님도 욕한다"는 말도 있지만 민주주의 사회에서 국민들이 국가 원수를 모욕적인 언사로 비방하는 것은 그로 인해 정치적 이득을 얻으려는 목적이 있지 않고 자신의 의견을 강하게 표현하는 것으로서 언론 자유의 보장이라는 차원에서 보아야 할 것이다. 이를 인위적으로 막는 것은 여이 설화의 결말에서 대나무 숲에 바람이 불 때마다 대나무가 서로 부딪혀 "임금님 귀는 당나귀 귀"라는 소리가 메아리처럼 울려 퍼졌다는 것을 음미할 필요가 있다. 결국 당시 야당과 시민 사회의 거센 반대로 폐지되기 전까지 이 법 조항은 무엇보다도 국가 원수에 대한 명예를 훼손하는 비방 행위를 금지하기 위한 반민주적 조항으로 작용하여 위정자들에 의해 정치적으로 악용되었다. 일례로 1988년 9월에는 모 언론인이 방송에 나와 "필리핀의 독재자 마르코스도 군에서 옷 벗고 나와 장기 집권하다 망했다. 군정은 몸서리친다. 우리도 박정희 대통령 때부터 현재까지 군정의 연속이다"라고 말한 것에 대해 국가를 모독하고 당시 국가 원수인 전두환 대통령의 명예를 훼손한 것으로 기소되어 최상급심인 대법원까지 상고하여 재판을 받게 되었다. 이에 대해 대법원은 "피고인이 우리 정부의 성격을 군인 주도의 정부라는 주관적 판단을 표시한 것이라고 볼 수 있고 전두환 대통령의 불명예가 될 만한 구체적인 사실의 적시가 있었다고 하기 어렵다"고 판시하여 국가에 대한 모독과 국가 지도자에 대한 명예훼손 부분을 기각하였다. 또한 피고인이 "청보 회사 주인은 현정부 고위층에 있는 이순자 것이다. 지금 국민들은 상당히 말이 많다. 대통령 마누라 이순자는 사치가 심하여 옷이 상당히 많다'고 말했다고 하더라도 그 말이 전두환 대통령의 불명예가 될 만한 구체적인 사실의 적시라고 하기 어렵다"고 판결하였다(대법원 1988. 9. 20. 86도2683).

따라서 명예훼손이란 일단 어떤 개인이나 법인의 사회적 명성이나 평판을 해치고 경멸과 조롱의 대상으로 만들 의도가 노출된 언어적 표현 행위로 볼 수 있다. 그런데 한국에서의 명예훼손은 국가 원수 또는 고위 공직자나 정치인, 유명 연예인 등과 같이 사회적으로 높이 인정받는 업적을 성취했든지 누구나 선망하는 지위에 있는 사람, 또는 누구나 존경하는 사회적 명성이나 평판이 높은 사람만을 대상으로 일어나는 것은 아니다. 법에서 보호하는 사회적 명성이나 평판으로 명예란 보통 사람들은 얻기 어려운 아주 높은 가치를 의미하는 것이 아니라 사회적으로 비난을 받지 않아도 될 만한 평범한 사람들이 가질 수 있는 인격적 가치도 포함된다. 예를 들어 1992년 모 신문사의 사회부 기자는 가출한 평범한 16세 소녀에 대해 송파경찰서 조사계에서 취재한 사건을 신문에 보도했다는 이유로 명예훼손 혐의로 기소되었다. 이 기사는 "장인의 분노"라는 큰 제목과 "17세 딸 망쳤다, 사위 고소"라는 작은 제목 아래 봉제 공장에 다니던 조모 양이 아버지의 반대에도 불구하고 야학에서 만난 김모 군과 결혼하자 조모 양의 아버지가 혼인 무효 신청과 김모 군을 고소한 내역에 대해 아주 상세하게 기술하고 있다. 이에 대해 2심에서는 피고인 사회부 기자가 원고인 조모 양에 대한 기사를 신문에 게재하고 배포함으로써 원고의 명예를 훼손했음을 인정하고 피고는 원고에게 벌금 500만 원을 지급하라는 판결을 내렸다(서울지방 법원 92나6013). 이어 대법원에서도 사건 기사로 비록 사회적으로 저명하다고 볼 수는 없지만 원고가 자기의 세계에서 누릴 수 있는 사회적 평가가 저하되었으므로 명예훼손의 책임을 면할 수 없다고 판단하고 이 명예훼손으로 인하여 원고가 입은 정신적 고통에 대한 위자료로 금 500만 원을 상정한 것이 정당하다고 최종 판시하였다(대법원 93다36622). 이 사건은 비록 유명 인사는 아니지만 평범한 사람이라도 공익과는 무관한 보도로 사회적 평가가 낮아지면 명예훼손으로 처벌할 수 있음을 보여준다.

뿐만 아니라 우리는 일반적으로 명예는 살아 있는 사람에게만 해당하는 것이지 법적 권한이나 이익도 따질 수 없고 각종 비방이나 비난에 대해서도 심적 고통을 받을 수 없는 이미 세상을 떠난 사람들에게는 해당되지 않는 것으로 생각하기 쉽다. 그러나 대한민국의 법은 사망한 자에 대해서도 명예훼손이 성립할 수 있다고 규정한다. 다만 허위 사실이나 실제 사실 어느 쪽이든 사실을 적시한 경우에도 명예훼손이 성립하는 생존하고 있는 사람과는 달리 사자(死者)는 형법상 허위의 사실이 공표된 경우에만 처벌이 가능하다(형법 제308조). 고 노무현 대통령의 죽음을 둘러싸고 당시 자유한국당의 정진석 의원이 페이스북에서 "권양숙 씨와 아들이 박연차 씨로부터 수백만 달러의 금품 뇌물을 받은 혐의로 검찰 조사를 받은 뒤 부부 싸움 끝에 권 씨는 가출하고, 그날 밤 혼자 남은 노 대통령이 스스로 목숨을 끊은 사건… 이것이 이명박 대통령 책임이란 말인가… 그래서 그 한을 풀겠다고 지금 이 난장을 벌이는 것인가. 적폐 청산 내걸고 정치 보복의 헌칼 휘두르는 망나니 굿판을 즉각 중단하라"는 글을 올렸다. 이에 대해 노무현 전 대통령의 아들인 노건호 씨는 서울 중앙 지검에 정진석 의원을 상대로 허위 사실 유포로 인한 명예훼손 및 사자 명예훼손 고소장을 접수했는데 이를 검찰이 기소한 것은 비록 고인일지라도 명예가 보호되어야 한다는 것을 보여준다. 다만 정진석 의원을 엄호하기 위해 홍준표 의원이 "노무현, 뇌물 먹고 자살"이라고 한 것은 문제 삼지 않았는데 이는 정진석 의원의 발언에 비해 상대적으로 수위가 낮았다는 점을 고려한 것으로 보인다. 당시 정진석 의원은 비록 직접 유족에게 사과하지는 않았지만 SNS에 사과문을 올리고 일간베스트라는 극우 온라인 커뮤니티의 글을 자신의 주장을 뒷받침하는 자료라고 제출하며 명예훼손이 아니라고 주장했지만 이 사건을 맡은 서울중앙지법 형사5단독 박병곤 판사는 사자 명예훼손과 정보통신망법상 명예훼손을 모두 인정하여 검찰의 구형인 벌금 500만 원보다 무거운 징역 6개월을 선고했다. 그러나 2024년 8월 27일 서울중앙지법 형사항소4-3부(재판장 이훈재)의 항소심 선고 공판에서 징역 6개월을 선고한 원심을 깨고 벌금 1200만 원을 선고했고 정진석 전 의원은 유족들에게 사과했다.

여기서 한 가지 분명히 해둘 필요가 있는 것은 명예훼손과 유사하여 흔히 혼동하기 쉬운 것으로 모욕(insult)행위이다. 이 둘은 모두 누군가를 감정적으로 비난한다는 점에서 비슷한데 실제 법원 판결을 보더라도 명예훼손과 모욕 사이의 판별이 모호한 경우가 있다. 예를 들어 1985년 10월 22일의 대법원 선고 85도1629에 따르면 시어머니가 다른 사람들이 있는 자리에서 며느리에 대해 "야, 이 개 같은 잡년아, 시집을 열두 번을 간 년아, 자식도 못 낳는 창녀 같은 년"이라고 말한 경우에 대해 이 발언 내용은 그 자체가 "피해자의 사회적 평가를 저하시킬 만한 구체적 사실이라기보다는, 피해자인 며느리의 도덕성에 관하여 시어머니가 가지고 있는 추상적 판단이나 경멸적인 감정 표현을 과장되게 강조한 욕설에 지나지 않는다"고 판단하여 형법 제311조의 모욕에는 해당할지언정, 형법 제307조의 명예훼손에 해당한다고 보기 어렵다고 판결한 바 있다. 반면에 1983년 10월 11일의 대법원 선고 83도2222에 따르면 피해자의 시어머니의 친구가 집 앞에서 시어머니에게 "며느리가 시커멓게 생긴 놈하고 같이 붙어 다닌다"라고 말한 것에 대해 명예훼손죄를 인정하였다. 이는 2010년에 공인이 아닌 사인 간에는 명예훼손죄를 폐지한 영국의 경우와 달리 사인 간에도 모욕을 넘어서 명예훼손이 성립함을 인정한 판례이다.

또한 2010년 수원지방 법원은 온라인 게임 대화창에서 상대방을 "대머리"라고 표현해 명예를 훼손한 혐의로 기소된 30살 김 모씨에게 명예훼손은 물론 모욕 부분에 대해서도 무죄를 선고했다. 판결의 취지는 "대머리"라는 표현이 일반 언중들이 널리 사용하는 표준어로서 단순 비난일 수는 있어도 단어 자체에 명예를 훼손할 경멸이나 비하의 뜻이 담겨 있다고 보기 어렵다는 것이다. 이처럼 명예훼손과 모욕은 그 경계가 모호한 부분이 있는데 2013년 11월 28일 대법원에서는 모욕은 "사실을 적시하지 아니하고 사람의 사회적 평가를 저하시킬 만한 추상적 판단이나 경멸적 감정을 표현하는 것을 말한다고 판시하였다(대법원 선고 2003고 3972). 즉 명예훼손과 모욕의 차이는 사실의 적시 여부인데 사실을 적시할 경우는 명예훼손이고 사실과는 무관하게 듣기 좋지 않은 말을 했을 경우는 모욕이라는 것이다. 이와 관련한 또 다른 대법원의 판결을 보면 명예훼손죄에서는 "구체적 사실의 적시를 요하며 단지 모욕적 언사를 사용하는 것은 모욕죄에 해당할 뿐 명예훼손죄에 해당하지 않는다"고 하면서 "아무것도 아닌 똥꼬다리 같은 놈'이라는 구절은 모욕적인 언사일 뿐 구체적인 사실의 적시는 할 수 없고 '잘 되어가는 어촌계를 파괴하려 한다'는 구절 또한 구체적인 사실의 적시라고는 할 수 없어서 결국 이는 명예훼손죄에 있어서의 사실의 적시에 해당한다고 볼 수 없다"고 하였다(대법원 선고 88도1397).

실제든 허위든 사실의 적시가 있어야만 성립하는 명예훼손과 달리 모욕은 상대방에게 수치심과 모멸감을 불러일으킬 수 있는 욕설이나 경멸적인 감정을 표현하는 발화 행위를 말하는데 대한민국의 형법 제311조는 "공연히 사람을 모욕한 자는 1년 이하의 징역이나 금고 또는 200만원 이하의 벌금에 처한다"고 규정하고 있다. 한국에서는 어떤 개인의 인격적 가치에 대한 자기 자신의 주관적인 평가를 일방적으로 침해하는 행위를 모욕이라고 하는데 유교적 전통이 강하여 개인의 체면에 대한 의식이 높은 한국 사회에서는 개인 자신의 주관적 평가에 대한 침해까지도 범죄 내지는 불법 행위로 간주한다는 점에서 많은 서구 사회의 경우와 다르다 (명예훼손과 모욕의 언어학적 차이에 대해서는 이한나(2021)를 참조할 것).

지금까지 우리는 명예에 대한 일반 상식적 개념과 법에서 사용하는 법적 개념 사이에 차이가 있음을 알 수 있었다. 그렇다면 명예훼손에 대한 법적인 정의와 실제 적용 현황은 어떠한지 살펴보자. 명예권은 인격권 중에서도 가장 오랜 전통을 갖고 있다. 서양에서 명예훼손 관련 법적 조항은 흔히 1275년 영국에서 제정한 「고관 명예훼손법」이 그 최초의 형태로 간주되는데 다만 이 법은 모든 사회 구성원들의 명예를 보호해주기 위해 제정된 것이 아니라 군주나 귀족과 같은 높은 지위에 있는 공직자들을 비난하는 것을 금지하는 제한적인 정의를 실현하기 위한 법에 불과하다(박용상 2019). 당시는 물론 민주주의와 사법권 독립이라는 근대적 개념이 없고 전제주의 왕정과 계급적 신분 질서가 당연하게 여겨지던 시절이었기 때문에 명예훼손도 모든 국민을 대상으로 평등하게 적용되지 않았다. 영국에서 현대적인 의미의 명예훼손법은 1952년에 제정된 Defamation Act로서 1996년과 2013년에 개정되었는데 이는 다른 나라의 명예훼손 법규의 모델이 되고 있다. 특히 영국의 보통법(Common Law) 영향을 받은 미국은 비록 그 역사가 짧지만 명예훼손에 관한 한 세계에서 가장 정교한 법체계를 구축하고 있다고 평가되고 있다(박용상 2019). 법률 용어 사전으로는 가장 오랜 역사를 갖고 있고 국제적으로 그 권위를 인정받고 있는 미국의 Black's Law Dictionary, 10th edition에서는 명예훼손(defamation)을 다음과 같이 정의하고 있다.

"An intentional false communication, either published or publicly spoken, that injures another's reputation or good name."
("출판되었거나 공적으로 말해져서 타인의 명성이나 평판을 침해하는 고의적이고 허위적인 커뮤니케이션")

또한 재판관들과 변호사, 법학자 및 관련 분야 종사자 등으로 구성된 미국법률협회(The American Law Institute)에서는 기존의 재판관이 서술(state)한 판례를 정기적으로 다시 재서술(restate)하는 Restatement를 각 분야별로 시리즈로 발행하는데 이 중 Restatement of Torts의 558조에 나온 명예훼손의 정의는 다음과 같다. "A communication is defamatory if it tends so to harm the reputation of another as to lower him in the estimation of the community or to deter third persons from dealing with him."("개인에 대한 사회 공동체의 평가를 낮추거나 다른 사람들로 하여금 그와 어울리지 못하게 할 정도로 개인의 평판에 손상을 가할 의도로 행해지는 소통은 명예훼손이다.")
이상의 정의는 명예훼손의 종류에 상관없이 법적 관점에서 내려진 보편적 정의인데, 명예훼손은 그것이 일어난 방식에 따라 크게 두 가지 유형으로 구분된다. 첫째로는 저술 출판이나 편지, 메모와 같이 문자라는 매체를 통한 명예훼손, 즉 '글말 명예훼손 또는 문서 명예훼손(libel)'이 있고 둘째로는 대화에서의 구두 메시지나 정해진 원고 없이 행해진 강연 등 '입말 명예훼손 또는 구두 명예훼손(slander)'이 있다. 이 중 Oxford English Dictionary(OED)는 '입말 명예훼손(slander)'을 "False report maliciously uttered to person's injury(개인을 해하기 위해 악의적으로 발화된 거짓 발표)"라고 정의하고 있다. 그 밖에도 법학 또는 법언어학 연구인 Gibbons(2003)나 Shuy(2010), Schane(2006) 등에서의 명예훼손 정의도 위에서 본 정의와 대체로 궤를 같이 하고 있다.

그런데 이런 명예훼손의 정의는 한편으로는 매우 간결하지만 또 다른 한편으로는 지나치게 포괄적이기 때문에 실제로 법 집행이나 사회적 담론에서 효과적으로 적용되기 위해서는 보다 세밀한 개념 분석과 용어 해석이 필요하다. 예를 들어 명예훼손 논쟁에서의 핵심적 법익(法益)인 '명성'이나 '평판'이란 무엇인지? 이에 대한 문화적 차이는 어떠한지? '고의적'이라는 것은 무엇을 말하며 누가, 어떻게 판단하는 것인지? '침해한다'는 것은 어떤 상황이나 결과를 말하는지? 뿐만 아니라 글말에 의한 명예훼손과 입말에 의한 명예훼손은 질적으로 어떤 차이가 있는지? 등의 문제가 있다.

최근에는 입말, 즉 구어와 글말, 즉 문어 외에 제3의 언어 양식으로 손말 또는 손가락말, 즉 지어(finger speech)라고 하여 각종 모바일 기기에서의 메시지 입력 방식에 의한 새로운 유형의 언어 양식도 두루 쓰이고 있다. 손말은 전통적인 구어와 문어의 이분법에서 어느 쪽에도 속하지 않는 독특한 어휘와 문법, 의미, 전달 방식 등을 갖고 있는데 이 방식은 SNS 등의 사용이 보편화되면서 사용자가 급속히 늘어나고 있다. 이런 제3의 언어 양식에서의 명예훼손이나 비방, 중상 행위는 기존의 입말이나 글말에서의 그것과는 다른 새로운 기준이 요구되며 기술이 문화를 앞서 나가는 Ogburn(1957)의 "문화 지체(cultural lag)"가 명예훼손에도 적용되어 새로운 언어 양식에 의한 비방, 중상 행위와 이에 대한 법적 판단 사이에 공백이나 간극이 없도록 대비해야 한다.

　인터넷과 휴대폰 사용의 증가 및 개인 권리 의식의 상승으로 인해 명예훼손을 둘러싼 다툼이 날로 증가하고 있는 점을 고려할 때 이런 명예훼손 정의에 사용되는 세부적인 용어들은 정밀하게 다루어질 필요가 있다. 더 나아가 이런 용어 해석은 단순히 언어적 차원에서 머무는 것이 아니라 그 언어가 사용되는 사회의 문화나 법 규범을 종합적으로 고려하여 이루어져야 한다. 예를 들어 개인의 권리 의식이 강한 사회와 집단의 목표를 개인의 목표보다 더 존중하는 사회 사이에서는 이런 문제들에 대해 필연적으로 다른 해석이 채택될 것이다. 그런 이유 때문에 유엔인권위원회 및 유엔 산하 국제규약위원회 등에서는 한국을 포함한 여러 나라에서 채택하고 있는 사실 적시에 의한 명예훼손죄 폐지를 권고한 바 있다. 그런데 정보 통신 기술의 발달에 따라 과거에는 볼 수 없었던 다양하고 파급력이 강한 의사소통 방식이 가능해지면서 명예훼손을 포함한 각종 공격적 언어 행위가 새로운 양상으로 전개되고 있는 것도 주목해야 하기 때문에 현재 대한민국에서는 사실 적시에 의한 명예훼손죄는 존치되어야 한다는 주장도 많다(안상운 2011, 박아란 2015, 박용상 2019). 다만 앞서 본 Black's Law Dictionary나 OED에서의 명예훼손에 대한 정의는 이런 세부적 사항들을 상세하게 밝히지 않은 채 일반적인 사항에 해당하는 것만을 포괄적으로 기술한 것에 불과하며, 이런 정의에 동원되거나 함의되어 있는 주요 개념들과 그런 개념들에 대한 해석의 문제는 언어적, 법적, 문화적 차원에서 다듬어져야 할 필요가 있다. 예를 들어 "그 남자는 동성애자야(The man is gay)"라고 한다면 이는 시대적으로나 지역적으로 또한 사회적으로 제각기 다르게 받아들여질 수 있어서 그 남자의 명성을 손상시킨 것으로 무겁게 처벌 받을 수도 있고 또는 그 남자의 명성과 상관없는 발화로 아무런 제재를 받지 않을 수도 있다. 이런 점에서 명예훼손을 언어와 법, 문화의 차원에서 통합적으로 접근해야 할 필요성이 대두되며 특히 원활한 국제적 의사소통을 위해서는 언어와 법, 문화가 다른 나라에서의 현실을 잘 이해할 필요가 있다.

우선 대한민국의 경우는 명예훼손을 범죄(crime)가 아닌 민사상의 불법 행위(tort)로 보는 미국과는 달리 보다 엄격하게 명예훼손을 접근하고 있어서 민사상으로나 형사상으로 모두 처벌될 수 있는 범죄로 규정하는데 이와 관련된 형법 조항은 다음과 같다.

  1. 공연히 사실을 적시하여 사람의 명예를 훼손한 자는 2년 이하의 징

역이나 금고 또는 500만 원의 벌금에 처한다.
2. 공연히 허위의 사실을 적시하여 사람의 명예를 훼손한 자는 5년 이하의 징역, 10년 이하의 자격 정지 또는 1천만 원 이하의 벌금에 처한다.

그런데 이 형법 제307조는 명예훼손이란 무엇인지를 상세히 기술하기보다는 명예훼손의 종류와 그런 행위의 결과로 처벌될 수 있는 양형만을 밝히고 있다. 별도로 명시된 명예훼손의 정의가 없기 때문에 실제로 이 법 조항을 근거로 법적 다툼이 일어날 경우 소송 당사자와 재판관은 "공연(公然)히", "적시(摘示)", "사실", "사람의 명예", "훼손" 등의 용어 해석을 둘러싸고 공방을 벌이는 일이 흔하다(표성수 1997, 차형근·조병래·최영훈 2000, 신평 2004). 그럼에도 불구하고 현행 대한민국의 법에는 이런 명예훼손을 구성하는 하위 개념들에 대한 명확한 개념 제시가 없고 미국의 Restatement에 해당하는 법률 해설도 없기 때문에 같은 사건이라도 재판부에 따라 유무죄가 갈리기도 하고 형량도 달라지며 심지어 명예훼손과 모욕이 혼동되는 등의 난맥상을 보이고 있다.

특히 문제가 되는 것은, 사실을 적시할 경우에도 명예훼손이 될 수 있기 때문에 뜻하지 않은 부작용이 발생할 수 있다. 예를 들어 과거에 성폭력이나 성추행 등으로 피해를 입었지만 이런 치욕적이고 혼자 감내하기 어려운 범죄를 당한 사실을 공개하기에는 사람들의 눈이 두렵고 법적, 사회적 보호나 지원을 받기 어려울 것이라고 생각하여 그런 사실을 공개하기 꺼렸던 여성들이 이제는 미투(MeToo) 운동의 확산과 더불어 용기를 내어 당당하게 사실을 밝히고 있다. 문제는 성폭력이나 성추행 피해자 자신이 이런 사실을 언론이나 SNS를 통해 공개했다가 도리어 사실의 적시에 의한 명예훼손이나 무고로 역공을 당하는 경우가 늘어나고 있다는 점이다. 따라서 여성 인권 단체와 일부 국회 의원들을 중심으로 사실 적시에 의한 명예훼손 조항의 폐지나 수정을 요구하는 움직임이 있는데 이것이 실현될 경우 대한민국도 명예훼손은 허위 사실의 적시로만 국한될 것이다. 다만 이런 움직임이 또 다른 억울한 피해자를 양산하는 결과로 이어질 가능성이 있다는 주장도 제기된다.

실제로 2018년 5월 14일부터 6월 13일까지 청와대 국민청원 게시판에는 "정치인과 고위 공직자에 대한 사실 적시에 의한 명예훼손 폐지 청원"이 올라왔다. 이에 따르면 사실 적시에 의한 명예훼손죄가 "주권자의 입에 재갈을 물리고 기본권인 참정권과 표현의 자유 영역을 침해하고 있다"고 주장하면서 정치인이나 고위 공직자 또는 후보에 대한 사실 적시에 의한 검증에 대하여 "형법상의 명예훼손", "정보통신법상의 명예훼손", 그리고 "공직선거법상의 불법 선거 운동 규정" 등에서 "정치인과 공직자에 대한 사실 적시에 의한 명예훼손 예외 규정을 신설"하거나 또는 아예 "사실 적시에 의한 명예훼손" 자체를 폐지할 것을 청원했다. 이들의 주장은 현행법이 대통령이나 국회

의원과 같은 고위 선출직 공무원 후보자들의 비리에 대한 "정당한 검증과 삐뚤어진 도덕성에 대한 지적이 현재의 법 아래서는 불가능할 만큼 규제의 범위가 넓고 많기" 때문에 국민의 참정권을 현저히 침해하고 있다는 것이다. 또한 사실 적시에 의한 명예훼손을 폐지하면 미투 운동에 참여하는 사람들이라든지 내부 고발자들을 보호할 수 있을 것이라고 주장했다. 그러나 이 청원은 한 달 동안 908명의 동의를 얻는 데 그침으로써 청와대로부터 답변을 얻는 데 실패하였다.

1.5. 명예훼손의 소통 구조

앞에서 본 한국이나 미국에서 명예훼손 정의에서의 핵심적인 부분은 명예훼손이 공공연히 고의적으로 사실을 공표함으로써 일어나는 행위라는 점인데 이를 더 잘 이해하기 위해서는 명예훼손 발화의 독특한 소통 구조를 살펴보아야 한다. 다시 말해서 명예훼손 발화를 언어학적으로 분석할 때는 우선 일반적인 대화 분석과는 달리 대화의 구조를 다른 각도에서 접근해야 한다. 일반적으로 대화는 '화자(speaker)-청자(hearer)', 또는 '저자(author)-독자(reader)'라는 2자 구도로 벌어진다. 이때 화자나 저자는 메시지를 보내는 송신자(sender)이고 청자나 독자는 메시지를 받는 수신자(receiver)인 경우가 대부분이다. 반면에 명예훼손의 소통 과정은 명예훼손적 메시지를 만들어내는 화자/저자(또는 가해자)와 그런 공격적 메시지의 대상으로서의 타겟(또는 피해자)및 화자와 타겟 사이에서의 갈등을 목격하는 제3자(또는 목격자)의 다자 구도로 벌어진다. 피해자는 가해자의 문제성 발화를 듣거나 읽는 청자/독자일 때도 있지만 때로는 대화 현장에 부재한 상태에서 화자/저자의 공격 대상이 될 수도 있다. 앞서 본 대한민국 형법의 명예훼손 조항에서 "공연히"란 가해자와 피해자 외에도 제3자의 존재가 불법 행위의 필수적 구성 요건임을 의미하는데, "공연히"라는 다소 애매한 표현 대신에 "가해자와 피해자 이외의 제3자가 있는 곳에서"라고 보다 명확하게 정의하는 것이 모두에게 도움이 될 것이다.

한국에서는 보통 그 사람이 없는 자리에서 그에 대한 험담을 하는 것은 흔히 "뒷담화"라고 해서 그의 면전에서 험담을 하는 것보다 더 비겁한 행위로 간주되어 험담 내용의 사실성 여부와 상관없이 일단 사회적 지탄의 대상이 될 수 있다. 일반 대화와는 다른 명예훼손의 소통 구조를 면밀히 검토하는 것은 '면대면 구두 발화에 의한 명예훼손'과 '비면대면 구두 발화에 의한 명예훼손'의 차이를 밝히는 것뿐 아니라 '유니캐스트(unicast) 통신 방식에 의한 명예훼손'과 '멀티캐스트(multicast) 또는 브로드캐스트(broadcast) 통신 방식에 의한 명예훼손'의 구분 및 '입말에 의한 명예훼손'과 '글말에 의한 명예훼손'의 구분 등 명예훼손의 다양한 유형과 사례들을 적절히 분류하여 분석하는 데 중요한 출발점이 된다. 이 중 유니캐스트란 휴대폰처럼 하나의 수신자에게 송신자가 메시지를 보내는 '단일 수신자 송신', 줄여서 '단보(單報)'라 하고, 멀티캐스트는 텔레그램이나 카카오스토리, 페이스북처럼 자신과 연결된 정해진 다수에게 메시지를 보내는 경우를 말하는데 '특정 다수 수신자 송신' 또는 '중보(衆報)'라고 한다. 반면에 공중파 텔레비전이나 도로변 광고판처럼 불특정 다수에게 메시지를 보내는 것이 브로드캐스트인데 이는 '불특정 다수 수신자 송신' 또는 '광보(廣報)'라고 한다. 대부분의 국가에서 단보는 규제가 거의 없지만 중보나 광보는 그 파급력이 크기 때문에 사회적 합의로 적절한 규제를 하는 것이 보통이다. 명예훼손 발화도 이 세 가지 송신 방법에 따라 다 전파될 수 있는데 그 결과는 매체의 특성에 따라 달라지므로 이를 세밀히 분석할 필요가 있다.

1.6. 명예훼손과 문화

우리가 주목하는 명예훼손의 세 가지 차원 중 마지막 차원은 문화의 차원이다. 명예훼손이 어떻게 발생하고 해석되며 판단되는지는 언어와 법을 아우르는 문화라는 차원에서 최종 결정된다. 같은 영어를 쓰는 미국이나 영국에서 명예훼손의 양상이 다르고, 같은 미국이라도 주마다 다르며, 같은 대륙법체계를 가진 한국과 일본 및 독일 등지에서도 또 다른데 이는 명예훼손이 여러 문화적 요인들에 영향을 받게 되기 때문이다. 따라서 이를 위해 우리는 4장에서 Hofstede의 비교 문화 이론의 테두리 안에서 명예훼손의 문화적 측면을 탐구하려고 한다.

특히 다음 그림-1의 위쪽 모형에 해당하는 미국과 같은 일직선형 의사소통 구조를 가진 개인주의적 문화와 그림-1의 아래쪽 모형에 해당하는 한국이나 중국과 같은, 화청자와 메시지 외에도 맥락이나 지위 등과 같은 다양한 추가 요인들이 복합적으로 작용하는 조화추구형 의사소통 구조를 가진 집단주의적 문화에서 명예훼손의 양상이 어떻게 다르게 전개되는지를 살펴보고 각 문화에서 주요 명예훼손성 어휘의 심리적 평가에 대해 알아본다.

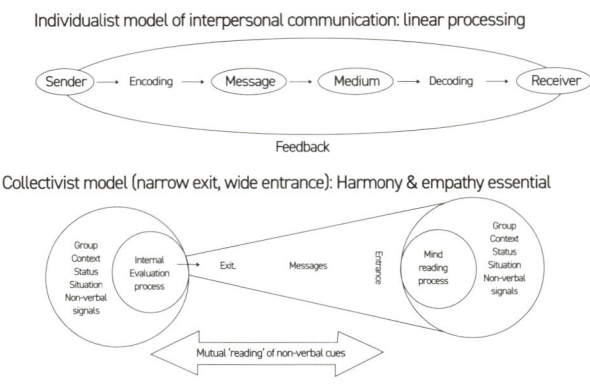

그림-1. 개인주의적 소통 모델과 집단주의적 소통 모델 (출처: M. de Mooij 2014)

의사소통 방식과 관련해서 한 사회의 주요 문제에 대한 의사 결정에 대한 개인의 역할에 따라 제4 장에서 우리는 깔개(rug)형 사회와 스펀지(sponge)형 사회, 그리고 건드리기만 하면 쉽게 터지는 부비트랩(booby trap)형 사회로 나누고 각 사회에서 명예훼손 행위의 특성을 검토한다. 무엇보다 한국은 역사적으로 그 어느 때보다 평등권에 대한 의식이 높아졌고 개인의 인격권에 대한 존중이 강조되면서 전통적인 가치나 윤리를 대체하고 있다. 더욱 우려할 만한 점은 요즘 우리 사회가 철학은 거의 부재한 반면 이념은 지나치게 과잉이라는 점이다. 빈곤하기 짝이 없는 얄팍한 철학의 가면을 쓴 생경하고 위험한 이념에의 몰입은 사회구성원 누구에게도 도움이 되지 않는 피곤한 말다툼과 몸싸움만 계속 양산해낼 것이다. 이런 과정은 필연적으로 구성원들 사이의 갈등을 유발할 수 있어서 현재 하루가 멀다 하고 일어나는 각종 명예훼손 다툼이 결코 우연이 아님을 알 수 있다. 그런 사례들에 나타난 문화적 요인들을 보고 마지막으로 우리와 다른 문화를 가진 나라들에서의 명예훼손 현상을 비교하고자 한다.

앞에서도 말했듯이 명예훼손은 언어적인 차원을 기초로 해서 그 위에 법적인 차원과 문화적인 차원이 교차하는 사회적 소통 행위이다. 이때 법과 문화가 공존하기 때문에 문제가 복잡해지고 어느 측면을 우선시하느냐에 따라 구체적인 명예훼손 발화에 대한 판단이 달라질 수 있다. 우리는 앞서 '없는 데에서는 나랏님도 욕한다'는 말을 보았는데 아무리 왕권이 절대적인 봉건군주제에서도 일반 백성의 언로는 완전히 봉쇄할 수 없었다. 현재에도 설날이나 추석과 같은 명절

이면 흩어져 있던 가족들이 한 자리에 모여 이야기를 나누다 보면 흔히 정치인이나 유명인에 대해 이야기하게 되고 때로는 부정적인 생각을 개진하게도 된다. 그러나 그런 자리에서 있었던 말들을 공인에 대한 명예훼손으로 다스릴 수는 없고 그럴 필요도 없다. 즉 아무리 서슬이 퍼런 법에서도 이런 일종의 상황 논리는 언급하거나 참고하지 않고 관행으로 치부하게 마련이다. 즉 법은 실제 세계와 유리된 순수 논리의 집합이 아니며 명예훼손은 법만의 문제가 아니라 문화현상으로 접근해야 할 필요성이 있다. 요즘 인공지능이 많은 영역에서 인간을 대체할 날이 멀지 않았고 특히 법의 문제에서는 그 가능성이 현실적으로 상당하다는 지적들이 많지만, 인간 언어의 맥락적 사용과 문화적 요인들을 두루 살펴야 하는 명예훼손의 경우는 아직 인공지능보다는 인간의 판단이 더 유효할 것으로 보인다.

또한 '법'이란 말 자체가 한국어에서는 하나의 의미로만 통용되지 않는다는 점을 고려할 필요가 있다. 즉 한국어에서 '법'이란 하나의 고정적 의미만 지닌 단의어가 아니라 여러 연관된 의미가 있는 다의어(polyseme)이다. 우선 '법'의 의미(meaning)는 크게 둘로 나눌 수 있는데 1)좁은 의미(sense)로는 '헌법'이나 '민법', '법원' 등의 어휘에서 쓰이는 법률 체계를 뜻하고, 2)넓은 의미로는 세상이 돌아가는 합당한 이치나 원리를 뜻하기도 한다. '법'에 대한 이 두 가지 정의를 각각 법1과 법2라고 하자.

(4) 추석이라고 여자만 일하라는 법이 어디 있어?

이 문장은 '법'의 다의적 해석이 가능하므로 중의적이라고 할 수 있다. 즉 이 문장을 발화한 화자는 좁은 의미로 성문법으로 법1을 가리킨 것일 수도 있어서 위의 발화는 다음처럼 계속 이어질 수 있다.

(5) 추석이라고 여자만 일하라는 법이 어디 있어? 헌법이야 민법이야? 도대체 누가 만들었어? 몇 장 몇 조야?

뿐만 아니라 주위에서 가끔 들을 수 있는 말로 "법대로 하자"라든지 "그 사람은 법 없이도 살 사람이다"라는 말에서의 '법'도 좁은 의미의 법1에 가깝다.

반면에 같은 '법'이라도 다음과 같은 발화에서는 좁은 의미로 성문화된 법보다는 사람들이 공유하는 가치 체계로서 사회적 원칙이나 문화적 규범을 가리킨다.

(6) 추석이라고 여자만 일하라는 법이 어디 있어? 세상에 누가 그런 케케묵은 말을 하고 다니는지 주둥이를 꿰매버려야 해.

또한 우리 언어에서 '법'은 더 나아가 결론에 도달하는 경험적 추론 과정을 가리키기도 한다.

(7) 이제 그쯤 되면 그만 사실을 실토할 법도 한데
(8) 아들이 자기를 낳아준 엄마를 고소했다니 어찌 이런 법이 있나?

이때 '법'이란 위의 예에서 본 법1과는 달리 경험에 근거한 세상의 원리를 가리킨다. 법2가 제대로 실현되지 않을 경우 이는 예상이나 기대에 어긋난 결과가 되므로 당사자는 자신의 경험 법칙에 대해 '인지 부조화(cognitive dissonance)' 상태에 빠지게 된다. 그렇게 되면 사람의 태도나 행동의 일관성이 흔들리게 되어 큰 갈등을 느끼게 되고 심리적 불안한 상태가 된다. '인지 부조화'란 독일의 심리학자인 Festinger가 처음 사용한 용어로 우리가 살아온 과정에서 체득한 모든 원리나 규칙에 의거한 질서와 패턴에 합치되지 않는 것을 접했을 때 생겨나는 현상이다. 이것이 축적되거나 사회적으로 확산되면 넓게는 아노미(anomie)나 데카당스(decadence), 로스트 제너레이션(lost generation), 다다이즘(Dadaism) 등의 기존 사회 질서의 붕괴로 연결될 수도 있고, 개인적인 차원에서 가치관과 정체성의 혼란이나 정상적인 사고의 정지나 일탈 행위, 판단 마비나 과도한 공격성과 같은 이상 상태에 빠지게 되는 것을 포함한다.

사회 문화적 차원에서 명예훼손 행위를 경계해야 하는 보다 근본적인 이유는 명예훼손 행위가 지닌 이런 걷잡을 수 없는 파괴력을 지닌 인지 부조화를 가져오는 행위이기 때문이다. 이때 주로 논의되고 고려되어야 할 점은 명예훼손과 관련된 법2의 해석이다. 명예훼손의 피해자들은 정도의 차이는 있겠지만 심각한 인지 부조화에 빠질 가능성이 높기 때문에 자신이 기존에 믿고 따르던 인간 관계에 대한 사회 규범이나 도덕률, 가치 체계의 혼선을 경험하게 되어 이는 좌절과 실망을 거쳐 분노의 상태에 빠지게 되며 심할 경우 사적인 형벌(lynch)이나 보복을 고려하기도 하다가 더러는 사법적 해결을 원하게 된다. 즉 법2에서 시작해서 법1에 의지하는 방향으로 나아가는 것이다.

법2의 의미로 명예훼손 행위의 법적 측면을 논하는 사람은 법2의 의미에 내포된 경향성을 반영하는 것이기 때문에 명예훼손 행위는 사법적 판단에 앞서 사회적 규범을 먼저 따져 보아야 한다고 생각한다. 또는 아예 이런 행위는 공권력의 재단의 대상이 아니라 사람들 사이에서 원만하게 해결해야 할 것이라고 생각할 가능성이 높다. 즉 이런 생각을 하는 사람들은 흔히 '형벌'보다 하늘이 내리는 '천벌'이 더 무섭고 의미가 있다. Newton이나 Einstein과 같은 물리학자들이 찾아낸 법칙은 자연 세계가 돌아가는 이치를 수학적 모델링을 통해 공식화한 것으로 위에서 논의한 법2에서 시작해서 구체화 과정을 거쳐 법1까지 최종 도달한 사유 작용의 산물이다. 중학교나 고등학교 물리 시간에 Newton이나 Einstein을 비롯한 여러 과학자들의 자연 법칙을 법1로 생각해서 그 기저 원리에 대한 폭넓은 이해보다는 조문에 매달린 단순 암기로 이 자연 법칙들을 받아들이는 경향이 있다. 그러나 법1의 차원은 분석적인 측면에 초점을 맞추기 때문에 보다 종합적인 법2의 차원에 비해 논리적일 수는 있지만 자신이 규정한 공리 체계가 완전하지 못할 경우 단 하나의 예외만으로도 무너질 수 있다. 실제로 과학사에서 보면 위대한 자연 법칙이라고 생각되는 것도 분석의 패러다임이 바뀌면 재해석되거나 용도 폐기되는 경우가 드물지 않다. 명예훼손의 경우 많은 한국인들은 좁은 의미의 법1에 앞서 사회적 원리로서 광의의 법2를 생각하지만 점차 명예훼손 발화가 빈번해지고 모바일 네트워킹과 통신 수단의 발전에 따른 사회적 파급력이 강해짐에 따라 자신의 실질적인 법익을 심각하게 고려한 나머지 법1에 접근한 생각들을 하는 경향이 있다. 실제로 미국 사회는 오래 전부터 남들이 보기엔 사소한 갈등 같이 보이는 문제라도 "I'll sue you"라든지 "Let's go to court"와 같은 말을 서슴지 않고 내뱉으면서 변호인의 조력을 받아 법률적으로 자신의 이익을 지키려는 경향이 있었는데 한국도 미국의 그런 경향을 따라가는 것처럼 보이는 단적인 증거로 대법원 통계에 따르면 지난 5년 사이 명예훼손 관련 법적 소송 건수는 과거 같은 기간에 비해 2.5배가 증가했다. 이는 과거에는 도덕이나 윤리의 관점에서 접근하던 반사회적 소통을 이제는 법적, 제도적 영역으로 끌어들이고 있음을 의미하는 것이다.

1.7. 통합적 접근

명예훼손은 이제 우리 주위에서 흔히 듣거나 볼 수 있는 현상으로 사회 구조가 수평화되고 탈권위주의화하면서 평등 의식과 개인의 인격권에 대한 인식이 높아짐에 따라 그 사례가 급증하고 있다. 또한 정보 통신 기술의 발전과 미디어의 급속한 보급으로 인해 디지털화된 사회적 소통이 일상화되면서 이런 경향은 가속화되고 있다. 사안이 증가할수록 내용도 전례가 없는 경우가 생겨나고 있고 법조문과 판사의 양심만으로는 보편타당한 판결을 내리기 쉽지 않다. 그럴수록 명예훼손 연구의 3대 축이라 할 수 있는 언어 전문가와 문화 전문가가 법 전문가와 함께 기초적인 문제부터 전문적인 단계에 이르기까지 함께 하는 협동 체제가 필요하다.

명예훼손이나 위증, 무고, 모욕과 같은 부정적이고 갈등 조장적인 발화의 언어적 측면에 대한 연구와 법적인 측면에 대한 연구의 상호 결합 가능성은 1990년대부터 주로 미국과 영국에서 본격적으로 이루어지기 시작해서, 현재는 앞서도 언급한 법언어학이란 분야에서 논의가 활발히 이루어지고 있다. 다만 명예훼손적 언어 행위의 문제를 대화 참여자의 관계와 역할 등을 포함하는 발화 맥락의 구조와 발화 목표, 대화 참여자들 간의 관계 등에 초점을 맞추는 거시화용론적인 시각에서 접근하는 것은 국내외에서 그 선례가 매우 드물다. 사회적으로 부적절한 발화 행위는 주로 그 발화에 동원된 언어의 사용이 문제가 되는 언어학적 주제, 특히 화용론적 주제임에도 불구하고, 국내외를 막론하고 기존의 언어학 또는 화용론에서는 이에 대한 체계적인 접근이 부족했으며 오히려 법학자들의 비언어학적, 직관적인 분석에 의존하는 경향이 있다(신평 2004, 이해윤 2023). 따라서 이런 관행은 법의 제정 및 집행에도 이어져 각종 관련 규정의 입안이나 입법화 과정에서 화용론 학자나 언어학자들의 참여가 전무했다고 해도 과언이 아니다.

명예훼손 사건에 대해 재판부가 최종적인 법적 판단을 내리기 전에 해당 명예훼손 발화의 언어적 구조와 특성을 면밀히 검토해야 하는 것은 재론의 여지가 없다. 그럼에도 한국의 경우 명예훼손 심리는 문제 발화의 언어학적 분석보다는 범죄 구성 요건의 확인에 중점을 두는 경향이 있어서 실제로 발화 내적인 검토보다는 발화 외적 요인들에 대한 검토에 더 많은 시간을 할애한다. 그러나 "'아' 다르고 '어' 다르다"는 속담처럼 발화의 미묘한 부분들을 미시적으로나 거시적으로 전문가의 시각에서 분석하는 것이 선행되어야 한다. 물론 재판부 자체적으로 이런 언어학적 분석까지 할 수 있으면 가장 바람직하겠지만 범죄인들의 심리적 성향을 전문적으로 분석하여 법적 판단의 근거로 제공하는 범죄 심리 분석관, 즉 프로파일러(profiler)나 의학적, 해부학적 지식을 토대로 시신의 사망 원인과 과정에 대해 보고하는 검시관(coroner)처럼, 법적 다툼의 원인이 되는 언어적 행위와 현상에 대해 전문적으로 분석하고 조언하는 가칭 범죄 언어 분석관이나 법언어학자(forensic linguist)의 육성과 활용이 필요하다. 한국은 아직 이런 면에 주목하고 있지 못하지만, 미국에서는 이미 법언어학이 과학적 수사 기법의 한 부분으로 인정되어 여러 법학전문대학원에서 정규 교과목으로 채택되고 있으며 실제 수사나 재판에 활용되는 사례가 늘어나고 있다.

1.8. 명예훼손의 동기와 성격

명예훼손성 발화는 왜 발생하는 것일까?

타인의 명예를 공공연히 해치는 발화는 일부 사람들에게는 카타르시스를 줄 수 있을지 몰라도 그 자체로 엄연히 부정적이고 공격적이며 반사회적 언어 사용이기 때문에 그 표적이 되는 사람은 모멸감을 느끼고 심할 경우 정신적 공황 상태에 빠져 정상적인 사회생활을 영위할 수 없을 정도로 큰 타격을 받을 수 있으며, 그 말을 전해 듣는 제3자도 심리적 충격을 받는 등 심각한 영향을 줄 수 있다. 이처럼 명예훼손은 피해 당사자의 인격권을 침해할 뿐 아니라 사회 공동체의 통합과 결속을 저해할 수 있기 때문에 많은 국가에서 사법적 판단의 대상이 된다. 아무리 언론과 표현의 자유를 존중하는 현대 민주 사회라고 하더라도 명예훼손을 방치하는 것은 사회적 파장을 고려할 때 지불해야 될 댓가가 만만치 않고 특히 인터넷과 SNS 등의 통신 수단이 비약적으로 발전하고 있는 상황에서 발언의 파급력이 과거와는 비교가 안 될 정도로 크기 때문에 어떤 식으로든 적정한 수준의 규제가 필요하다.

그런데 법원의 통계에서도 볼 수 있듯이 명예훼손으로 인한 법적 다툼은 줄어들기는커녕 반대로 계속 늘어나는데 그 이유는 무엇일까? 사람들은 왜 민형사상 처벌과 불이익을 받을 수도 있음을 알면서도 굳이 타인의 공적인 명예를 깎아내리려고 할까? 수많은 판례들을 보면 제 각기 다른 이유에서 그런 행위들이 발생하지만 이를 종합하면 그 주된 동기로는 1)타인을 시기하고 모함하며 음해하려고 하는 개인적 동기와 2)문제가 되는 인물의 불법 행위나 부적절한 언행을 고발하고자 하는 사회적 동기를 생각해 볼 수 있다.

우선 개인적인 차원에서 인간이 자신을 타인과 비교하고 그가 자신보다 조금이라도 나은 점이 있을 경우 이를 못마땅하게 여기는 마음은 동서고금을 막론하고 쉽게 찾아볼 수 있다. 성서의 창세기에 보면 아담과 이브의 아들인 카인은 자신이 수확한 작물을 하나님께 바쳤지만 하나님이 양치기인 동생 아벨이 바친 새끼양의 제물을 더 좋아한다고 생각한 나머지 동생을 돌로 쳐서 죽임으로써 인류 최초의 살인을 저지르고 만다. 이처럼 질투의 감정은 비극적 결말을 초래할 수 있을 정도로 강력한 힘을 갖고 있는데 SNS 등에서 종종 확실한 근거도 없이 떠도는 명예훼손성 발화는 소위 사회적으로 잘 나가는 인물들에 대한 질시에서 비롯된 경우가 적지 않다. 특히 "사촌이 땅을 사면 배가 아프다"라는 말이 있을 정도로 경쟁심이 강하고 수능시험이 끝나면 바로 점수별로 서열화된 진학 가능한 대학의 배치표가 즉시 공표되어 공영 방송에서조차 인용하여 보도할 정도로 획일화된 목표와 한줄서기를 강요하면서 동시에 이를 관리할 엄정한 심판과 지엄한 권위는 보이지 않는 우리 사회의 특성은 명예훼손이 배태될 좋은 토양을 제공하고 있는 것이다.

명예훼손은 개인적 차원에서만 일어나는 것은 아니다. 대표적인 경우로 2017년부터 크게 일어난 국내외 미투 운동에서 볼 수 있듯 차마 기억하기도 싫은 사건의 피해자들이 개인적인 수치심을 감내하고 공공 매체에 자신이 당한 성폭행이나 성희롱의 가해자를 고발하는 것은 형식논리적으로만 보면 가해자의 명예를 크게 훼손하는 것이지만 이미 개인이라기에는 사회 권력이 된 가해자에 대한 공익적 고발의 성격을 지닌다고 볼 수 있다. 명예훼손성 발화를 만들어 3자에게 전파하고 유포하는 사람은 그러한 행위가 갖는 사회적 파장과 더 나아가 위법 행위로 인한 처벌 가능성까지 알고 있으면서도 이를 감행하는 경우가 많다. 문제의 인물과 자신과의 사이에서 정체성의 차이는 그냥 침묵을 지키기에는 너무 크고 심각한 것이라고 판단되어 그런 행위의 후과에 상관없이 지르고 보는 경우가 허다하다.

명예훼손은 본질적으로 사회적 소통(societal communication)에 속하는 화용적 행위(pragmatic act)라고 할 수 있다. 법익의 대상이 되는 '명예' 자체가 사회적 가치이며 명예훼손 행위가 성립하기 위해서는 공연성이 충족되어야 한다는 점에서 일반적인 사적 대화와 구별된다. 즉 사회적 소통 행위는 개인들 사이의 사적인 사교적 소통(social communication) 행위와 구별되는 것으로서 이성범(2023)에 의하면 대화나 담화에 참여하는 사람들이 자신이 속한 집단이나 문화에서 공유하는 목표나 가치를 인식하고 대맥락에서 사회적 이슈에 관한 언어 메시지를 주고받는 거시적 화용 행위라고 본다. 같은 발화라고 하더라도 그 발화가 어떤 맥락에서 이루어졌는지에 따라 그 발화의 성격은 달라질 수 있다. 예를 들어 "여자가 옷 입은 게 그게 뭐냐? 사내녀석들이 죄다 침을 질질 흘리면서 쳐다보고 낄낄대잖냐?"라는 발화는 나이 많은 시어머니가 외출하려고 하는 옷차림이 단정하지 못한 며느리를 야단치면서 말한다면 이는 훈계나 질타의 언어 행위에 속한다고 볼 수 있다. 반면 같은 발화라도 같은 대학교 동아리에 속한 남학생들이 한 여학생에게 이와 같은 말을 한다면 이는 여성 비하 또는 성희롱에 속하여 심각한 사회적 반향을 불러일으킬 수 있는 발언이 될 수 있다. 또 다른 예로 길거리에 사탕 껍질을 함부로 버리는 중학생을 보고 노인이 "지금 쓰레기를 어디다 버리는 거야?"라고 묻자 이에 대해 중학생이 "아이 참 재수없어, 할아버지는 누구세요?"라고 답했다고 하자. 이는 대화의 소맥락만 고려하는 미시적 관점에서는 형식상 질문과 반문으로 이루어진 대화로서 그 노인의 발화수반요점은 꾸중하기라고 한다면 중학생의 발화수반요점은 대들기라고 볼 수 있다. 반면 이 대화가 일어난 맥락을 조금 더 확장해서 거시적 관점에서 보면 노인의 발화에 수반된 정체성(illocutionary identity)은 공중도덕과 윤리를 중시하고 위계질서를 존중하며 그런 사회적 기강을 지키려는 역할을 자임하는 노년층 또는 기성세대의 집단 정체성을 대변하는 것이며 반면에 중학생은 자신의 자유로운 행동을 구속받지 않으려 하고 훈육과 이른바 꼰대스러운 마인드를 거부하려는 청소년층 또는 MZ세대의 집단 정체성의 발로라고 볼 수 있다. 이처럼 사회적 소통 행위는 단순 미시적 언어 행위를 뛰어넘는 거시적 화용 행위라고 볼 수 있는데 이러한 사회적 소통 행위에는 다음과 같은 것들이 포함된다(괄호 안의 것은 그 예임).

1) 세대 간 소통 (노년 - 청년, 부모 - 자식, 고부간 등)
2) 양성 간 소통 (여자 - 남자, 아내 - 남편 등)
3) 계층 간 소통 (금수저 - 흙수저, 특권층 - 서민층, 이념적 보수층 - 이념적 진보층, 등)
4) 갑을 간 소통 (고용주 - 피고용주 등)
5) 지역 간 소통 (수도권 - 비수도권, 남한 - 북한 등)
6) 단체 간 소통 (동물자유연대 - 대한육견협회 등)
7) 문화 간 소통 (원주민 - 이주민, 모어 - 외국어 등)

이런 소통에서는 종종 상대방의 정체성을 폄하하거나 부정하는 발화들이 발생한다. 예를 들어 2021년 4월 JTBC News에서 보도한 여성의 군복무와 군 가산점 문제에 대한 20대 남녀의 인터뷰를 보고 유투브에 올린 댓글들을 보면 각자의 시각에서 찬반 및 문제의 원인과 해법에 대한 의견이 개진되는데 그중에는 가끔 자신과 사회적 정체성이 다른 쪽을 비방하는 글도 포함되어 있다.

>>@ASdw122azx: 진짜 역겨운게 뭐냐면 LH 취업률 등등 문제가있는데 남녀갈등으로 방향을 튼다는거지

>>@user-jb6rf7pb9q: 20대남성에 한정해선 페미가 가장 큰 원인이긴 하지

>>@ASdw122azx: @user-kh8tj6qd7p 출산률 조진건 기성세대가 조지니까 그런건데 그걸 무마하려고 남녀갈등부추기는걸로밖에 안보임

>>@user-yz4qp5yu7z: @데호라비 페미가 뭘했는데요 ㅋㅋㅋㅋ 그렇게 씨부리는 군가산점 폐지는 지금 페미들이 한 것도 아닌데요 ㅋㅋㅋ

>>@Lina-ef5bm: 페미가 원인이란다 페미 폐자도 모를 것 같은애들이 ㅋㅋ

>>@user-uy3vd6bb4t: 페미없어진다고 지금 출산율이 올라갈까 그건 아니라고봄 결혼해서 애낳아봐 당장 여자는 복직못하고 경력단절되고 남자혼자서의 수입으로 애키워야하는데 그게 쉽냐고

>>@Jaegyeong_you: LH랑 취업률 저조해서 먹고살기도 힘든데 연애를 어떻게해 연애를 어떻게해서 어떻게 결혼을해 그사세들이나 결혼해서 또 옛 귀족 선비들끼리 돌고돌아 근친상간 장애 유전병아이 많아지면 또 돌고돌아 다시 이맘때쯤으로 돌아오는 미래가 보인다보여.....

>>@user-eq3nt5zb6r: 페미랑 LH 둘다 문제인걸로 하죠 뭘 이건맞다 저건아니다 싸워요들

>>@Peace-ol7xy: @100 100 헛소리 하지 말고요 아저씨 남녀 편 가르기 하고 갈등 조장한 게 민주당과 정부, 페미니즘 세력이니까요 잠자코 있으세요 제발 그리고 친일 잔당은 여야 가리지 않고 다 있으니까

프레임이나 잡지 마셔요
＞＞@user-ov2ub6tv8p: ㅋㅋ그깟 친일 북에 꼬라박는 문재인 뽑을빠에 군인대우 1이라도 신경쓰는 친일이 훨빼나음ㅋ
＞＞@user-nd7vb6zi2g: @100 100 친일파는 그쪽 윤미향이랑 박영선 아닌가 ㅋㅋㅋ?

(출처: https://youtu.be/JoQs_yOj9M4?si=UB96ofQJNlRp9yoE)

　이 댓글은 기자가 보도한 여성의 군복무와 군 가산점 문제에 대한 20대 남녀의 반응을 놓고 누리꾼들이 나름대로 의견을 펼치면서 시작되었다가 점차 페미니즘과 친북/친일 논쟁으로 비화하면서 이들 이슈와 관련된 각자의 사회적 정체성이 드러난 설전을 벌이고 있다.

　다음의 예는 또 다른 사회적 이슈인 낙태의 합법화에 관한 토론의 일부이다.

＞＞[모뇨 모뇨] 우리나라에서 낙태 인식: 낙태를 한다 ＞ 여자가 걸레네.. ㅉㅉ함부로 몸을 굴리니까 그러지, 피임 좀 제대로 하지, 살인자 등 낙태를 안 한다 ＞ 책임지지도 못할 거면서 왜 낳음?? 어쩌라고 시발
＞＞[곤란해요] 뭘 어쩌긴 어째.. 아이를 낳아서 책임감을 갖고 키운다 당신 부모님처럼.. 당연한 걸 묻네..
＞＞[감주소] 모뇨 모뇨 그런 소리 안 들으려면 피임을 해야죠 피임을 확실하게 하지 않았다는 거 자체가 임신에 대해 무지하거나 그런 소리 듣는 걸 감수한다는 얘기 아닌가요?

>>[heeya u] 걸레까진 안 하지 않나요? 아무리 꼰대라도 이런 말 하시는 분들은 못 본 거 같아요. 피임 제대로 안 한 건 잘못 맞습니다. 남자고 여자고 모두요. 피임에 대해서 이야기할 때 여성분들이 대부분 반발 하시는데 남자 책임 물론 있고 남성들 잘못도 있지만, 그렇다고 여성들은 잘못이 없는 거 아닙니다!! 피임에 대해서는 둘 다 잘못이 있는 겁니다. 남 탓할 께 아니라 내 탓하는 게 맞다고 봅니다.

(출처: "낙태죄 폐지 반대 100만인 서명 운동" 유투브)

여기서는 아이디 [모뇨 모뇨]가 발화 초반부에서는 한국에서의 낙태 인식에 대한 자신의 의견을 개진하는 듯하다가 끝날 무렵에는 비속어를 포함한 "어쩌라고 시발"이라는 타인의 반응을 유도하는 도발적인 말을 던지고 있다. 이 누리꾼은 우리 사회의 낙태 인식에 문제가 있다고 문제 제기를 하는데 이는 불특정 다수를 비판한 것이지만 듣는 사람의 입장에 따라서는 거북하게 들리거나 더 나아가 사회적 정체성을 공격한 명예훼손성 발화로 생각할 수 있다. 이 댓글 블록을 시작한 [모뇨 모뇨]는 자기의 댓글에 다른 사람들이 따라오길 기대하는 듯한 질문을 던짐으로써 자신이 준비한 공격적 메시지를 전개하려고 하는 전형적인 플레이밍(flaming) 유발자의 모습을 보이고 있다. 이에 [곤란해요]가 [모뇨 모뇨]의 플레임 미끼를 덥썩 물어 낙태에 반대하는 반응을 보이자 연이어 [감주소]가 [모뇨 모뇨]의 유도성 질문에 낙태를 반대하는 어조로 답하고 이번에는 [*너보다 우월한 존재]가 [감주소]를 받아치면서 그 다음부터는 [*너보다 우월한 존재]와

[감주소] 사이의 설전이 이어진다.

임신 중절의 권리를 둘러싼 이런 사회적 소통의 과도하리만큼 격렬한 논쟁을 비단 한국만의 현상은 아니다. 낙태 문제는 미국에서 이념적 보수와 진보를 구분하는 가장 큰 사회적 이슈 중의 하나로 이와 관련된 각종 토론은 소통 참여자들의 사회적 정체성을 여실히 보여준다.

>> [TheReccher] Oh shit. Good for you. You found a pro-life argument that isn't a the typical Appeal to Emotion cliches. I mean it's still fucking stupid like most anti-abortion arguments but still…least it's original so points.
>> [Squably] Ummm ok? Good for you? Nobody's forcing you to believe in God you don't have to get all weird about it.
>> [S K] @Elizabeth Naveja still none of your business. Up to the individual and not others.
>> [BrendaCastillo] Calm down nigga, just don't get an abortion if you think its immortal, you have the right to your opinion
>> [5.56 Only] Your argument is amusing because it's complete horse shit.
>> [BrendaCastillo] Mind ya own business or leave the US ₩('c)/

(출처: YouTube "The Ethics of Abortion" (Sept. 18, 2015))

위 대화는 정상적인 대화라고 보기에는 욕설과 비속어가 난무하고 상대방의 말에 대한 경청의 자세가 전혀 보이지 않는 말 그대로 댓글 전쟁이라고 할 수 있다. 이성범(2023)은 성공적인 사회적 소통을 위해서는 의견이 다르더라도 상대를 포용(engagement)하려는 자세가 중요하고 포용성 있는 대화를 위해서는 수렴(convergence)을 지향하는 마음가짐이 선결되어야 한다고 주장한다. 그런데 위 대화는 수렴과는 정반대로 서로 자신의 사회적 정체성을 고집하고 제 갈 길로만 달려가는 분산(divergence)의 모습을 보이고 있어서 포용성을 찾아볼 수 없는 최악의 사회적 소통이 되고 말았다.

이처럼 사회적 소통에서는 타인과 구별되는 개인이 갖고 있는 독특한 특성으로서 개인적 정체성(personal identity)뿐 아니라 인종이나 연령, 국적, 종교, 성적 취향, 사회적 계층 등 자신이 속한 집단의 정체성으로서 사회적 정체성 또는 사회문화적 정체성(sociocultural identity)이 노출되고 이것이 인도하는 대로 논의가 전개되기 쉽다(Tajfel & Turner 1979; Ting-Toomey & Dorjee 2015). 우리는 누군가와 대화를 할 때 자신의 개인적 정체성만 갖고 대화에 임하는 것이 아니라 의식하든 의식하지 않든 자신이 속한 집단의 정체성도 함께 갖고 대화에 참여하는 것이다(Cap 2021). 자신이 속한 집단의 정체성과 어긋나는 대화는 그에게 인지적 혼란과 감정적 부적응을 초래할 수 있다. 이와 관련해서 Deetz(1982)에 의하면 "언어는 집단을 구성하고 그 본질을 규정하는 요소"라고 하였는데 이는 언어가 어떤 집단이 자신들의 존재에 대해 일반 대중들이 인식할 수 있게 만드는 사회적 실체를 구성하는 주된 수단임을 강조한 것이다.

  사회적 소통에 관여하는 두 사람 사이의 정체성은 일치하거나 불일치할 수 있는데 정체성이 상대적으로 높은 수준으로 일치할 경우는 열정적인 상호 작용이 일어날 가능성이 높다. 이 경우 두 사람의 대화와 행동은 협조적인 양상을 띄거나 더 나아가 합작과 공모까지 나아갈 수 있다. 반면에 정체성은 일치하지만 그 수준이 상대적으로 높지 않을 경우는 소극적 공존의 상태로서 이런 상태에서의 소통 행위는 상대방에 대한 동의나 최소한도의 묵인 또는 순응의 양상으로 흘러갈 가능성이 높다. 반대로 소통에 임하는 두 주체의 정체성에서 차이가 있을 경우 이로 인한 불화나 갈등이 예상되는데 이 중 정체성 차이가 비교적 크지 않을 경우는 소극적 불화의 상태로서 상대방의 말이나 행동에 대해 명시적 또는 비명시적으로 동의하지 않음 표하거나 권력의 차이가 있는 경우 불복종 또는 허락하지 않음을 나타낼 수 있다. 마지막으로 두 사람 사이의 정체성에서 큰 차이가 있을 경우 강한 충돌이 예상되는데 이는 상대방의 발화나 행동에 대해 대결의 자세를 보이거나 반목하고 적개심을 표현하는 데까지 이를 수 있다. 사회적으로 문제가 되는 명예훼손성 발화는 대개의 경우 정체성에서 차이가 있어서 상대방의 언행을 용인할 수 없는 불일치 상황에서 발생하는데 그 중 강한 반작용의 상황은 보다 공격적이고 신랄한 비난을 수반한 발화의 모습을 띠는 것이 보통이다.

  마치 외줄타기 하는 사람처럼 일치와 불일치의 가능성을 동시에 안고 임하게 되는 사회적 소통에서 중요한 역할을 하는 대화의 기술이 바로 협상(negotiation)이다. 협상은 메시지를 교환하여 상대방의 개인적 정체성이나 사회적 정체성의 이미지를 유지시켜 주거나 필요할 경우 고양시켜 주기도 한다. 사회적 소통의 참여자들은 다양한 개인적, 집단적 정체성을 갖고 대화에 임하므로 의도나 목표에 따른 협상이 불가피한데 협상에는 개인적 차원의 체면 협상(face negotiation)과 사회적 차원의 정체성 협상(identity negotiation)이 있다. 상대의 사회적 정체성을 인정하는 협상은 사회적 소통의 포용성을 높일 수 있는 반면, 사회문화적 정체성을 부정하거나 도전하는 협상 태도는 소통의 포용성을 낮추게 된다. Graham(2018)은 미국에서 인종이나 성정체성 등의 사회적 정체성이 법적으로 어떻게 다루어지는지를 보여주고 있는데 현재 한국에서 이런 이슈에 못지않게 명예훼손이 사회 구성원들 사이에서 대립과 반목, 적대감을 낳게 되는, 사회적 소통에서 정체성 충돌의 극단적인 예이면서 소통 실패의 대표적 경우이다.

명예훼손의 Q & A
판례를 중심으로

Q. 언론사의 보도는 명예훼손에서 면책되나?

언론인은 자신이 취재하여 보도한 내용이 사실이 아닌 것으로 드러나서 결과적으로 대상의 명예를 훼손하게 될 경우에도 책임을 물을 수 없는가? 또한 보도된 내용이 사실일지라도 그런 보도로 인해 특정인의 사회적 평판이 심각하게 내려갈 수 있으면 사실 적시에 의한 명예훼손죄가 성립하는가? 만약 그렇다면 시민들의 알권리를 위해 최전선에서 언론 자유의 첨병 역할을 하는 기자나 방송인들을 부당하게 제어하는 것이 아닌가? 국민을 대표하는 국회 의원이 회기 중 자신의 직무와 관련된 사안에 대해 발언할 경우 그 내용 중에 인신공격성 명예훼손 내용이 있다고 하더라도 광범위한 면책 특권이 인정되는 것처럼, 공익성과 사회적 책임성을 저버리고 상업주의와 결탁하거나 특정 세력을 비호할 목적의 여론 조작과 당파적 의도에서 비롯된 사이비 저널리즘은 법의 제재 대상이 되어야 하겠지만, 이른바 '사회의 목탁'으로서의 소임을 다하기 위해 순수한 동기에서 개인의 인격권과 충돌하는 발언과 표현은 일정 부분 면책 특권을 부여해야 하는가? 이에 대한 답은 쉽지 않으며 시대적으로 그리고 국가마다 표현의 자유와 개인의 인격권 사이의 우선순위에 따라 달라질 수 있다. 실제 법원의 판례도 때로는 언론사의 손을 들어주기도 하지만 그 반대의 경우도 많이 볼 수 있다.

판례 Dominion Voting Systems, Inc. v. Fox News Network, LLC

원고: Dominion

피고: Fox News Channel의 모회사인 Fox Corporation

쟁점: 보수 성향의 폭스 뉴스(Fox News)는 2020년 미국 대선 과정을 보도하던 중 투표기계 제조사인 도미니언(Dominion Voting Systems)사가 경쟁사인 스마트매틱(Smartmatic)사와 공모하여 당시 공화당 트럼프(Trump) 후보를 낙선시키기 위해 투표기계를 조작했고 이로 인해 트럼프의 승리가 날아갔다고 보도하였다. 이에 대해 Dominion이 Fox News의 보도는 자사에 대한 명예훼손이라고 주장하자 Fox News는 유권자들 사이에 떠도는 "순수한 의견(pure opinion)"을 보도했고 이는 미국의 수정 헌법 제1조에 의해 보장된 것으로 1964년 New York Times Co. v. Sullivan의 판례에서와 같이 언론과 표현의 자유의 영역에 속하는 것이라고 반박하였다.

경과: 2023년 3월 31일 델라웨어주대법원 판사인 에릭 엠 데이비스(Eric M. Davis)는 Fox News가 Dominion사를 상대로 제기한 투표기 조작 주장이 모두 이유 없다고 보고 Fox사가 악의를 갖고 계획적으로 이런 보도를 했는지를 판단할 별도의 심리 과정을 명령하였다. 이로부터 약 2주 후 Fox News는 허위 사실을 보도하였다는 판결을 인정하고 Dominion사에게 7억8천7백5십만 달러를 배상할 것을 합의함으로써 사건은 마무리되었다. 다만 이 합의에는 Fox사의 공식적인 사과를 필수조항으로 정하지 않음으로써 언론사로서 Fox News가 최소한의 체면을 유지할 수 있게 하였다.

의의: 이 사건은 언론의 보도를 둘러싼 명예훼손 소송 사건으로서는 2년 1개월이라는 역사상 가장 긴 재판이었으며, 논쟁이 되는 세부 사항들의 차이를 감안하더라도 1964년 뉴욕타임스의 표현의 자유를 인정한 판례와 대비되는 주목할 만한 판결이다. 즉 표현의 자유는 무제한의 절대적 권리가 아니라 명예훼손이나 거짓 보도까지 무조건 수정 헌법 제1조에 의해 용납되는 것은 아님을 일깨워 주었는데 미국 수정 헌법 제1조에 따라 표현의 자유를 폭넓게 인정하는 경향이 있는 미국에서 법원이 이렇게 판단한 결정적인 이유는 기일 전 증거 개시 절차(pre-trial discovery)에서 Fox사의 뉴스 호스트들과 최고 경영진들이 투표기에 대한 루머가 아무런 근거 없는 거짓 소문이라는 것을 알고 있었음에도 불구하고 단지 시청률을 높이기 위해 2020년 11월

부터 2021년 1월까지 그런 주장을 계속 밀고 나갔다는 것이 Fox사의 내부 통신망(internal communications)을 통해 밝혀졌기 때문이다.

Q. 소송대리인의 명예훼손성 발화은 누구 책임?

원고 A의 소송대리인 B가 명예훼손 재판 중에 피고 C에게 또 다른 명예훼손성 발화를 한 경우 A도 책임을 져야 하는가 아니면 B만 책임을 지게 되는가? 대한민국 민법 124조의 해석상 본인의 허락이 있는 경우에는 특정한 법률 행위에 관한 대리인은 그 법률 행위를 위하여 당사자 쌍방을 유효하게 대리할 수 있다. 그런데 소송 당사자의 위임을 받아 법령의 규정에 따라 그 당사자를 대신하여 소송 행위를 할 권한을 가진 소송대리인이 재판과 관련하여 발언한 것에 대해 당사자도 완전 면책되는 것은 아니다. 즉 A도 B도 책임을 질 수 있다.

 소송대리인은 당사자의 위임을 받아 당사자를 대신하여 소송을 수행하는 자인데 그런 소송대리인이 재판 중에 명예훼손성 발화를 한 경우, 그 발화가 사실이라면 미국과 같은 나라에서는 명예훼손이 성립하지 않을 수 있다. 그러나 그 발화가 허위라면 한국은 물론 미국에서도 명예훼손이 성립할 수 있다. A는 소송대리인 B를 선임하여 소송을 진행한 것으로 A는 B의 행위에 대해 감독 의무를 부담하기 때문에 원칙적으로 B의 명예훼손성 발화에 대한 책임을 물을 수 있다. 또한 A가 B의 명예훼손성 발화를 지시하거나 승인한 경우에도 A

는 책임을 질 수 있다. 소송대리인 B는 자신의 명예훼손성 발화에 대한 책임을 물을 수 있는데 그 이유는 B가 소송대리인으로서 전문적인 법률 지식을 가지고 있으며, 명예훼손의 법리를 알고 있을 것으로 기대되기 때문이다. 또한 B는 자신의 발언이 명예훼손이 될 수 있다는 것을 충분히 인식했을 것으로 추정되기 때문이다. 따라서 소송대리인이 재판 중에 명예훼손성 발화를 한 경우, A도 B도 명예훼손에 대한 책임을 지게 될 수 있다. 다만, A와 B의 책임 비율은 구체적인 사안에 따라 달라질 수 있는데 예를 들어 원고 A가 자신의 소송대리인 B의 명예훼손성 발화를 지시하거나 승인한 경우, A의 책임 비율이 높아질 수 있다. 반면, B가 A의 지시 없이 독자적으로 명예훼손성 발화를 한 경우, B의 책임 비율이 높아질 수 있다.

판례 John C. Depp, Jr v. Amber Laura Heard

원고: Johnny C. Depp

피고: Amber L. Heard

배경: 할리우드의 유명 배우 자니 뎁(Johnny Depp)과 앰버 허드(Amber Heard)는 2009년에 <The Rum Diary>라는 영화 촬영 중에 만나 연인 관계로 발전하여 2015년에 결혼을 하였다. 그러나 Heard는 Depp이 술과 마약에 취해 신체적, 언어적 폭력을 구사해 왔다고

하여 이듬해인 2016년 5월에 이혼 소송을 제기하였다. 결국 이들은 2017년 1월 합의 이혼을 하게 된다. 이때 이들은 공동 성명을 발표하면서 "그들의 관계가 대단히 열정적이었고 주기적으로 불안하기도 했지만 언제나 사랑으로 맺어진 사이었다"고 말했다.

그러나 2018년 12월 Heard가 The Washington Post 신문의 독자 의견란에 쓴 글에서 Depp이 자신을 성폭행(sexual violence)했었다고 주장하자 Depp은 전처인 Heard를 명예훼손으로 고소하고 5천만 달러의 손해 배상을 요구하였다. 이에 맞서 Heard는 Depp의 전 변호사가 2020년 The Daily Mail지에 자신의 명예를 훼손하는 글을 올렸다는 이유로 맞고소하고 1억 달러의 손해 배상을 제기하였다. 재판에서 Depp의 변호인단은 Depp이 성폭행을 한 사실이 없고 Heard가 오히려 문제를 근거도 없이 부풀려서 Depp에게 심각한 이미지 타격을 주었다고 주장한 반면, Heard 측은 성폭행은 사실이며 신문 독자 투고란에 올린 글은 수정 헌법에 의해 보장된 행위라고 맞섰다.
경과: 버지니아주법원의 배심원단은 워싱턴포스트 신문에 Heard가 쓴 "성폭행(sexual violence)"과 "가정 학대(domestic abuse)"는 허위이며 Depp의 명예를 고의로 훼손한 것이므로 Depp에게 1천만 달러를 배상하고 추가로 Heard에게 5백만 달러의 벌금형을 내렸다. 또한 주목할 점은 Depp에게 자신의 전 변호인으로 하여금 Heard에 대해 근거없는 주장을 퍼뜨린 점에 대해 명예훼손의 책임이 있다고 보고

Depp으로 하여금 2백만 불을 배상하도록 명령했다.

의의: 이 사건은 할리우드 최고 스타들의 가정 내 사생활이라는 다분히 선정적 주제인데다 인터넷으로 생중계되다 보니 수많은 호사가들의 입방아에 오르게 되었는데 여론은 대체로 Depp을 동정하는 쪽이 우세했다. 또한 당시 사회적으로 큰 반향을 가져온 #미투(MeToo) 운동과 맞물려 성폭행 및 가정 폭력과 명예훼손에 대한 사회적 관심을 불러일으킨 사건이라고 할 수 있다. 한국에서는 미투 운동의 대표적 사례로 2018년 2월 연출가 이윤택 씨에 대해 공연과 미술, 음악 등 5개 분야 예술인 100명이 법적 행동을 선언한 바 있다. 이들은 이윤택 씨의 성폭력 혐의와 별도로 그의 처신이 예술인들과 그 단체의 자긍심과 자존심을 심각히 훼손했다고 주장하면서 명예훼손에 대한 책임을 묻기로 한 것이다.

Q. 인터넷 서비스 제공자의 책임은?

정보통신망법에 의하면 악성 게시글을 작성해서 올린 사람뿐 아니라 이에 동조하는 댓글을 단 사람 역시 명예훼손죄가 성립한다. 그런데 누군가가 인터넷에 다른 사람의 이름으로 허위 사실을 올리는 바람에 피해를 본 경우 이 피해자는 인터넷 서비스 제공자에게 책임을 물을 수 있을까?

판례 Zeran v. America Online, Inc.

원고: Kenneth Zeran

피고: America Online, Inc.

배경: 1995년 4월 19일 미국의 오클라호마시티(Oklahoma City)에서는 168명이 죽고 680명 이상이 부상당한 초대형 폭발 사고가 일어났다. 이로 인한 충격이 채 가시기도 전인 4월 25일 America Online(AOL)에는 "미시간 군사 운동(Michigan Military Movement)"이란 게시판에는 "McVeigh for President 1996"과 같이 이 사건의 주범인 티모시 맥베이(Timothy McVeigh)를 찬양하는 메시지를 담은 티셔츠를 판매하는 상업성 메시지가 올라왔다. 이 메시지에는 케네스 저란(Kenneth Zeran)이란 사람의 전화번호가 연락처로 나왔는데 실제 Zeran은 이 메시지와는 무관한 것으로 드러났다. 이 메시지가 인터넷에 올려진 직후 Zeran은 엄청난 협박 전화에 시달리게 되자 AOL사에게 이 메시지를 삭제해 줄 것으로 요청하여 AOL은 이에 따라 메시지를 제거하였다. 그런데 이 메시지가 삭제된 후에도 이 셔츠들은 "완판(SOLD OUT)"되었고 대신 이 사건을 조롱하는 또 다른 문구의 티셔츠를 판매한다는 상업 메시지가 같은 곳에 익명으로 올라왔다. 이에 다시 한번 Zeran은 AOL사에게 이 메시지도 삭제해 줄 것을 요구하였고 AOL사는 그의 요구에 따라 문제의 메시지도 삭제하

고 Zeran으로 하여금 미연방수사국(FBI)과 접촉할 것을 권유하였다. Zeran은 이 권유에 따라 FBI와 접촉했는데 그 다음 주 새로운 메시지가 또 다시 등장하였다. 그런데 Diamond Broadcasting사 소유의 오클라호마시티 라디오 방송국인 KRXO의 마크 섀넌(Mark Shannon)이 방송에서 이 메시지를 읽자 수많은 협박 전화가 쇄도하면서 새로운 국면으로 접어들게 되었다.

경과: Zeran은 1996년 1월 Diamond Broadcasting사를 상대로 소를 제기하고 같은 해 4월에는 인터넷 게시판의 허위 게시글 공지에 대해 충분한 주의와 조치를 취하지 않았다는 이유로 AOL사를 상대로 별도의 소를 제기하였다. 그러나 제4연방순회항소법원(The U.S. Court of Appeals for the Fourth Circuit)은 "양방향 컴퓨터 서비스 제공자나 사용자는 다른 정보 컨텐츠 제공자가 제공한 정보의 출판자(publisher)이거나 화자(speaker)가 될 수 없다"는 미국의 통신품위법(Communications Decency Act) 230조 1항에 따라 인터넷 사용자들이 저지른 잘못에 대해 인터넷 서비스 제공자를 처벌할 수 없다 보고 AOL사의 범죄 행위가 성립하지 않는다고 판결하였다.

의의: 결과적으로 이 사건은 법원이 인터넷 사용자가 악의적으로 올린 거짓된 정보라고 하더라도 인터넷 통신업자는 그 정보의 일차적인 작성자나 제공자가 아닌 한 그런 정보의 책임을 물을 수 없다고

판시했다는 점에서 의의를 갖는다. 인터넷 통신에 대한 미국 법원 이러한 견해는 1999년에 있었던 Lunney v. Prodigy Services Co., 사건에서도 동일하게 유지된다. 즉 인터넷 채팅방 제공업체인 Prodigy사는 자신들의 서비스를 이용하는 고객이 채팅방에 포스팅한 명예훼손성 발화의 피해자인 Lunney로부터 피해 보상을 요구받았으나 뉴욕 항소법원은 피고인 Prodigy사가 그러한 메시지의 직접 작성자가 아니라는 이유로 명예훼손의 죄는 물을 수 없다고 보았다. 다만 인터넷 채팅방 제공업체는 채팅방을 관리할 의무를 가진다고 보았는데 그러한 의무에는 허위 발화에 의한 명예훼손 행위의 예방까지 포함하지는 않는다고 보는 것이 현재 미국에서는 일반적인 정설이다.

Q. 공인에 대한 비판은 악의적인 의도에서 비롯되어도 명예훼손이 아니다?

명예훼손이라면 흔히 높은 지위에 있거나 잘 알려진 사람들에게나 해당되는 일이라고 생각하기 쉽다. 그런데 앞에서도 보았듯이 "명예"의 사전적 정의는 '사람들에게 널리 인정받아 얻은 좋은 평판'을 가리킨다고 되어 있다. 명예는 실체도 없고 계측할 수도 없으며 쉽게 정량화할 수 없는 간주관적인 관념이다. 물론 명예도 무형의 자산이라고 볼 수 있고 대한민국 형사법정에서도 명예훼손을 다루지만 절도나 사기, 배임, 횡령 등의 재산범죄나 폭행이나 상해, 성폭력, 음주 운전처럼 실질적이고 객관적인 사건과 성격을 달리하며 따라서 이에 대한 판단도 접근 방법이 달라질 수밖에 없다.

또한 명예에 대한 사전적 정의를 협의로 해석하면 "명예"란 사람들에게 두루 인정을 받을 정도의 좋은 평판을 갖지 못하는 소위 "개돼지"와 같은 일반 대중들과는 무관한 것이고 반대로 이름만 대면 웬만한 사람들은 다 알 정도로 유명한 인사들의 전유물처럼 들릴 수 있다. 그러나 명예훼손에 관한 담론에서 "명예"는 비범한 사람들이 높은 수준의 업적이나 성취로 인해 얻게 되는 사회적 희소가치가 아니라, 인간으로 태어났으면 '장삼이사(張三李四)'처럼 평범한 존재들이라도 누구나 당연히 보장받아야 할 인격권의 일부로 생각한다. 대한민국은 헌법 제11조 제1항에서 모든 국민은 법 앞에서 평등하다고 선언하고 있다.

다만 이때의 평등은 어떠한 이유에서든지 결코 차별을 해서는 안 된다는 절대적 평등이라기보다는, 본질적으로 차이가 있고 불평등한 것은 불평등하게 대우할 수 있다는 합리적 차별을 인정하는 상대적 평등으로 보는 것이 지배적 견해이다. "지렁이도 밟으면 꿈틀한다"는 말은 모든 국민들의 보편적 인권을 보장하는 현대 민주주의 사회에서 통용되는 진리이며 오히려 사회적 약자에 대한 보호를 강조하는 추세에서는 더욱 새겨들어야 할 말이다. 어느 한 사람의 명예도 다른 누구의 명예보다 가볍게 취급되어서는 안 된다.

고위 공직자나 사회적 유명 인사들은 일거수일투족이 관심의 대상이 되고 그들의 말과 행동은 지지와 반대, 호감과 비호감, 환호와 야유라는 상반되는 반응을 불러일으키는 경우가 허다하다. 그러다 보면 자신이 좋아하지 않는 공인을 비판적으로 폄하하는 말을 유포할 수 있는데 그럴 경우라도 일반 대중의 관심과 인기 때문에 그런 사회적 지위에 올라 온갖 영예를 누리는 사람들은 감내해야 하는가? 아니면 공인도 사람인데 아무 근거없는 비방과 악플을 무조건 참아야만 하는가? 이 물음과 관련하여 다음과 같은 미국에서 명예훼손의 기념비적 판례를 살펴보자.

판례 The People of the State of New York v. Harry Croswell

원고: 뉴욕 주

피고: Harry Croswell

배경: 미국의 건국 초기인 1801년 당시 22살의 젊은 기자이자 연방주의당(Federalist Party) 소속의 존 애덤스(John Adams) 대통령의 열렬한 지지자였던 해리 크로스웰(Harry Croswell)은 'Robert Rusticoat'라는 가명으로 The Balance and Columbian Repository라는 신문에 반대당인 토머스 제퍼슨(Thomas Jefferson)의 민주공화당(Democratic-Republican Party)을 비난하는 글을 연재하였다. 이에 맞서 Jefferson을 지지하는 찰스 홀트(Charles Holt)라는 또 다른 언론인은 The Bee라는 칼럼에서 Adams를 비판하는 논조의 글을

올렸다. Croswell은 Jefferson과 그의 당을 비판하고 Holt를 조롱함으로써 이 두 언론인은 물론 이들이 소속한 신문사들끼리 치열한 설전이 전개되었다. 결국 Croswell은 당시 대통령인 Jefferson을 포함한 고위 공직자들을 비방한 혐의로 재판에 넘겨졌다.

경과: 그는 1심에서 유죄 선고를 받았으나 뉴욕주 대법원의 항소심에서 신랄한 인신공격성 비판을 담고 있더라도 사실에 입각한 정치 평론은 명예훼손 행위가 아니라는 의견과 아무리 사실에 입각했더라도 악의적으로 공직자들을 중상모략할 의도로 쓴 글에 대해서는 명예훼손 행위가 성립한다고 보는 의견이 팽팽히 맞서 결국 유죄와 무죄 의견 재판관이 동수라는 보기 드문 결과가 나왔다. 결국 Croswell은 항소심에서 1심 유죄 판결을 뒤엎지 못하고 대신 재심이 허락되었으나 더 이상의 법정 다툼은 이루어지지 않고 막을 내렸다.

의의: 이 사건은 공인에 대한 사실을 공공의 이익을 위해 보도하는 것이 법적처벌 대상인지를 둘러싼 첨예한 의견 대립을 보여주는 사례이다. 비록 피고인 Crosswell은 유죄라고 판단한 재판관과 무죄라고 판단한 재판관이 동수라서 결국은 유죄가 확정되었으나 그의 소송대리인인 Alexander Hamilton이 주장한 내용은 대부분 그 이듬해 뉴욕주 의회에서 명예훼손 법을 개정할 때 반영되어 공익을 위해 사실을 보도할 경우 처벌하지 않는다는 조항이 명문화되었다.

이 사건은 200년 넘게 지난 현재까지도 명예훼손을 다룰 때 쟁점이 되는 핵심적인 사항 중의 하나인 고위 공직자와 같은 이른바 공인에 대한 비판의 공익성 한계와 사실에 입각한 비난과 언론의 자유에 대한 심각한 물음을 제기한 사건으로 남아 있다.

분명한 출처를 무시하고 진실을 버젓이 외면한 채 보도하는 것은 글에 의한 명예훼손(libel)의 실제 악의(actual malice)가 있다는 충분한 증거로 작용한다. 이와 관련된 또 다른 사례를 보자.

판례 Harte-Hanks Communications, Inc. v. Connaughton

원고: Daniel Connaughton

피고: Harte-Hanks Communications, Inc.

배경: 미국의 연방대법원은 1964년 뉴욕 타임스 v. 설리반(New York Times Co. v. Sullivan) 판결에서 처음 논의된 실제 악의를 구성하는 추가적인 언론 활동을 제시했다. 이 사건에서 법원은 책임감 있는 보도로부터의 벗어남과 부당한 보도 행위만으로는 공인에게 명예훼손 사건에서 손해 배상을 판결하기에 충분하지 않다고 판결했다. 그러나 법원은 또한 기자가 보도에 대한 명백한 출처를 무시한다든지 진실을 버젓이 무시하고 글을 썼다면 원고는 실제 악의를 근거로 위자료를 받을 수 있다고 판결했다.

1983년 11월, Daniel Connaughton은 Ohio 주 Hamilton 시립 법관직에 출마했지만 현직 James Dolan에게 패했다. 현지 신문인 Hamilton JournalNews는 현직 Dolan을 지지했다. 선거 약 한 달 전, Dolan의 법원 서비스 담당이사가 사임하고 위증 혐의로 체포되었다. 1983년 11월 1일, 이 혐의에 대한 대배심 조사가 진행되는 동안 JournalNews는 재판의 증인인 Alice Thompson의 말을 인용한 1면 기사를 게재했다. Thompson은 Connaughton이 "더러운 수법"을 사용하고 Thompson과 그녀의 여동생에게 재판에서 Thompson의 증언에 대한 "감사"의 표시로 고용 기회 및 플로리다 여행을 포함한 실질적인 혜택을 제공했다고 말한 것으로 인용되었다.

경과: Connaughton은 JournalNews의 발행자인 Harte-Hanks Communications를 상대로 소송을 제기하여 기사가 자신을 모독했다고 주장했다. 그는 기사가 거짓이고 그의 전문적, 정치적 평판을 훼손했으며 실제 악의의 근거로 게시되었다고 주장했다. Harte-Hanks사는 Thompson의 진술이 거짓이더라도 기사는 중립적 보도 특권에 따라 보호된다고 주장하며 요약 판결(summary judgment)을 요구했지만 지방 법원은 기사가 중립적으로 작성되었음을 입증할 수 없다는 이유로 그들의 요구를 거부했다. 결국 소송은 배심원들이 JournalNews 기자 2명과 Connaughton의 별도 면담을 듣는 재판으로 넘어갔고 배심원단은 신문 보도가 공인 명예훼손의 3가지 특별

평결을 충족한다고 판결하였다. 즉, 기사는 명예훼손적(defamatory)이었고, 기사는 거짓(false)이었으며, 기사는 실제 악의(actual malice)로 작성되었다는 것이다. 법원은 Connaughton에게 위자료 5,000달러와 징벌적 손해 배상 195,000달러를 선고하였다. Harte-Hanks는 명예훼손에 대한 수정 헌법 제1조를 다시 한번 인용하며 항소하였으나 제6 연방 항소 법원은 하급 법원의 결정을 확인하면서 하급 법원의 판결은 신문사의 제1차 수정 헌법 권리를 침해하지 않았으며 하급 법원이 기사를 명예훼손적이고 거짓이라고 판단한 것은 잘못이 아니라고 보았다. 신문사는 이에 불복하여 상고하였고 연방대법원은 만장일치로 Connaughton에게 유리하게 판결하였다.

의의: 스티븐스 대법관은 공인은 일반인보다 더 많은 명예훼손을 법적으로 감내해야 할 수도 있지만, 피고 측이 실제 악의로 행동했다는 것을 증명할 수 있다면 법원의 보호를 완전히 받지 못하는 것은 아니라고 설명하였다. 즉 스티븐스 대법관은 JournalNews의 보도에 일관성이 없고, 피고의 주장을 확인하거나 부인할 수 있는 출처를 의도적으로 무시했기 때문에 JournalNews는 진실에 대한 무분별한 무시와 실질적인 악의에 대해 유죄라고 판결한 것이다.

Q. 사회적 대의를 위한 명예훼손은 불법이 아닌가?

미국 사회의 가장 고질적 문제 중의 하나인 인종 차별과 연관된 논쟁이나 시위에서는 과격한 구호나 비방, 중상이 난무할 때가 많다. 그럼에도 불구하고 이런 각종 명예훼손 행위가 인종 차별에 저항한다는 사회적 대의명분을 위한 것이라면 면책될 수 있다고 볼 수 있다. 때로는 이를 악용해서 인종 차별과는 아무런 관련도 없는 불법 행위를 저지르고 이를 단속하거나 배상을 요구할 경우 인종 차별을 내세워 자신의 불법 행위를 정당화하려는 사례도 있다.

판례 Gibson's Bakery v. Oberlin College

원고: Gibson's Bakery
피고: Oberlin 대학교

배경: 2016년 오하이오 주의 인구 8천 명의 소도시 오벌린에 소재한 오벌린 대학(Oberlin College)의 흑인 대학생 3명이 그 도시에서 5대째 내려오는 유명 제과점인 Gibson's Bakery에서 물건을 훔치고 직원을 공격한 혐의로 경찰에 체포되었다. 이에 대해 오벌린 대학의 일부 학생들과 교직원들은 Gibson's Bakery를 인종 차별주의라고 비난하는 시위를 벌였다. 특히 학생처장이자 부총장인 메레디스 레이몬도(Meredith Raimondo)는 시위에 참가하고 문제의 제과점이 인종 차별적이라고 주장하는 팜플렛을 배포하기도 하였다.

경과: 오벌린 대학은 제과점에 대한 금융 제재를 주도하고 시위참여자들을 지원하는 물품을 제공했는데 이에 제과점 측은 오벌린 대학과 Raimondo 부총장을 고소하였다. 3년을 끈 재판에서 배심원은 대학이 Gibson's Bakery의 소유주와 그 가족들의 명예를 훼손했다고 판단하고 4천4백만 불의 배상금을 지불하도록 결정하였다. 이에 대학 측은 항소하였는데 2022년 오하이오 제9 항소법원은 대학이 원고를 명예훼손하고 정신적 고통을 입혔으며 이에 배상 책임이 있다는 1심 판결과 동일한 결론을 내렸다. 마지막으로 오벌린 대학은 오하이오 주 대법원에 상소하였으나 2022년 8월에 7명의 대법원 판사 중 4대 3이라는 근소한 차이로 원심 유지 결정이 내려짐으로써 최종 패소하였다. 오벌린 대학은 Gibson's Bakery에 약 3천6백만 불의 배상금을 지불하였다.

의의: 인구 8천 명 중 Oberlin College 학생이 3천 명이고 교직원이 1천 명인 Oberlin시에서는 대학생들에 의한 소규모 절도 행위가 빈번해서 이 제과점만 해도 2011년부터 2016년 사이에 40건의 절도 행위가 있었는데 그 중 33건이 대학생의 소행으로 드러났다. 그런데도 대학 신문에서는 이런 절도 행위의 심각성을 외면하고 일종의 통과 의례(rite of passage)로 치부하기도 했다. 특히 흑인 대학생에 의한 범죄 행위에 대한 업주들의 대응 행동과 경찰의 단속을 인종 차별주의로 몰아 붙여 문제의 본질을 희석하려는 시도가

많았다. 대학생들은 대학의 지원하에 "Don't Buy. This is a RACIST establishment with a LONG ACCOUNT of RACIAL PROFILING and DISCRIMINATION."이라고 쓴 피켓을 들고 Gibson's Bakery의 불매운동을 펼쳤는데 정작 해당 지역의 신문 카메라 기자가 이를 사진 촬영하려 하자 촬영을 방해하고 취재에 비협조적인 자세를 보였다고 한다. 1심에서 대학 측은 학생들의 시위가 대학 측과 무관하게 학생들 자신이 자발적으로 한 행동이었고 그들의 주장은 사실에 입각한 비판 행위이기 때문에 명예훼손 행위가 될 수 없다고 항변하였다. 그럼에도 재판부는 오벌린 대학 측이 주도적으로 학생들의 시위를 조직하고 지원하였고 단순 의견 표명을 넘어서 악의로 상대방을 해칠 의도로 명예를 훼손하였다고 혐의를 모두 인정하였다. 오하이오 주의 작은 도시에서 비롯되어 전국적인 관심의 대상이 되었던 이 사건의 판결에 대해 원고 측 변호인단은 "개인의 명예가 언론 자유라는 거짓된 제단 앞에서 희생물이 되어서는 안 된다(Individuals' reputations should never be sacrificed at a false altar of free speech.)"는 유명한 어록을 남겼다.

오벌린 대학 사건은 많은 논쟁과 토의의 대상이 되었는데, 주목할 만한 중요한 사실은 법원이 이 사건에서 쏟아진 인종 차별 등과 관련된 비방이 사회적 대의를 위한 의견 표명이 아니라 개인에 대한 명예훼손의 성격이 더 주된 것이라는 판결을 내렸다는 점이다. 법원은

"제과점에 인종 차별의 '역사'나 '사례'가 있다는 주장은 합리적인 독자로 하여금 자칫 이 제과점이 마치 과거에 인종 차별 사건이 있었다는 의미로 해석하게 할 것"이라고 판결했다. 따라서 이 사건에서 문제가 된 주장은 사실 확인이 가능하기 때문에 의견이 아닌 사실 주장으로 보아야 하며 그런 전례를 찾을 수 없다면 이는 명백한 허위 진술로서 명예훼손이 성립한다는 것이다. 또한 이 사건은 "재게재 규칙(republication rule)"의 중요성을 강조하고 있으며, 누군가 타인의 진술을 되풀이하면 맥락상 진술이 의견이 아닌 사실 주장으로 보이는 경우 책임을 질 수 있음을 상기시켜 준다.

Q. 패로디(parody)임을 밝힌 경우라도 명예훼손으로 처벌될 수 있나?

현대 민주 사회에서 언론은 권력을 감시하고 견제하는 중요한 사회적 기능을 담당하고 있다. 미국 민주주의의 초석을 놓은 토머스 제퍼슨은 "신문이 없는 정부와 정부가 없는 신문 중 하나를 선택하라고 한다면 나는 후자를 고르겠다"고 할 정도로 언론 자유의 중요성을 강조한 바 있다. 언론이 권력을 감시하는 방법에는 여러 가지가 있지만 만평과 패로디 역시 그런 역할을 수행한다. 한 컷의 작은 만평과 촌철살인의 패로디물은 권력자에게는 삼키기에 너무나 쓰디쓰지만 대중들에게는 시원한 사이다와 같은 효과를 가져다주므로 일반적으로 권력을 가진 자가 부담해야 할 무게로 인정되는 것이 보통이다.

판례 Hustler Magazine, Inc. v. Falwell

원고: Jerry Falwell 목사

피고: Hustler Magazine, Inc.

배경: 성인 도색잡지인 허슬러(Hustler)는 1987년 유명 TV 복음 목사이자 우파 성향의 정치평론가인 제리 폴웰(Jerry Falwell Sr.) 목사에 대한 선정적인 패러디를 담은 전면 광고를 게재하였다. 이 광고는 폴웰 목사를 자신의 어머니와 별채에서 근친상간한 술주정뱅이로 묘사하고 있는데 다만 이 광고는 어디까지나 이태리의 과일주인 캄파리(Campari) 광고를 패러디한 것이며 "진지하게 받아들이지 말 것(not to be taken seriously)"라는 문구가 달려 있었다.

경과: 이에 폴웰 목사는 허슬러 잡지와 그 잡지의 출판인인 래리 플린트(Larry Flynt)를 의도적인 정신적 피해를 입히고 문서에 의한

명예훼손과 사생활을 침해하였다는 이유로 고소하였다. 반면에 플린트는 그런 광고물은 종교, 언론, 출판, 집회의 자유에 관한 미국의 수정 헌법 제1조에 의해 보호를 받는다고 항변하였다. 버지니아주서부 연방지방 법원(The U.S. District Court for the Western District of Virginia)에서의 1심과 제4연방순회항소법원(The U.S. Court of Appeals for the Fourth Circuit)에서의 항소심에서는 허슬러의 패로디가 폴웰 목사에 대한 실제 사실을 다루고 있다고 믿을 만한 충분한 근거가 없기 때문에 이 부분은 무죄이지만 의도적으로 정신적 피해를 입힌 점은 인정하여 허슬러 측은 폴웰 목사에게 15만불의 배상을 할 것을 선고하였다.

이에 불복한 허슬러 잡지와 플린트는 대법원에 상고하였다. 미합중국 대법원에서는 9명의 대법관 중에서 앤소니 케네디(Anthony Kennedy) 판사를 제외하고 보수 성향의 윌리엄 렌퀴스트(William Renhquist) 당시 대법원장을 포함하여 8명의 대법관 전원 일치로 그 광고에 의해 폴웰 목사가 입은 정신적 피해는 수정 헌법 제1조에 의해 공직자(public official)나 공인(public figure)에게 적용되는 언론 자유의 보호를 부정할 만큼 충분한 사유가 될 수 없다 하여 원심을 파기하였다. 이 판결은 공인(public figure)에 대한 패로디는 비록 당사자에게 정신적인 피해를 불러일으킬 의도가 있다고 하더라도 미국의 수정 헌법 제1조와 14조에 의해 보호받을 수 있다는 취지이다.

한국에서는 2022년 10월 한국만화영상진흥원이 주관한 부천만화

축제에서 전국학생만화공모전 금상 수상작인 패로디물인 윤석열차가 소위 괘씸죄에 걸려 한국만화영상진흥원은 정부로부터 엄중 경고를 받은 바 있다. 이듬해인 2023년에는 한국만화영상진흥원에 대한 국고보조금이 절반 가까이 줄어드는 일이 벌어졌는데 이는 그보다 훨씬 수위가 높은 폴웰 목사에 대한 패로디도 언론 자유라는 차원에서 보장되는 것에 비한다면 대한민국에서 권력에 대한 풍자가 얼마나 설 곳이 없는지를 여실히 보여준다. 대통령은 그 무엇보다 '자유'를 가장 소중한 가치로 빈번하게 강조하곤 하는데 정작 시장의 자유, 경제 활동의 자유는 높이 평가하면서, 율사 출신임에도 불구하고 언론의 자유, 표현의 자유는 상대적으로 언급이 덜한 것은 아이러니하다고 볼 수 있다.

의의: 유명 복음주의 목사와 성인 도색잡지 사이의 법적 다툼에서 미국 최고 법원인 대법원이 도색잡지의 손을 들어준 것은 그만큼 표현의 자유가 중요하다는 것을 재확인한 것이다. 이 판결문에 수록된 다음 구절은 미국인들의 가치관을 엿볼 수 있는 기념비적인 선언이다: "수정 헌법 제1조의 핵심에는 공적인 이익과 관심의 대상이 되는 사안들에 대한 생각과 의견의 자유로운 교환이 근본적으로 중요하다는 인식이 자리잡고 있다. (At the heart of the First Amendment is the recognition of the fundamental importance of the free flow of ideas and opinions on matters of public interest and concern.)

자신의 마음을 말할 수 있는 자유는 (그 자체로도 바람직한 점인) 개인의 자유라는 측면뿐 아니라 공동으로 진리를 추구하고 사회 전체의 생명력을 유지하는 데 필수적인 것이다. 따라서 우리는 개인이 생각을 표현하는 것이 정부의 제재로부터 자유로울 수 있도록 보장하는 데 특별히 유념해 왔다. (The freedom to speak one's mind is not only an aspect of individual liberty - and thus a good unto itself - but also is essential to the common quest for truth and the vitality of society as a whole. We have therefore been particularly vigilant to ensure that individual expressions of ideas remain free from governmentally imposed sanctions.)"

Q. 사람이 아닌 회사도 명예훼손이 가능한가?

캘리포니아 법무차관인 D. Mark Jackson은 'The Corporate Defamation Plaintiff in the Era of SLAPPs: Revisiting New York Times v. Sullivan'라는 논문에서 미국의 대기업들이 자신들을 방어하는 수단을 넘어 "공격적인 무기(offensive weapon)"로 명예훼손 소송을 점점 더 많이 사용하는 추세라고 주장했다. 이런 종류의 소송을 그는 대중 참여에 대항하는 "전략적 봉쇄소송(Strategic Litigation Against Public Participation)"이라고 불렀는데 이런 소송은 금전적으로만 보면 큰 실익이 없음에도 불구하고 대기업을 비판하는 것을 침묵시키거나 방해하기 위한 목적으로 실행된다고 보았다. 그는 이윤을 추구하는 것이 기업의 정당한 목표로 인정되는 자본주의 체제일지라도 대기업은 적어도 명예훼손 소송에서만큼은 공적인 존재(public figure)로 취급되어야 한다. 따라서 명예훼손 소송에서 실제 악의(actual malice)를 입증할 우선적인 책임이 부과된다고 주장한다. 이는 1964년의 New York Times v. Sullivan의 기념비적인 재판에서 미국 대법원이 공직자나 공인은 명예훼손의 원고일 때 일반인보다 더 높은 수준의 악의의 증거를 제시할 수 있어야 한다고 판시한 이래로 미국에서 명예훼손 재판의 암묵적 원칙이 되어 왔다. 그렇게 함으로써 대기업이나 공직자, 공인의 명예와 이를 감시하고 비판하는 시민들의 표현의 자유 사이에 균형을 유지할 수 있다는 것이다. 즉 대기업과 일반 시민 간의 법적 다툼은 자칫 계란으로 바위를 치는 격이 될 수 있는데 한쪽으로 기울어진 운동장에서 결과가 뻔한 재판이 되는 것을 막을 수 있는 장치가 필요하다는 주장이다. 그럼에도 불구하고 미국에서는 여전히 대기업들이 암암리에 명예훼손 소송을 남발하여 자신들에 비판적인 시민 개인이나 단체를 옥죄는 전략적 봉쇄소송(SLAPP)을 계속하고 있어서 사회적 문제가 되고 있다.

한국에서는 2021년 3월 9일, 직장인 익명 커뮤니티앱인 블라인드에 "어차피 한두 달만 지나면 잊혀진다", "투기는 우리 회사만의 혜택이자 복지다", "난 열심히 차명으로 투기하면서 정년까지 꿀빨면서 다니련다", "꼬우면 니들도 우리 회사로 이직하든가", "공부 못해서 못 와놓고 꼬투리 하나 잡았다고 조리돌림 극혐 ㅉㅉ"와 같은 글이 올라왔는데 글쓴이의 직장이 한국토지주택공사(LH)로 표시되어 있었다. 이 당시 LH는 직원들이 내부 정보를 이용해 신도시 땅을 투기했다는 의혹을 받고 있었다. 가뜩이나 여론의 질타가 심한 상황에서 반성은커녕 자신들의 불법 행위를 정당화하고 외부인들을 조롱하는 글을 인터넷에 올린 것은 적절하지 못하다는 지적이 일었다. 이처럼 논란이 커지자 회사는 일단 이런 글은 "회사 내부의 분위기와는 전혀 다른 글"이라며 더 나아가 "게시자가 현직 직원이 아닐 가능성이 높다"고 책임 회피성 발언을 하였다. 이와 같은 회사의 미온적인 대응에 오히려 비판의 목소리가 커지자 LH는 마침내 문제의 글을 올린 사람들을 허위사실에 기반한 자극적인 글로 회사의 명예를 훼손하고 사태 수습과 재발 방지 등의 업무를 방해한 혐의로 처벌해 달라는 고발장을 수사 기관에 제출하였다. 즉 법인으로서 회사의 명예를 실추한 데 대해 그 메시지의 작성자가 LH 직원이든 아니든 책임을 묻겠다는 것인데 직장인 익명 게시판 블라인드는 회원들의 데이터는 공개하지 않으며 자신들도 게시한 사람을 알 수 없는 구조라고 밝혀 메시지의 작성자를 찾는 일이 어려울 것이라는 소극적인 자세를 보였다. 더 나아가 놀라운 점은 사실로서 확인되지 않았지만 블라인드 측에서는 업무 방해와 명예훼손이 중대 범죄가 아니라서 적극적인 협조를 할 수 없다고도 했다는 점인데 만약 이 말이 사실이라면 이런 면피성 변명 자체가 또 다른 파문을 불러일으킬 수 있다. 고발장을 접수한 수사 기관 역시 적극적으로 문자 작성자를 색출하려는 노력을 기울이지 않는다는 인상을 주며 시간만 끌다가 결국 용의자를 밝혀내지 못한 채 본 사건은 초기의 들끓던 반응은 사라지고 사람들의 기억에서 잊혀지면서 흐지부지되고 말았다.

문제는 블라인드처럼 해외에 서버가 있고 가입 인증시 사용했던 이메일은 암호화하며, IP주소나 아이디 같은 개인 정보를 저장하지 않기 때문에 수사 기관 등에 제공할 수 없는 온라인 게시판에 올린 명예훼손성 메시지에 대해 적절하게 대응하기란 사실상 불가능하다는 점으로 이 점을 악용하여 온갖 비방성 글이 게시판에 오르곤 한다. 과거 세간을 시끄럽게 했던 대한항공 땅콩 회항 사건의 최초 유포도 블라인드 게시판이었지만 그 작성자를 끝내 찾아내지 못했고, 시청료 인상 논란과 관련해서 KBS 직원들 대부분이 고액 연봉자라는 지적에 대해 "KBS 부러우면 입사해라"는 조롱성 발화도 직장인 익명 게시판인 블라인드에 올린 글로서 적지 않은 공분을 불러일으켰지만 작성자는 알려지지 않았다. 또한 2023년 5월 블라인드에는 LG화학 사원이 '주재임원 룸싸롱 내부고발합니다'라는 제목의 글에서 "나는 현직 반장임을 밝힌다. 위 사진은 반장간담회 후 사진이다. 좌측에는 현 에너지솔루션 HR 담당이고 오른쪽은 현 청주 오창 주재임원이다. 가운데는 조합원이라 가렸다. 조합원 밥그릇 다 뺏고 룸싸롱 가서 양주 빠니까 좋지? 다 같이 죽자!!"라는 글이 올라왔는데 이에 대해 LG화학 측은 "사실무근"이라며 반박하였다. 또한 같은 LG 계열의 LG디스플레이사의 팀장이 극단적 선택을 하자 블라인드에 그가 과도한 업무 부담에 시달렸다는 의견과 이를 반박하는 의견이 제기되었다. 이 역시 사안의 중대성에 비해 이를 해결할 수 있는 방법이 제한되어 있어 온라인 통신의 문제점만 다시 한번 부각한 채 별다른 성과없이 막을 내렸다. 이처럼 온라인 커뮤니티에서는 사용자의 인권을 보호한다는 미명하에 실은 회원들의 이탈을 막고 확보하려고 하는 상업적 동기 때문에 익명성을 전가의 보도처럼 내세우는 바람에 각종 공격성 발화나 명예훼손성 비방 메시지가 횡행하고 날로 증가하는 추세이므로 이에 대한 적절한 대책이 요구되는 실정이다.

Q. 명예훼손은 살아 있는 사람에게만 해당되는가?

2022년 10월 29일 서울 용산의 이태원에서 일어난 압사 사고는 모든 이를 경악하게 한 대형 참사였다. 문제는 이 사고가 일어난 후 인터넷 등지에서 희생자들의 명예를 훼손하는 각종 글들이 봇물처럼 쏟아졌다는 점이다. 예를 들어 어떤 네티즌은 고인이 된 사람들을 추모하는 공간을 마련하자는 제안에 대해 "술 마시고 춤추러 간 일을 추모까지 해야 하나"라고 하여 희생자들을 비하하고, 또 어떤 이는 "사망한 것은 안타깝지만 놀러 가서 사고 난 것인데 국가가 꼭 보상을 해줘야 하는지"라든지, "이태원 가는 젊은이 중 80~90%는 이성과 즐기려고 하는 것 아닌가. 보상으로 절대 세금 쓰지 마라"는 식으로 사건의 책임을 희생자 개인의 일탈 행위의 결과로 규정하여 감정적으로 비난하기도 하였다. 이에 대해 남구준 당시 국가수사본부장은 "명예훼손 등 온라인 게시글 6건에 대해 입건 전 조사(내사)를 진행 중이며 63건에 대해선 방송통신심의위원회와 사이트 운영자에게 삭제 및 차단을 요청했다"고 하였다. 또한 "악의적 허위 비방 글이나 신상정보 유출에 대해선 고소 접수 전 수사 착수를 적극적으로 검토하겠다"고 밝혔다. 이 발언은 경찰도 이런 종류의 온라인상에서의 발언이 사자(死者)에 대한 명예훼손의 가능성이 있음을 인지한 결과라는 점을 보여준다. 다만 사건 초기 경찰이 보여준 의욕은 시간이 지날수록 약해져서 수많은 명예훼손 글에 대해 경찰청은 단 6건에 대해서만 수사를 진행하였고, 이 6건 조차도 게시자를 특정하지 못해 답보 상태를 면하지 못하다가 용두사미격으로 수사가 종결되었다. "호랑이는 죽어서 가죽을 남기고 사람은 죽어서 이름을 남긴다"는 말이 있을 정도로 명예에 대한 의식이 높고, 살아 있는 사람뿐 아니라 고인이 된 사람의 명예도 함부로 훼손할 수 없다고 생각하는 문화적 전통이 강한 대한민국에서는 당연히 사자에 대한 명예훼손도 범죄가 될 수 있으며 그런 취지의 실제 판례도 많이 볼 수 있다.

판례 **노건호 & 이해찬 v. 김경재**

원고: 노건호, 이해찬
피고: 김경재

배경: 대한민국 전체가 박근혜 전 대통령의 국정농단 소용돌이에 빠져 있던 2016년 11월 한 보수단체 집회에서 한국자유총연맹의 김경재 전 총재는 "2006년 경에 노무현 전 대통령이 이해찬 당시 국무총리 주도로 삼성그룹으로부터 8천억 원을 걷었다"는 취지의 연설을 하였다. 이미 고인이 된 노무현 전 대통령의 아들 노건호 씨 등은 "김 전 총재가 박근혜·최순실 게이트라는 전대미문의 사건을 물타기하기 위해 객관적 근거 없이 허위 사실을 유포해 노 전 대통령의 명예를 훼손했다"면서 김경재 총재를 검찰에 고발하고 민사 소송도 제기했다.

경과: 김 전 총재는 이해찬 총리에 대한 명예훼손 및 고 노무현 전 대통령에 대한 사자 명예훼손 혐의로 재판에 넘겨져 2018년 4월 1심에서 징역 8개월에 집행유예 2년을 선고받았다. 당시 재판부는 김 전 총재가 "사실 관계를 왜곡해 노 전 대통령 명예를 훼손했고, 국민에게 불필요한 분노와 억울함을 가중해 사회적 갈등을 부추겼다"고 지적했다. 또한 노건호 씨와 이해찬 전 의원이 김 전 총재와 자유총연맹을 상대로 낸 손해 배상 청구 소송에서도 2018년 6월 서울중앙지법 민사25부는 김 전 총재 등이 두 사람 각자에게 1천만 원씩 지급하라고 판결했다.

의의: 이 사건은 비록 세상에 더 이상 존재하지 않는 고인이라도 명예의 주체가 될 수 있고 그 명예는 법에 의해 보호된다는 점을 재확

인한 것인데 보통법 체계의 미국이나 유럽에서는 세상을 떠난 사람은 훼손될 명예를 갖고 있지 않다고 보아 명예훼손의 범죄구성요건에 포함되지 않는다는 점에서 독특한 한국적 문화가 반영된 것으로 볼 수 있다. 또한 미국에서는 재판이 진행 중이던 명예훼손 사건의 당사자가 사망할 경우 공소가 기각되어 소송이 종결되는 것이 일반적이지만 특이하게도 1890년 Johnson v. Bradstreet Company 사건 이래로 조지아주는 그런 경우라도 유족들이 원할 경우 심리를 이어나가도록 되어 있다. 대한민국의 형사소송법 제328조의 1조 2항에 따르면 피고인이 사망하거나 피고인인 법인이 존속하지 아니하게 되었을 때는 공소를 기각하여야 한다고 되어 있고 명예훼손 역시 예외가 될 수 없다. 아울러 추상적, 정신적 개념의 명예와 달리 구체적, 물질적 개념인 (지적)재산과 같은 경우에는 고인의 유족들이나 법적 상속인이 그 권리를 주장할 수 있고 이를 침해할 경우 범죄 행위가 될 수 있다는 점에서 차이가 있다.

Q. 우스개소리, 농담으로 한 것은 예외?

결론부터 말하자면 농담도 명예훼손 발화가 될 수 있고 법적 제재의 대상이 될 수 있다. 다만 그 말을 듣는 사람들이 그것이 진담이 아니라 농담으로 한 이야기라는 것을 알고 있다면 그 발화 행위는 명예훼손이 성립하지 않을 수도 있다. 문제는 그 발화를 접한 사람이 판단하기에 진담인지 농담인지 애매한 경우와 농담이 분명하지만 농담 속에 뼈가 있는 것(equivocation)처럼 느껴져서 듣기에 거북한 경우 등이다. 따라서 발화자는 명예훼손의 오해를 피하기 위해서는 중의적이거나 애매한 표현을 사용해서는 안 되고 자신의 말이 우스개소리로 하는 것임을 분명히 밝힐 필요가 있다.

"웃자고 한 이야기를 죽자고 달려든다"는 말이 있다. 과잉 반응을 꼬집는 말이다. 다소 애매하지만 "농담 반 진담 반"이란 말도 있다. 대체로 농담은 때로 딱딱한 대화에 활력과 재미를 불어넣어주고 친근감을 높이는 역할을 한다. 그러나 농담은 종종 화자의 의도와는 다르게 받아들여질 수 있고 맥락에 어울리지 않을 경우 오히려 부작용만 나을 수 있다. 농담이 성공하기 위해서는 그것이 화자의 진심이 아니라는 것을 청자가 인지할 수 있어야 하고 문자 그대로 해석되기보다는 맥락적 요소의 도움을 받아야 한다. 농담인지 아니면 진담인지의 판단은 화자의 의도보다 청자의 이해에 더 비중을 두어야 한다. 한참 청자의 마음을 아프게 하는 말을 하고는 "뭘 그렇게 심각하게 받아들여? 농담이야 농담!"이라고 하는 것만으로는 명예훼손 혐의에서 완전히 벗어날 수 없다. 즉 화자가 비록 가벼운 마음으로 툭 던진 농담일지라도 청자가 마음의 상처를 입을 수 있다면 이는 화자의 본의와는 상관없이 심각한 상황으로 이어질 수 있다. 이런 예는 비일비재하다. 최근의 사례로 2022년 7월 LA의 Dolby Theatre에서 있었던 아카데미상 시상식에서 코메디언 크리스 락(Chris Rock)은 탈모증에 시달리고 있는 재더 핑켓-스미스(Jada Pinkett-Smith)의 머리를 빗대어 영화 G.I. Jane의 여주인공의 머리와 비교하는 말을 하였다. 즉 그는 G.I. Jane 1의 속편인 G.I. Jane 2가 빨리 제작되었으면 좋겠다는 말을 했는데 그 말에 담긴 의도는 Pinket-Smith의 헤어스타일이 G.I. Jane의 여주인공과 흡사하므로 아마도 그녀가 속편의 여주인공으로 적합하다는 취지였던 것으로 해석된다. 이 말을 듣고 당사자인 핑켓-스미스는 별 반응을 보이지 않았지만 그녀의 남편인 윌 스미스(Will Smith)는 처음에는 그의 말을 농담으로 생각한 듯 웃는 모습을 보이다가 무대에 올라 크리스 락의 얼굴을 주먹으로 강타해서 모든 사람을 놀라게 했다. 크리스 락의 농담이 부적절한 것이라는 평이 많았지만 그렇다고 해서 영화계의 축제인 오스카상 시상식에서 폭력을 행사한 것은 과잉 대응으로서 당사자인 크리스 락이 원하면 고발할 수도 있는 사안이었는데 그런 일은 벌어지지 않았다. 그러나 그 시상식 자리에 있던 사람들 대부분은 크리스 락의 말이 농담이었고 핑켓-스미스의 명예를 훼손할 정도로 심각하지는 않았지만 별로 좋은 유머는 아니었다고 생각하는 듯했다.

가벼운 조크에서 시작된 발화가 명예훼손 논쟁에 휩싸인 또 다른 사례로 2008년 영국의 국민 가수인 엘튼 존(Sir Elton John)은 더 가디언(The Guardian) 신문을 상대로 소를 제기하였다. 엘튼 존 재단은 그때까지 매년 자선 무도회를 개최해왔는데 무도회가 지나칠 정도로 호화로웠다. 이에 대해 신문 기사는 엘튼 존이 마치 일기를 쓴 것처럼 패로디하여 "이 행사 비용을 모두 제하고 남은 돈이 내 재단으로 들어간다. 나는 이것을 'care-o-nomics'라고 부른다"라고 꼬집었다. 엘튼 존은 이 기사가 모금된 돈 중 작은 부분만이 좋은 일을 하기 위해 쓰여지고 무도회가 자신의 홍보와 다른 유명 인사들을 위해 이용되었다는 인상을 준다고 주장하면서 가디언지를 고소하였다. 그러나 판사는 이 기사가 뉴스 섹션이 아니라 주말 섹션에 등장했기 때문에 분별이 있는 독자(reasonable reader)라면 이 기사를 엘튼 존이 우려하는 것처럼 받아들이지는 않았을 것이라고 판단했다. 즉 합리적인 독자들은 이 기사가 유머, 즉 우스개소리가 아니었다면 뉴스 섹션에 나왔을 텐데 그렇지 않았다는 것을 잘 알고 있었을 것이기 때문에 그의 명예를 훼손하기 위한 의도가 결여되었을 것으로 이해했을 것이라는 점이다. 이 판결은 농담성 발화의 명예훼손 여부는 농담의 맥락(context of a joke)이 중요하다는 점을 보여준다.

이와는 반대로 2011년 호주의 전 노동당 후보인 니콜 콘스(Nicole Cornes)는 Network Ten 방송국과 코메디언 Mick Molloy를 상대로 한 명예훼손 소송에서 승리하였다. 이 코메디언은 "Before the Game"이란 코미디 패널 쇼에서 Cornes가 전직 AFL 선수와 동침하였다고 말했다. 남호주 대법원은 그 발언이 자신의 명예를 훼손했다는 Cornes의 주장을 받아들여 8만 5천 호주 달러를 배상하라고 명령하였다. 비록 코메디언은 자신의 말이 TV 코미디 패널 쇼에서 인터뷰 형식으로 진행되는 상황에서 "농담"식으로 나온 말이었다고 항변했지만 이런 맥락적 논거는 배척되고 말았다.

　미국에서는 2019년 연방 대법원의 Lachaux v Independent Print Ltd.의 재판에서 어떤 발화가 지닌 명예훼손의 심각성은 그 발화에 쓰인 단어들의 의미들로 결정해서는 안 되고 그 말의 영향력에 대한 실제 사실을 기준으로 결정해야 한다고 판시하였다. 이는 말이 손해를 끼칠 수 있는 '내재적 경향(inherent tendency)'이 아니라 그 말이 소통되는 사람에게 그 말이 실제로 불러일으키거나 불러일으킬 수 있는 영향력(impact of the words)에 근거해야 한다는 것이다. 물론 발화에 의한 심각한 손해는 발화의 환경에 의해 추정할 수 있지만 명예훼손을 입증하기 위해서는 손해의 명백한 증거가 따라야 한다는 점이 필수적이다.

　한때 프로골프의 강자로 군림하던 퍼지 젤러(Fuzzy Zoeller)는 1997년 타이거 우즈(Tiger Woods)가 22살이라는 약관의 나이로 마스터스 대회에서 우승하여 그린 재킷을 입는 모습을 보면서 곁에 있던 한 기자에게 농담처럼 "어린애가 드라이버도 잘 치고 퍼팅도 잘하는군. 등이나 두들겨 주고 내년 챔피언스 디너에서 프라이드 치킨을 메뉴로 고르지 않았으면 좋겠다고 말해주게. (That little boy is driving well and he's putting well. ..중략.. You pat him on the back ..중략.. and tell him not to serve fried chicken next year.)"라고 말했다. 이 말이 알려진 후 젤러는 엄청난 구설수에 휘말리게 되어 자신을 후원하던 K-Mart와 Dunlop사의 후원을 잃게 되었다. 그의 말에서 특히 문제가 된 부분은 프라이드 치킨을 다음 해 챔피언스 디너에 메뉴로 쓰지 말 아달라는 말인데, 프라이드 치킨은 Roots라는 TV 드라마에도 나왔듯이 흑인들이 특히 좋아하는 음식이라는 점에서 젤러가 흑인인 우즈를 조롱했다는 비난이 쏟아진 것이다. 젤러는 그저 농담이었을 뿐이라며 우즈에게 사과했고 우즈는 이를 받아들였지만 이듬해 마스터스 대회의 만찬장에서 프라이드 치킨은 메뉴로 지정해버렸다. 젤러는 자신이 원래 농담을 즐겨하는 사람(jokester)이며 별뜻없이 그냥 재미로 한 이야기였다고 해명했지만 그는 결국 본의 아니게 인종 차별주의자라는 낙인이 찍히게 되었다.

이와 유사하지만 같지는 않은 예로서 1999년 1월에 있었던 워싱턴 DC의 시직원인 David Howard의 "niggardly" 발언을 들 수 있다. 그는 사적인 참모 모임에서 재정 운영을 긴축적으로 해야 한다는 취지로 이 단어를 사용했는데 이는 흑인을 비하하는 단어인 "nigger"를 연상케 했다. 즉각 Howard는 모욕적인 인종 차별적 언어를 구사한 것으로 받아들여졌다. 그런데 웹스터 사전 10판(Webster's Tenth Edition)에 의하면 'niggardly'란 "지나치게 인색하고 아끼는(grudgingly mean about spending or granting)"이란 뜻으로서 아무런 인종 차별적 의미가 있지 않다. 이 단어의 어원은 1300년대에 '구두쇠'를 뜻하던 'nig'에서 온 것으로서 nigger와는 연관성이 없다. 그러나 인구의 60% 이상이 흑인인 워싱턴 DC에서 그렇지 않아도 흑인답지 않은 흑인 시장이라는 비난을 받던 당시 Anthony Williams 시장으로서는 자신의 백인 보좌관이 전혀 의도치 않은 단어를 사용한 것을 그냥 넘어갈 수는 없었고 결국 그의 사표를 받아냈다. 정치적 논쟁으로 비화한 이 문제는 흑인 인권 단체인 전미유색인종지위향상협회(National Association for the Advancement of Colored People)의 이사장인 줄리언 본드(Julian Bond)조차도 그 발언을 한 Howard를 해임한 것은 잘못된 처사라고 비판하기도 했는데 대다수의 의견에 따라 윌리엄스 시장은 하워드를 복직시키로 했다. 이에 대해 칼럼니스트인 존 레오(John Leo)는 다음과 같이 위트있게 논평하였다:

> "The resignation of Howard was, of course, a shock and a tragedy but it had a good result too. It sensitized us all to the hidden and hurtful ethnic slurs that darken-oops, sorry-that afflict American life and allow the wily perpetrators to get off scot free-er, without any punishment at all." (U.S. News, 02/08/99 edition, by John Leo)

그런데 이와 매우 비슷한 사건이 거의 같은 시기인 1999년 2월 위스컨신 대학교에서도 발생했다. 영문과의 Chaucer 수업 시간에 아멜리아 리도(Amelia Rideau)라는 흑인 여학생은 담당 교수가 "niggardly"라는 단어를 사용한 것에 분노하여 대학 당국에 이를 고발하였다. 이 사건을 보도한 스타 트리뷴(Star Tribune)지에 의하면 그 여학생은 그 단어의 뜻이 무엇이든 그 단어는 인종 차별적인 단어인 nigger와 발음상 너무 유사하기 때문에 이 단어를 사용하지 말아줄 것을 요청하였지만 그 교수는 이를 묵살하고 오히려 다음 수업 시간에 그 단어를 다시 언급하면서 '인색하게'라는 뜻임을 학생들에게 알려 주었고, 그러자 이 여학생은 울면서 강의실을 뛰쳐나갔다고 한다 (http://www2.startribune.com/cgi-bin/stOnLine/article?thisStory=70706124). Adversity.Net의 지적처럼 이런 사건은 "불관용이라는 빙산(intolerance iceberg)"의 일각에 불과할 뿐으로 다인종으로 구성된 미국 사회에서 어떤 식으로든 인종과 관련된 언어의 사용이 얼마나 폭발력이 강한 문제임을 여실히 보여준다.

Q. 국민의 여론이 명예훼손 판단의 핵심?

명예훼손에서 지켜야 할 법익으로 명시되어 있는 '명예'는 사회적 평가가 근저에 깔려 있다. 그만큼 여론과 대중들의 생각이 중요한 것이기 때문에 어떤 언어적 표현의 명예훼손 여부 역시 이러한 사회적 평가에 좌우될 가능성이 있다. 예를 들어 2010년 3월 26일 서해북방한계선 인근에서 일어난 천안함 폭침 사고는 그 원인을 둘러싸고 여러 추정과 주장들이 난무하였다. 그런 주장 중의 하나로, 사고 후 조직된 민군합동조사단 위원이었던 신상철 위원은 인터넷과 방송 인터뷰 등을 통해 천안함 좌초설을 제기하여 파문을 일으켰다. 당시 신 위원은 자신이 대표로 있던 인터넷 사이트인 '서프라이즈'에 2010년 3월 31일부터 6월 15일까지 총 34회에 걸쳐 글을 게시하고 각종 강연을 통해 "천안함은 북한의 어뢰 공격으로 인한 수중 비접촉 폭발로 발생한 충격파와 버블 효과에 의해 절단돼 침몰했다"는 정부의 공식 발표와 다른 내용의 '좌초 후 충돌 의혹'을 반복적으로 주장함으로써 당시 국방부 장관 및 합동조사단 위원 등 관계자들의 명예를 훼손한 혐의로 2010년 8월 불구속 기소되었다. 그러나 이 사건을 맡은 1심 재판부는 신 전 대표의 주장에 합리성이 없고 정부 측의 발표가 사실로 인정된다고 보았지만 그럼에도 불구하고 신 전 대표의 좌초설 주장이 군 관계자들의 명예를 훼손했다고 보기 어려우며 다른 각도에서 사건을 해석하려고 한 시도 자체만으로는 형사 처벌의 대상이 되지 않는다고 판단하였다. 다만 32가지 공소 사실 중 "생존자 구조를 고의적으로 지연하고 있다"거나 "국방부 장관이 증거를 인멸했다"는, 김태영 당시 국방부 장관 등을 비난한 부분은 유죄로 보고 징역 8월에 집행유예 2년을 선고하였다. 이후 2심 재판부는 "신상철 전 대표가 국방부 장관이나 해군참모총장 등 공직자 개인의 명예를 훼손하거나 특정인을 비방할 목적으로 공소 사실과 같은 글을 게시하거나 발언했다고 볼 수 없다"고 보고 명예훼손 혐의에 대해 무죄를 선고하였고, 1심에서 유죄로 본 2건의 공소사실에 대해서도 정당한 의혹 제기 차원의 행위로 인정하여 무죄 선고하였다. 이 판결에 유가족을 포함한 당시 군 관계자들은 불복하였지만 최종적으로 대법원 3부(주심 노정희 대법관)는 "피고인이 인터넷 등에서 행한 자신의 주장에 대한 피해자가 특정됐다고 보기 어렵고, 당시 천안함 침몰 원인에 대한 자신의 주장이 허위임을 알았다고 단정하기 어렵다"는 원심의 판단을 인정하였다. 이로써 사건이 발생한 지 12년 만인 2022년 6월 9일에 정보통신망법상 명예훼손 혐의로 기소된 신 전 대표는 상고심에서 무죄를 선고한 원심을 확정하여 자유의 몸이 되었다. 이 판례는 전 국민의 관심을 끈 공적 사건에 대한 국민적 논의 자체와 의혹 제기는 강제적으로 차단할 수 없고 관련자의 명예를 이유로 침묵을 강요할 수 없으며 학문적 논쟁과 사상의 자유는 존중되어야 한다는 것을 명확히 한 것으로 주목할 만하다.

Q. '막말'은 자동적으로 명예훼손?

'막말'은 맥락을 깊이 생각하지 않고 자신의 기분이 내키는 대로 상대방이나 대상에 대해 절제되지 않거나 속되게 하는 발언을 가리킨다. 예를 들어 경남 의령군 의회에서는 의장과 한 의원이 군 공무원에게 약 30분간 언성을 높여 "눈을 (내려)깔고"라든지 "너희 XX 다 고발한다" 등의 협박성 발언을 해서 공무원노조가 사과를 요구하는 일이 있었다. 다만 막말은 듣는 이의 감정을 상하게 할 수는 있어도 그 사람의 명예를 훼손할 가능성은 높지 않다. 오히려 그런 말을 하는 사람의 사회적 평가에 부정적으로 작용할 가능성이 높다. 막말을 하다 보면 상대방을 모욕하면서 동시에 그의 명예를 훼손하기 쉽다. 실제로 모욕과 명예훼손은 한 사건에서 다루어지는 경우가 많은데 일례로 차명진 전 국회 의원은 2019년 4월 15일에 자신의 페이스북에 "세월호 유가족들. 자식의 죽음에 대한 세간의 동병상련을 회 처먹고,

찜 쪄먹고, 그것도 모자라 뼈까지 발라 먹고 진짜 징하게 해 처먹는다"고 썼다. 이어 "지구를 떠나라. 지겹다.", "개인당 10억의 보상금 받아 이 나라 학생들 안전사고 대비용 기부를 했다는 얘기 못 들었다."며 "귀하디 귀한 사회적 눈물 비용을 개인용으로 다 쌈 싸먹었다. 나 같으면 죽은 자식 아파할까 겁나서라도 그 돈 못 쪼개겠다.", "이 자들의 욕망은 거기서 멈추지 않는다. 세월호 사건과 아무 연관 없는 박근혜, 황교안에게 자식들 죽음에 대한 자기들 책임과 죄의식을 전가하려 하고 있다."며 "좌빨들한테 쇄뇌(세뇌)당해서 그런지 전혀 상관 없는 남탓으로 돌려 자기 죄의식을 털어버리려는 마녀사냥 기법을 발휘하고 있다."라고 세월호 유가족들을 비난하는 글을 썼다가 모욕과 명예훼손 혐의로 기소되었다. 2023년 7월 인천지법 형사14부는 이 글이 세월호 유가족들에 대한 모욕과 명예훼손에 해당한다고 보고 징역 6개월에 집행유예 1년을 선고하고 사회봉사 80시간을 명령했다. 재판부는 "피고인은 '페이스북에 올린 글이 피해자를 특정하지 않았기 때문에 검찰의 공소를 기각해야 한다'고 주장했다"며 "글을 보면 세월호 유가족이라고 구체적으로 특정했다"고 판단했다. 법원은 또 세월호 유가족이 과다한 보상금으로 이익을 챙겼다는 내용은 의견이나 논평에 해당해 위법성이 없다는 차 전 의원의 주장도 받아들이지 않았고 "징하게 해 처먹는다' 등은 피해자들을 조롱하거나 혐오하는 표현"이라며 "자극적이고 반인륜적 표현으로 피해자들의 인격을 비난했기 때문에 모욕으로 보기에 타당하다"고 덧붙였다. 그러면서 "피고인의 발언으로 인한 사회적 파장이 상당히 컸다"며 "정치인의 무게감을 생각할 때 세월호 유가족에게 큰 피해를 줘 죄질이 가볍지 않다"고 설명했다. 일반 대중을 상대로 자신의 정치적 견해를 조리 있고 품위있게 설득하여 지지를 받는 것이 생명인 정치인의 말은 무엇보다 품격을 갖추어야 하는데 선동가와 구별되지 않거나 오히려 더 심한 막말로 점철된 글은 설득력은커녕 오히려 반감을 불러일으키는 역작용을 한다는 점을 명심해야 한다. 또한 중대 사안에 대한 정치인의 발언은 막말을 사용하는 순간 단순한 의견 표명의 범위를 벗어난 인신공격성 명예훼손이 될 수 있다는 점도 주목해야 한다.

어떤 경우에는 누군가가 분명히 타인의 명예를 훼손하는 말을 했는데 이 말에 대해 아무도 믿지 않고 넘어갔다면 죄가 성립하지 않을까? 그렇지 않다고 보는 것이 정설이다. 명예훼손은 살인이나 성폭력처럼 결과가 발생해야만 범죄가 성립하는 침해범이 아니라 타인의 명예라는 법익에 위험 상태를 초래하는 것만으로도 구성 요건이 충족되는 위험범이다. 즉 명예훼손은 그런 발화로 인해 피해자의 사회적인 명성에 해가 될 가능성이 발생한 것만으로도 범죄가 성립한다. 다만 내가 SNS에 어떤 사람의 명예를 훼손할 만한 글을 올렸는데 누군가가 이를 보고 퍼나르기와 같이 재유포하지 않은 상태에서 그 글을 내렸을 경우 피해자의 명예는 훼손되지 않은 것으로 볼 수 있다. 반면에 그 글이 재유포되었는데 아무도 그 내용을 믿으려 하지 않고 공감이나 동의를 표시하지 않았다고 하더라도 일단 제3자에게 재유포된 이상 피해자의 명예는 손상을 입을 가능성이 존재한다. 누군가를 죽이려고 할 경우 그 사람이 실제 죽었을 경우에만 살인죄라는 기수(既遂)가 성립하고 그렇지 않았을 경우에는 미수(未遂)에 그치지만 명예훼손은 그 사람의 명예가 실제로 훼손되었는지와는 상관없이 기수가 성립하는 것으로 보는 것이 일반적이다.

한 발화의 명예훼손성은 매우 훼손적인 것부터 약간 훼손적인 것, 미약하게 훼손적인 것까지 차등을 둘 수 있는 정도(degree)의 개념으로 그 정도를 결정하는 요인으로는 발화 자체의 사실성/허위성 여부와 발화가 유포된 경로에서의 전달 방식 및 발화 내용에 대한 사회적 관심도 등이 있다. 이를 종합해서 다음과 같이 발화의 명예훼손도(D) 공식을 생각해 볼 수 있다.

$$D = F \times A + PI$$

이 공식에서 F란 사실성 여부로서 사실인 경우는 3의 값을 갖고 허위일 경우는 7을 갖는다. 이 값은 현행 정보통신망법상 명예훼손죄는 사실 적시의 경우 3년 이하 징역 또는 3000만원 이하 벌금, 허위사실을 적시했을 땐 7년 이하 징역 10년 이하 자격 정지 또는 5000만원 이하 벌금에 처한다는 조항에서 명시된 징역 형량을 참고한 것이다. 또한 A는 청자의 유형을 말하는데 그 발화가 단보(unicast)로 전달될 경우는 1의 값을 갖지만 단톡방과 같은 중보(multicast)로 전달될 경우는 2의 값을 가지며, 무작위 광보(broadcast)로 전달될 경우는 그 전파력을 고려하여 상대적으로 높은 3의 값을 갖는다. 마지막으로 PI는 공적인 관심사를 말하는데 0부터 5까지의 척도로 구성되어 관심도가 폭발적으로 높은 사안일 경우는 5의 값을 갖고 관심도가 전혀 없는 경우는 0을 가지며 문제 발화에 대한 조회도나 댓글 수 등에 의해 결정될 수 있다.

  예를 들어 인터넷 단톡방에 누군가에 대한 실제 사실을 적시한 명예훼손성 발화가 올라왔는데 이에 대한 사람들의 반응은 다른 글에 비해 3배 정도 높았다고 하자. 그렇다면 이 글의 명예훼손도는 D = 3 x 2 + 3 = 9로 정해진다. 반면에 누군가가 내게 문자 메시지로 어떤 인물에 대해 허위 사실을 적시한 글을 보냈지만 나는 허황된 이야기임을 알고 아무런 관심을 보이지 않고 바로 삭제했다면 이 문자 메시지의 명예훼손도는 D = 7 x 1 + 0 = 7이 된다. 이처럼 명예훼손도 공식은 문제의 발화에 대한 명예훼손성 정도를 수치로 나타낼 수 있는 방편으로 사용될 수 있고 더 나아가 형량을 결정하는 데 참고 자료로 활용될 수 있을 것이다.

2.
언어적 차원

2. 언어적 차원

이 장에서는 명예훼손의 세 차원인 언어, 법, 문화 중에서 가장 기저를 이루는 언어적 차원에 대해 살펴본다. 논의의 초점은 명예훼손 발화에 주로 사용되는 어휘들과 구체적 대화 맥락에서 사용되는 명예훼손 발화의 화용적 특성에 맞추는데, 어휘와 관련해서는 언어의 표의와 이의의 구분 및 "가르릉 표현"과 "으르렁 표현"에 대해 알아보고 특정 어휘의 명예훼손성을 측정할 수 있는 방법으로 "감정 규준(Affective Norms)"의 방법을 검토한다. 또한 명예훼손 행위의 화용적 특성을 또 다른 부정적 감정 표출 행위인 모욕하기와 대비하여 Searle이 제안한 적정 조건을 중심으로 살펴보고 명예훼손 발화에 참여하는 당사자들의 역할과 그런 발화의 직접성/간접성에 대해서도 실제 예를 통해 알아본다. 특히 비그라이스적 소통의 예로 명예훼손을 접근하고 이와 관련해서 요즘 우리 주위에서 흔히 볼 수 있는 이른바 '갑'의 언어와 '을'의 언어라는 비대칭적 의사소통의 잘 알려진 사례들을 다시 돌아본다.

2.1. 명예훼손 발화의 어휘적 측면

2.1.1. 표의와 이의

어떤 발화의 명예훼손성 여부를 판단할 때 도움이 되는 가장 기본적인 요소는 그 발화에 동원된 어휘가 지닌 부정적 뜻을 확인하는 것이라고 할 수 있다. 언어 표현의 뜻은 사전적, 지시적 의미인 표의(表意, denotative meaning, 또는 denotation)와 평가적, 사회적 의미인 이의(裏意, connotative meaning, 또는 connotation)가 있는데, 이의에는 또한 긍정적 부분과 부정적 부분이 있다. 영어의 예를 들어 둘 다 저비용(low-cost)을 가리키는 말인데도 'cheap'은 '싸구려'라는 부정적 이의가 있는 반면 'economical'은 '알뜰한'이라는 긍정적 이의가 있다. 따라서 항공사에서는 아무리 저렴한 좌석이라도 'cheap class'라고 하지 않고 대신 'economy class'라고 부른다. 비슷하게 자동차 회사의 광고나 영업 사원들의 고객과의 대화에서는 소형 자동차를 'compact car'라고 부르지 'small car'라고 부르지 않는데 이 또한 두 단어의 이의가 다르기 때문이다. (물론 이런 영업 사원들도 고객이 아닌 가족이나 친한 사람과 대화할 때는 'small car'라고 할 수 있다.) 다시 말해서 말은 이중적 의미 구조가 있어서 일단 어떤 대상을 가리킴으로써 1차적인 의미를 갖게 된 다음 이런 지시적 의미로서의 표의(denotation) 외에도 그 표현이 사용되면서 개인이나 집단이 갖게 된 그 표현의 이면에 있는 감정적,

평가적 의미로서의 이의(connotation)도 생겨난다. 한국어에서 '연예인'이란 말과 '딴따라'라는 말은 같은 대상을 가리킬 수 있지만 지시 대상이 같다고 해서 모든 의미가 같다고는 볼 수 없다. 공적이든 사적이든 모든 의사소통 과정에서 말은 그 사전적인 기본 의미로서 표의만 전달되는 것이 아니라 그 이의까지도 같이 전달된다. 영어에서 어떤 사람을 'fat'이라고 부르는 것은 그에 대해 부정적인 태도를 보여주어 결례가 되지만, 'plump'라고 부르는 것은 결례가 아니라 오히려 긍정적인 언사가 된다. 그렇다면 'plump'라고 부를 수도 있는 것을 'fat'이라고 부를 경우 모욕이나 명예훼손이라고 보아야 하는가?

이런 단순한 문제와 달리 해방 이후 분단과 이념 대립, 동족상잔 등을 경험한 한국 사회에서는 아직 누구도 이념적 갈등에서 자유로울 수 없고 이는 종종 감정적 대립으로 표출되는데 그 과정에서 사용된 용어의 이면적 의미, 즉 이의(connotation)가 큰 역할을 하게 된다. 앞서 언급했던 예로서 고영주 전 방송문화진흥회 이사장이 2013년 한 보수 단체의 신년 하례 행사에서 문재인 당시 새정치민주연합 대표를 "부림 사건의 원 변호인으로 공산주의자"라고 칭하고 이런 공산주의자인 "문재인 씨가 대통령이 되면 대한민국 적화는 시간 문제" 등의 발언을 해서 명예훼손 혐의로 기소되었다. 문제의 고영주 전 이사장의 발언은 정치학 교과서나 백과사전에 있는 학문적 정의로서 '공산주의자'를 말한 것으로 부정적 사실의 적시가 아닌 단순 의견 표명인지, 아니면 한국이라는 특수 상황에서 '공산주의자'가 갖는 외면할 수 없는 이의를 의도적으로 넌지시 제시한 것인지의 논란이 있었다. 1심 재판부에서는 특별한 뜻이 아닌 개인적 의견을 피력한 것은 명예훼손이 될 수 없다고 판시하였다.

이 판결에서 주목할 것은 재판부가 "공산주의자 용어의 다양성을 고려하면 공산주의가 일반적으로 북한과 연관지어 사용된다는 사정만으로 그 표현이 부정적 의미를 갖는 사실 적시라고 볼 수 없다"고 판단하여 무죄를 선고했다는 점이다. 즉 공산주의자의 의미 중에서 대한민국 국민이 갖는 평균적이고 일반적인 평가적 의미로서 공산주의의 이의(connotation)만으로는 명예훼손의 죄가 성립하지 않으며 그의 주장은 공론의 장에서 논박을 거치는 방식으로 평가되어야 한다는 것이다. 그러나 대부분의 한국인에게 '공산주의자'라는 표현이 갖는 평가적 의미는 이미 굳어질 대로 굳어져서 그런 표현을 공적인 소통에서 의도적으로 사용한다는 것 자체가 표현의 자유의 범위를 벗어난 것이라는 반론이 많았다. 원심으로부터 7년이 지난 2020년 8월 26일 서울 중앙 지법 형사항소9부(부장 판사 최한돈)의 2심에서는 한국 사회에서 누군가를 특히 공인을 공산주의자라고 부르는 것은 허위 사실 적시에 해당하며 그의 사회적 평가를 저해할 가능성이 현저하기 때문에 이는 표현의 자유를 넘어선 명예훼손에 해당한다고 하여 1심 판결을 뒤집고 징역 10월에 집행 유예 2년을 선고하였다. 특히 재판부는 부산지검 공안부 검사 시절 부산 지역 독서모임인 부림 사건을 맡았던 고영주 씨가 "문 대통령이 부림 사건 중 원심의 변호인이었다"고 말한 것은 문재인 전 대통령이 1981년 원심이 아닌 2014년 재심 사건의 변호인이었다는 점에 비추어 볼 때 허위 사실 적시에 해당하는데 "이에 기초한 공산주의자 발언은 논리 비약으로서 모두 허위라고 봄이 상당하다"고 판시하였다.

이 판례에서 주목할 점은 2심 재판부의 판결문에서 "동족상잔, 이념 갈등에 비춰보면 공산주의자 표현은 다른 어떤 표현보다 피해자의 사회적 평가를 저하시키는 표현이라 하지 않을 수 없다"고 하면서 "발언 내용의 중대성과 명예훼손이라는 결과, 우리 사회 전반에 퍼져 있는 이념적 갈등 상황을 보면 고 전 이사장의 발언이 표현의 자유 범위 안에서 적법하게 이루어진 것으로 보기 어렵다"고 지적했다는 점이다. 판결 직후 언론 보도에 의하면 고영주 전 이사장은 "이건 사법부 판결이라고 볼 수 없고 그냥 청와대 하명대로 한 것"이라며 대법원에 상고하겠다는 뜻을 밝혔는데 엄밀히 말하면 2심 판결에 대한 불만을 토로한 이 "청와대 하명" 발언 역시 사법부를 청와대의 명령을 받아 움직이는 기관처럼 묘사했기 때문에 또 다른 명예훼손에 해당한다. 다만 한국의 사법부는 이 사건 외에도 재판 결과에 대한 개인의 불만 표시에 대해 그것이 재판 중에 일어난 법정 모독이 아닌 한 일일이 대응하지 않고 표현의 자유를 넓게 인정하고 있다. 위 사건의 경우 '공산주의자'란 표현의 사용에 어떤 의도된 이의가 있는지가 명예훼손 판단의 핵심이 된다. 이런 의도된 이의를 Reich(2017)는 '숨겨진 편견(hidden bias)'이라고 부르는데 이에 대해서는 아래 논의에서 다시 살펴보기로 한다. 대법원 3부(주심 안철상 대법관)는 2021년 9월 16일 고영주 방송문화진흥회 전 이사장의 문재인 전 대통령에 대한 명예훼손 사건에서 무죄로 판결하였다. 대법원은 "(고영주 전 이사장의 문재인 전 대통령) 공산주의자 발언은 고 전 이사장이 자신의 경험을 토대로 공적 인물인 문 대통령의 정치적 이념이나 행적 등에 관해 자신의 평가나 의견을 표명한 것에 불과할 뿐, 문 대통령의 명예를 훼손할만한 구체적인 사실의 적시에 해당한다고 보기 어렵다"고 판시하여 앞서 해당 발언이 "허위 사실의 적시'에 해당"되어 유죄로 인정한 2심 판결을 파기 환송한 것이다(조선일보 2021년 9월 16일 보도, chosun.com).

이 사건과 관련해서 한 가지 재미있는 사실은 문재인 전 대통령에 대한 명예훼손 혐의로 피고 신분으로 법정에 섰던 고영주 방송문화진흥회 전 이사장이 2017년에는 당시 문화방송 PD협회장이었던 송일준 피디가 페이스북에 올린 다음 글에 대해 명예훼손과 모욕 혐의로 형사 고소했다는 점이다.

> "고영주. 간첩조작질 공안검사 출신 변호사, 매카시스트, 철면피 파렴치 양두구육…. 역시 극우 부패 세력에 대한 기대를 저버리지 않는다. 대한민국 양심과 양식을 대표하는 인사가 맡아야 할 공영 방송 MBC의 감독 기관인 방송문화진흥회 이사장 자리에 앉아 버티기 농성에 들어간 김장겸 체제를 뒤에서 지탱하고 있다."

고영주 전 이사장으로서는 같은 죄목에 대해 공격과 방어의 입장이 바뀐 셈인데, 송일준 PD협회장의 페이스북 게시글 사건에 대해 검찰은 명예훼손 부분에 대해서는 불기소 처분을 내리는 대신 모욕 혐의는 인정하여 약식 기소했고 법원은 모욕죄에 대해 벌금 100만원의 약식 명령을 내렸다. 문제의 핵심은 명예훼손이 아니라 모욕 혐의에 있었는데 항소심에서도 비록 선고유예지만 모욕죄는 인정되었다. 그러나 대법원은 2022년 8월에 비록 이런 표현들이 모욕죄 구성요건이 되지만 피해자인 고영주 전 이사장의 "공적 활동과 관련한 의견 게시글 작성" 과정에서 이런 표현을 사용한 것은 "사회 상규에 위배되지 않는 행위로서 위법성이 조각된다"면서 모욕 혐의에 대해서도 무죄 취지로 원심 파기 환송하였고 결국 서울서부지법은 2022년 11월에 명예훼손과 모욕 혐의에 대해 모두 무죄를 선고하였다. (출처: 더팩트 뉴스 2022. 11. 27 보도, news.rf.co.kr) 여기서 무죄 판단의 근거 중 하나로 제시한 사회 상규는 사실 명확히 정의된 내용이 있다기보다는 관념적으로 공유된다고 추정되는 부분인데 해당 재판부는 모욕죄를 다룰 때 이를 중요한 논거로 삼고 있다.

이런 공유된 관념, 즉 사회적 통념은 언어적 의미에 관한 한 불안정하거나 일관성이 결여될 수 있다. 예를 들어 식당에서 일하는 젊은 여자 종업원을 "아가씨"라고 부른 것에 대해 당장 모욕감을 느낄 수 있는 사람도 있고, 아무렇지도 않게 생각되는 사람도 있다. 개인의 명예 감정을 침해하는 모욕과 관련해서 중요한 것은 그런 말을 사용하는 사람, 즉 발화자의 인식이 아니라 그런 말을 듣는 사람, 즉 청자의 인식이라고 할 수 있다. 이성범(2020)은 명예훼손성 발화는 발화자의 의도도 중요하지만 그것을 듣거나 읽는 사람의 지각(perception)도 못지 않게 중요하다는 점을 강조하고 있다. 뿐만 아니라 이 사건에서 특히 주목할 점은 대법원이 판결에서 "비정치적 영역에 비해 정치적 영역에서 표현의 자유는 보다 더 강조된다는 점을 밝힌 데에 의의가 있다"고 밝혔다는 점이다. 표현의 자유가 모든 영역에서 평등하게 적용되는 것이 아니라 특정 영역, 즉 정치의 영역에서는 다른 영역에서보다 더 관대하게 인정된다는 취지인데 이에 대해서는 또 다른 논란의 여지가 있다. 이 대법원의 판결에 대해 고영주 전 이사장은 21일 통화에서 "공인이라는 이유로 모욕죄에 대해 위법성 조각 사유를 인정하는 사례는 없다. 2심까지 제대로 재판이 이뤄지다 법리에 없는 궤변으로 이상한 판결이 나왔다. 대법관들이 편향되어 있다"고 말했다(미디어오늘 2022년 11월 21일 보도, www.mediatoday.co.kr).

2.1.2. 가르릉 표현과 으르렁 표현

일반적으로 대중이 사용하는 언어는 표의와 이의라는 이중적인 의미 구조를 가질 때가 많다. 반면 자연 과학 서적의 문장처럼 객관적인 사실만을 다루는 표현들은 표의만으로 통용되지만 대부분의 일상 언어 표현들은 긍정적이든 부정적이든 숨겨진 편견을 담고 있고 이것이 심화되면 Hayakawa(1991)가 말한 매우 긍정적 이의를 갖는 '가르릉 표현(purr words)'과 반대로 매우 부정적 이의를 갖는 '으르렁 표현(snarl words)'이 된다. 1941년의 초판본을 수정한 1991년의 저서 『Language in Thought and Action』에서 Hayakawa는 미국의 공적 토론에서 알맹이는 뒷전이고 단지 지지자들의 환심을 끌거나 반대자들을 깎아내리는 상반된 목적의 감정만을 노출하는 말들을 비유적으로 '가르릉 표현'과 '으르렁 표현'이라고 불렀다. 'purr'란 고양이가 기분이 좋을 때 목에서 나오는 소리로 비유적으로 누군가의 관심을 끌기 위해 또는 아양을 떨 듯이 말하는 소리인 반면 'snarl'이란 개가 이빨을 드러내고 위협할 때 내는 소리로서 심기가 불편해서 상대를 나무라거나 제압하기 위해 내는 소리를 말한다. 일반적으로 언어는 고도의 추상화된 상징 체계라고 하지만, 가르릉 표현과 으르렁 표현은 Hayakawa(1991:1)에 의하면 "언어를 가장한 상징 이전 단계의 잡음에 불과한 것(presymbolic noises disguised as language)"으로 본래의 의미 기능은 망각되어 다른 조작적인 용도로 사용되는 것이다.

Hayakawa의 관찰에 따르면 미국의 공적 토론은 참여자들이 비속어를 남발하고 고함을 지르는 싸움으로 흔히 변질되곤 한다. 1960년대부터 TV가 주요 정치 토론의 매체로서 강력한 영향력을 행사하기 시작했고 2000년대부터는 YouTube나 Facebook, Instagram과 같은 각종 SNS들이 상상을 초월하는 힘을 갖게 되면서 이런 새로운 매체들은 사회적 소통의 순기능을 담당할 것으로 기대되지만 실상은 비방과 폭로, 명예훼손과 모욕이 난무하는 볼썽사나운 역기능도 담당하고 있다. 누구보다 정통 언론을 불신한 나머지 Twitter에 열심이었던 Trump는 여러 차례 자신의 정적을 원색적으로 비난하는 메시지를 직접 올리거나 다른 사람의 말을 리트윗한 바 있고 의학적인 근거가 없는 글을 올렸다가 급기야는 트위터사에 의해 삭제되는 대통령으로서는 상상할 수 없는 수모를 당하기도 하였다. 그 결과 그는 Twitter 대신 자신이 직접 Truth Social이라는 media platform을 만들어 사용하기에 이르렀다. 그는 상대방을 "helpless puppet", "Sleepy Joe", "radical left", "anarchist antifa activist" 등으로 조롱하거나 비난하였는데 이에 대해 2020년 6월 24일 LA Times 사설은 "Trump will say anything in his desperation to win. Having attacked the media and discredited the experts and undermined facts and science and truth for four years, he now will present his alternative version of reality to anyone credulous enough to listen"이라고 반박하였다(LA Times 2020 June 24).

이 정도의 거친 입담은 한국과 같으면 과도한 네거티브 캠페인이라면서 선거법 위반이나 명예훼손으로 당장 제소할 만하지만 미국은 이런 정도의 인신 공격은 민주주의의 일부로 대통령 선거 과정 중의 하나로 보고 묵인하는 경향이 있다. 특히 Biden과의 1차 토론에서 Trump는 수십 번이나 상대방의 발언을 가로막고 원색적인 비난을 퍼부어서 토론 사회자인 Chris Wallace로부터 자제를 해달라는 요청과 경고를 받은 바 있고, Biden도 이에 맞서 "Will you shut up, man?" 이라는 짜증섞인 어투로 맞받아치는 바람에 대통령 후보 토론은 지도자로서 정치적 철학과 정책적 비전을 보여주는 자리가 아닌 이전투구의 설전으로 결국 막을 내린 바 있다. CNN 방송은 이날 토론을 "mess(난장판)"라고 했는데 이런 원색적인 으르렁 어법은 2024년 9월 10일의 트럼프 후보와 카멀라 해리스 후보와의 TV 토론에서도 다시 등장하여 트럼프는 해리스 후보를 "Marxist"라고 불렀고 이에 맞서 해리스는 "Putin would eat you for lunch"라고 받아쳤다.

한국에서도 최근 급격히 확산된 유투브 정치 사이트들은 진실된 토론이나 보도는 뒷전이고 이런 각종 자극적인 표현과 가짜 뉴스로 현혹하고 정치적 양극화를 조장하며 마치 영웅적인 투쟁을 하는 투사의 이미지를 통해 오직 지지자들의 조회와 구독을 유도하는 돈벌이 수단으로 악용되고 있다. 그 결과 일부 유투버들은 엄청난 부를 축적할 수는 있겠지만 명예훼손이나 모욕 등의 깊은 계곡을 가로지르는 아슬아슬한 고공 외줄타기를 하는 광대로 전락하게 된다. 미국에서도 일부 인터넷 사이트와 유투버들은 2020년 대선을 앞두고 Trump의 Biden에 대한 공격에 동참하여 갖가지 가짜 뉴스를 퍼뜨리고 선동적 수사를 옮겨 나른 적이 있고 이에 맞서 또 다른 정치 평론가들은 미국 대통령이라는 지엄한 정치인의 이미지를 버리고 득표에만 몰두하는 소위 비즈니스-마인드에 사로잡힌 "선동가(demagogue)"로 전락했다고 신랄하게 비판하였다. 그러나 문제는 Trump의 이러한 이전투구 전략이 2016년 Hillary Clinton과의 대선에서 숨은 지지자들에게 먹혀들어서 대중 정치에 효과적임을 입증했다는 것이다.

물론 완전히 객관적인 표현을 제외하고 일반적으로 대부분의 표현은 Reich(2020)에 의하면 말하는 사람의 주관적인 판단이나 평가라고 할 수 있는 "숨겨진 편견(hidden bias)"을 갖고 있는데 가르릉 표현과 으르렁 표현은 숨겨진 편견이 확대되어 서로 반대 방향으로 작용하는 이의를 가진 양극단에 속하는 표현이라고 한다. 이를 그림으로 나타내면 다음과 같다.

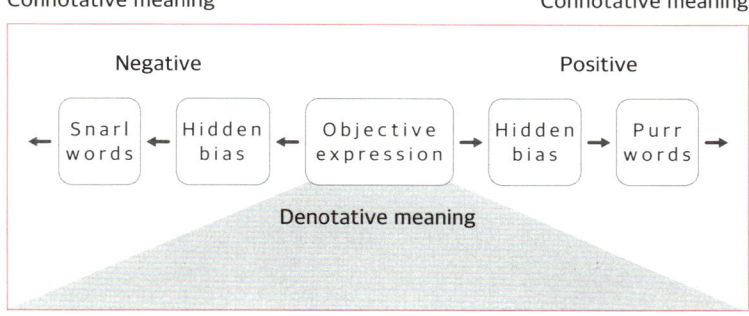

그림-2. 으르렁 표현과 가르릉 표현 (Reich 2020:6)

위 그림에 따르면 어떤 표현이 가리키는 지시 대상으로부터 발생하는 표의적 의미(denotative meaning)는 화청자 각자의 개인적인 숨은 편견(hidden bias)에 의해 부정적인 방향으로 이의(connotation)가 추가될 수도 있고 긍정적인 방향으로도 이의가 추가될 수 있다. 즉 같은 말인데도 해석하는 사람의 편견에 따라 이의는 달라질 수 있고 그 결과로 으르렁 말도 될 수 있고 가르릉 말도 될 수 있다는 것이다.

 Hayakawa의 '으르렁 표현'에 대해 Leech(1990: 14)는 더 자세한 설명을 추가하는데 그에 의하면 '으르렁 표현'은 원래는 개념적 의미가 있지만 "비호감적인 속뜻(unfavorable connotation)"을 극대화하여 상대방이나 특정 대상에 대한 적개심을 강력하게 표현하는 용도로 사용되는 바람에 "개념적 의미가 무색해진(irrelevant) 표현"이라고 정의한다. 이런 표현에는 특정인의 인종, 국적, 종교, 출신 성분 등을 비하하는 표현들과 정치적 이념이나 지향을 가리키는 용어 및 'fetus'라는 표현 대신 'unborn child'라고 부르고, 'terrorist'를 'freedom fighter'라고 부르는 것과 같은 "감정 충만 어휘(emotionally loaded words)"들이 이에 속한다. 예를 들어 Trump는 지난 2020년 대선 기간 중 Arizona주 Pheonix에서의 한 유세 연설에서 "We're engaged in a tremendous struggle for the future of our country" It's the struggle against "an oppressive left-wing ideology that is driven by hate and seeks to purge all dissent"라고 말했다. 이에 대해 LA Times의 칼럼니스트인 Nicholas Goldberg는 Trump가 그 이전의 숱한 "공포감을 조성하는 선동가들(fearmongering demagogues)"과 비슷하게 보이지만 그 강도는 과거 미국에 매카시즘이라는 전례 없는 광적인 반공주의를 불러일으킨 Joe McCarthy 전 상원 의원에 버금갈 정도라고 비판하였다. 그의 연설 중에는 으르렁 표현만 있는 것은 아니고 지지자들을 감정적으로 현혹하는 가르릉 표현들도 있는데 대표적인 것으로는 "For your towns, your homes and your freedom. I can protect you."라는 발화를 들 수 있다. 구체적으로 무엇을 어떻게 보호하겠다는 것인지 전혀 알 수 없지만 그냥 듣기에는 좋고 책임을 물을 수 없는 가르릉 표현이다. 이보다 훨씬 더 많은 으르렁 표현으로 "The radical left, they hate our history, they hate our values, and they hate everything we prize as Americans"와 같이 반대자들을 몰아붙이는 표현과 "The left-wing mob is trying to demolish our heritage so they can replace it with a new repressive regime that they alone control. They're tearing down statues, desecrating monuments and purging dissenters. They are rioters, hoodlums"와 같은 원색적인 표현들이 포함된다.

이런 가르릉 표현이나 으르렁 표현을 사용하는 것은 Lutz(1990)의 '이중 화법(doublespeak)'에 속한다. 이중 화법이란 Lutz(1990:1)에 따르면 겉으로는 진실된 의사소통을 하는 척하지만 실제로는 계산적인 목적을 추구하는 화법을 말한다. 이중 화법의 가장 큰 특징은 나쁜 것, 부정적인 것, 불쾌한 것을 좋게, 긍정적으로 매력적이거나 최소한 참을 만한 것으로 보이게 하는 의도를 가진다는 점으로 자신의 목표를 관철하기 위한 조작(manipulation)을 염두에 둔 화술을 가리킨다. Lutz(1990)는 이중 화법이 책임을 피하거나 면하기 위해서 실제 사실과는 거리가 멀거나 반대 방향의 것을 숨기듯 말하는데 그 결과 상대방의 사고를 확장시키기보다 막아버리게 된다고 지적한다. 비슷한 맥락에서 Bolinger(1980: 76)는 우리의 말은 긍정적이거나 부정적인 태도를 품을 수 있고 특정한 방식으로 현실을 평가할 수 있어서 현실에 대한 사람들의 지각(perception)을 조작할 수 있다고 했다. 이런 조작적인 이중 화법은 특히 자신의 이익을 관철해야 하는 재판정에서의 설전이나 정치인들의 토론, 홈쇼핑 채널에서 쇼호스트들의 그럴듯한 설득 화법 및 새로운 매체로 자리잡은 유튜브를 포함한 각종 인터넷 통신 등에서 두드러진다.

이중 화법의 예로 정치인들의 선거 구호는 겉으로는 그럴듯하게 보이지만 사실은 그 실체를 가늠하기 어렵고 이에 대한 논리적, 학술적 분석이 뒷받침되지 않는 슬로건에 불과한 단순 이미지 메이킹 수단으로 쓰이는 경우가 많다. 잘 알려진 대로 Donald Trump가 2016년 대선에서 사용한 "Make America Great Again"이란 구호는 언뜻 들으면 매우 긍정적이고 미국인들의 가슴을 뛰게 하는 희망적인 메시지로 보인다. 이는 계속된 경기 불황 등으로 땅에 떨어진 미국인들의 긍지와 자부심을 자극한 말로서 특히 산업화 시대의 호황을 이어나가지 못하고 정보 통신 기술 시대에 낙후된 미국 중북부 러스트벨트 지대나 경기 침체로 가장 큰 피해를 본 계층인 저학력 저임금 노동자들에게 어필할 수 있었다. 그런데 찬찬히 들여다보면 이 구호는 마치 슈퍼맨이 지구를 구하겠다는 것처럼 공허하고 실체가 불분명한 것이 사실이다. 그런 뜬구름 잡는 듯한 말보다는 오히려 "미국을 세계 1위의 무역 흑자국으로 만들겠다"든지 "미국의 재정 적자를 완전히 없애겠다", "전국민 공공 의료 보험 시대를 열겠다", "북한의 핵미사일 위험을 제거하겠다"든지 하는 선언들이 후일 검증도 가능한 실체가 있는 구호일 것이다. 그러나 그런 실질적인 선언에는 언젠가는 반드시 확인과 평가 및 책임 문제가 뒤따르게 되는데 아무리 트럼프라고 하지만 그런 엄청난 공약을 남발할 수는 없었을 것이다. 그 결과 그가 선택한 것은 애매하기 짝이 없지만 그냥 듣기에는 그럴 듯하고 나중 책임 논쟁에서 자유로울 수 있는 무난한 화법을 택한 것으로 볼 수 있다. 이 점은 2016년 Hillary Clinton의 "Stronger Together"라든지 2020년 Joe Biden의 "Build Back Better"라는 구호도 마찬가지인데 다른 영역에서는 실용성을 중시하는 미국인들이 유독 정치에서는 다른 나라 사람들이 보아도 공허하게 들리는 선거 구호에 집착하는 것은 미국 사회의 아이러니라고 할 수 있다.

2.1.3. '듣보잡'과 '꼰대'

최근 인터넷 등에서 자주 접할 수 있는 말 중에 '꼰대'와 '듣보잡'이 있다. 냉소적인 의미를 지닌 이 두 단어는 일부 소수 집단에서만 쓰던 은어적인 표현이 점차 그 사용자가 확대되어 이제는 다수의 한국어 사용자들에게 익숙한 표현이 된 것이다. 그런데 이 두 표현은 그 부정적 의미 때문에 명예훼손과 연결될 수 있다. 일례로 앞서 언급한 진중권 씨는 2009년 1월 진보신당 인터넷 당원게시판에 보수 논객인 변희재 미디어워치 대표를 '듣보잡(듣지도 보지도 못하던 잡놈)'으로 표현했고 같은 해 6월에는 자신의 블로그에 '비욘드보르잡'이라는 언어유희적 표현으로 변 대표를 조롱하는 글을 올렸다가 변 대표로부터 허위사실 유포로 인한 명예훼손으로 고소되어 서울 중앙 지검 첨단범죄수사2부에 의해 정보 통신망 이용 촉진 및 정보 보호 등에 관한 법률 위반 혐의 등으로 기소되었다. 그밖에도 그의 글에는 "개집에 숨었나?", "매체를 창간했다가 망하기를 반복하는 일의 전문가", "가가멜", "함량이 모자라지만 싼값에 쓴다"와 같은 변희재 대표를 조롱하는 말들이 사용되었다. 또한 진씨는 자신의 블로그에 "축하해 주세요 듣보잡 소송 개봉 박두"라는 제목의 글을 올려 "검찰에서 합의를 권했지만 거절했다"고 밝혔다. 그에 의하면 자신의 글은 표현의 자유에 관한 문제인 만큼 최종심까지 가서 판결을 얻어 보고 싶다고 했다. 여기서 '개집에 숨다'라든지 '가가멜', '함량 부족' 등은 상대방을 무참히 무너뜨리기 위해 쓰인 으르렁 표현이라고 볼 수 있는데 2010년 2월 서울 중앙 지법 형사14단독 재판부(박창제 판사)는 "변 대표가 매체를 창간했다 망하기를 반복하고 있다", "정부와의 연결 고리를 추적해 봐야 한다", "행동 대장에 불과하다" 등의 내용은 "간접적이고 우회적인 표현으로 허위 사실을 적시한 것으로 봐야 한다"며 "비방할 목적 없이 공공의 이익을 위해 글을 쓴 것으로 보기 힘들다"고 말했다.

단순 명예훼손 사건으로는 이례적으로 오래 지속되었던 이 사건의 담당 재판부는 "의혹을 제기할 때는 수긍할 만한 자료를 제시해야 하는데 진 전 교수는 이를 제시하지 못해 허위 사실 유포에 해당한다" 며 "변 대표에 대한 글은 변 대표의 개인적·사회적 비리 의혹에 대한 감정적 표현을 담은 것"이라고 밝혔다. 이에 대해 진중권 씨는 "사법부의 판단을 존중한다"면서도 "실제로 변 대표가 한예종에 공격적인 발언을 했고 매체를 창간했다 망한 것도 여러 번"이라며 "허위 사실로 볼 수 없다"고 주장했다. 그는 "다른 나라에는 명예훼손죄 자체가 없다. 저는 이런 것 자체를 별로 안 좋아하는데 (변 대표의 고소 자체가) 아직도 이해가 안 된다"고 했다. 2심 역시 혐의를 인정하고 벌금 300만 원을 선고했고 대법원은 2011년 11월 22일에 원심을 최종 확정하였다.

이런 변희재 씨는 명예훼손의 가해자로 피소되기도 했다. 즉 2014년 4월 16일의 세월호 사고와 관련하여 정몽준 전 국회 의원의 막내 아들이 페이스북에 올린 글로 논란이 일자, 변희재 씨는 이에 대해 21일 트위터에 "대학도 안간 학생이라는 점 감안해야", "범죄가 아닌 한 학생들에게 표현의 권리를 주자"고 발언하여 이번에는 표현의 자유를 역설하고 나섰다. 결국 정몽준 전 의원의 아들은 2014년 5월 19일에 유족 100여 명에게서 위임장을 받은 단원고 희생 학생의 유족 오모(45)씨에 의해 명예훼손 혐의로 서울 동작경찰서에 고소되었다. 이에 대해 변희재 씨는 "세월호 유족 중 한 명이 정몽준 씨 아들을 고소? 현장에 유족밖에 없었다? … 해도 해도 너무하군요"라는 글을 올리며 유가족들을 비난했다. 그러자 변희재 씨와 명예훼손 등으로 악연 관계가 된 진중권 씨는 자신의 트위터에 "자기는 듣보잡도 고소하면서…."라는 글과 함께 변희재 씨를 비판하기도 했다.

어찌되었든 두 유명 논객의 공방에 대한 법원의 판결로 인해 '듣보잡'과 같은 으르렁 표현은 명예훼손적 어휘로 공식 인정받게 되었다. 그렇다면 '듣보잡' 못지않게 흔히 사용되고 있는 '꼰대'는 어떠한가? 을의 반란이라고 할 수 있을 정도로 젊은 세대가 "나 때는 말이지"로 시작하는 자기보다 나이 많은 세대에 속한 사람들을 싸잡아 비판하는 용어인 '꼰대'는 최근 너무나 자주 들리는 표현이지만 불과 30년 전만 해도 대놓고 말할 수 없는 심한 비속어였으며 누군가를 '꼰대'라고 부르는 것은 명예훼손으로 간주될 수 있었다. 그러나 지금은 그 의미가 많이 약화되어 그저 '듣기 싫은 소리를 해대는 자기보다 나이가 많은 권위주의적인 사람을 경멸적으로 일컫는 말'이 되었으므로 일단 명예훼손성 어휘 목록에서 제외되기 일보 직전으로 보인다. 기성세대들은 취업난, 주택난 등으로 벼랑 끝에 몰린 젊은 세대가 오죽 답답하면 이런 도발적인 표현을 사용하겠는가 하는 마음에서 또는 나이가 벼슬은 아니라는 점을 직시하고 책임감을 느끼면서 포용력을 발휘해야 한다는 생각으로 다소 불편하더라도 이를 받아들이고, 더 나아가 '꼰대' 대신 젊은이들이 바라는 '멘토(mentor)'가 되어야 한다는 자세를 보이고 있다. 다행히도 대한민국어버이연합이나 한국교원단체총연합회, 대한노인회 등과 같은 어느 단체도 '꼰대'의 사용에 의해 자신들의 명예가 훼손되었다고 해서 소송을 제기했다는 뉴스는 아직 없었다. 따라서 이 용어는 원래의 가시돋힌 듯 자극적이고 대결적인 이의가 사라져 더 이상 으르렁 표현이 아닌 것으로 보인다. 이 말은 이제 TV나 신문 등에서 무음처리되지 않고 버젓이 사용되고 있고 다수의 노인들도 자신을 그런 용어로 부르기도 한다. 반면에 진중권 v 변희재 사건의 판례에서 보듯 '듣보잡'은 법원의 판단에 따르면 아직 으르렁 표현에 속하는 것으로 명예훼손성 표현 목록에 남아 있다.

그런데 여기서 '개별 어휘의 명예훼손성은 어떻게 판정하는가? 검찰이나 사법부의 주관적인 판단과 해석에만 맡겨야 할까?'라는 의문이 든다. '꼰대'는 큰 법적 다툼 없이 시나브로 넘어가고 있는 것 같은데 불행히도 다른 어휘들은 꼭 그렇지만은 않다. 예를 들어 정치적으로 민감한 어휘들은 그렇지 않다고 건드리기만 하면 바로 터지는 부비트랩과 같은 사회에서 뇌관과 같은 역할을 한다. 다시 변희재 씨와 관련된 사건을 보자. 왕성한 논평 활동을 해온 변희재 씨는 2013년 3월 연예인 김미화 씨의 2011년 성균관대 언론정보대학원의 석사 학위 논문 표절 의혹을 제기하였다. 그 결과 김미화 씨는 당시 진행하던 한 라디오 프로그램에서 하차하게 되었다. 변희재 씨는 트위터 등에 "김미화는 종북 친노좌파"라고 불렀는데 이에 대해 김미화 씨는 자신의 논문이 성균관대학교에서도 표절 논문으로 볼 수 없다고 발표했다고 반박하면서 2014년 7월 13일 자신의 트위터에 "법원에 다녀왔습니다. 허위 사실에 기초하여 저에 대해 '종북 친노좌파'라며 악의적으로 명예훼손을 한 변희재 씨는 대가를 치르게 될 것"이라고 밝했다. 결국 2014년 7월 24일 서울 지방 법원은 피고는 원고에게 1300만 원을 배상하라고 판결하자 변희재 씨는 이에 불복하여 항소했다. 그런데 2심에서는 이 사안은 변희재 씨가 아닌 당시 편집장인 이모 씨만이 항소할 수 있는 사안이라고 심리 없이 각하했지만 대법원에서는 변희재 씨의 항소 자격을 인정하여 파기 환송하였다. 결국 2016년 10월 21일 서울 중앙 지법 민사항소3부는 손해 배상 청구 소송의 파기 환송심에서 변희재 씨는 김미화 씨에게 1300만 원을 지급하라고 선고했다. 또한 CBC 뉴스 보도에 따르면 2016년 미디어워치에 대한 별도의 손해 배상 소송에서 서울남부지법 2조정센터는 변희재 씨가 김미화 씨를 비방한 트위터 메시지 14건과 미디어워치 기사 4건을 삭제하고, 김미화 씨에 대해 '친노좌파', '종북' 등의 용어로 보도하는 것에 대해 1건당 500만 원을 지급하라고 판시했다.

　문제의 '친노종북'이라는 으르렁 표현은 『88만원 세대론』의 저자 중 하나인 사회 비평가 박권일 씨에 의하면 "변형된 인종주의"로서 특정 집단을 매도하고 건전한 사고와 토론을 마비시키는 블랙홀과 같은 존재로 군림했고 박근혜 정부 때에는 이른바 블랙리스트 판단 기준으로 악용되기도 했다. 변희재 씨와 미디어워치는 낸시랭 씨 역시 '친노종북'이라고 불렀고 이재명 당시 성남 시장을 '종북 매국노'라 불렀다가 2심에서 400만 원 배상 판결을 받기도 했다. 뿐만 아니라 포털사이트인 다음카카오를 '친노종북'이라고 불렀다가 1심에서 200여 개의 게시물 삭제 및 2000만 원의 손해 배상 판결을 받기도 했다. 그런 점에서 이 '친노종북'은 아직 으르렁 표현으로 인식되어 명예훼손성 어휘 목록에서 상당 기간 머무를 가능성이 높다.

2.2. 어휘의 감정 규준

어찌보면 현대 한국어에서 가장 명예훼손성이 높은 단어는 '제기랄'이라고 할 수 있다. 이 단어는 마땅치 않은 일이 일어났을 때 내뱉는 불평의 감탄사로 김열규(1997)에 의하면 '제미럴'에서 유래했는데 원래 이 단어는 '제 에미랑 붙을'이라는 심한 욕설로서 영어의 절대 금기어인 'motherfucker'에 비할 정도로 명예훼손성이 강하다. 그러나 대부분의 현대 한국인들은 이 단어의 그러한 어원을 알고 있지 못하기 때문에 그 표현이 그렇게까지 심각한 욕인지 모르고 있다. 따라서 누군가가 "그 사람은 자기 어미랑 붙을 놈이다"라는 발화는 명백한 명예훼손이지만 "제기랄"이라고 말한 것은 아마도 그렇게까지 심한 말로 생각하지는 않을 것이다. 그런 점에서 '제기랄'은 앞에서 본 '꼰대'와 '듣보잡'의 경우에서 최초의 비속성이 어느 정도 희석된 '꼰대'의 경우와 유사하다.

그렇다면 어떤 표현의 명예훼손성 여부를 자의적이거나 인상적으로 재단하지 않고 보다 객관적으로 정할 수 있는 방법은 없을까? 이에 대한 하나의 해결책으로 우리는 빅데이터 분석 기법을 도입하여 명예훼손 논쟁에 반복적으로 사용되는 어휘 목록을 정리하고, Bradley & Lang(1999)이 개발한 ANEW와 같은 어휘 목록 조사 방법에 주목할 필요가 있다. ANEW란 영어의 1,034개 기본 어휘 분석에 사용한 '영어 단어의 감정 규준(Affective Norms for English Words)'의 두자어이다. Bradley와 Lang은 사람의 마음을 자극하는 표현들을 수집하여 피험자로 하여금 각 단어를 보면서 그 단어가 주는 '유쾌-불쾌(pleasant-unpleasant)'라는 심리적 감정가(psychological valence)와 '활성적(active)-비활성적(passive)'이라는 각성도(arousal) 및 '강(strong)-약(weak)'의 지배력(dominance)이라는 각 차원에 대해 1-9의 9점 척도 중 하나의 값으로 평가하게 해서 각 어휘가 갖는 감정적 의미를 측정하였다. 그런데 이런 방법은 명예훼손 발화의 주요 구성 요소인 특정 어휘들의 감정적 의미를 수치로 측정할 수 있는 기초 자료가 될 수 있다.

즉 미국 Florida대학교 The Center for the Study of Emotion and Attention(감정과 주의력 연구소)에서 정서 불안과 주의력 장애 분야의 표준화된 연구가 가능하도록 시각 자극이나 청각 자극, 언어 기호 자극 등이 주는 감정적 느낌을 숫자로 표시하는 작업을 하였다. 이 연구소는 먼저 컬러 사진이 주는 감정적 느낌에 대한 '국제 정동적 사진 시스템(International Affective Picture System)'을 만들었는데 아래와 같은 그림을 한 장씩 보여주고 피험자가 얼마나 감정이 고조되었는지, 그리고 얼마나 유쾌하게 또는 불쾌하게 생각되었는지를 9점 척도로 평가하도록 하였다.

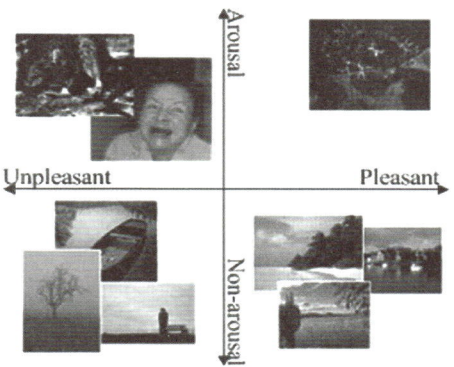

그림-3. 사진 자극에 대한 감정가와 각성도 (출처: CSEA, U. of Florida)

    이 연구소에서는 영상 자료뿐 아니라 앞서 언급한 대로 영어 단어들이 주는 감정적 느낌도 수치로 평가한 '영어 어휘의 감정적 규준(Affective Norms for English Words)'을 만들었다. 연구 책임자인 Bradley & Lang은 심리학 개론 과목 수강생을 대상으로 1,034 개의 영어 단어를 제시하고 각 단어가 주는 감정적 느낌을 1)쾌감(pleasure), 2)각성도(arousal) 및 3)지배력(dominance)의 세 차원에서 조사하였다.

    이 중 쾌감의 차원은 앞에서 본 감정가(valence)와 같은 차원으로서 어떤 단어를 보았을 때 만족하거나, 행복하거나, 좋은 느낌, 희망적인 느낌이 들수록 그 느낌의 강도에 따라 높은 점수에 표시를 하고, 반대로 불행함을 느끼거나, 속상하거나, 만족스럽지 못하거나, 절망을 느끼거나 하면 그 느낌의 강도에 비례하는 낮은 점수를 고르도록 하였다.

ANEW의 두 번째 차원인 각성도의 차원은 어떤 단어를 보고 마음이 활성화되고 동요되거나, 흥분을 느끼고 신경이 곤두서거나, 정신이 번쩍 드는 느낌이 드는 때와, 이와는 반대로 마음이 평온해지거나, 이완되어 몸이 풀리거나, 비활성화되어 둔해지거나, 졸립거나 하는 등의 느낌에 따라 평가하는 것이다.

마지막으로 지배력의 차원은 어떤 단어를 보고 마치 제압당하는 느낌이 들거나, 구속받는 듯한 생각이 들거나, 경외심이 생기거나, 복종하게 되는 마음이 드는지 아니면, 자신이 남을 제압하는 것 같은 느낌이 들거나, 영향력을 행사하고 지배자적인 느낌이 들거나, 자립적인 생각이 드는지에 따라 평가하는 것이다.

이처럼 1,034개의 영어의 기본 단어를 화면으로 보여주고 한 단어 당 세 가지 차원에서 각기 1부터 9까지 중 하나의 점수를 택하도록 하였는데, 조사의 대상인 단어에는 감정을 직접적으로 묘사하는 감정 어휘 외에도 'accident, adventure, dentist, eat, news, owl, sick, star, taxi' 등과 같은 비감정 어휘도 포함되어 있다. 그중에서 행복 감정 어휘는 'bliss, cheer, delight, ecstasy, elated, enjoyment, happy, jolly, joy, joyful, merry, pleasure, satisfied'의 13단어가 조사되었는데 앞에서 언급한 세 가지 차원 중 본 연구와 관련이 없는 지배력 차원을 제외하고 이들 단어의 감정가와 각성도 차원에서의 평가 결과는 다음과 같다.

표-1. Bradley & Lang(1999)의 행복 어휘의 차원별 평가

어휘	감정가	각성도
bliss	6.95	4.41
cheer	8.10	6.12
delight	8.26	5.44
ecstasy	7.98	7.38
elated	7.45	6.21
enjoyment	7.80	5.20
happy	8.21	6.49
jolly	7.41	5.57
joy	8.60	7.22
joyful	8.22	5.98
merry	7.90	5.90
pleasure	8.28	5.74
satisfied	7.94	4.94
평균	7.93	5.89

위의 표에서 13개 행복 어휘들과 평균값의 감정가와 각성도 차원에서의 평가치를 GRID로 나타내면 다음 표-2와 같다. 이 그래프에서 보면 영어 행복 어휘의 감정가 평균은 7.93으로 매우 높은 수준인 반면, 각성도 평균은 5.89으로 다른 종류의 감정 어휘들과 비슷한 편이었다. 감정가와 각성도는 감정가가 높을수록 각성도도 높아지는 경향이 일부 있으나 둘 사이의 상관관계는 통계적으로 유의미하지 않았다.

표-2. 영어 행복 어휘의 감정가와 활성도 (이성범 2018에서 재인용)

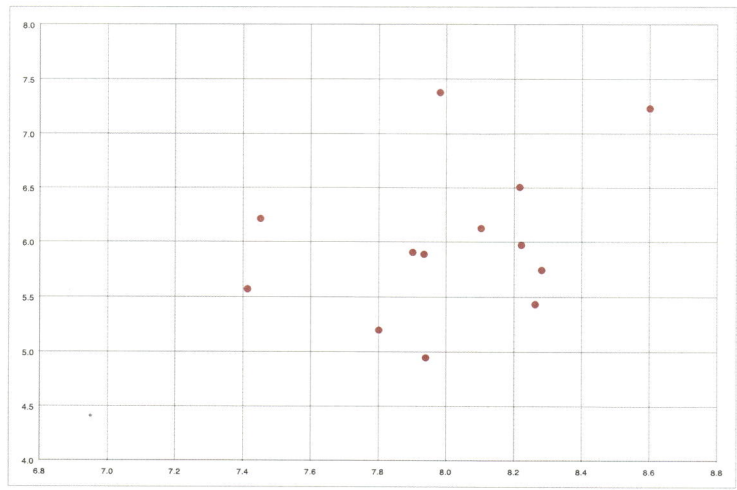

우리는 이런 ANEW 기법을 원용하여 '한국어 명예훼손성 단어의 감정 규준(Affective Norms for Korean Defamatory Words, ANKDW)'을 설정할 수 있다. 예를 들어 사회적 평판을 저하시킬 가능성이 있는 표현들로 앞에서 본 '듣보잡'이나 '꼰대'를 비롯하여 '종북', '빨갱이', '공산주의자' 뿐 아니라 '후레자식', '된장녀', '한남충', '틀딱', '일베충', '토착왜구', '대깨문' 등과 같이 사회적 평판을 저하시킬 수 있는 표현들의 감정 규준을 측정하면 해당 표현이 들어가 있는 발화의 명예훼손성 여부나 그 정도를 가늠할 수 있는 자료로 활용할 수 있을 것이다. 이와 관련한 사례로 연합뉴스의 보도에 의하면 국민의당 신용현 전 의원은 방송통신심의위원회로부터 제출받은 자료를 분석한 결과 온라인에서

'김치녀(속물 근성을 가진 한국 여자)', '한남충(벌레 같은 한국 남자)' 등 특정 집단을 차별하거나 비하하는 표현으로 시정 요구를 받은 건수가 2012년에는 149건에 불과했으나 2016년에는 2,455 건으로 증가하는 등 5년 사이에 6,000건에 달하고 매년 지속적으로 늘고 있다고 밝혔다.

그런데 이 기간 동안 차별 또는 비하 표현으로 시정 요구를 많이 받은 사이트는 일베저장소로 약 2천200건이었고 그 뒤를 디시인사이드, 카카오, 네이버, 해외 서버, 핫게, 메갈리아, 네이트, 수컷, 워마드 등 순이었는데 이른바 열혈 충성 고객이 많기로 유명한 사이트들이 상위권에 포진하였다. 이에 대해 연합뉴스 보도에 따르면 신용현 전 의원은 "어린이와 청소년들도 쉽게 접속할 수 있는 커뮤니티와 포털 등이 시정 요구 상위 사이트에 들어간 만큼 엄격한 조치가 필요하다"고 주장했다고 연합뉴스는 보도했다 (연합뉴스 2017년 9월 24일 기사에서 인용).

명예훼손은 피해자에 대한 가해자의 혐오나 경멸, 멸시, 질투, 분노 등의 부정적 감정이 기저에 깔린 것이다. 그렇다면 이런 부정적 감정은 어떻게 언어로 표출되는지를 이해하는 것이 명예훼손을 이해하는 데 중요한 부분이 된다. 그 중 가장 대표적인 감정으로 분노에 대해, 이성범(2016, 2017)의 연구 결과를 중심으로 살펴보도록 하자.

2.3. 분노

분노 표현은 명예훼손성 발화에서 흔히 볼 수 있는 감정 표현이다. Russell의 감정의 환형 모델(Circumplex model of emotion)에 따르면 분노는 [+unpleasant]하고 [+activated]된 고각성도의 부정적 감정으로 다음과 같은 감정의 좌표 공간의 2사분면에 위치한다.

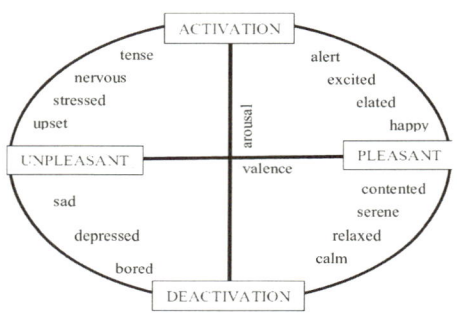

그림-4. 감정의 환형 모델 (Russell 1980)

명예훼손에 수반되는 감정은 대체로 부정적인 감정으로서 화자의 분노가 가장 흔한 것으로 보인다. 물론 분노에는 친구나 연인, 가족 사이의 사사로운 대화에서 흔히 볼 수 있는 단순한 화나 짜증과 같은 개인적 감정 표출도 있지만 공적인 성격을 띤 담화에서 사회적 정의로움에 바탕을 둔 공분(公憤) 표현 현상으로서, 국가적 재난이나 대형 참사를 당했을 때 사회 구성원들끼리 공동의 적이나 위험 요소에 맞서 소통하고 교감하는 공적 언어 행위에서도 표출된다.

아무런 이유 없이 분노를 표출하는 것은 생각하기 어렵고 이유가 있더라도 분노를 표출하는 것은 겉으로 보기에는 비생산적인 원초적 감정의 노출이기 때문에 주위 사람들을 불편하게 하거나 위험을 느끼게 할 수도 있다. 그러나 사회적 존재인 인간이라면 누구나 소통 과정에서 가끔씩 접하게 되는, 자연스럽고도 중요한 언어 행위로서 집단적 정의에 입각한 공분 표현 행위는 사회 구성원들 사이의 결속을 북돋우고 공동체적 유대감을 증진하는 긍정적인 역할도 한다. 명예훼손성 발화의 기저에 잠재하는 화자의 분노는 모든 인간의 기본적이고 보편적인 감정으로 받아들여지지만 이를 맥락에 따라 언어적으로 적정하게 표현하는 행위는 화용적 보편성과 아울러 문화적 특수성도 띠게 된다. 또한 명예훼손성 발화에 분노 표현을 적절한 수준과 방식으로 통제하지 못하면 이는 심각한 결과를 유발할 수 있다. 많은 사례에서 보면 명예훼손 발화의 명제적 내용도 중요하지만 그 속에 담긴 분노나 경멸 등의 부정적 감정의 표출 방식이 피해자를 더욱 참을 수 없게 만드는 것을 알 수 있다. 따라서 가뜩이나 부비트랩과 같은 한국 사회에서 분노 표현 행위의 일반적 원리를 밝히는 것도 중요한 반면, 서로 다른 언어와 문화권에서 받아들여지는 분노 표현 행위의 특성을 잘 이해하는 것이 학문적으로 필요하며, 실제적으로도 국제화 시대의 문화 간 원활한 소통을 위해서도 필수적이다.

　그럼에도 불구하고 분노 감정 표현에 대해서는 지금까지 언어학보다 심리학이나 정신 의학, 사회학, 교육학, 인류학 등의 인접 분야에서 연구가 더 활발한 것이 사실이며 언어학에서는 구체적 맥락에서 고조되고 격앙된 감정을 표현하는 행위로서 분노 표현 행위보다는 분노 어휘 표현 자체에 관심이 집중되어 왔다. 특히 한국에서 분노 표현의 연구는 실용적인 동기에서 주로 사춘기 청소년이나 대학생 등과 같은 특정 계층이 주로 사용하는 표현에 대한 어휘적 연구에 초점을 맞추거나(고영인 1994; 전성희 1995; 정양숙 2004; 진은영·서영미 2012 등), 분노 표현의 수준과 개인의 성격, 폭력성 또는 우울증, 자살 충동 등의 관련성을 연구하는 데 관심이 집중되어 왔다(전겸구 2000; 채유경 2001; 양명희·김은진 2007 등). 한국은 현재 "분노의 공화국"(정지우, 2014)이라고 불릴 만큼 분노가 팽배해 있고 Pew Research Ceter에서 조사한 사회 갈등 인식 지수도 주요 선진국 중 가장 높은데 이런 사회적 분위기는 우리 주위에서 명예훼손의 빈발과 결코 무관하지 않다.

해외에서도 감정 표현에 대한 현대적 연구는 언어학보다 심리학에서 먼저 이루어졌는데 미국 심리학회의 초대 회장을 역임한 Granville Stanley Hall이 1899년 미국심리학저널에 'A Study of Anger'라는 제목의 글을 기고함으로써 분노에 대한 과학적 분석이 본격적으로 연구되기 시작했다. Averill(1982)은 분노를 포함한 여러 감정을 형성하는 생물학적 메커니즘을 규명하고 동시에 그 사회 문화적 요인들에 대해 서술하였다. Averill은 분노를 토라짐(sullenness), 짜증남(irritation), 언짢음(annoyance)과 같은 주로 개인들 사이의 비교적 가벼운 갈등에서 비롯되는 약한 수준에서부터 격노(fury), 격분(rage) 등과 같은 강한 수준까지 정도의 차이가 있는 감정으로 보고 '분노 척도(anger scale)'를 개발하여 개인이나 집단이 갖는 분노의 수준을 계량하여 비교할 수 있는 방법을 제안하였다. 또한 Spielberger et al.(1983)은 분노의 임상심리학적 분석을 위해 '상태-특성 분노 표현 목록(State-Trait Anger Expression Inventory, STAXI)'을 개발하였고, 재활심리학의 관점에서 Chon, Kim & Ryoo(2000)는 분노 표현에 대한 한국어 화자와 미국 영어 화자를 비교 연구하였는데 개인주의적 성향인 미국인들의 분노 표현과 집단주의적 성향인 한국인들의 분노 표현에 차이가 있음을 보여주고 있다. 이 결과는 Bruner(1990: 35)가 "모든 문화는 정서 표현에 있어 서로 다른 민속심리학(folk psychology)을 갖고 있다"고 하면서 '문화 상대적 정서'란 개념을 주창한 것과 일맥상통하는데 이 개념의 타당성은 실제 분노 발화의 대조 분석을 통해 검증 가능하다. 이러한 '문화 상대적 정서' 개념을 공유하는 어휘 의미론 연구로서 Wierzbicka(1990)는 영어로 정확히 번역될 수 없는 폴란드어 감정 표현의 예를 들면서 여러 언어에 존재하는 다양한 감정 표현들을 분석하기 위한 의미 원소의 체계를 수립하려 했고, Kövecses(1995)는 분노 개념과 비유적 분노 표현을 교차 문화적 관점에서 다루었다.

  반면에 국내 언어학에서 분노 표현의 개념적, 인지적 측면을 다룬 연구로는 이정민·이익환(1998)과 임지룡(2000, 2010), 이성범(2012b) 등을 들 수 있다. 우선 이정민·이익환(1998)은 한국어에서 화를 표현할 때 사용되는 은유나 환유에 대해 인지의미론적으로 접근하면서 "꼭지가 돌다"나 "뚜껑 열리네"와 같은 은유적인 화 표현의 처리에 대한 분석을 시도하고 있다. 임지룡(2000) 역시 인지언어학적 관점에서 한국어에서 '화(火)'란 단어의 의미장을 살피고 현대 소설의 작품 속에 나타나는 '화'의 환유적, 은유적 표현들을 검토하면서 '화'의 개념화 문제를 다루었다. 다만 이런 분석은 실제 맥락과는 거리가 있는 소설과 같은 문자 텍스트에서의 감정 어휘를 조사하는 방법을 채택하고 있다. 아울러 임지룡(2010)은 화를 포함한 8가지 기본 감정의 '그릇 영상(container-image)'의 도식적 작용 양상을 인지언어학적으로 분석하고 있으며, 장세경·장경희(1994)와 김향숙(2001), 정성미(2008)도 한국어의 관용적 감정 표현을 어휘의미론적으로 분석하고 있고, 최석재(2008)와 홍종선·정연주(2009)는 서로 다른 기준을 사용하여 감정 동사를 분류하고 있다.

　이처럼 어휘적, 개념적, 인지적 측면에서 감정 표현들을 분석한 연구들은 다수 있는 반면, 단순 어휘적 수준이 아닌 발화나 담화 수준에서 여러 언어의 분노 표현 행위가 지닌 화용적 특성을 대비하여 분석한 대조화용론(contrastive pragmatics) 연구는 상대적으로 드물며 특히 명예훼손이나 공적인 공격 화행 연구는 더더욱 그러하다. 대신 고전적인 화행 이론의 관점에서 기쁨이나 슬픔 등의 정표 행위의 유형과 적정 조건을 다룬 연구로는 이혜용(2011), 정종수·신아영(2013) 등이 있고, 공손성 규범을 위반하는 언어 행위에 대한 연구로는 강창우

(2017)가 있다. 이혜용(2011)은 청자까지 고려한 정표 화행의 유형 분류 기준을 제시하고 있고, 정종수·신아영(2013)은 감정에 대한 심리학적 분류에 입각하여 정표 화행의 하위 유형들을 분류하고 각 유형별 적정 조건을 제시하고 있으며 강창우(2017)는 화자가 의도적으로 공손성 규범을 어기는 이유를 한국어와 독일어의 상호 문화적 관점에서 대조 분석하고 있다. 이들 연구는 특정 표현으로 이루어지는 감정 표출의 발화 행위를 주로 다루고 있는 반면, 다양한 실제 맥락에서의 공적인 분노 표현 발화의 화용적 특성이나 명예훼손성 발화와 같은 무례 발화에서의 분노 표출은 다루지 않았다.

그런데 공적인 분노 표현과 명예훼손성 행위에 대한 대중들의 반발은 동서를 가리지 않고 중요한 문제가 되고 있는데, 일례로 2014년 8월 미국 미주리주 퍼거슨시에 일어난 마이클 브라운(Michael Brown) 피격 사건은 그 사건을 보는 관점에 따라 다양한 분노 반응을 유발했다. 18세 흑인 소년에 대한 백인 경찰 대런 윌슨(Darren Wilson)의 총격 살인이라는 하나의 같은 사건, 즉 '팩트'에 대해서도 서로 다른 관점에서 첨예하게 대립하는 상반된 '해석'이 가능하여 전혀 다른 방향에서의 명예훼손성 발화와 비난과 과열된 행동이 난무하였다. 이는 여러 인종이 모여 사는 미국 사회의 다양성을 반영하는 것이기도 하지만 다른 한편으로는 해묵은 인종 문제가 미국 사회의 근간을 흔들고 통합을 저해할 수 있는 아킬레스의 건임을 보여준다. 따라서 공권력의 정당한 사용과 인종 차별적 법집행 여부를 둘러싼 여러 관점과 이런 상이한 관점에서 비롯된 분노 발화의 특성을 이해하는 것이 중요하다. 이성범(2017)은 마이클 브라운의 피격 사건 보도를 둘러싼 네티즌들의 분노 반응 발화를 조사하고, 백인 경찰 옹호 관점과 흑인 청년 옹호 관점 및 중립적 관점이라는 세 가지 서로 다른 관점에서 표현된 발화의 분노 충동성과 집중성 및 명시성을 분석했다. 또한 이성범(2016)은 공적 차원에서 분노를 표현하는 발화에 대해 소통 전략적 관점에서 접근을 시도하여 공적 분노 화행의 양적인 분석과 질적인 분석 및 그 문화적 함의를 한국어와 일본어, 영어의 실제 예를 통해 대조, 탐구하였다. 이런 목적을 위해 이성범(2016)은 다음 두 가지 서로 다른 세트의 실제 발화 자료들을 관련 인터넷 사이트로부터 수집하여 분석하였다.

> Dataset A: 중동 지역에서 일어난 이슬람 무장 세력에 의한 인질 납치 및 참수 사건에 대한 각 나라 국민들의 반응
> Dataset B: 한국과 미국, 일본에서 일어난 국가적 대참사에 대한 해당 국민들의 반응

첫째로 Dataset A는 다음 사건에 대한 인터넷에서의 반응을 모은 것이다.

(1) 2004년 6월 이라크 팔루자에서 일어난 한국인 김선일 씨 참수 사건
(2) 2014년 8월과 11월 IS 관할 구역에서 일어난 미국인 제임스 폴리와

스티븐 소틀로프 참수 사건

(3) 2015년 1월-2월 IS 관할 구역에서 일어난 일본인 유카와 하루나와 고토 겐지 참수 사건

  이 사건은 모두 이슬람교도가 아닌 외국인이 이슬람 무장 세력에 의해 납치되어 공개적인 살해 위협에 시달리다가 결국 야만적인 방법으로 잔혹한 최후를 맞이함으로써 세계인들의 충격과 경악을 불러일으킨 사건들이다. 납치범들이 배포한 협박용 동영상이 인터넷에 공개되면서 특히 인질이 속한 나라의 사람들에게 엄청난 분노를 촉발하였고, 이를 반영하듯 다양한 내용과 형식의 수많은 댓글들이 포스팅되었는데 유튜브 사이트와 뉴욕타임즈 인터넷판에서 사건이 발생한 시간과 가장 가까운 댓글을 우선으로 하여 한국어, 영어, 일본어의 각 언어별로 100개씩 총 300개의 댓글을 수집하였고 하나의 댓글에 복수의 분노 표현이 나와 있는 것을 포함한 총 482개의 분노 표현 토큰(token)을 확인하여 분노 실현 전략과 분노 표현 스타일에 따라 양적 특성과 질적 특성을 분석하였다.

  먼저 Dataset A의 사건은 모두 어떤 개인에게 자행된 특정 지역, 특정 종파의 비인도적 행위라는 공통점을 갖고 있다. 그러나 중동이라는 먼 지역의 낯선 급진주의자들에 의해 일어난 사건이란 특수성 때문에 한국이든 미국이든 일본이든 인질이 속한 국가의 국민들 전체가 똑같은 분노의 생각을 가지지 않을 수도 있다. 실제로 일본에서

는 "死ぬ覚悟で入国したのなら今が死ぬ時だ(죽을 각오로 입국했다면 지금이 죽을 때다)"라든지 "自業自得······湯川が悪い(자업자득, 유카와가 나쁘다)"처럼 인질의 돌출적 행동을 비난하는 반응도 있었고, 미국에서도 "Isis fucks. Poor Isis fuckers, but Jews are no better"처럼 IS도 혐오하지만 유대인도 싫다는 반응도 있었다. 따라서 이런 특정 종교 집단에 의한 한두 개인의 희생보다 훨씬 규모가 큰 국가적 참사가 벌어졌을 때 희생을 당한 사람들에 대해 애도와 위로를 표현하는 인터넷 포럼에서 각 국민들이 분노를 표현하는 행위에 대해서도 추가로 분석하였다. 즉 국외에서 일어난 사건에 대한 반응을 모은 Dataset A와 달리 다음 Dataset B는 모두 3국의 국내에서 일어나 커다란 반향을 불러일으킨 사건에 대한 반응을 모은 것이다:

(4) 2014년 4월 한국에서 일어난 세월호 사건
(5) 2001년 9월 미국에서 일어난 9/11 사건
(6) 2011년 3월 일본에서 일어난 후쿠시마 원전 폭발 사건

다만 미국의 경우 한국이나 일본에 비해 사건이 발생한 시점이 비교적 오래 전이라서 당시의 생생한 반응이 남아 있지 않아 자료 수집에 어려움이 있었다. 따라서 대안으로 위에서 언급한 백인 경찰에 의한 흑인 Michael Brown 피살 사건으로 대치하여 조사하였다. 이 세 사건은 Dataset A와는 달리 각기 내용은 다르지만 각 나라에서 발생

한 대형 사건으로서, 국지적이고 다소 돌출적 상황이었던 이슬람 인질 사건과는 달리 국민 모두가 거의 보편적으로 엄청난 충격과 참담함을 느꼈고 사건 이후에도 많은 사람들의 마음에서 지울 수 없는 트라우마와 과제를 남겨주고 있다. 그런 점에서 Dataset A와 Dataset B는 서로 다른 유형의 자료 분석에서 놓칠 수 있는 부분을 상호 보완해 줄 수 있을 것으로 생각된다. Dataset B는 한국어에서 총 200개의 발화에서 405개의 분노 표현 토큰이 수집되었고, 영어에서는 168개의 발화 중에서 227개의 분노 표현 토큰이 수집되었으며, 일본어에서는 152개의 발화 중에서 235개의 분노 표현 토큰을 수집하여 총 867개의 분노 표현을 분석하였다. 결과적으로 Dataset A와 Dataset B에 총 1,349개의 분노 표현을 분석하였는데 이와 같은 양적 분석을 토대로 각 언어에서의 분노 발화의 질적 분석을 수행하고, 세 언어에서의 유사점과 차이점을 대조, 비교하였다. 위에서 기술한 연구 목적과 방법에 따라 얻어진 결과는 다음과 같다.

2.3.1. 분노 실현 전략

명예훼손이나 모욕 등의 무례 발화에서 흔히 볼 수 있는 가장 원초적인 감정으로서 분노는 사람들마다 다양한 방법으로 표현될 수 있다. 물론 주먹을 불끈 쥐고 부르르 떤다든지, 이를 악물거나 노려보는 것과 같은 비언어적, 신체적 동작을 통해 분노의 감정이 표현될 수도 있지만 우리는 이런 비언어적 방법이 아닌, 실제 언어를 통해 분노의 감정을 표현하는 방식에만 초점을 맞추고 있다. 분노의 언어적 표현 역시 단일하거나 고정적이지 않고 언어라는 다재다능한 수단을 사용하여 상황마다 또는 개인마다 다양하게 구현될 수 있다. 본 연구에서는 세 언어에서 수집된 자료들에 나타나는 다양한 분노 표현을 화자의 발화 수반 의도라는 관점에서 분류한 결과 다음과 같은 10개의 하위 범주들이 확인되었다:

1) 매도하기, 2) 욕하기, 3) 저주하기, 4) 책망하기, 5) 협박하기,
6) 설명하기, 7) 주장하기, 8) 동정하기, 9) 개탄하기, 10) 자책하기

위에서 확인된 분노 표현의 하위 유형들은 하나의 발화에 하나만이 사용될 수도 있고 때에 따라서는 하나의 발화에 여러 표현 토큰이 복합적으로 섞여서 나올 수 있다. Brown & Levinson(1987)과 Blum-Kulka et al. (1989)의 '요청하기'와 '사과하기' 화행의 분석에서 해당 화행은 여러 가지 다른 방식의 "실현 전략(realization strategy)"으로 구체화될 수 있다고 한 것처럼 위의 열 가지 하위 범주는 분노의 감정을 화자나 저자가 자신의 말을 듣거나 읽는 사람들에게 나름대로 가장 효과적으로 전달하기 위해 선택하는 '소통 전략'으로서 본 연구에서는 이를 '분노 실현 전략'이라고 부른다.

이러한 분노 실현 전략으로서 '매도하기'는 자신의 분노를 표현하

기 위해 욕설을 사용하지는 않지만, 무례하다고 느낄 수 있는 공격적인 표현을 사용하거나 사람을 짐승에 비유함으로써 모멸감을 주어 일종의 심정적 보상을 얻으려는 행위로 "지구상에 존재한다는 게 구역질이 날 정도네", "이 선장이라는 사람은 어떻게 뻔뻔하게 낯을 들고 다닐 수 있나?"와 같은 발화를 예로 들 수 있다. 두 번째 전략인 '욕하기'는 "선장 이 개새끼", "Fuck the ISIS"와 같이 욕을 사용하는 것이다. 이런 비속어로서의 욕은 일반 대화에서는 금기시되어 자제하는 것이 기대되지만, 공분을 자아내는 대상에게는 그런 사회적 금기가 약화되거나 유예될 수 있다. 일부 인터넷 게시판은 욕과 같은 비속어를 사용한 게시물은 관리자에 의해 일방적으로 삭제되거나 아예 입력이 불가능할 수도 있는데 이성범(2016)에서 조사한 사이트에서는 공공의 적이라고 할 수 있는 이슬람 인질 납치 조직이나 사회적으로 큰 비난의 대상이 될 만한 과오를 저지른 세월호 선장, 후쿠시마 원자력 발전소 책임자 및 비무장 흑인을 총으로 쏴 죽인 백인 경찰 등에 대한 분노 표출의 글들은 비록 노골적으로 욕을 퍼부었어도 걸러내지 않고 그대로 포스팅된 경우가 많았다. 이 점은 같은 욕의 사용일지라도 공적인 수준에서의 분노는 그 타겟이 되는 사람의 체면을 고려할 필요가 없거나 더 나아가 체면을 손상시키는 것이 바람직할 수 있다는 점에서 단순히 사적인 관계에서 비롯된 개인적 수준의 화(火)와는 다르게 받아들여진다는 것을 보여준다.

'욕하기'와 유사하지만 다른 방식으로 분노를 표현하는 세 번째 분

노 실현 전략인 '저주하기'는 "イスラム国に地獄を! イスラム国の消滅を! (IS에 지옥을!, IS의 소멸을!)"처럼 분노를 유발한 사람이나 조직의 불행을 기원하는 행위로 분노의 감정을 토로하는 것으로 볼 수 있다. '저주하기'는 화자 자신이 통제할 수 없고 당장 일어나기 어려운 것을 보통 초자연적인 존재 등에게 비는 형식을 취하는 분노 표현이라는 점에서 앞에서 본 보다 적극적인 분노 표출인 '매도하기'나 '욕하기'와 구별된다. 네 번째로 '책망하기'는 예를 들어 정부의 여행 자제령을 무시하고 위험 지역을 여행하다가 이슬람 무장 세력의 인질이 된 자국민에게 "가지 말라는 구역에 왜 가지? 간 것도 잘못이 있음"이라고 한다든지, 세월호 사건에 대해 언급할 때 "세월호의 선박 개조를 허가한 이 정부도 절대로 잘 한 건 없다"와 같이 시시비비를 가려 사건의 책임을 따지는 것이다. 반면에 분노를 표출하는 또 다른 전략인 '협박하기'는 말하는 이의 지시에 따르지 않으면 해를 가할 것을 알리는 행위로서 "日本には仇討という習慣があるのを忘れるな(일본에는 복수의 풍습이 있다는 것을 잊지 마라)"와 같은 위협성 발화를 말한다.

지금까지 본 다섯 가지의 분노 실현 전략들은 발화자가 공적인 분노를 숨기거나 절제하려는 노력 없이 자신의 분노 감정을 직접적인 방식으로 드러내는 것으로서 사회심리학자인 Averill(1982)에 의해 제안되었고 후에 임상심리학자들인 Spielberger, Krasner & Solomon(1988)에 의해 체계화된 분노 표현의 3 양식인 '분노의 표출(anger-out)'과 '분노의 삭임(anger-in)' 및 '분노의 다스림(anger-control)' 중에 '분노의 표출'에 해당된다. '분노의 표출'은 자신의 감정을 그 대상을 향해 누구나 알아볼 수 있는 솔직한 방식으로 나타내는 것으로서 종종 신체적 행위가 수반될 수 있고, 무례하거나 불손하고 대상자의 사회적 가치인 명예나 주관적 평가인 체면을 심하게 위협하는 공격적 언어가 사용된다는 점에서 명예훼손 행위로 해석될 수 있다.

반면, '분노의 삭임'은 분노의 대상에 대한 무례하거나 자극적인 발화를 자제하고 대신 그런 감정을 자기 마음속에 담아두거나 분노 유발자가 아닌 다른 대상에 주목하려는 성향을 말한다. 예를 들어 "드디어 이 세상 종말이 오는가, 말세로다, 말세!"라든지 "What a horrible world!"와 같은 '개탄하기' 발화와 "같은 국민의 한 사람으로서 미안하고 미안한 마음에 그를 잊는다는 게 죄스러웠습니다"처럼 사건에 대한 책임을 댓글 작성자 본인이나 그가 속한 국가와 국민에게 돌리는 '자책하기' 발화는 발화자가 느끼는 분노의 원인 제공자나 관련자를 향해 자신의 격한 감정을 표현하는 것이 아니라 자신의 마음속에 쌓아두는 것으로 볼 수 있다. 즉 이와 같은 '분노의 삭임'은 분노 유발 상황과 관련된 기억 또는 분노 자체의 감정을 억제하거나 부정하는 것으로서 굳이 누구와 적극적으로 소통하려는 의도가 있는 것이 아니라는 점에서 소극적 감정 표현 행위이고 명예훼손성도 비교적 낮은 표현 방식이라고 볼 수 있다.

세 가지 분노 표현 양식 중 마지막 유형인 '분노의 다스림'은 화자가 느낀 감정의 표현을 언어적 수단으로 실현할 때 자신이 가지고 있는 분노 감정을 굳이 숨기려고 하지는 않지만 '설명하기'와 '주장하

기' 그리고 '동정하기'처럼 다른 발화 수반 의도로 표현하면서 분노를 관리하려고 노력하는 것을 말한다. 즉 '설명하기'는 "뉴스를 보니 우리나라 정부가 파병 관련 발표하고 이틀 만에 일어난 일이라고 합니다. 언제든지 납치할 수 있는데 효과를 극대화하기 위해서 납치를 미뤄왔다는 거죠"의 발화와 같이 사건이 발생한 경위에 대해 밝혀 말하는 것이며, '주장하기'는 댓글 작성자의 의견을 굳게 내세우는 것으로 "…합시다!", "…하자", "…해라"와 같이 명령형이나 청유형의 형식으로 나타나는데, "특공대를 파견해서 당장 구출해라"라든지 "let's drop some ebola on them"의 발화를 예로 들 수 있다. 그리고 '동정하기'는 "ご冥福をお祈り致します**(명복을 기원합니다)**"와 같이 불행한 사건을 당한 사람에게 애도를 표하거나 피해가 없기를 바라는 배려적 정표 행위이다. 다음은 본 연구에서 수집한 자료들 중 각 분노 실현 전략에 해당하는 것의 예이다 **(아래 예문은 일부 문법이나 띄어쓰기 등에서 오류가 있을 수 있으나 수정하지 않고 원저자의 글을 그대로 옮긴 것이다.)**.

(7)분노 실현 전략의 실제 예

   1) 매도하기(denouncing)

      "ISIS is the enemy of humanity"
      "この期に及んで、東電は、電気料金の値上げを企んでいる。人殺しが、そのせいで、生活が苦しくなったから、被害者から金をせびるってか!!"(이 마당에 도쿄전력은 전력요금 인

상을 추진하고 있다. 살인자가 그것 때문에 생활이 어려워졌다고 피해자로부터 돈을 뜯어내려는 거냐!!)

2) 욕하기(swearing)

"이런 쳐죽일새끼들"

"A fucking coward hiding your face!!"

3) 저주하기(cursing)

"IS다고통스럽게뒤져라"

"I curse you Allah!!! his executor will go to hell"

4) 책망하기(accusing)

"가지말라고해도 가서저리된거가지고 누굴탓해 샘물교회인가 그 사람들도 가서 국민혈세 낭비.. 샘물교회는 정신없는 것들의 집합소"

"Well its americas fault that ISIS has weps. So they should just blame them for all of this"

5) 협박하기(threatening)

"어쨌든 만약에 죽이면 한민족의 또다른 무서운면을 볼거다"
"もしチェルノブイリチャイルドが１０か月経って東北でも東京でも奇形児が生まれだしたら、ただではおきません"(혹시 체르노빌 차일드가 10개월 지나서 동북 지방에서도 도쿄에서도 기형아가 태어나기 시작하면 가만있지 않겠어)

2. 언어적 차원

6) 설명하기(explicating)

"뉴스를 보니...우리나라 정부가 파병관련 발표하고 이틀만에 일어난 일이라고 합니다. 언제든지 납치할 수 있는데 효과를 극대화하기 위해서 납치를 미뤄왔다는 거죠. 하지만 정부도 잘 한 것 같지는 않습니다."

"I think I am tired of hearing about how various Islamic terror groups somehow do not respect Islam. The fact is that these groups are inextricably tied to Islam. There is clearly a connection between Muslims and terrorism"

7) 주장하기(asserting)

"전투병 보내서 이라크 초전박살 냅시다!!!"

"これを教訓に原発はバンバン再開すべし"(이를 교훈으로 원전은 전부 재가동해야 한다)

8) 동정하기(sympathizing)

"김선일 씨의 명복을 빕니다."

"the spirit of this brave journalist will be in heaven"

9) 개탄하기(deploring)

"Why do people like this still exist?"

"あきれて口が塞がらない"(기가 막혀서 입이 다물어지지 않네)

10) 자책하기(self-blaming)

"같은 국민 한사람으로서 미안하고 미안한 마음에 그를 잊는다는 게 죄스러웠습니다"

"How quickly we forget what that led to!"

이상과 같은 열 가지 분노 실현 전략을 바탕으로 세 언어의 분노 표현을 양적으로 분석한 결과는 다음과 같다.

2.3.2. 양적 분석

우선 이성범(2016)에서 수집한 Dataset A의 한국어 자료를 보면 100개의 댓글에서 확인된 한국어의 분노 표현 토큰은 총 169개였다. 이를 분노 실현 전략으로 분류한 결과 '개탄하기'가 33개(19.52%)로 가장 높았으며, '책망하기' 28개(16.57%) '욕하기' 24개(14.20%) '주장하기' 22개(13.02%) '동정하기' 18개(10.65%) '매도하기' 14개(8.28%) '저주하기' 12개(7.10%) '설명하기' 8개(4.74%) '협박하기' 6개(3.55%) '자책하기' 4개(2.37%)였다. 한편, 영어 자료에서 분노 표현 토큰은 총 161개였는데 한국어와 달리 '주장하기'가 가장 많이 쓰인 분노 실현 전략으로서 40개(24.84%)가 확인되었다. 두 번째로 '욕하기' 31개(19.25%)였고, '매도하기'와 '책망하기'가 각 23개씩(14.29%)이었으며, 그 다음으로는 '저주하기' 16개(9.94%) '설명하기' 14개(8.70%) '개탄하기' 9개(5.59%) '협박하기' 3개(1.86%)의 순이었고, '동정하기'와 '자책하기'는 각 1개(0.62%)였다. 마지막으로 일본어에서는 총 152개의 분노 실현 전략이 사용되었다. 그중 '책망하기'가 42개(27.63%)로 가장 높았으며, 그 뒤를 이어 '주장하기' 35개(23.03%) '매도하기' 28개(18.42%) '저주하기' 12개(7.90%) '동정하기' 9개(5.92%)였고, 공동 6위로 '욕하기', '설명하기', '개탄하기'가 각 7개(4.61%)였으며, 그 다음으로 '협박하기' 3개(1.97%) '자책하기' 2개(1.30%)의 순이었다. 다음 표-3는 Dataset A에서 각 언어별 분노 실현 전략의 빈도와 순위를 정리한 것이다.

표-3. Dataset A의 언어별 분노 실현 전략

	한국어	영어	일본어
댓글 수	100	100	100
표현 토큰 수	169	161	152
분노 실현 전략 (%)	1. 개탄하기(19.52) 2. 책망하기(16.57) 3. 욕하기(14.20) 4. 주장하기(13.02) 5. 동정하기(10.65) 6. 매도하기(8.28) 7. 저주하기(7.10) 8. 설명하기(4.74) 9. 협박하기(3.55) 10. 자책하기(2.37)	1. 주장하기(24.84) 2. 욕하기(19.25) 3. 매도하기(14.29) 3. 책망하기(14.29) 5. 저주하기(9.94) 6. 설명하기(8.70) 7. 개탄하기(5.59) 8. 협박하기(1.86) 9. 동정하기(0.62) 9. 자책하기(0.62)	1. 책망하기(27.63) 2. 주장하기(23.03) 3. 매도하기(18.42) 4. 저주하기(7.90) 5. 동정하기(5.92) 6. 욕하기(4.61) 6. 설명하기(4.61) 6. 개탄하기(4.61) 9. 협박하기(1.97) 10. 자책하기(1.30)

한편, Averill(1982) 및 Spielberger, Krasner & Solomon(1988)의 세 분노 표현 양식으로 분석한 결과, '분노의 표출(anger-out)'은 일본어가 60.53%로 세 언어 중 가장 높았으며, 영어가 59.63%, 한국어가 49.70%로 그 뒤를 따랐다. '분노의 표출' 중 '매도하기'는 일본어가 18.42%로 가장 높은 비율을 차지했고, 영어가 14.29%, 한국어가

8.28%였다. '욕하기'는 19.25%인 영어가 가장 높았으며, 14.20%인 한국어, 4.61%인 일본어의 순이었다. '저주하기' 항목에서는 영어가 9.94%, 일본어는 7.90%, 한국어는 7.10%였다. '책망하기'는 일본어가 27.63%로 가장 높았고, 한국어는 16.57%였으며, 영어는 14.29%로 가장 낮았다. 마지막으로 '협박하기'는 3.55%인 한국어, 1.97%인 일본어, 1.86%인 영어 순으로 높았다. 반면, '분노의 삭임(anger-in)'은 한국어가 21.89%를 차지하여 영어 6.21%나 일본어 5.92%보다 세 배 이상 높았다. 이런 분노의 양식에 속하는 '개탄하기'는 한국어가 19.52%인 반면, 영어는 5.59%, 일본어는 4.61%였다. 또한 '자책하기'는 한국어가 2.37%, 일본어가 1.30%, 영어가 0.62%의 순이었다. 셋째로 '분노의 다스림(anger-control)'은 영어가 34.16%였고, 일본어는 33.55%였으며, 한국어는 28.40%였다. '분노의 다스림' 중 '설명하기'는 영어가 8.70%로 한국어 4.74%, 일본어 4.61%보다 매우 높았다. '주장하기' 역시 영어가 24.84%로 가장 높았으며 일본어는 23.03%, 한국어는 13.02% 순이었다. '동정하기'는 한국어가, 5.92%인 일본어의 약 두 배 많은 수치로 10.65%에 달했으며, 영어는 0.62%로 상대적으로 매우 낮은 수치를 보였다. 아래 표-4은 Dataset A에서 언어별 분노 양식을 정리한 것으로서 각 셀에서 괄호 앞의 숫자는 해당 분노 양식의 토큰수이며 괄호 안의 숫자는 전체 토큰 수의 백분율을 의미한다.

표-4. Dataset A 언어별 분노 양식

	한국어	영어	일본어
분노의 표출	84(49.71%)	96(59.63%)	92(60.53%)
분노의 삭임	37(21.89%)	10(6.21%)	9(5.92%)
분노의 다스림	48(28.40%)	55(34.16%)	51(33.55%)

Dataset A는 동일한 성격의 국제적 사건에 대한 세 나라 네티즌들의 분노 스타일에서 공통점과 차이점을 동시에 보여주고 있는데 우선 세 나라 공히 '분노의 표출'이 가장 많았고, 그 다음으로 '분노의 다스림'이었으며, '분노의 삭임'은 가장 빈도가 낮았다. '분노의 표출'의 경우 일본어와 영어는 그 비율이 전체의 과반을 차지했고 한국어의 경우도 거의 절반에 육박하는 수준이었다. 또한 주목할 점은 한국어의 경우 '분노의 삭임'의 비율이 영어나 일본의 경우보다 월등히 높았고, '분노의 다스림'은 영어가 일본어보다 약간 높게 나타났다.

Dataset A에 이어 Dataset B의 양적 분석 결과는 다음과 같다. 이슬람 무장 세력에 의한 인질 사태라는 공통된 주제의 대외적 사건에 대한 각국의 분노 반응을 조사한 Dataset A와는 달리 자기 나라 안에서 일어난 대형 참사나 전 국민의 관심을 불러일으킨 국가적 사건에 대한 분노 반응을 조사한 Dataset B에서 선택된 분노 실현 전략은 다음과 같이 나타났다.

표-5에서 볼 수 있듯이 Dataset B의 한국어 자료를 보면 200개의 댓글에서 확인된 한국어의 분노 표현 토큰은 총 405개로서 댓글 하나 당 평균 2.03개의 분노 표현 토큰이 있었다. 이 점은 하나의 댓글이 평균 1.69개의 분노 표현 토큰을 보인 Dataset A와 차이가 있는데 세월호 사건에 대한 네티즌들의 반응이 이슬람 인질 사건에 대한 반응보다 더 고조되고 표현성이 높았음을 알 수 있다. 반면에 영어의 경우 Dataset A에서는 댓글 당 분노 표현 토큰이 1.61개였던 것에서 Dataset B는 1.26으로 내려갔으며, 일본어의 경우 Dataset A에서는 1.52였고 Dataset B에서는 1.55로 거의 비슷한 양상을 보였다. 이러한 차이는 각 사건이 주는 파급력에서의 차이로 보이는데 이에 대해서는 다음 절에서 더 자세히 논의하기로 하고, Dataset B에서 각 언어별 분노 실현 전략의 사용 실태는 다음과 같다.

표-5. Dataset B의 언어별 분노 실현 전략

	한국어	영어	일본어
댓글 수	200	180	152
표현 토큰 수	405	227	235
분노 실현 전략 (%)	1. 책망하기(27.65) 2. 욕하기(23.46) 3. 개탄하기(17.28) 4. 매도하기(10.86) 5. 주장하기(10.37) 6. 동정하기(3.21) 7. 설명하기(2.96) 8. 저주하기(2.72) 9. 협박하기(0.74) 9. 자책하기(0.74)	1. 매도하기(40.97) 2. 주장하기(17.18) 3. 책망하기(14.54) 4. 욕하기(11.01) 5. 설명하기(7.49) 6. 개탄하기(6.17) 7. 저주하기(0.88) 7. 협박하기(0.88) 7. 동정하기(0.88) 10. 자책하기(0.00)	1. 책망하기(28.05) 2. 매도하기(18.30) 3. 주장하기(17.87) 4. 개탄하기(14.04) 5. 설명하기(9.36) 6. 협박하기(5.96) 7. 욕하기(2.13) 7. 자책하기(2.13) 9. 저주하기(1.28) 10. 동정하기(0.85)

우선 한국어에서는 '책망하기'가 112개(27.65%)로 가장 높았으며, '욕하기' 95개(23.46%) '개탄하기' 70개(17.28%)로서 Dataset A

에서 상위 1위부터 3위의 전략이 Dataset B에서도 가장 많이 쓰인 3대 전략이었다. 그 뒤를 이어 '매도하기' 44개(10.86%) '주장하기' 42개(10.37%) '동정하기' 13개(3.21%) '설명하기' 12개(2.96%) '저주하기' 11개(2.72%)였고, '협박하기'와 '자책하기'가 각 3개로(0.74%)가장 적게 쓰인 분노 실현 전략이었다. 영어의 경우는 한국어의 경우보다 Dataset A와 Dataset B에서 사용된 분노 표현 전략의 순위에 차이가 많았다. Dataset A에서는 14.30%에 불과했던 '매도하기'가 Dataset B에서는 93개(40.97%)로 가장 많았고, 그 다음으로 '주장하기' 39개(2.37%) '책망하기' 33개(14.54%) '욕하기' 25개(11.01%) '설명하기' 17개(7.49%) '개탄하기' 14개(6.17%)였으며, '저주하기'나 '협박하기', '동정하기'는 각 2개(0.88%)로 매우 적게 사용되었다. 마지막으로 총 152개 분노 실현 전략이 사용된 일본어의 경우 Dataset A와 마찬가지로 Dataset B에서도 가장 많이 사용된 상위 3개 분노 실현 전략은 '책망하기' 66개(28.05%) '매도하기' 43개(18.30%) '주장하기' 42개(17.87%)로서 이 3개가 전체 발화의 64% 정도를 차지하였다. 그 다음으로 '개탄하기' 33개(14.04%) '설명하기' 22개(9.36%) '협박하기' 14개(5.96%)였고, '욕하기'와 '자책하기'는 각 5개(2.13%)였으며, '동정하기'는 불과 1개(0.62%)로 가장 낮은 빈도를 보였다. Dataset B의 각 언어별 발화를 Averill(1982)과 Spielberger, Krasner & Solomon(1988)이 제안한 분노 양식으로 분류하면 다음 표-6과 같다.

표-6. Dataset B 언어별 분노 양식

	한국어	영어	일본어
분노의 표출	265(65.43%)	155(68.28%)	131(55.74%)
분노의 삭임	73(18.02%)	14(6.17%)	38(16.17%)
분노의 다스림	67(16.54%)	58(25.55%)	66(28.09%)

위 표에서 보듯이, Dataset B의 국내 이슈에 대한 네티즌들의 분노 양식은 Dataset A의 분노 양식과 유사하게도 '분노의 표출'이 가장 높은 빈도를 보였다. 다만 그 차이가 비교적 높은 한국어와 영어의 경우와 달리 일본어의 경우 Dataset B에서 '분노의 표출'이 가장 빈번한 분노 양식이지만 Dataset A에 비해 그 절대값은 오히려 하락했고 Dataset B에서 '분노의 삭임'이 급격히 증가했다. 이 점은 두 사건의 성격 및 일본 문화의 특성과 관련이 있는 것으로 보이는데 이에 대해서는 다음 장에서 자세히 다루기로 한다. 한국어의 경우는 '분노의 다스림' 비율이 2위에서 3위로 내려간 반면, 영어와 일본어는 Dataset A에서와 같은 순위를 유지하고 있다.

이상에서 본 Dataset A와 Dataset B의 분석 결과를 비교하면 다음과 같다 (일부 내용은 이성범(2016)에서 재인용-).

1. 한국어의 경우 Dataset A에서는 '개탄하기'가 가장 높은 비율이지만 Dataset B에서는 '책망하기'가 가장 높은 비율인 것은 두 사건의 다른 특성 때문인 것으로 보인다. Dataset A의 사건은 한 개

인이 자신의 선택으로 이라크에 가서 당한 것이지만, Dataset B 의 사건은 배를 책임져야 할 선장이 승객보다 먼저 대피했다는 언론 보도가 있었고, 약 300명의 사망자가 발생했으며, 구조 과정에서 해경과 정부 당국의 미숙한 대응이 보도되어 논란을 증폭시켰다. 또한 사고 후 지리한 법정 공방을 예고하듯 세월호를 관리해야 할 관계 기관의 직무 유기가 도마에 올랐기 때문에 이에 대한 책임을 묻는 댓글이 많았던 것으로 보인다.

2. Dataset B에서 Dataset A에서보다 '욕하기'를 더 많이 사용하였는데, 아직 어린 학생들을 비롯한 많은 사람들이 허망하게 속수무책으로 희생되었기 때문에 네티즌들이 격앙된 표현으로 원색적인 비속어를 많이 사용한 것으로 보이는데 이런 욕하기 화행이 빈번한 것은 한국의 독특한 특징으로서 일본의 공적 분노 표출 방식과 큰 차이를 보인다.

3. Dataset A에서는 Dataset B에서보다 '동정하기'를 더 많이 사용하였다. Dataset A는 뉴스의 초점이 된 개인과 관련된 사건이기 때문에 이에 대한 동정심을 아웃사이더의 관점에서 많이 표현한 것으로 보인다. 한편, Dataset B에서 Dataset A에서보다 사망자가 훨씬 많았음에도 불구하고 '동정하기'가 더 적게 사용된 것은 네티즌 자신들도 이 사건에서 자유로울 수 없고, 선장이나 국가에 책임을 묻는 데 우선했기 때문으로 보인다.

4. Dataset A는 네티즌들이 이슬람 무장 세력을 가장 많이 질타했지

만 적지 않은 사람들이 그런 사태가 발생하기까지의 과정에 대해 의문을 품고 감정을 절제한 채 '설명하기'나 '주장하기'와 같은 '분노의 다스림'의 방식을 택한 것으로 보인다. 또한 일부 네티즌들은 위험 지역에서 기독교 선교 활동에 대해 거부감을 표시하기도 하였다. 그 결과 '분노의 표출'뿐 아니라 '자책하기'나 '개탄하기'와 같은 '분노의 삭임'의 비율도 다른 언어에서보다 높게 나타났다.

5. 한국어, 영어, 일본어 공히 Dataset A의 '분노의 다스림' 비율이 Dataset B의 '분노의 다스림' 비율보다 많게는 12%선(한국어)에서, 8.61%(영어), 5.46%(일본어)까지 하락한 것은 두 사건의 성격 차이가 큰 영향을 준 것으로 보인다. Dataset A는 분노의 원인 제공자가 모두에게 생소한 이슬람 무장 세력으로 댓글 작성자와 전혀 동질성이 없는 외집단(out-group)인 반면, Dataset B는 공분의 대상이 자국민이었기 때문에 넓은 의미로 같은 내집단에 속하는 대상에 대해서는 '분노의 다스림'이 줄어든 것으로 보인다. 즉 Dataset A는 분노 유발자가 댓글 작성자와 아무런 집단적 동질성이 없기 때문에 한편으로는 분노를 표출하거나 삭이면서도 또한편으로는 한 발짝 떨어져서 분노를 다스리려고 하는 비율도 상당히 높고 이에 따라 명예훼손성 지각도 비교적 낮은 것으로 보인다.

6. 영어의 경우 Dataset A에서 Dataset B에서보다 '주장하기'가 더 빈번하게 사용된 것은 인질범과는 일체 타협하지 않는다는 미국

정부의 원칙에 따라 그들을 어떤 식으로든 제압하자는 의견을 굳게 내세웠기 때문인 것으로 보인다. 반면 한국의 경우 인질범에 대해 강경한 자세를 보이는 발화도 있었지만, 실제 행동으로 이들을 제압하자는 식의 주장은 영어의 경우보다 훨씬 낮았다.

7. Dataset A의 '책망하기'는 피해자에게 책임을 묻는 것과 제3자에게 책임을 묻는 것으로 나뉘는데, 일본어의 경우 피해자에게 책임을 묻는 비율이 더 높았다. 특히 고토 겐지의 경우에는 정부의 만류에도 불구하고 유카와 하루나를 구출하러 간다며 시리아에 갔다가 봉변을 당했기 때문에 이에 대한 책임을 많이 물은 것으로 보인다. 반면, Dataset B의 '책망하기'는 원전 사고를 막지 못한 국가나 도쿄 전력, 그리고 관련된 책임자들에게 감정적으로 책임을 물은 것으로서 일본어 분노 발화의 특성은 국내에서 일어난 사건이든 해외에서 일어난 사건이든 엄청난 사건에 대해서는 일단 책임 소재를 확인하려는 시도가 가장 빈번하다는 점이다. 그러나 일본어의 경우 정부 책임자의 명예나 체면을 손상시킬 정도로 격렬한 언사는 자제되는 편이고 Dataset A의 '분노의 표출'이 Dataset B의 '분노의 표출' 비율보다 더 높은데, 이는 국가 정책이나 사회 규범을 무시하고 돌출적인 행동을 한 개인에 대해 냉정하리만큼 책임을 묻고 남에게 폐를 끼치는 것을 극도로 경계하는 '메이와쿠(迷惑)' 혐오가 몸에 배인 집단주의적 일본 사회의 특성을 보여준다.

8. 동일본 원전 사고에 대한 Dataset B에서는 '개탄하기'가 14.04%로서 4.6%에 불과했던 Dataset A에서보다 많이 사용되었다. 앞의 5항에서처럼 Dataset A의 사건은 같은 국민에게 발생한 것이지만 댓글 작성자와 직접적인 관계가 없다. 그러나 Dataset B의 사건은 국가와 관련된 것이고 댓글 작성자도 직간접적으로 그 피해를 입을 수 있으며, 원전에 관한 한 세계 최고의 안전 수준을 자부하던 국가에 대한 배신감과 실망 때문에 이에 대해 더 많이 한탄한 것으로 보인다.

9. 일본의 인질 관련 발화를 모은 Dataset A에서 '동정하기'가 Dataset B에서보다 빈번하게 사용되었는데, 이 역시 Dataset A의 사건은 잘 알려진 특정 개인에 관련된 것이고 네티즌은 사건에서 벗어나 있기 때문에 쉽게 동정심을 표출한 것인 반면, Dataset B의 사건은 불특정 다수의 희생자가 관련되었고 네티즌들도 사건에서 자유롭지 못한 당사자라는 인식 때문에 일일이 동정심을 표현하지 않은 것으로 보인다.

10. 한국어와 다르게 일본어에서는 Dataset B의 '분노의 삭임' 비율이 Dataset A보다 훨씬 높다. 일본어 Dataset B는 지진 쓰나미라는 불가항력적 자연재해의 결과로 인한 비극적 사건에 대해 개탄을 많이 하여 '분노의 삭임' 비율이 더 높아진 것이다.

11. 전체적으로 일본인들은 분노를 표현할 때라도 상욕에 해당하는 비속어는 거의 사용하지 않고 상대방의 명예나 체면은 존

중하려는 태도가 보였는데 이는 그러한 거친 표현은 김용운(1994)도 지적했듯이 사회 규범에 역행하고 집단을 와해시킬 수 있는 파괴적 행위로 간주되기 때문으로 생각된다.

2.3.3. 질적 분석

위에서 본 양적 분석에 기초하여 비교 대상인 세 언어의 분노 표현 행위의 질적 특성을 분노 충동성과 집중성, 명시성의 차원에서 살펴보면 다음과 같다. 우선 Fernandez(2008)는 '통제'가 분노의 중요한 질적 요소 중의 하나라고 하면서 '제어되지 않는 분노(unbridled anger)'와 '통제된 분노(controlled anger)'를 구별한다. 이는 앞에서 본 Averill 등의 분노 양식과 유사한 개념인데 우리는 이 두 개념을 종합하여 분노 충동성(anger impulsivity)을 설정하고 공적 담화에서 참여자들이 분노를 얼마나 통제하려고 하는지를 보여주는 '분노 충동성 지수(anger impulsivity index)'를 (8)과 같이 제안한다. 분노 충동성 지수는 여러 참여자들의 발화로 이루어진 하나의 공적 담화에서 분노를 단지 감정의 영역에만 머물게 하는 분노 표현 양식인 '분노의 표출'과 '분노의 삭임'의 비율을 더한 것을, 같은 공적 담화에서 분노를 이성적인 방법으로 해결하려고 하는 '분노의 다스림'의 비율로 나눈 것이다.

(8) 분노 충동성 지수 = (분노의 표출 + 분노의 삭임)/분노의 다스림

이에 따르면 앞에서 본 Dataset A에서 이슬람 인질 사태에 대한 한국어 담화의 분노 충동성 지수는(49.71+21.89)/28.40=2.52인데 비해, 영어 담화의 분노 충동성 지수는 이보다 약간 낮은 (59.63+6.21)/34.16=1.93이고, 일본어 담화의 충동성 지수는 (60.53+5.92)/33.55=1.98이다. 결국 이슬람 인질 사태에 대해서는 한국어 화자들의 분노 표출의 충동성이 영어나 일본어 화자들의 충동성보다 현저히 높았고 일본어와 영어 화자들의 분노 충동성은 거의 비슷한 수준이었는데, 한국인들은 '분노의 표출(anger-out)'은 가장 낮았지만 '분노의 삭임(anger-in)'이 비교 대상 3국 중에서 3배 가까이 높았고, 무엇보다 '분노의 다스림(anger-control)'이 3국 중에서 가장 낮았기 때문에 전체적인 충동성 지수가 가장 높게 나타났다. 높은 충동성 지수는 분노 감정의 표출이 아래 그림-5의 감성 지배 영역에 주로 머물었음을 의미한다.

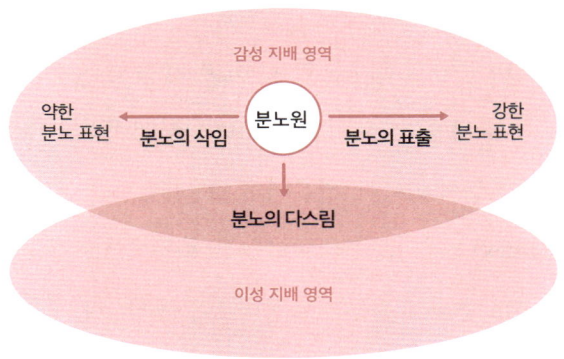

그림-5. 분노의 세 양식 (출처: 이성범 2016)

위 그림-5는 분노 표현의 세 양식인 분노의 표출, 분노의 삭임, 분노의 다스림의 관계를 나타낸 것으로 분노의 삭임은 상대적으로 약한 분노 표현과 연계되고, 분노의 표출은 강한 분노 표현과 연계되며, 분노의 다스림은 이성적으로 분노를 통제하려는 표현과 연계된다. 분노 충동성 지수는 분노의 다스림이 크면 클수록 낮아지고, 분노의 표출이나 분노의 삭임이 크면 클수록 높아진다. Dataset A의 영어 발화의 경우는 anger-out이 3국 중 가장 낮았고 anger-control이 가장 높았기 때문에 충동성 지수가 가장 낮게 나타났다. 반면 일본어의 경우는 60.53이라는 가장 높은 anger-out의 비율에도 불구하고 anger-in의 비율이 매우 낮았고 anger-control은 한국어보다 높았기 때문에 전체적으로 한국어보다 영어에 가까운 분노 충동성 지수를 보여주고 있다. 분노 충동성 지수가 낮을수록 청자에게 부드럽게 들릴 가능성이 높아지기 때문에 전체 분노 발화의 명예훼손성 지각도 낮아질 가능성이 있다. (발화의 명예훼손성 지각도에 대해서는 이 책의 다음 장을 참고할 것)

Dataset B의 충동성 지수는 앞에서 본 충동성 지수 산출 공식에 따라 한국어의 경우(65.34+18.02)/16.54=5.05이고, 영어의 경우는 (68.28+6.17)/25.55=2.91이며, 일본어의 경우(55.74+16.17)/28.09=2.56이다. 즉 Dataset B에서는 한국어의 분노 충동성이 가장 높고, 영어와 일본어의 분노 충동성 지수는 한국어보다 훨씬 낮은 값을 보여주고 있다. 감정에 충만한 분노 표현이 절제된 분노 표현을 두 배 이상 앞설 경우 그 담화 전체의 충동성 지수는 2.0을 초과하게 된다. 이처럼 분노 충동성 지수가 2.0을 넘으면 그 담화는 충동적이라고 볼 수 있다. 더 나아가 격앙된 감정의 분노 표현이 전체 담화의 80%를 차지하여 20%에 불과한 절제된 분노 표현을 압도하게 되면 분노 충동성 지수가 4.0을 넘어 매우 충동적이라고 볼 수 있는 반면, 2.0에서 1.0 사이이면 약하게 충동적이고, 1.0 미만일 경우에는 거의 충동적이지 않다고 볼 수 있다.

한국어의 경우는 대외적 사건(Dataset A)에서 높은 충동성을 보였고, 국내 사건(세월호 사건)에서는 2배 정도의 매우 높은 분노 충동성을 보였다. 즉 세월호 사건이 이슬람 인질 납치 사건보다 훨씬 더 높은 분노의 감정적 표현을 이끌어냈음을 알 수 있다. 영어의 경우는 대외적 사건(Dataset A)에서는 1.93의 약한 충동성을 보인 반면, 국내 사건(Brown 피격 사건)에서는 2.91의 비교적 높은 충동성을 보였고, 일본어의 경우는 대외적 사건에 비해 국내 사건(동일본 원전 폭발 사건)에서 분노 충동성 지수가 높아졌지만, 그 차이는 한국어의 경우보다는 크지 않았다. 영어 발화의 분노 충동성과 관련해서 한 가지 주목할 것은 Dataset B에서의 영어 댓글은 글의 내용상 백인 경찰을 비난하고 피살자인 Brown을 옹호하는 흑인 관점의 발화와, 어느 편도 들지 않는 중립 관점의 발화 및 백인 경찰을 옹호하고 흑인을 비난하는 백인 관점의 글로 나뉜다. 백인 관점의 글은 95개가 있었는데 이 중 anger-out은 72개(75.79%), anger-in은 0개(0%), anger-control은 23

개(24.21%)로서 백인 관점 분노 담화의 충동성 지수는 3.13을 기록하였다. 반면에 흑인 관점 분노 담화의 충동성 지수는 3.42였고, 중립 관점 분노 담화의 충동성 지수는 1.36에 불과하여 뚜렷한 차이를 보였다.

두 번째 분노 담화의 특질로서 '분노 집중성(anger convergence)'이란 공적 담화에 참여한 사람들이 표출하는 분노가 단일한 대상으로 수렴하는가 아니면 다수의 대상으로 분산하는가를 보여주는 척도이다. 이는 Fernandez(2008)가 "분노의 방향(direction of anger)"이라고 부른 개념을 본 연구자가 공적 담화에 맞게 척도화한 것으로서 Fernandez는 어떤 사건이 발생했을 때 사람들의 분노가 향하는 방향이 비교적 일정해서 그 대상의 숫자가 적을수록 분노가 일정하게 "반사(reflection)"된 것인 반면, 분노의 방향이 한 곳으로 집중되지 않고 그 대상이 여럿으로 갈라질수록 분노가 "굴절(deflection)"된 것이라고 부른다. 이때 분노의 반사는 분노의 감정을 느낀 사람이 비록 분노를 촉발한 원인 제공자가 행한 것과 동일한 방식으로 보복한 것은 아니지만, 최소한 언어를 통해서 그에게 맞서는 결연한 의지를 표명한 일종의 "응수 행위(an act of reciprocation)"라고 한다면, 분노의 굴절은 이런 분노 상황에서 자아를 방어하는 프로이드(Freud) 심리학의 "감정 전위(displacement)"와 같은 종류의 행위이다.

분노 사건에 대한 반응으로 표현된 발화에서 분노의 반사, 즉 응수 행위가 두드러지는가 아니면 분노의 굴절, 즉 감정 전위가 두드러지는가는 일종의 척도로 수치화할 수 있다. 분노 집중성은 수집된 발화 자료 중 분노를 일으키게 만든 대상이 완전히 특정된 상태에서 이를 언급하면서 감정을 표현한 완전 수렴적 발화의 경우는 10점, 그렇지 않고 한 발화에서 분노를 표현하되 두 사람이나 조직, 기관 등을 동시에 타겟으로 한 경우는 5점, 셋 이상의 여러 대상에게 분노가 향하는 분산적 발화는 1점으로 각기 계산되었다. 예를 들어 다음 (9)는 분노의 대상이 IS로만 표현되어 있어서 10점의 집중성을 갖는 발화로 볼 수 있다.

(9) "지들은 자유를 원한다지만 사람을 죽이다니 is 전부 찢어죽여야 하는데"

반면 아래 (10)에서 글쓴이는 인질에게도 책임이 있음을 밝히면서 동시에 IS의 행위도 강력히 비난하는 등 분노의 대상이 2군데로 향하고 있어서 5점의 집중성을 갖는다.

(10) "가지말라는 구역에 왜가지 간것도 잘못이있음 그러나 is나쁜놈들 지들이 납치해 놓고 죽이고 사람이냐...약자 괴롭혀서 돈 뜯고 무고하게 죽이라는게 너희 종교의 가르침인가..ㅠ"

마지막으로 다음 (11)은 글쓴이를 포함한 한국 국민들 자신에 대한 개탄과 중동인들에 대한 경멸 및 대한민국 국회 의원들에 대한 조롱 등이 뒤섞여 등장하고 있어 명예훼손의 정도가 상대적으로 높고 감정의 전위가 활발하게 일어나고 있는 분산적 발화로서 1점의 낮은 집중성을 갖는다.

> (11) "이제는 우리 스스로 느껴야지요. 우리나라는 겉만 번지르르한 후진국임을…그래서 좋은 나라 만들기에 모두 합심해야 한다는 사실을…이제는 왠지 모르게 길거리에서 만나는 중동인들이 경멸스럽기까지 합니다. 그리고 금배지 달고 비행기 일등석 타고 새마을호 타는 사람들보면 도둑놈이라는 소리가 젤 먼저 나옵니다."

영어 발화의 경우 다음 (12)는 사건의 책임 소재를 미국으로 국한하여 집중성에서 10점인 반면, (13)은 ISIS의 행위를 비난하면서 동시에 이라크 전쟁을 일으킨 부시 정부의 문제점도 지적함으로써 두 갈래로 분산되고 있어서 집중성에서 5점으로 평가된다.

> (12) "This is the result of USA aggressions on other countries! USA are the biggest terrorists!"

> (13) "The ISIS beheading of Steven Sotloff is truly an atrocity, but the atrocity of George Bush and company's hubris, greed, mendacity, stupidity, and disregard of all the above in their embarking on the

illegal war against Iraq, prcvided its fame."

일본어의 경우도 다음 (14)는 납치범인 과격파 이슬람 집단뿐 아니라 납치된 일본인 인질 및 좌익 등을 싸잡아 비판하고 있어서 1점의 낮은 집중성을 갖는다.

> (14) "私は安倍政権は好きではないがこれは過激派とこの人質が悪いと思う特にこんな危険な場所に行くなんて無謀すぎますぜひ話し合いで解決できる!と思ってる左翼方々が交渉にでも行ってきてほしい" (나는 아베 정권은 좋아하지 않지만 이것은 과격파와 이 인질이 나쁘다고 생각한다. 특히 이런 위험한 장소에 가다니 무모하다. 꼭 대화로 해결할 수 있다고 생각하는 좌익들이 교섭이라도 하러 갔다 오면 좋겠군.)

이에 비해 다음 (15)의 발화는 초지일관 비판의 대상을 하나로 집중해서 10점이라는 높은 집중성을 가진 발화로 평가된다.

> (15) "皆さんの、ほとんど全ての意見がズレています！ 先ず、イスラムの行為が100パーセント間違い(悪)です。身代金ビジネス？ はぁ~ビジネスなんかではなく、ただの犯罪ですよね！ 悪いのは、イスラム側100パーセントで有りそれ以外の方は、非難されることはありません！ 冷静に考えて人を拉致し、金出せと要求することがまかり通るはずがありません！" (여러분의 거의 모든 의견이 어긋나고 있습니다.! 이슬람의 행위가 100퍼센트 잘못(악

입니다. 몸값 비즈니스? 하아, 비즈니스도 아니고 그저 범죄지요! 나쁜 것은 이슬람 측 100퍼센트 그 외의 분들은 비난할 수 없습니다. 냉정하게 생각해서 사람을 납치하고 돈 내놓으라고 요구하는 것이 버젓이 통할 리가 없습니다.)

이렇게 해서 얻어진 Dataset A와 Dataset B의 각 언어별 분노 표현 발화의 평균 집중성은 다음 표-7와 같다.

표-7. 언어별 분노 집중성

	한국어	영어	일본어
Dataset A	8.19	9.32	9.25
Dataset B	8.25	8.82	8.04
평균	8.22	9.07	8.65

Dataset B의 한국어 분노 발화의 경우는 Dataset A와 비교했을 때 집중성이 약간 올라가기는 했으나 큰 차이는 아니었지만, 영어의 경우는 9.32에서 8.82로 하락하였고, 일본어의 경우도 9.25에서 8.04로 대폭 하락하여 영어와 비슷한 양상을 보였다. 세월호 사건에 대한 네티즌들의 주된 분노 대상은 세월호 선장을 비롯한 선원들이었지만 그밖에도 늑장 출동 시비를 불러일으킨 구조대원들과 더 나아가 무리하게 선박의 구조를 변경하고 화물을 과적한 해운 회사 및 이를 적절히 감독, 관리하지 못한 정부 당국에게도 적지 않은 질타와 분노가 쏟아지는 바람에 전체적인 발화의 집중성이 내려가는 이유가 되

었다. 영어의 경우 미국 땅 밖에서 일어난 이슬람 무장 세력의 자국민 인질 살해 협박 행위는 큰 충격을 주었지만, 그 분노의 대상은 거의 일원화되었었다. 반면에 자국 내에서 일어난 경찰의 흑인 살해 사건은 해묵은 인종적 갈등을 재발케 하는 도화선 역할을 하였고, 이에 대한 책임 소재에 대한 공방으로 이어져 분노의 대상의 극명하게 갈리는 결과를 낳았다. 그에 따라 Dataset A에서는 분노 표현의 집중성이 거의 10점 만점에 육박하였으나 Dataset B에서는 8.82로 대폭 하락하였다. 일본의 경우는 한국보다 미국의 경우와 유사한 양상을 보였다. 후쿠시마 원전의 폭발 사고는 평소 원자력 발전에 대한 찬반 의견이 다시금 대립하는 계기가 되었고, 동일본 전력 회사의 미숙한 대응과 면피성 발언 및 좌파와 우파를 가릴 것 없이 기성 정치인들에 대한 비아냥과 공분 토로가 여러 갈래로 빗발치는 것을 볼 수 있었다. 그 결과 Dataset B에서 일본 네티즌들이 보인 공분의 집중성은 현저히 내려가서 가장 낮은 집중성을 보였다. 미국과 일본은 외부 세력에 의한 자국민의 피살 위협과 같은 대외적 악재에 대해서는 일반적으로 단결하는 모습을 보여준 반면, 자국 내에서 일어난 대내적 악재에 대해서는 비교적 자유롭게 의견이 분산되는 양상을 보여주었다.

요약컨대 세 언어의 분노 집중성은 영어가 가장 높았고, 그 다음이 일본어였으며, 한국어는 비교적 가장 낮은 집중성을 보였다. 특히 이슬람 인질 사건과 같은 대외적 사건에 대한 영어와 일본어 화자들의 분노 집중성은 매우 높은 반면 같은 주제에서 한국인 화자들의 분노는 분산되는 경향을 보였고, 미국의 백인 경찰에 의한 흑인 피격 사건에서도 인종별로 비록 대상은 달랐지만 분노의 집중성은 매우 높은 편인 반면, 일본의 원전 폭발 사건은 분노 분산성이 가장 높게 나타났다.

마지막으로 우리가 주목하는 '분노의 명시성(anger explicitness)'이란 명예훼손성 발화를 포함한 대부분의 공격적 발화에 내재한 분노를 표현할 때 얼마나 직접적이고 분명한 방법으로 표현하는지를 가늠하는 척도이다. Blum-Kulka et al.(1989)은 요청하기 발화의 명시성을, "Clean up the kitchen"처럼 '직접적인 수준(direct level)', "Could you clean up the kitchen?"처럼 '관습적으로 간접적 수준(conventionally indirect level)', "You've left the kitchen in a right mess"처럼 '비관습적으로 간접적 수준(unconventionally indirect level)'으로 나눈 바 있다. 그러나 이 명시성 분류는 문장 내부의 구조적, 어휘적 특성에 치우친 나머지 문장의 형식과 기능 사이의 관계나 문장 경계를 뛰어넘는 담화적 요인을 간과하고 있다. 이런 관점에서 우리는 Stadler(2011)의 명시성 판정 방법을 따르되, 다음과 같은 자립성, 통사-기능 상관성 및 지시의 세 가지 기준으로 분노 발화의 명시성을 측정하였다.

첫째로, 자립성(autonomy)이란 어떤 발화가 맥락적 요소의 도움 없이 그 발화의 문장만으로도 분노를 표현하고 있음을 알 수 있을 경우로서 분노를 표현하는 특정 어휘가 사용되었거나 비함축적인 표현으로써 의심의 여지없이 명확하게 화자의 의도를 알 수 있는 경우를 말한다. Stadler(2011)에 의하면 자립성이 명시성을 결정하는 가장 중요한 요인이지만, 이 외에도 그 발화의 언어적 특성으로 통사-기능 상관성과 지시도 중요한 요소이다. 통사-기능적 상관성(syntax-function correlation)이란 예를 들어 '설명하기'라는 분노 실현 전략은 설명을 나타내는 일반적 문정 형식인 진술문으로 표현되는 것이 설명하기의 기능에 부합되는 것이고 의문문이나 명령문의 형식을 취한다든지 조각문으로 표현될 경우 통사-기능 상관성이 결여되어 명시적이지 않다고 본다. 반대로 '주장하기'의 경우 주장을 나타내는 일반적인 형식인 명령형이나 청유형으로 표현될 경우 통사-기능의 상관성이 있는 반면 다른 방식으로 표현되면 명시성이 없다고 본다. 마지막 명시성 요소로서 지시(reference)는 예를 들어 '저주하기'의 경우 저주 대상을 직접적으로 지칭했으면 명시적인 발화이고 그렇지 않으면 비명시적인 발화가 된다. 각 분노 실현 전략의 명시성 기준은 다음과 같이 규정된다.

표-8. 분노 실현 전략 명시성 기준

	1)매도하기	3)저주하기	4)책망하기
Autonomy			
자립적임 6점	맥락적 요소의 도움 없이도 그 문장만으로도 모욕임을 알 수 있다.	맥락적 요소의 도움 없이도 그 문장만으로도 누굴 저주하고 있음을 알 수 있다.	맥락적 요소의 도움 없이도 그 문장만으로도 책임을 묻고 있음을 알 수 있다.
약간 자립적 3점	맥락적 요소의 도움을 받으면 추정이 가능하다.	좌동	좌동
자립적 아님 0점	전혀 알 수 없다	좌동	좌동
Syntax-function correlation			
일치 2점	모욕을 나타내는 일반 형식인 진술문으로 표현되었다	저주를 나타내는 일반 형식인 기원문으로 표현되었다.	책임을 나타내는 일반 형식인 진술문으로 표현되었다.

	불일치 0점	의문/명령문이나 구나 단어로만 표현되었다.	진술/의문/명령문이나, 구/단어로만 표현	기타 형식으로 표현되었다.
지시(Reference)				
	지시함 2점	모욕 대상을 직접적으로 지칭했다.	저주 대상을 직접적으로 지칭했다.	책임의 소재를 직접적으로 지칭했다.
	지시 안 함 0점	지칭하지 않았다	좌동	좌동
합계 0-10점				

		5) 협박하기	6) 설명하기	7) 주장하기
Autonomy				
	자립적임 6점	맥락적 요소의 도움 없이도 그 문장만으로도 누굴 협박하고 있음을 알 수 있다.	맥락적 요소의 도움 없이도 그 문장만으로도 설명을 하고 있음을 알 수 있다.	맥락적 요소의 도움 없이도 그 문장만으로도 주장하고 있음을 알 수 있다.
	약간 자립적 3점	맥락적 요소의 도움을 받으면 추정이 가능하다.	좌동	좌동
	자립적 아님 0점	전혀 알 수 없다	좌동	좌동
Syntax-function correlation				
	일치 2점	협박을 나타내는 일반 형식인 진술문이나 수사의문문으로 표현되었다.	설명을 나타내는 일반 형식인 진술문으로 표현되었다.	주장을 나타내는 일반 형식인 청유형이나 명령형으로 표현되었다.
	불일치 0점	기타 형식으로 표현되었다.	의문/명령문이나 구나 단어로만 표현되었다,	기타 형식으로 표현되었다.
지시(Reference)				
	지시함 2점	협박 대상을 직접적으로 지칭했다.	문제가 되어 설명하는 대상이나 사안이 무엇인지 직접적으로 지칭했다.	주장을 전하는 대상을 직접적으로 지칭했다.
	지시 안 함 0점	지칭하지 않았다.	좌동	좌동
합계 0-10점				

		8) 동정하기	9) 개탄하기	10) 자책하기
Autonomy				
	자립적임 6점	맥락적 요소의 도움 없이도 그 문장만으로도 동정심을 표시하고 있음을 알 수 있다.	맥락적 요소의 도움 없이도 그 문장만으로도 개탄하고 있음을 알 수 있다.	맥락적 요소의 도움 없이도 그 문장만으로도 자책하고 있음을 알 수 있다.
	약간 자립적 3점	맥락적 요소의 도움을 받으면 추정이 가능하다.	좌동	좌동
	자립적 아님 0점	전혀 알 수 없다.	좌동	좌동

Syntax-function correlation			
일치 2점	동정심을 나타내는 일반 형식인 기원문이나 진술문, 또는 동정을 표하는 단어나 구로 표현되었다.	개탄을 나타내는 일반 형식인 진술문 또는 감탄사로 (이모티콘 포함) 표현되었다.	자책을 나타내는 일반 형식인 진술문이나 수사의문문으로 표현되었다
불일치 0점	의문/명령문으로 표현되었다.	기타 형식으로 표현되었다.	기타 형식으로 표현되었다.
Reference			
지시함 2점	동정의 대상을 직접적으로 지칭했다.	개탄하는 내용/소재를 직접적으로 지칭했다.	자기 자신이 자책하고 있음을 지칭했다.
지시 안 함 0점	전혀 알 수 없다.	좌동	좌동
합계 0점-10점			

위의 표를 보면 각 분노 실현 전략마다 약간씩 다른 명시성 기준을 갖고 있음을 알 수 있다. 우리가 확인한 열 개의 분노 실현 전략 중에서 '욕하기' 전략은 그 행위의 성격상 언제나 명시적으로 발화될 수밖에 없기 때문에 별도의 기준이 필요하지 않았고 그 외의 전략에 해당되는 발화들은 위의 명시성 기준에 따라 그 발화의 명시성 척도 (explicitness scale)를 다음과 같이 제안한다.

(16) 명시성 = 자립성(6/3/0)+ 통사-기능 상관성(2/0)+ 지시(2/0)

우선 위에서 살펴 본 세 가지 명시성 요소 중 자립성이 가장 높은 비중을 차지하는데 매우 자립성이 높은 발화는 6점, 약간 자립성이 있는 발화는 3점, 자립적이지 않은 발화는 0점으로 평가된다. 둘째로 통사-기능 상관성은 상관성이 있을 경우는 2점, 일치하지 않을 경우는 0점으로 평가되며, 마지막으로 분노 발화에서 문제가 되는 대상이 나 사안이 무엇인지 직접적으로 지칭할 경우 2점, 그렇지 않을 경우 0점으로 평가된다. 그 결과 명시성 지수는 최하 0점에서 최고 10점의 척도로 결정된다. 예를 들어 "왜 개놈들 지옥에나 가버려라 죽이면서도 불과하고 고통까지 주냐. 보니까 잘 쓸리지도 않던 칼인데"의 발화는 분노 실현 전략으로서 '저주하기'가 사용되었는데 누가 보아도 남의 불행을 기원하는 저주의 뜻이 분명하게 드러나서 다른 해석의 가능성이 없는 자립성이 높은 저주하기 발화이다. 자립성이 높을 수록 발화 수반 의도가 명확하기 때문에 부정적 감정을 이해하기가 쉽다. 또한 "지옥에나 가버려라"라는 주술적 기원형 어미를 사용하고 있어서 저주의 기능과 그 기능을 수행하기 위해 선택된 통사적 장치 사이에 상관성이 있다. 마지막으로 저주의 대상이 애매하지 않고 직접적으로 표시되어 있어서 지시 대상이 확실하다. 따라서 이 발화의 명시성은 6 + 2 + 2 = 10점으로 평가할 수 있다.

이런 방식으로 수집된 모든 발화의 명시성을 측정한 결과 Dataset A와 B의 세 언어에서 분노 실현 전략별 명시성은 다음 표-9와 같았다.

표-9. Dataset A와 Dataset B의 분노 실현 전략별 명시성

	Dataset A			Dataset B		
	한국어	영어	일본어	한국어	영어	일본어
매도하기	7.14	8.52	8.64	8.22	6.96	7.60
욕하기	10.00	10.00	10.00	10.00	10.00	10.00
저주하기	7.92	9.06	8.50	8.40	10.00	9.33

책망하기	4.79	6.00	6.81	6.20	6.09	5.17
협박하기	7.67	9.00	8.67	7.00	9.00	7.93
설명하기	7.88	8.21	8.57	9.00	9.06	9.64
주장하기	6.50	7.70	6.91	8.12	7.54	8.45
동정하기	8.44	10.00	8.70	8.08	10.00	9.00
개탄하기	7.73	8.44	7.75	8.65	7.92	7.94
자책하기	9.25	10.00	8.00	10.00	0.00	10.00
평균	7.73	8.69	8.26	8.37	7.66	8.51

전반적으로 한국어는 이슬람 무장 세력의 인질 사건의 분노 발화 명시성(7.73)보다 세월호 사건의 분노 발화 명시성(8.37)이 훨씬 더 높게 나타났고, 일본어의 경우도 국내 사건인 동원전 폭발 사건에 대한 분노 발화의 명시성(8.41)이 이슬람 인질 사건에 대한 분노 발화의 명시성(8.26)보다 더 높게 나왔다. 반면, 영어는 국내 사건인 백인 경찰에 의한 Brown의 총격 피살 사건(7.66)보다 이슬람 인질 사건(8.69)에 대한 반응에서 명시성이 더 높게 나왔다. 영어의 경우 Dataset A에 비해 Dataset B에서 '매도하기'가 40%를 상회하는 비율로 그 어느 경우와 비교해 보아도 압도적으로 많이 사용된 것은 이 사건이 미국 사회의 가장 예민한 이슈인 인종 차별과 관련된 것이기 때문에 여기에서 자유로울 수 없는 백인과 흑인이 서로를 모욕하는 댓글을 많이 작성했기 때문이다. 다만 백인과 흑인이 서로를 공격하는 댓글을 작성했음에도 불구하고 '매도하기'와는 다르게 Dataset B에서 '욕하기', '저주하기', '협박하기'는 Dataset A에서보다 적게 사용했다는 점은 의외이다. 이는 위 5항에서와 같이 백인과 흑인이라는

인종적 차이에도 불구하고 일부 예외적인 댓글을 제외하고는 같은 미국인이라는 집단 동질성 의식이 작용하여 이슬람 무장 세력이라는 이질적 대상에 대한 공격적 발화보다 완화된 발화를 사용한 것으로 생각된다.

2.3.4. 분노 표현과 문화

분노 표현과 문화의 상관성에 주목한 Averill(1982)의 분노 표현 양식 조사에 따르면 개인 중심 성향자의 비율이 높은 미국은 분노의 표출 경향이 상대적으로 높은 반면, 집단주의 성향자의 비율이 높은 일본에서는 될 수 있는 대로 분노를 억제하는 것이 선호된다고 한다. 비슷한 문화 상대적 관점에서 Markus & Kitayama(1991)는 일본과 같은 집단 중심 문화에서는 동정이나 공감과 같은 타인 중심적 정서의 표현은 권장되지만, 자부심이나 분노와 같은 자기중심적 정서 표현은 적극적으로 억제되는 반면, 미국과 같은 개인 중심 문화에서는 정서를 표현하는 행위가 솔직성과 진실성의 반영으로 간주되기 때문에 분노와 자부심도 거리낌 없이 표현된다고 주장하였다. 더 나아가 일반적으로 개인주의 성향이 강한 미국에 비해 집단주의 성향이 강한 동아시아권에 같이 속해 있는 한국과 일본의 경우, 서로 다른 역사적, 정치적, 사회 경제적 요인들 때문에 한국인에 비해 일본인은 대체로 감정 표현을 자제하는 경향이 강하다는 주장도 있다(김용운 1994;

류상영 2013). 이런 감정 표출과 문화적 요인들에 대해서는 이 책의 4장에서 다시 다루도록 한다.

그런데 지금까지 한국과 일본, 미국의 자료를 살펴본 결과는 분노 표현 행위의 문화적 연관성을 반드시 지지해 주지 않는 것으로 보인다. 우선 일본과 미국을 비교할 때, 보다 집단주의적 문화로 간주되는 일본에서 '분노의 표출' 비율이 보다 개인주의적 문화로 생각되는 미국보다 오히려 높았으며, 한국은 미국보다도 '분노의 표출' 비율이 낮았다. '분노의 삭임'의 경우는 한국이 가장 높았고, 그 다음으로 미국, 그리고 마지막으로 일본 순이었는데 이 역시 개인주의적 문화/집단주의적 문화의 구분과는 일치하지 않는 결과이다. '분노 표출'의 방향이 외적으로 향하든 내적으로 향하든 일단 감정을 표출하는 것을 모두 포괄하는 '분노의 표출'과 '분노의 삭임'을 합친 결과는 '한국어 > 일본어 > 영어'의 순으로 나왔는데 일본과 미국의 경우만 비교해도 Averill(1982)의 조사와는 거리가 있었다. 또한 정양숙(2004)에 의하면 개인 중심 성향자가 집단 중심 성향자에 비해 '분노의 삭임'과 '분노의 표출' 모두를 더 많이 한다고 하였는데, 본 연구 결과는 이와 일치하지 않는 결과를 보여주고 있다. 이는 개인주의/집단주의 요인 외에 분노를 유발하는 사건의 성격이 분노 표현의 방식을 결정하는 중요한 요소라는 점을 시사한다.

또한 분노 표현 행위에서 감정을 억제하고 보다 이성적인 방식으로 분노를 조절하려는 것을 보여주는 '분노의 다스림'의 결과는 '영어

> 일본어 > 한국어'로 나타났는데 한국이나 일본에 비해 개인주의 성향이 강한 미국의 경우 감정적 분출로서의 분노 표현 외에도 감정을 통제하면서 이성적 방식으로 분노를 표출하는 것도 제일 높게 나타났다는 점은 주목할 만하다. 감정 표현성(expressivity)과 집단주의/개인주의 문화의 상관성을 연구한 Matsumoto et al. (2008)에 따르면 미국의 개인주의 지수(individualism index)는 1-100 척도에서 91로 가장 높고, 일본은 46인 반면, 한국은 17로서 매우 집단주의적인 것으로 나타났다. 이런 개인주의 지수는 감정 표현성 동조 지수와 정적 상관($r=.73$)을 보이고 있어서 개인주의가 높을수록 감정 표현성도 비례하여 상승하고 있다. 개인주의가 최고 수준인 미국은 한국이나 일본보다 전체적으로 감정 표현성이 높고, 한국은 미국이나 일본보다 감정을 덜 자주 표현한다는 것이다. 이는 한국과 일본은 미국에 비해 감정을 밖으로 표현하는 표현성이 낮다고 한 Adam & Shirako(2013)의 조사와 대체로 일치한다. 그렇다면 지금까지 본 결과를 Matsumoto et al. (2008: 59-60)의 다음 가설과 비교하여 보자.

> Hypothesis 1: 집단주의 문화에 비하여 개인주의 문화는 전체적으로 감정의 표현성이 높다.
> Hypothesis 2: 집단주의 문화에 비하여 개인주의 문화는 맥락이나 상황에 덜 영향을 받으며 상대에 따라 감정 표현성이 달라질 가능성이 낮다.
> Hypothesis 3: 내집단에 대해 집단주의 문화는 (칭찬과 같은) 긍정적

감정은 표현성이 높고 (분노와 같은) 부정적 감정은 표현성이 낮은 반면, 개인주의 문화는 긍정적 감정뿐 아니라 부정적 감정의 표현성도 높다.

Hypothesis 4: 외집단에 대해 집단주의 문화는 긍정적 감정의 표현성은 상대적으로 낮고 부정적 감정의 표현성은 높은 반면, 개인주의 문화는 긍정적 감정의 표현성은 높지만 부정적 감정의 표현성은 상대적으로 낮다.

위의 가설에 대해 우리의 조사 결과는 위의 4가지 가설을 부분적으로만 지지해 주고 있다. 우선 Dataset A의 일본어 자료와 영어 자료를 비교할 때 Hypothesis 1과 달리 집단주의적 문화에 속하는 것으로 간주되는 일본어에서 '분노의 표출' 비율이 개인주의적 문화에 속하는 것으로 생각되는 영어보다 오히려 높았으며, 한국은 가장 낮았다. 외집단이든 내집단이든 부정적 감정인 분노를 내면으로 삭이려고 하는 경향이 한국어에서 높은 것은 단순히 집단주의 문화만으로는 설명할 수 없는 한국 고유의 특수한 정서로 해석되어야 한다. 분노 유발자가 외집단에 속하는 Dataset A에서 부정적 감정인 분노의 표현성이 '한국어 > 일본어 > 영어' 순으로 높다는 점은 일단 Hypothesis 4의 예측과 일치한다. 그러나 개인주의가 강한 영어의 경우 '분노의 다스림'이 외집단에서는 33.56%였지만 내집단에서는 25.55%로 현저히 낮은 것은 Hypothesis 3과 4의 예측과 정반대되는 결과이다.

다음 4장에서 더 자세히 보겠지만 개인주의와 집단주의는 문화의 근본적인 차이점 중 하나이며, 이는 명예에 대한 의식에도 상당한 영향을 미친다는 것이 기존의 정설이다. 즉 개인주의 문화는 타인의 구속을 받지 않는 개인의 자유로운 사고와 활동을 강조하며 개인의 독립성과 자율성을 존중한다. 따라서 개인의 명예는 주로 개인의 노력과 성취를 통해 얻어지며, 개인의 자존감과 직결된다. 이런 문화에서는 개인의 정체성이 사회적 관계보다는 개인의 성취에 기반하기 때문에 자신의 명예가 훼손되는 것을 매우 심각하게 받아들이는 경향이 높다. 그 결과 명예훼손에 대한 법적 보호를 중요하게 생각하고, 명예훼손 행위에 대해 적극적으로 법적 대응을 하는 경우가 많다. 반면에 집단주의 문화에서는 개인보다 집단의 이익을 우선시하며, 개인의 명예는 집단의 명예와 밀접하게 연결되어 있다. 이런 사회에서 집단의 평판을 해치는 행위는 개인의 명예를 훼손하는 것으로 간주될 수 있으며, 이에 대한 비난은 개인뿐만 아니라 가족이나 친척에게까지 미칠 수 있다. 또한 명예훼손 문제가 발생할 경우, 법적으로 대응하기보다는 관계 회복을 위한 중재나 화해를 시도하는 경우가 많다. 결론적으로, 개인주의 문화와 집단주의 문화 모두 명예를 중요하게 생각하지만, 그 의미와 훼손에 대한 주된 반응은 다르다. 다만 현대 사회에서는 개인주의와 집단주의가 혼재되어 있고, 문화 간 교류가 활발해짐에 따라 이러한 경향이 과거만큼 절대적인 것은 아니며 같은 문화권에서도 개인의 성격이나 특정 상황에 따라 다르게 나타날 수 있다.

Dataset B의 경우 '분노의 표출'은 영어가 가장 높다는 점에서 Hypothesis 1과 일치했지만, 내집단에 대한 부정적 감정 표현이 가장 높다는 점은 Hypothesis 4와 일치하지 않았다. Dataset B의 '분노의 삭임'과 '분노의 다스림'은 일본어가 가장 높았다는 점 역시 단순히 개인주의/집단주의의 이분법만으로 분노 감정 표현성을 충분히 설명할 수 없음을 보여준다. 또한 분노의 감정 표현성은 Hypothesis 2와는 달리 개인주의 문화라도 항상 일정하지는 않으며 사건의 내용에 따라 달라질 수 있음을 알 수 있다. 다만 본 연구는 공적인 수준에서의 분노 표현이라는 점에서 모두 개인들 사이의 사적인 차원에서의 분노 표현을 다룬 기존 연구와 차이가 있을 수 있는데, 이 점은 좀 더 면밀한 후속 연구가 필요한 부분이다.

마지막으로 고려할 점은 위에서 살펴본 분노의 자료는 인터넷에 올라온 댓글이라는 점에서 이 자료가 각국의 문화적 특성을 대표할 만한 일반성이 결여되었을 가능성이다. 즉 정확한 정보는 없지만 인터넷에 접속하여 활발하게 댓글을 달고 자신의 의견을 피력하는 이른바 네티즌들은 특정 국가나 문화의 경계를 뛰어넘는 사이버 공간에서 활동하는 특수한 계층이라고 말할 수 있기 때문에 이들의 분노 표현 행위가 그 언어를 사용하는 모든 국민의 일반적 표현 행위를 대표한다고 보기는 어렵다.

분노는 충분히 타인의 명예를 훼손시킬 수 있는 위험한 감정이다.

분노가 명예 훼손으로 이어지는 이유는 다음과 같다. 첫째로 객관성 상실을 들 수 있다. 누구든 분노 상태에 빠지면 감정이 이성을 지배하여 상황을 객관적으로 판단하기 어렵게 된다. 그 결과 상대방의 의도나 상황을 정확히 파악하지 못하고, 과장된 해석이나 오해를 하기 쉽다. 둘째로 비난과 공격성이 증가하기 때문이다. 분노는 타인을 자연스럽게 비난하고 그에 대해 공격적인 태도를 갖도록 부추긴다. 상대방을 비난하고 모욕적인 언행을 하게 되면서 명예를 훼손하는 행위로 이어질 가능성이 높아진다. 또한 분노 감정이 확산될 수 있는 문제가 있다. 분노에 의한 명예 훼손은 단순한 개인 간의 문제를 넘어 SNS 등을 통해 빠르게 확산되어 더 큰 피해를 야기할 수 있다. 한 번 퍼진 명예훼손은 회복하기 어렵고, 개인의 삶에 심각한 영향을 미칠 수 있다.

아울러 합리화의 문제를 들 수 있다. 사람들은 종종 자신의 분노를 정당화하기 위해 상대방의 잘못을 과장하거나 허위 사실을 유포하는 경우가 있는데 이는 명백한 명예훼손 행위에 해당한다. 따라서 분노를 조절하고, 객관적인 시각을 유지하는 것이 매우 중요하다. 복잡한 사회생활에서 분노에서 완전히 자유로울 수는 없지만 때때로 분노를 느낄 때는 잠시 시간을 갖고 냉정하게 상황을 판단하며 대화를 통해 문제를 해결하려는 노력이 필요하다. 만약 감정이 격해져 상대방의 명예를 훼손하는 행위를 했다면, 즉시 진심으로 사과하고 피해를 복구하기 위한 노력을 해야 한다. 요약컨대 분노는 그것이 갖고 있는 감정의 배출구로서의 순기능에도 불구하고 대부분의 경우 판단력을 흐리고 공격적인 태도를 유발하여, 결과적으로 타인의 명예를 훼손할 수 있는 위험한 감정이다.

2.4. 대화의 원리

현대 화용론의 초석을 놓은 Grice에 따르면 우리가 말을 사용하여 의사소통을 할 때에는 우리가 당연시하는 일정한 원리가 있다고 보았다. 이때의 '말'이란 어느 특정 언어(a language)를 지칭하는 것이 아니라 상징적 기호 체계로서의 언어(language)를 가리킨다. 그에 의하면 말이란 생각나는 대로 또는 기분 내키는 대로 내뱉는 것이 아니라, 합리적인(rational) 사람들이라면 대화를 할 때 서로 묵시적으로 알고 있거나 가정하고 있는 대화의 목적을 고려하여 그 목적에 따라 자기가 참이라고 알고 있거나 믿고 있는 내용을 적절한 방법으로 전달하려고 한다. 즉 일반적인 의사소통은 그 소통에 참여하는 사람들이 소통의 목적을 공유하고 그 목적에 부합되는 방향으로 말하려고 한다는 것이다.

그 결과 Grice는 대화의 최상위 원리로서 "대화 참여자는 그가 참여하는 대화의 목적이나 방향에 합당한 말을 함으로써 기여하도록 하라(Make your contribution such as is required, at the stage at which it occurs, by the accepted purpose or direction of the talk exchange in which you are engaged(Grice 1975: 4))"는 '협조의 원리(Cooperative Principle)'와 그에 따른 하위 원리로서 대화의 격률(maxim)을 제안한다.

대화의 격률

1) 질의 격률: 당신이 말하는 것이 진실한 것이 되도록 하라.
    1. 당신이 거짓이라 믿는 것은 말하지 마라.
    2. 당신이 충분한 증거가 없는 것은 말하지 마라.
2) 양의 격률:
    1. 당신이 말하는 것에 필요한 만큼 정보 내용을 담도록 하라.
    2. 당신이 말하는 것에 필요 이상으로 정보 내용을 담지 마라.
3) 관계의 격률: 적합한 말을 하라.
4) 양태의 격률: 명료하게 말을 하라.
    1. 애매한 표현을 피하라.
    2. 중의성을 피하라.
    3. 간단하게 말하라(불필요한 장광설을 피하라).
    4. 순서대로 말하라.

협조의 원리와 대화의 격률은 나중에 Grice(1989)자신도 인정했듯이 합리적이고 이성적인 대화 주체들 사이에서의 비갈등적인 의사소통에 적용될 수 있는 원리들이며, 실상 우리 주위의 대화는 반드시 합리적이고 이성적으로만 일어나지 않는데, 이런 유형의 대화를 Davis(1998)는 "비그라이스적 의사소통(non-Gricean communication)"이라고 부른다. 우리가 관심을 두는 명예훼손은 그런 발화를 만들고 유포하는 행위 자체가 비협조적이고 전략적인 소통으로, Grice의 협조의 원리와 격률 체계와는 근본적으로 다른 접근을 요한다. 실제로 Davis(1998)는 대화에서 미리 설정되었거나 화청자가 공유하는 목적이 없다든지 또는 용인된 목적이 불분명해서 무엇이 필요한지 알 수 없는 경우 Grice의 협조의 원리는 작동할 수 없다고 한다. 우리는 명예훼손 행위를 협조의 원리가 적용되지 않는 특수한 소통 유형이라 보고, 명예훼손 행위를 다른 모욕이나 무고 행위와 함께 Grice(1975)의 협조의 원리와 그 하위 격률들이 적용되지 않는 비그라이스적 소통에서 화자가 대화 상대방이나 제3자에 대한 자신의 부정적 감정을 표현하는 언어 행위로 분석한다. 비그라이스적 의사소통이 흔히 야기할 수 있는 불통과 오해, 지배와 복종/저항 등의 문제들을 고려할 때 비그라이스적 의사소통 역시 그라이스의 원리가 모범적으로 잘 적용되는 합리적이고도 비갈등적이며 협조적인 의사소통 못지않게 중요한 언어 현상이다.

이와 관련해서 Pateman(1987: 19)은 모든 사회적 행위는 그 행위에 참여하는 사람들이 추구하는 목표를 함께 공유하는 '목표-공유적 행위(goal-sharing act)'와 그 행위에 참여하는 사람들이 자신들의 고유한 목표를 잃지 않기 위해 고수하려고 노력하는 '목표-분점적 행위(goal-divided act)'로 나눌 수 있다고 한다. 예를 들어 사회적 행위로서 이른바

'갑을 관계'라고 불리는 특수한 관계에서 벌어지는 언어 행위는 그 속성상 목표-분점적 행위로서 '갑의 언어'와 '을의 언어'는 상호 의도와 이해 관계가 첨예하게 대립하는 갈등적 의사소통을 구성한다. 그런 점에서 일반적으로 평범한 대화 참여자들의 목표-공유적인 의사소통에서의 언어와는 다른 특성들을 갖고 있다는 점에서 주목된다.

명예훼손이나 모욕은 대표적인 목표-분점적 의사소통으로서 합리적이고 협조적인 대화자들 사이에서 벌어지는 목표-공유적인 의사소통과는 전혀 다른 양상을 보인다. 그 결과 목표-공유적인 일상 대화에 적용되는 Grice(1975)의 협조의 원리나 협조의 원리의 하위 원리인 격률들을 목표-분점적인 의사소통에 적용하는 것은 기본적으로 대상의 특성을 간과한 것으로 생각된다. '갑을 관계'에서의 의사소통은 앞서 본 Davis(1998)의 용어를 빌면 Grice의 협조의 원리 및 합리적인 대화 격률들이 적용될 수 없는 전형적인 비그라이스적 의사소통의 예이다. 예를 들어 보통의 일상 대화에서 우리는 대화 상대방이 거짓이 아닌 말을 하고 증거가 없는 말은 하지 않을 것이라고 예상하고 대화에 기꺼이 참여한다. 그러나 예를 들어 고객과 가게 점원 사이의 대화에서는 '을'의 위치에 있는 점원이 '갑'의 위치에 있는 고객에게 물건을 팔기 위해 온갖 수단을 동원해서 이야기를 할 수 있고 그중에는 증거가 박약한 것이나 심지어 거짓말까지도 할 수 있을 것이라고 예상한다.

결과적으로 이런 목표-분점적 대화에는 Grice의 질의 격률(Quality

Maxim)이 작동되지 않고 대신 사실이 아니라고 생각되거나 증거가 없는 것도 의사소통의 목적에 부합하면 말할 수 있다는 취지의 이를테면 반질(反質)의 격률(Anti-quality Maxim), 즉 전략적 의사소통을 위한 질의 격률이 우선적으로 작용되고 있다고 보아야 한다. 뿐만 아니라 프로 기사들의 대국처럼 목표-분점적 대화에서는 상대방을 설득시키기 위해 자신이 갖고 있는 정보를 모두 공개하지는 않으려고 하는 반양(反量)의 격률(Anti-quantity Maxim), 즉 전략적 의사소통을 위한 양의 격률과 가능한 경우 애매모호하게 이야기하려고 하는 반양태(反樣態)의 격률(Anti-manner Maxim), 즉 전략적 의사소통을 위한 양태의 격률, 그리고 적합하지 않은 것도 말할 수 있는 반적합성(反適合性)의 격률(Anti-relevance Maxim)이 작용된다. 이러한 전략적 의사소통의 격률들이 발화 해석에 작동하는 실제 사례를 들면 Mulken et al. (2005)의 실험에서는 대부분의 소비자들이 광고 언어의 비그라이스적 특성을 고려하면서 광고 언어를 액면 그대로가 아닌 전략적인 언어로 이해한다는 결과가 나온 바 있다.

2.4.1. 명예훼손과 모욕

타인의 사회적 평판을 저하시킬 악의적 의도로 사실을 적시하여 비방하는 명예훼손(defamation)은 대표적인 공격적 화행이다. 이와 유사한 화행으로 모욕(insult)이 있다. 명예훼손과 모욕은 둘 다 공격적 화행이지만 그 차이는 화행 이론(speech act theory)에서 다음과 같이 구별할 수 있다. 일단 입말에 의한 것이든 글말에 의한 것이든 명예훼손이나 모욕은 다른 사람 앞에서 어느 개인을 비난하는 언어 행위라는 점에서 공통점이 있다. 그러나 명예훼손과 모욕은 그것이 효과적인 화행이 되기 위해 충족되어야 할 적정성 조건(felicity condition)에서 차이가 있다. 그런데 화행 이론의 창시자인 Austin의 화행 분류에서 명예훼손은 모욕과 구별되지 않고 단지 '모욕하다'라는 수행 동사(performative verb)가 쓰이면 모욕하기 화행으로 보고 있다. 그런데 실제 대화에서는 명시적 수행 동사인 '모욕하다'라는 말은 명예훼손이든 모욕이든 잘 쓰이지 않으며 이런 명시적 동사는 거의 전면에 드러나지 않은 채 타인의 명예를 훼손하는 경우가 대부분이다. 따라서 우리는 명예훼손 행위나 모욕하기 행위를 분석하는 데에는 Austin의 분석은 큰 도움이 되지 않는다는 것을 알 수 있다.

　Austin의 화행 이론을 수정하여 발전시킨 Searle(1979)은 Austin과는 달리 직접 수행 동사를 명시하는 대신 범주별로 화행을 분류하고 화행이 적정하게(felicitously) 사용되기 위해 충족되어야 할 조건, 즉 적정성 조건을 제시했다. 먼저 Seale의 화행 분류로서 '사실 언명(statements of fact)' 행위에는 '단언 행위(assertive)'와 '선언 행위(declaration)'가 있다. 이 중 '단언 행위'는 화자가 어떤 것이 사실이라고 언어적으로 밝히는 것으로서 세상의 모습에 대해 말을 맞추는 것이다. 반면에 '선언 행위'는 화자가 그런 말을 함으로써 세상이 말에 맞추어지는 것으로서 결혼이나 세례 등에서의 정형화된 발화가 이에 해당된다. '사실 언명'이 아닌 화행 중 '정표 행위(expressive)'는 감정을 표현하는 것으로서 화자의 심리적 상태를 표출하는 것인데 이는 행복함이나 즐거움, 만족감, 편안함 등과 같은 긍정적인 감정 외에도 짜증이나 분노, 슬픔, 혐오, 질투, 실망감 등의 부정적인 감정도 포함된다. "쓰레기 같은 놈"이라든지 "개자식"과 같은 모욕은 타인에 대한 화자의 부정적인 감정을 토로하는 것이므로 '정표 행위'에 속하지만, "이 남자는 유부남인데도 버젓이 총각 행세를 하고 다녔어요"라든지 "이 학교는 이사장부터 선생까지 모두 촌지만 바라는 학굡니다"와 같은 명예훼손은 감정 토로에 목적이 있기보다는 피해자의 명성이나 평판을 해치기 위해 사실이나 허위 사실을 진술하는 것이므로 Searle(1979)의 분류에서는 '단언 행위'에 속한다. 물론 형사 또는 민사 소송과 관련된 법 조항에 '단언 행위'라든지 '정표 행위'라는 용어를 사용할 필요는 없겠지만, 미국의 경우처럼 법을 해석하는 Restatement처럼 이런 개념 자체를 분명히 구별하여 기록해 두는 것은 필요하다.

이처럼 명예훼손과 모욕은 화행의 하위 범주 분류뿐 아니라 그 화행이 적정하게 일어나는 조건도 다르다. Searle의 적정성 조건에는 구체적으로 발화 행위를 통해 전달되는 문장의 내용을 명시하는 명제 내용 조건(propositional content condition)과 그 발화가 특정 화행으로 인식되기 위해 화자가 선행해야 할 예비적 조건(preparatory condition), 화자가 그런 행위를 하는 것의 의도가 있음을 나타내는 진지성 조건(sincerity condition), 그리고 화자가 하는 일이 청자에게 어떤 행동으로 간주될 것인지에 대한 화자의 인식이 있음을 뜻하는 필수 조건(essential condition)으로 구성되어 있다. 우선 명예훼손의 적정성 조건은 다음과 같다.

명예훼손의 적정성 조건

1) 명제 내용 조건: 어떤 개인이나 개체의 과거 또는 현재의 사건이나 상황
2) 예비적 조건:
    가. 화자는 그 사건이나 상황이 일어났거나 일어나고 있다고 믿는다.
    나. 화자의 말은 피해자인 해당 개인 외에도 다른 사람 앞에서 발화되었다.
3) 진지성 조건: 화자는 그 사건이나 상황이 해당 개인이나 개체에 해로운 것이라고 믿는다.
4) 필수 조건: 그 발화는 화자가 청자나 제3자로 하여금 청자에게 해로운 사건이나 상황이 일어났거나 일어나고 있음을 알게 하려는 시도로 받아들여진다.

예를 들어 누군가가 홍길동이란 사람을 지칭하여 그가 마누라를 자주 폭행했다고 남들 앞에서 다 들을 수 있게 말했다고 하자. 첫째로 명예훼손은 어디까지나 화자에 의하면 이미 일어났거나 일어나고 있다고 믿는 사건이나 상황을 적시해야 하며, 앞으로 일어날 수도 있

는 불확실한 일에 대해서 언급하는 것은 명예훼손이 아니다. 따라서 "홍길동은 마누라를 자주 폭행할 것이다."와 같은 말은 비록 홍길동이란 사람이 들으면 불쾌한 말이겠지만 그 자체만으로는 명제 내용 조건을 충족하지 못하므로 명예훼손 발화로 보기 어렵다. 대신 "홍길동은 마누라를 자주 폭행할 만큼 성격이 포악한 정신병자이다"라는 말은 현재 홍길동의 상태를 적시한 것이므로 명예훼손이 된다. 또한 "홍길동은 마누라를 자주 폭행했다. 그러나 나는 그걸 믿지 않는다"라는 이상한 표현은 명예훼손의 예비적 조건을 위반한 적정하지 못한 발화이다. 대신 화자가 법정에서 "내가 홍길동은 마누라를 자주 폭행했다고 말했지만 그 말은 홍길동에게만 했을 뿐 그 외 아무도 들은 사람은 없다"라고 주장하는 것은 공연성의 예비적 조건에 문제 제기를 한 것으로 사실 확인을 둘러싸고 법적 다툼의 여지가 있다. 또한 "홍길동은 자주 마누라를 폭행했다. 그런데 그게 홍길동의 명예에 먹칠을 하는 것이라고 믿지 않는다"는 말은 진지성 조건을 위반한 것이다. 마지막으로 누군가가 법정에서 "나는 홍길동은 마누라를 자주 폭행했다고 말했다. 그렇지만 내가 그런 말을 한 게 그가 나쁜 짓을 한 것이라고 말한 것은 아니다."라고 말하면서 자기가 명예훼손에 관한 한 무죄라고 항변한다면 이는 명예훼손 화행의 필수 조건에 어긋난 적정하지 않은 발화로서 아마도 판사에게 받아들여지지 않을 것이다.

모욕은 명예훼손과 유사하지만 다른 화행으로서 그 적정성 조건도 다르다. 우선 명제 내용 조건에서 사건이나 상황에 대한 언명으로서 진리치의 대상이 될 수 있는 사실 판단을 명제 내용으로 가져야만 명예훼손이 성립하고 단순한 감정 표현이나 저주와 소망, 기원 등을 표출하는 데 그치면 모욕이다. 또한 모욕의 예비적 조건은 화자가 그런 사건이나 상황이 일어났거나 일어나고 있다고 믿는 것이 아니라 단순히 피해자가 그런 말을 들을 정도로 경멸적인 대상이라고 믿어야 한다. 이 점은 필수 조건에도 해당한다. 모욕의 필수 조건은 가해자가 제3자에게 피해자가 형편없는 존재임을 알게끔 하려는 시도이지 어떤 구체적인 사실이 일어났다는 것을 알리기 위한 시도는 아니라는 점이다. 다만 공연성을 뜻하는 예비적 조건의 두 번째 조항과 악의적 의도를 뜻하는 진지성 조건은 모욕과 명예훼손에서 차이가 없는데 둘 다 다중 앞에서 특정인을 해할 목적으로 공격적인 발화를 한 것이기 때문이다. 명예훼손과 모욕의 구별이 어려웠던 점은 두 화행의 적정성 조건 중 일부는 완전히 같고 일부만 다르기 때문인데 화행 이론은 그 차이를 조건별로 세분해서 명확하게 보여줄 수 있다.

위의 적정성 조건은 일반적인 범죄 구성 요건이라고 할 수 있지만 어떤 말이나 글이 특히 모욕적인 표현을 담고 있는 경우에도 그 시대의 건전한 사회 통념에 비추어 그 표현이 사회 상규에 위배되지 않는 행위로 볼 수 있는 때에는 형법 제20조에 의해 예외적으로 위법성이 조각된다. 예를 들어 골프장 경기 보조원들의 구직을 위해 만들어진 인터넷 사이트 내 회원 게시판에 특정 골프장의 불합리한 운영을 비난하는 글을 게시하면서 해당 골프장 담당자를 "한심하고 불쌍한 인간"이라는 등 경멸적인 표현을 한 사안에 대해 대법원에서는 문제 글의 "게시의 동기와 경위, 모욕적 표현의 정도와 비중 등에 비추어 사회 상규에 위배되지 않는다"고 판시하였다.^(대법원 선고 2008도 1433) 이 점은 명예훼손의 경우에도 적용될 수 있는데 타인을 공격하는 명예훼손 발화라고 할지라도 그 표현의 정도에 따라 위법성이 조각된다. 이는 명예훼손 발화가 피해자에 대한 가해자의 비난 의도를 얼마나 직접적으로 표현하는지를 뜻하는 발화의 직접성 수준^(level of directness)과 관련이 있음을 보여준다.

2.4.2. 명예훼손의 직접성/간접성

세계 여러 언어에서의 요청 화행^(speech act of requesting)을 연구한 Blum-Kulka et al. (1989)은 화자가 선택할 수 있는 표현의 직접성^(directness) 정도에 따라 요청을 1)직접적인 수준^(direct level), 2)관습적으로 간접적인 수준^(conventionally indirect level), 3)비관습적으로 간접적인 수준^(unconventionally indirect level)의 세 가지로 나누고 각 수준마다 직접성을 표현하는 언어적 장치의 효력에 따라 직접성이 가장 강한 '명령형 문장으로 바로 화자의 의도를 표현하는 것인 '서법에 의한 도출'에서부터 직접성이 점점 약화되어 가장 약한 '약한 암시'에 이르기까지 총 9개의 직접성 정도의 차이를 보이는 전략들로 요청이 표현될 수 있다고 한다. 명예훼손은 타겟에 대한 공공연한 비난이 화자의 발화 의도라는 점에서 요청 화행과 다르지만 그런 의도를 효과적으로 전달하기 위해 직접성에 차이가 있는 화자가 선택할 수 있는 발화 전략은 다음 표에서처럼 7가지로 생각해 볼 수 있다 (Lee 2012b에서 인용).

표-10. 명예훼손 발화의 유형

수준	선택 전략	예
Direct	1. Emphatic Assertion	Jinsu is having an affair damned well.
	2. Plain Assertion	Jinsu is cheating on his wife.
Conventionally Indirect	3. Hedged Assertion	To my mind, Jinsu is cheating on his wife.
	4. Reported Speech	They say that Jinsu is having an affair.
	5. Figurative Speech	Jinsu is a Casanova.
Unconventionally Indirect	6. Strong Hint	Up to 75% of married men may be playing around and Jinsu is no exception.
	7. Mild Hint	Keep in mind that boredom may factor into why men cheat. Just look at Jinsu.

위의 발화는 모두 Jinsu라는 사람이 아내 몰래 외도를 하고 있다는 뜻의 명예훼손성 발화인데 그 비난 표현의 직접성 수준을 크게 셋으로 나누어 1)직접적인 비난, 2)관습적으로 간접적인 비난, 3)비관습적으로 간접적인 비난으로 구분할 수 있다. 이 중 직접적인 비난에 속하는 것으로 '강조적 단언(Emphatic Assertion)'이란 사실을 직설적으로 표현하는 동시에 자신의 주장을 뒷받침하기 위하여 강조 표현을 사용하는 경우를 말한다. 이런 직접적인 비난으로서 강조적 단언은 누

가 어떤 발화 맥락에서 듣든지 바로 비난임을 확실하게 알 수 있다. 이보다 다소 직접성이 누그러진 것으로 '단순 단언(Plain Assertion)'이 있는데 이는 적시하고자 하는 사실을 기술하는 명제 내용만 간단히 표현하는 것을 말한다. 여기까지는 화자가 자신의 의도를 은폐함이 없이 명명백백하게 타겟을 공격하는 의도를 밝히는 직접적인 명예훼손 발화라고 할 수 있다.

반면에 그 다음 수준인 '관습적으로 간접적인' 단계는 비난을 하되 직접적인 서술에 의하지 않고 서술을 포함하는 다른 언어적 완화 장치를 사용하거나 고정화된 간접 어법을 사용해서 화자의 의도를 보이려 하는 것이다. 이런 종류의 간접적인 비난으로서 '울타리를 친 단언(Hedged Assertion)'은 비난의 내용이 사실이라고 주장하면서도 그 앞에 '내 생각으로는'이나 '모르긴 해도'와 같은 울타리 표현(hedge)을 써서 비난의 직접성을 완화한 것이다. 영어의 명예훼손적 발화에 자주 등장하는 울타리 표현에는 다음과 같은 것들이 있다:

> To the best of my knowledge,… / As far as I know,…
> I'm not 100% sure but, / I'm not an expert but,
> I wonder if… / I'm wondering if…
> Maybe I'm right, maybe I'm wrong,
> In my (humble)opinion,…

이와 같은 울타리 표현은 비난 발화를 하는 화자의 발화 수반력(illocutionary force)을 낮추는 효과를 가져올 수 있는데 이 외에도 perhaps, just, simply, maybe와 같은 약화사(downtoner) 및 a little, a bit, a minute 등과 같은 축소사(understater)의 사용도 화자의 단언 강도를 약화시킴으로써 만약 문제가 될 경우 책임을 낮추는 데 도움이 되도록 자주 사용된다. 그런데 이런 표현을 사용한 발화는, 사실의 적시만이 명예훼손이고 단순 의견 표명은 명예훼손이 아니라고 보는 영미법의 경우 처벌되지 않을 가능성이 높다. 다만 한국의 경우는 이런 울타리 표현을 써서 비난의 의도를 포장했다고 하더라도 궁극적인 화자의 발화 수반적 의도가 비난에 있다고 판단될 경우 유죄로 인정하는 판례가 많다. 직접성에 있어 중간 단계인 '관습적으로 간접적인 수준'은 그 언어에서 관습화된 표현으로 요청을 하되 보다 간접적인 방식을 사용하는 것으로서 비난이라는 발화 수반적 의도가 어의적 의미로부터 직접적으로 표출되는 '간접 화법(Reported Speech)'은 화자가 직접 말하는 대신 누군가가 이미 말한 것을 인용하는 듯한 표현을 써서 비난의 메시지를 전달하려는 전략을 말한다. 이때 화자는 자신이 메시지의 창조자가 아니라 전파자인 것처럼 보이려고 하지만 실제로는 자기 자신이 만든 메시지를 마치 다른 사람도 알고 있는데 나는 단순히 전달할 뿐이라는 책략을 사용하는 것인데 이 경우 발화 내용이 화자가 직접 창조한 것이라면 위증으로 가중 처벌될 수도 있다. '수사적 화법(Figurative Speech)' 또한 직유법이나 은유법과 같은 비유법을 사용하여 대상을 공격한다는 점에서 언어적으로 고정화된 수법을 사용한 간접적 수준의 명예훼손 전략이라고 할 수 있다.

　마지막으로 간접적이기는 하지만 언어적으로 고정된 틀이 없어서 언어 형식 대신 그 발화 맥락에서 의미를 추론해내야 하는 '비관습적으로 간접적인' 수준에 속하는 명예훼손 발화로는 청자 측의 추론이 필요하지만 힌트의 정도가 높아서 비교적 수월하게 숨은 함축적 의미를 찾아낼 수 있는 '강한 암시(Strong Hint)'와 이보다는 힌트의 정도가 덜한 '약한 암시(Mild Hint)'가 있는데 이런 전략들은 청자가 Grice(1975)에서의 대화 격률과 같은 화용론적 장치에 의거하여 대화의 맥락이나 상황 및 평소 공유된 배경적 지식을 동원해서 숨겨진 대화 함축을 찾아내야 한다. 이런 비관습적으로 간접적인 수준은 청자가 때에 따라 화자의 의도를 간파하지 못할 위험성이 높아 화자로서는 자신의 의도를 전달하는 데 실패할 수 있다는 단점을 갖고 있지만, 비난으로서의 명예훼손 정도가 직접적으로 드러나지 않는다는 점에서 나중에 문제가 되었을 때 명시적 명예훼손이 아니라는 사유로 형량의 감경을 노릴 수도 있다는 장점도 있다. 지금까지 수집한 명예훼손의 한국 자료들을 보면 직접성 측면에서 가장 높은 직접적 수준에 속한 발화들이 많은 반면, 직접성이 낮은 관습적으로 간접적인 수준의 발화는 상대적으로 적었고, 가장 비명시적인 비관습적으로 간접적인 수준의 발화는 가장 드물게 나타났는데 이는 한국 사람들은 비난 발화에서 에둘러 표현하는 것보다 노골적으로 자신의 비난 의도를 보여주는 발화를 선호하는 경향이 있음을 보여준다.

2.4.3. 화청자 관계

명예훼손 발화는 일반적인 대화의 구조와 차이가 있다. 즉 보통의 대화에서의 주된 대화 참여자인 '화자-청자'와는 달리 '가해자-피해자-목격자'의 역할과 상호 작용을 종합적으로 고려해야 한다. 첫째로 명예훼손의 가해자는 단순히 그런 메시지를 만들어낸 사람만을 지칭하는 것은 아니며 몇 가지 다른 역할로 나눌 수 있음에 주목할 필요가 있다. 명예훼손 발화를 포함한 모든 인간과 인간의 의사소통(interpersonal communication)은 누군가가 어떤 메시지를 보냄으로써 시작한다. 이처럼 메시지를 보내는 송신자는 이 말이나 글을 처음 만든 사람과 같은 사람일 수도 있지만 그렇지 않을 수도 있다. 예를 들어 사이버 공간에서 송신자는 메시지를 직접 입력한 사람일 수도 있고 누군가가 대신 입력할 수도 있다. 보통 일상적인 면대면 대화에서는 메시지를 만든 사람이 바로 메시지를 보내는 사람일 경우가 많지만, 때로는 메시지를 보내는 사람이 자신이 직접 창조한 메시지 아닌, 누군가 다른 사람이 처음 만든 메시지를 옮겨 나르는 역할을 하는 경우도 있다. 따라서 메시지의 송신자는 일단 창조자(creator)와 전파자(propagator)로 나눌 수 있다. 창조자란 의사소통의 내용이 되는 말이나 글을 최초로 만들어낸 사람인데 이 중 메시지를 구두로 만들어낸 사람을 화자(speaker)라 부르고, 글자를 통해 만들어낸 사람을 저자(author)라고 부른다. 반면에 메시지의 송신자 중에는 자신이 만들어

낸 것이 아니라 다른 사람이 이미 말했거나 쓴 것을 다시 옮기는 역할을 수행하는 경우도 있다. Thomas(1999)는 어떤 메시지를 옮기는 전파자도 그 전파 방식에 따라 1) 대독자(spokesperson)와 2) 전달자(reporter), 3) 대변인(mouthpiece)으로 세분한다. 여기에 더하여 누군가의 지령을 받거나 대가를 받고 그가 요구하는 대로 자신의 신분은 감춘 채 대신 인터넷 등에 글을 올리는 경우가 있는데 이를 유령 저자(ghost writer)로 부를 수 있다.

　메시지의 창조자로서 화자나 저자는 발화의 궁극적 기원으로서 메시지를 손수 생각하고 입말 또는 글말의 형태로 산출한 사람인 반면, 전파자로서 대독자는 화자나 저자가 한 말을 바꾸지 않고 원문 그대로 앵무새처럼 복사하여 재생한 사람이다. 또한 전달자는 화자의 말을 발화 의도에 변화가 없도록 자기가 이해한 범위 내에서 자신의 관점으로 말을 전달하는 사람이며, 대변인은 필요하다고 생각할 경우 때때로 자신의 해석을 가미해서 메시지를 옮기는 사람이다. 유령 저자는 대개 자신의 생각을 자유롭게 말하기보다는 정체를 감춘 사람의 입맛에 맞게 글을 써서 그 사람의 생각을 유포하는 역할을 하기 때문에 글말 메시지의 창조자인 저자와는 구별된다. 유령 저자는 현재 검찰에서 수사 중인 국정원과 기무사의 대선 관련 댓글 조작단과 같이 여론 조작이나 왜곡된 정보를 확산하기 위해 직원이나 아르바이트생들을 고용하여 무차별적으로 자신들의 메시지를 전파하는 데 동원한 것을 예로 들 수 있다. 향후 재판 과정에서 국정원이나 기무사와 같은 권력 기관에서 암약한 유령 저자들의 명예훼손 행위에 대해 이런 사례는 아직 전례가 없기 때문에 재판부가 어떤 판단을 내릴 것인지 주목된다.

표-11. 메시지 송신자의 유형

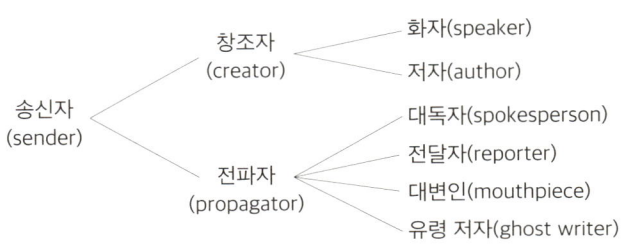

명예훼손은 아니지만 비근한 예를 들어 지난 최서원(구명 최순실)의 국정논단 사건에서 일부 피의자들은 대통령이나 비서실장이 하라는 대로 말하고 행동했을 뿐이라는 방어 논리를 개진하였는데 이는 자신이 불법 지시나 위법성 발언의 궁극적 창조자가 아닌 단순 전파자에 불과하므로 책임이 덜하다는 것을 강조한 것으로 보인다. 그런데 명예훼손은 여러 판례에 드러나듯이 그런 발화의 창조자이든 전파자이든 구별하지 않고 동일하게 처벌하는 경우가 일반적이다. 즉 메시지의 창조자가 아닌 대독자, 전달자, 대변인, 유령 저자 등은 원래 그 메시지를 만든 사람이 아니라 전파한 사람에 불과하지만 형법에서 법적인 책임은 화자와 동일하다. 심지어 최근 스위스에서는 누군가가 페이스북에 올린 명예훼손성 허위 메시지에 '좋아요(Like it)'를 누른

사람도 중한 처벌을 받았다. 이처럼 악의성 험담 메시지의 창조자뿐 아니라 전파자도 엄하게 처벌하는 이유는 아마도 피해자의 입장에서는 자신에 대한 명예훼손 발화가 누구의 입에서 나왔든 간에 여전히 피해를 보는 것은 마찬가지이며 아무런 이해 관계가 없는 제3자가 이를 무심코 또는 악의로 널리 유포하는 것 역시 반사회적 불법 행위로 간주하기 때문으로 보인다.

예를 들어 2000년 2월 2일에 전직 MBC 앵커인 백지연 씨의 이혼 배경을 보도한 스포츠투데이 연예부 최윤정 기자에 대한 명예훼손 사건(99가합64112)에서 재판부는 원고인 백지연 씨에게 피고인 최 기자는 1억 원을 지급하라는 판결을 내렸다. 이 사건에서 피고측은 당시 「미주통일신문사」 발행인인 배부전 씨가 인터넷 PC통신에 올린 백지연 씨와 방송사 모 고위 간부 사이의 소문을 단순히 전재하여 소개한 것이라고 주장했지만, 재판부는 최 기자가 그 소문의 내용을 확인하지 않고 마치 사실인 것처럼 다중의 독자가 접하는 일간지에 그대로 기사로 게재함으로써 일반인들로 하여금 그 내용이 사실일지도 모른다는 추측을 불러일으킨 것에 대해 유죄로 보았다. 원고는 오랜 동안 방송 활동을 하여 대중들에 널리 알려진 이른바 '공인'으로서 일반인들의 관심에서 자유로울 수 없으며 의혹 자체를 해명하는 것은 원고의 책임이라고 주장했지만 재판부는 이혼이라는 것은 어디까지나 원고의 사생활에 속하는 부분으로 이것을 밝히는 것이 공공의 이익에 부합한다고 볼 수 없고 더구나 기사 내용이 대부분 허위 사실이므로 이는 명백히 원고의 사생활의 자유를 침해하고 명예를 훼손한 것으로 판시하였다. 이 판결은 유명 인사들의 사생활을 둘러싼 루머를 종종 사실 확인 없이 기사화하는 일부 황색 언론의 보도 관례에 경종을 울린 것으로 평가되는데 이때 기자는 비록 자신이 그 루머의 창조자(creator)는 아니고 전파자(propagator)이지만 큰 금액의 손해 배상을 피할 수 없었다. 이 사건을 포함하여 명예훼손 기사 보도를 둘러싼 수많은 소송에서 악의적인 메시지를 처음 만들어 발설한 사람과 여기에 편승하여 자신의 이익을 노려 메시지 전파를 시도한 사람 및 그냥 호기심이나 흥미로 부화뇌동하여 메시지 확산에 단순 참여한 네티즌들을 구별하지 않고 동일하게 처리하는 것이 합리적인지 아니면 화자의 역할에 따라 책임의 차등을 두는 것이 더 합리적인지는 좀 더 연구할 필요가 있으며, 실제로 이 문제에 대해 국내외 법원에서의 사법적 판단도 조사해 볼 필요가 있다.

이상에서 본 송신자 역할 외에도 명예훼손 발화의 피해자와 이를 목격하는 사람들의 역할도 명예훼손 행위를 이해하는 데 중요하다. Clark(1996)는 일반적인 면대면 대화에서 청자(hearer)의 역할을, 진행되고 있는 대화에서 청자의 존재에 대한 화자의 인지 여부와 청자의 대화 참여에 대한 화자의 허락 여부 및 화자가 직접 말을 건네는 대상으로 지목했는지의 여부에 따라 다음과 같이 네 가지로 나눈다. 즉 1)화자가 대화 현장에서 그 존재를 알고 있고(+Known), 자신의 말을 듣도록 명시적으로나 암시적으로 허락했으며(+Ratified), 화자가 직접 말을 건네는(+Addressed) 대상인 중심 청자(addressee)가 있고, 2) 화자가 그 존재를 알고 있고, 대화의 참여자로 인정했지만 화자가 직접 말을 건네는 대상은 아닌 주변 청자(side participant)도 있으며, 3)화자가 인정하는 대화 참여자도 아니고 화자가 직접 말을 건네는 대상은 아니지만 화자가 자신의 말을 들을 수도 있을 거라고 생각하는 구경꾼(bystander) 및, 4)화자가 그 존재를 모를 뿐 아니라 화자로부터 자신의 말을 듣도록 허락을 받지 않았고 화자가 말을 건네는 대상이 아닌 도청자(eavesdropper)가 있다. 이때 청자의 역할에 따라 화자가 그에게 지는 책임의 크기가 달라진다. 즉 중심 청자에게 한 말에 대해서는 화자의 책임이 가장 큰 반면, 주변 청자는 중심 청자에 비해서 화자의 책임이 덜하고, 구경꾼에 대해서는 책임이 별로 없고, 도청자에게는 전혀 책임을 지지 않는다. 이를 표로 나타내면 다음과 같다(이성범 2004, p.35).

표-12. 청자의 유형

	Known	Ratified	Addressed	화자가 갖는 책임
중심 청자	+	+	+	큼
주변 청자	+	+	−	보통
구경꾼	+	−	−	별로 없음
도청자	−	−	−	전혀 없음

이런 청자의 유형 분류는 일반적인 면대면 대화에 적용될 수 있지만, 명예훼손 발화는 공연성이 핵심 요소로서 '가해자-피해자-목격자'

의 3각 관계이기 때문에 이 청자 분류를 그대로 적용할 수 없다. 우선 피해자는 가해자의 발화를 듣는 중심 청자일 수도 있고 주변 청자일 수도 있으며, 구경꾼도 될 수 있다. 면대면 대화에서와는 달리 명예훼손 발화는 피해자가 중심 청자가 아닐지라도 가해자의 책임이 경감되지 않는다. 법원의 판례를 보면 피해자의 면전에서 직접 가해자가 공격적인 발화를 하는 경우와 피해자가 없는 상황에서 발화를 하는 경우를 분별해서 유무죄 확정이나 형량 책정, 정상 참작 등을 하지 않는 것처럼 보이는데, 이 역시 좀 더 면밀한 분석이 필요한 부분이다. 만약 송신자가 메시지를 수신하는 사람을 중심 청자로 생각하고 그에 대해 명예훼손성 발화를 말했다면 이때 화자는 발화의 고의성과 직접성이 뚜렷하기 때문에 그 책임은 더 막중하다고 볼 수 있다. 중심 청자를 위해서 송신자는 메시지 내용을 설계하고 청자가 자기 말을 잘 듣고 있는지, 또는 어느 정도 이해했는지 등을 실시간으로 면밀히 모니터하는 것이 기대되기 때문에, 중심 청자에게 한 자신의 발화를 쉽게 부인하거나 청자 동의 없이 번복하는 것은 인정되기 어렵다. 반면에 주변 청자 역시 화자가 신경을 쓰기는 하지만 중심 청자보다는 덜 책임을 느끼며, 구경꾼은 그가 듣던 말던 그에게 들으라고 한 말이 아닌 관계로 별로 책임을 느끼지 않게 되고, 마지막으로 도청자는 도청 자체가 불법적인 행위이기 때문에 화자는 자신의 발화 내용과 무관하게 그런 종류의 청자에게는 아무런 책임을 느끼지 않는다. 다만 이런 청자 역할의 분류는 대화의 여러 유형들 중에 가장 고전적인 면대면 대화의 경우에 해당하고 인터넷이나 SNS에서 일어나는 대화라든지 출판물에서 저자와 독자 사이의 대화에서는 적용되기 어렵다.

명예훼손 갈등의 직접 당사자는 아니지만 그런 발화를 듣거나 읽는 제3자로서 목격자는 그 메시지를 만들거나 전파한 송신자의 공격 대상인 피해자가 아니라 청자/독자인 동시에 그런 행위를 목격하는 사람들이다. 이들은 가해자와 직접 이해 관계에 있지는 않지만 가해자는 자신의 주장에 힘을 싣기 위해 종종 목격자들의 동의와 지지를 구하기도 한다. 가해자의 입장에서 목격자는 잠재적인 우군이 될 수도 있기 때문에 이들을 설득하려는 노력을 기울이기도 한다. 반대로 피해자의 입장에서는 가해자의 주장에 방어를 하는 동시에 목격자는 마치 자동차 사고의 목격자처럼 중요한 증인 역할을 할 수도 있는데 가능할 경우 피해자는 목격자에게 해명을 하여 자신의 우군으로 포섭하려고 한다. 이런 방식으로 당초 가해자와 피해자 사이의 갈등이 제3자인 목격자를 지지 세력으로 포섭하는 여론의 확산전으로 비화되기도 한다. 제3자인 목격자는 가해자나 피해자 중에서 중립을 지킬 수도 있고 이 중 어느 한 쪽을 지지하거나 반대하는 등의 반응을 보일 수도 있는데 후자의 경우 법적인 책임에 휘말릴 수도 있다.

최근에는 인터넷이나 SNS에서 특정 게시글에 대해 제3자인 네티즌들이 댓글을 올렸다가 같이 피소되는 사례도 늘어나고 있다. 예를 들어 2008년에는 "언론소비자주권 국민캠페인"이 특정 언론사의 광고 중단 운동에 댓글을 올린 사람들 중 과도하게 "악의적"이라고 판단되는 댓글을 올린 사람들도 형사 피소되는 일이 있었고 연예인들 루머에 이른바 악성 댓글을 올린 사람들 역시 벌금형 등의 처벌을 받는 사례가 늘고 있다. 특히 최근에는 더불어민주당의 추미애 전 대표가 인터넷에서 문재인 전 대통령에 대해 명예훼손이나 모욕성 글을 올린 장본인뿐 아니라 이에 동조하여 욕설과 비난을 퍼부은 일부 네티즌들도 처벌해야 한다고 주장하여 문제가 되기도 했는데 더 나아가 그런 인터넷 공간을 제공한 포털 사이트까지도 책임을 져야 한다고 주장해서 물의를 일으켰다. 추 전 대표의 말에 의하면 "익명의 그늘에 숨어 대통령을 '재앙'으로 부르고 지지자를 농락하고 있는데 이를 묵인하고 방조하는 포털 사이트도 공범"이라고 비판하고 "네이버에 욕설 댓글이 청소년은 물론 초등학생한테까지도 무방비 노출됐다"면서 "네이버는 아무 조치를 취하지 않고 있는데 묵인과 방조도 공범이다. 사회를 좀먹는 악성 댓글에 대한 조치를 촉구한다"고 강조하여 형사 책임의 범위가 확대되어야 한다고 주장했다.

지금까지 살펴본 가해자와 피해자, 목격자의 상호 관계를 표로 정리하면 다음과 같다.

표-13. 명예훼손 발화 관련자의 상호 관계

	가해자	피해자	목격자
가해자		공격	설득에 의한 포섭
피해자	방어		해명에 의한 포섭
목격자	반응/무반응	반응/무반응	

고전적인 의사소통 모델에서는 메시지의 송신자와 수신자는 그들이 공유하고 있다고 믿는 공통적인 배경하에 고정된 역할을 독립적으로 분담하여 메시지를 입력하고 해독하는 과정을 통해 소통이 이루어진다고 보았다. 이런 견해를 Schober and Clark(1989)는 대화의 '자립적 견해(autonomous view)'라고 부른다. 이에 반해 의사소통에서 송신자와 수신자는 자신들에게 주어진 여러 가능한 자원들을 총동원하여 부단히 상호 작용하면서 대화가 이루어진다는 견해를 '합작적 견해(collaborative view)'라고 부른다. 이제까지 본 '가해자-피해자-목격자'의 삼각 구도와 이들의 역할을 고려해 볼 때 명예훼손은 대화의 합작 중에서도 상대방을 제압하기 위한 계산적 합작에 해당하는 특별한 종류의 의사소통 행위라고 볼 수 있다. 그런 점에서 명예훼손은 아니지만 노무현 대통령 재직 당시 있었던 검사와의 대화 행사의 담화 구조를 면밀히 살펴 볼 필요가 있다. 당시 노 대통령은 집권 초기 검찰 개혁을 시도하면서 평검사들에게 검찰 개혁의 불가피성과 강금실 법무부 장관의 제청을 통한 검사 인사권의 행사를 설득하고 동의해 주기를 바라는 의도에서 대화에 임한 반면, 평감사들은 자신들이 검찰 개혁에 저항하는 반개혁적 집단으로 몰리는 것을 해명하고 법무부 장관이 아닌 검찰총장의 인사제청권을 대통령이 받아들이고 더 나아가 검사 인사에서 청와대의 간섭 배제의 논리를 개진하기 위해 대통령과의 TV로 생중계된 대화 테이블에 앉았다. 따라서 대통령과 평검사들은 처음부터 대화의 목적이 상충하는 대화 참여자로 대화를 시작하였고 그런 대립각은 대화가 끝날 때까지 팽팽하게 유지되었다. 이때 대통령과 평검사들은 겉으로 보기에는 서로에게 말을 주고받으면서 화청자의 대화 참여자 역할만을 수행하는 것처럼 보였지만 실제로 이들의 계산에는 자기들의 대화를 실시간으로 시청하고 있는 제3자로서 국민들의 마음을 얻기 위해 부단히 노력하는 모습을 보였다. 즉 이들의 대화는 대통령이나 평검사들에게 자신의 의견을 알리는 과제(task) 외에도 자신들의 대화를 보고 있는 국민들을 설득하는 또 다른 부과제(subtask)도 수행하고 있었다고 보아야 한다.

이와 유사하게 명예훼손 역시 종종 '다중 과제 대화(multi-tasking conversation)'의 성격을 띠게 된다. 이성범(2004)에서 지적하듯이 다중 과제 대화란 하나의 주과제와 하나 또는 그 이상의 부과제로 이루어지는 대화로 주과제는 화자가 형식상 자기의 말을 듣는 중심 청자에게 어떤 종류의 메시지이든 발화를 하는 행위를 말하며, 부과제는 중심 청자는 아니지만 화자가 염두에 두고 있는 또 다른 종류의 청자에게 주과제와는 다른 종류의 발화 수반 행위를 하는 것이다. 주과제가 일어나는 맥락을 직접 대화 맥락이라고 한다면 부과제는 간접 대화 맥락이라고 할 수 있다. 예를 들어 유명 연예인이 페이스북이나 트위터에서 누군가를 비난하는 글을 올렸을 때 그 연예인을 지지하는 팬들은 앞을 다투어 덧글을 올리면서 동조하는 것을 쉽게 볼 수 있다. 이때 원래의 비난 글을 올린 연예인은 그 대상이 되는 사람을 상대로 비난 화행을 한 것으로서 이 화행이 그 발화의 주과제이지만 여기에

멈추는 것이 아니라 제3자라고 할 수 있는 팬들을 상대로 자신의 입장을 설명하고 지지해 주기를 바라는 포섭 행위로서 부과제를 수행하고 있는 것으로 볼 수 있다. 박아란(2015)에 의하면 최근 인터넷이나 SNS에서의 논쟁이 일반 대화에서는 볼 수 없을 정도로 격한 양상을 띠고 있는데 그 원인 중 하나로는 비면대면적 다중 과제 대화로서 명예훼손 논쟁에서 주과제 뿐 아니라 부과제가 격화되는 것이 한 그 요인으로 생각된다.

명예훼손의 다중 과제성과 관련된 또 다른 고려 사항은 통신 기술의 발달로 인한 정보 공유와 전파력의 범위가 엄청나게 확대되고 있다는 점이다. 일반적인 면대면 대화는 고전적인 손 편지나 유선 전화처럼 한 사람의 수신자에게 한 사람의 송신자가 메시지를 보내는 이른바 '단일 수신자 송신(unicast, 單報)'에 해당하지만, 요즘은 카카오나 인스타그램 등처럼 자신과 연결된 선택된 특정 다수에게 메시지를 보내는 '특정 다수 수신자 송신(multicast, 衆報)'와 일반 공중파 TV나 라디오, 도로 광고판처럼 불특정 다수에게 메시지를 보내는 '불특정 다수 수신자 송신(broadcast, 廣報)'의 방식들이 널리 활용되면서 이 방식으로 명예훼손과 같은 선동적이고 갈등 조장적인 메시지가 빠른 시간에 아주 많은 사람들에게 널리 퍼질 수 있는 여건이 성립되었다. 그 결과 가해자와 피해자는 물론이거니와 제3자인 목격자까지 담화에 참여하여 열띤 공방을 벌이는 이른바 '인터넷 배틀'이 가능해졌는데 특히 남을 헐뜯고 비방하며 상호 이해나 양보가 없이 소위 '디스'로 일관하는 자극적인 대화가 증가하고 있기 때문에 사회적인 문제가 되고 있다. 따라서 통신 기술의 발달에 따른 명예훼손 행위의 반사회적 문제를 해소할 수 있는 법적, 제도적 장치와 사회 문화적 역량의 구축이 시급하다. 그런 노력의 일환으로 인터넷과 이동 통신의 강국으로 자부하는 대한민국은 온라인상의 명예훼손을 오프라인에서의 명예훼손과 구별하여 정보통신망법이라는 별도의 법으로 다루고 있다. 정보통신망법 제70조에 보면 사람을 비방할 목적으로 정보 통신망에 공공연하게 사실 또는 허위 사실을 적시해 명예를 훼손할 경우 3년 이하의 징역이나 3천만 원의 벌금 또는 7년 이하의 징역이나 5천만 원 이하의 벌금에 처하는 것으로 되어 있는데 이는 온라인상의 명예훼손을 오프라인에서의 명예훼손에 비해 훨씬 더 무거운 범죄로 인정하는 것이다.

2.5. 비대칭적 소통: 갑과 을

명예훼손은 보통 사회적으로 널리 알려진 공인으로서 정치인이나 공직자, 인기가 많은 유명 연예인, 운동 선수, 종교인, 평론가 등을 헐뜯는 경우가 많다. 무명의 일반인에 대해 다른 무명인이 비난을 하는 것은 보통 무고죄는 될 수 있어도 명예훼손이라고 하지는 않는다. 즉 사회적으로 지켜줄 가치가 있고 다중의 사람들이 관심을 갖는 경우에만 명예훼손이 성립하기 때문에 많은 경우 명예훼손성 발화 행위는 소위 "있는 사람"에 대해 "없는 사람"이 공격하는 비대칭적 관계에서 일어난다. 특히 명예훼손과 밀접한 관련이 있는 현상으로 이른바 '갑과 을 사이의 대화'를 들 수 있다. 현재 한국은 흔히 '갑(甲)'과 '을(乙)'이라 불리는, 사회적 지위나 권한, 전문성 등에서 비대칭적이거나 불평등한 관계에 있는 사람들 사이에서의 갈등적, 대립적 언어 행위들이 사회적 문제가 되고 있다.

'갑을 관계'에서의 의사소통은 갈등과 대립의 언어 행위를 가장 극명하게 보여주는 사례이다. '갑'과 '을'이란 원래 각종 계약서상에 이익 제공자나 권리 제공자와 같이 상대적으로 주도적 위치에 있는 계약 당사자를 '갑'으로 칭하고, 그에 비해 상대적으로 종속적 위치에 있는 계약 당사자를 '을'로 칭한 데서 비롯된 것으로서, 비록 아직까지 학술적으로 널리 통용되는 정의는 없다. 그러나 우리는 일단 '갑의 언어'란 사회적으로 우월한 지위나 권한, 자격 등을 소유한 개인이나 집단인 '갑'이 자신의 이익을 실현하거나 자기의 의도를 관철하기 위해 의사소통의 상대방으로 하여금 무력감이나 굴욕감을 느낄 정도로 위압적이고 강제적인 표현을 구사하는 것으로 정의한다. 반면에 의사소통에서 상대적으로 열등한 지위에 있거나 권한 및 전문성이 없는 개인 또는 집단인 '을'은 자기보다 우월한 '갑'의 존재를 무시할 수 없는 상황에서 때로는 그의 비위를 맞추기 위해 지나칠 정도로 순종적이거나 위축된 표현을 사용하기도 하며, 또 반대로 때로는 자신의 주장을 관철하기 위해 '갑'과의 의사소통에서 일반적인 의사소통에서는 보기 어려운 자극적이고 폭력적인 표현을 사용하기도 하는데 이렇게 상반된 두 가지 경우를 총칭하여 '을의 언어'라고 할 수 있다. 일례로 한때 사회적으로 큰 반향을 불러일으킨 다음 대화를 보자(유투브 동영상 내용을 받아 적은 것임).

영업 사원: 진짜로 받아요.
대리점주: 상황이…
영업 사원: 죽기 싫으면 받아요.
대리점주: 자리도 없고…
영업 사원: 죽기 싫으면 받으라고요. 끊어 빨리. 받아… 다 해줬으니까. 받아. 물건 못 들어간다 이 따위 소리 하지 말고.. 잔인하게 해 줄테니까… 알아서 해
대리점주: ㅇㅇ이나 xx한테 전화해 봤더니 그쪽도 창고가 꽉 차 가지고… 그러니까 이걸 어떻게…
영업 사원: 창고 늘리라고 한 지가 벌써 2년이야 2년. 당신이 책임져. 물건 받아… ㅇㅇ에 한번만 더 맡긴다고 이런 얘기하면 죽여버릴거야… ㅇㅇ한테 얘기해서 앞으로 받아주지 말라고 그랬어. 알아서 쓰고 이야기하세요 물건 받으세요. 지사 힘들게 하지 말고
대리점주: 잠깐만. 나더러 시키기에는 대리점에 넘기라고 그러면서 지금 와서는 저기… 넘길 생각을 하고 있는 그걸 갖고 지금 와서 저장고를 증설하라고 하면…
영업 사원: 씨발 빨리 넘기던가. 아 넘기지도 못하면서 씨… [중략] 당신 나한테 핑계 대지 마. 핑계댈 이유가 있어? 핑계댈 만큼 했어?
대리점주: 그럼 안 한 게 뭐가 있어? 저번 달도 그렇게 받았고. 어? 이번 달에도
영업 사원: 내가 해 준 거지. 씨발 그게 당신이 노력해서 된 거야? 그것도?
대리점주: 어떻게 됐건 간에 오바된 건… 오바됐잖아 내 목표보다 더 오바됐잖아…
영업 사원: 당신 목표가 뭔데, 작년 ㅇㅇㅇ 2700만 원이야. 씨발. 당신이 한 게 뭐 있어? 그냥 받아. 죽기 싫으면 받으라고 잔인하게 해 줄게… 핸드폰 꺼져 있거나 또 그러면 앞으로 알아서 하십쇼. 받아요.
대리점주: 받을 상황이 아니니까 지금 그러는 거 아니야 내가 지금…

영업 사원: 버리던가 버려 그럼.
대리점주: 무슨 말을 그렇게 해. 제품을 버리다니? 나보고 망하라는거야?
영업 사원: 버리라구요. 망해, 망해 그러면 망하라구요. 망해. 이 씨발놈아... 더 이상
...망하라구.
대리점주: 그게 영업 관리 소장으로서 할 말이야? 그게?
영업 사원: 당신은 그럼 이 씨발놈아, 대리점장으로서 그게 할 얘기냐? 이 개새끼야. 씨발, 당신이 이제 와서 한 게 뭐가 있어? 한 게 뭐 있나구요? OOO사장님 씨발놈아. 뭐하셨어요? 엥? 당신 얼굴 보면 아주! 나 죽여버릴 거 같으니까.
대리점주: 뭐라구요?
영업 사원: 그렇게 대우받게 하잖아. 병신아 니가. 자신 있으면 OO 들어오던가 이 개새끼야. 나랑 맞짱뜨게... 병신 같은 새끼야 받으라고 씨발놈아.

[이하 생략]

    이 대화는 당시 남양유업 본사 사원(34세)과 대리점주(56세)와의 대화 내용을 녹취한 것으로 대기업 '갑'과 대리점 '을'의 언어 행위가 분명하게 드러나고 있다. '갑'은 비록 '을'보다 나이가 적음도 불구하고 처음에는 "-요"라는 어미를 사용하여 경어체를 구사하는가 싶더니 이내 "-요"를 생략한 반말을 버젓이 구사하고 급기야는 욕설까지 서슴지 않고 있다. 뿐만 아니라 대리점주의 능력을 거론함으로써 그의 인격을 저해하는 일을 자행하고 있다. 이 대화는 원래 대리점주와 대기업 영업 사원 둘 사이에서만 일어났기 때문에 공연성을 결여하고 있어서 명예훼손의 범죄 구성 요건을 충족시키지 못하고 있었다. 그런데 이 대화가 어떤 경로를 통해서인지는 몰라도 2013년 5월 초부터 인터넷 유투브 등을 통해 빠르게 확산되면서 유투브 댓글에는

이 내용을 본 사람들의 공분이 쌓여갔다. 따라서 처음에는 대리점주와 대기업 영업 사원 간의 대화에서 뒤늦게 네티즌이라는 제3자 목격자가 참여하여 명예훼손의 요건이 충족되었다고 볼 수 있다. 그 결과 해당 대기업은 회장 명의로 사과문을 발표하고 대리점주를 모욕하고 더 나아가 명예를 훼손한 것에 대해 사과하였다.

문제는 이런 류의 극단적인 대화가 일부 고압적이고 무례한 본사 직원과 무능한 대리점주 사이의 극히 예외적인 현상이 아니라 마치 부비트랩처럼 손만 대면 폭발할 것같이 극도로 자기 이익에 민감한 우리 사회에 만연한 '갑'과 '을'의 의사소통의 한 단면이라는 점이다. 어떤 점에서 보면 모든 사람은 맥락에 따라 어떤 경우에는 '갑'도 될 수 있고, 또 다른 맥락에서는 '을'도 될 수 있다. 폭언을 남발한 본사 영업 직원 역시 자신의 회사 상사들에게는 '을'일 수밖에 없고 그런 영업 실적에 대한 부담감 때문에 다른 맥락이라면 상상도 할 수 없을 언어 표현을 구사한 것으로 볼 수 있다. 즉 '갑을 대화'는 개인적 문제라기보다는 사회 구조적 문제라는 점이다. 이 사건 후에도 사회적 통제를 벗어난 '갑'은 여전히 '을'의 명예와 인격권을 침해하면서 '갑질'을 멈추지 않고 횡포를 부리고 있으며 '을'은 체념하고 받아들일 것인지 아니면 반발하고 대들 것인지의 극단적인 선택 사이에서 고민하고 있다. 남양유업 사례는 대화가 공개되는 바람에 사회적 반향과 문제의식을 불러일으켰고 '을'의 명예가 부분적으로나마 회복되기는 했다. 그럼에도 불구하고 이와 유사한 사례들은 오늘도 우리 사회 도처에서 알게 모르게 일어나고 있다는 점에서 이런 사회적 의사소통의 양상을 면밀하게 분석하고 갈등과 대립의 언어 행위를 현명하게 해소할 수 있는 방안을 모든 관련자들이 머리를 맞대고 논의하여 사회적 합의를 도출하는 것이 시급한 과제이다.

그런 사회적 노력의 일환으로 앞서 본 남양유업 사태를 계기로 '갑'과 '을'이라는 용어 자체를 없애려는 움직임이 있었다는 것은 주목할 만하다. 즉 2013년 6월 임시 국회에서는 고용노동부의 발의로 '갑을관계' 개선을 위한 계약서상의 명칭 변경을 골자로 한 입법안이 논의되기도 하였으나 '갑'과 '을'의 문제는 단순히 명칭 변경으로 해결될 문제는 아니라는 것은 명약관화하다. 대신 이에 대한 근본적인 비대칭적 의사소통의 원리와 갈등과 대립의 언어 행위의 구조와 기능 및 대화 참여자들의 인식과 지각을 면밀하게 고찰해야 하며 큰 틀에서 사회적 합의를 이룰 수 있는 대화의 원칙과 모델을 제시하는 것이 중요하다.

2.6. 전략적 의사소통

치열한 생존 본능과 첨예한 이해관계가 대립하는 이른바 정글의 법칙이 지배하는 명예훼손이나 모욕, 무고와 같은 비그라이스적 대화 맥락에서는 Grice의 협조의 원리보다는 전략적 의사소통을 위한 원리들이 우선적으로 적용된다. 이런 전략적 격률들은 '갑의 언어'와 '을의 언어'에서 반어법(irony)이나 비꼼(sarcasm), 사회적 금기어(social taboo), 욕(swear words) 등이 절제되지 않고 남용되는 것이나 사실이 아닌 진술이 버젓이 횡행하는 허위적 어법을 설명하는 데 제한적이나마 일정한 역할을 할 수 있다. 그러나 Grice의 격률을 확대, 수정한 전략적 의사소통의 원리로써 '갑을 관계' 발화를 접근하는 것은 비대칭적 의사소통이 갖고 있는 결정적 특징인 '힘(power)'의 관계를 제대로 포착하지 못한다는 점에서 한계가 있다. 명예훼손은 누구나 아무에게 자유롭게 할 수 있는 것은 아니며 대화 참여자들 사이에서 '힘'의 역학 관계가 그때의 특정 사건이나 상황 전개와 맞아 떨어질 때에만 가능하다.

'갑'과 '을'의 개념을 서양에서는 '힘이 있는 자'와 '힘이 없는 자'의 개념으로 인식하는 경향이 있다. 예를 들어 Erikson(1978)은 언어 사용을 '힘이 있는 스타일'과 '힘이 없는 스타일'로 구별하면서 이런 구별이 그 스타일로 말하는 사람들 사이의 상호 관계에 결정적인 영향을 미치게 된다고 주장한다. 또한 Goodwin, Operario and Fiske(1998: 679)는 '파워'를 사회적 의사소통에서 가장 중요한 변인으로 고려하면서 '파워'란 어떤 결과를 통제하기 위해 개인이나 단체에 불균형적으로 행사되는 능력으로 정의하고 있다. 그런데 이런 전통적인 개념의 파워 외에도 Peiró and Meliá(2003: 52)는 '파워'를 정당성, 보상과 강압성, 계급 관련성, 비대칭성의 특징을 갖는 '정형적인 파워(formal interpersonal power)'와 준거성, 전문성, 상호성이라는 특징을 갖는 '비정형적인 파워(informal interpersonal power)'로 나눌 것을 제안하고 있는데 대화에서의 파워는 정형적 파워 외에도 비정형적인 파워가 대화의 형성과 흐름을 좌우할 수 있는 중요한 변수로 작용할 수 있다. '파워'는 어떤 개체가 고정불변으로 갖고 있는 것이 아니며 대화의 흐름에서 타협되거나 변화할 수 있는 것이다.

예를 들어 아이를 못 낳는 며느리를 꾸짖는 시어머니는 그런 상황에서는 며느리에 대해 우월한 파워를 갖는 '갑'의 존재이지만 그 밖의 다른 상황에서는 오히려 '을'로 전락할 수 있는 가능성을 갖는다. '갑'과 '을'의 역할은 권한이나 힘의 유무 또는 다과만으로 결정되는 것이 아니다. 예를 들어 새로운 전자 기기에 어두운 부모는 이를 잘 아는 자식들과의 대화에서 어느 새 '을'의 입장이 될 수 있다. 이처럼 지식과 정보의 소유자와 그렇지 못한 경우는 피상적인 위계질서에서 부여되는 대화 참여자 역할을 서로 바꿀 수 있다. 결론적으로 파워는 물론 '갑의 언어'와 '을의 언어'를 연구하는 데 필수적인 요소이지만, 이것이 모든 것을 설명하지는 못한다.

의사소통의 유형을 결정하는 요소로 대화 참여자들의 상대적 파워 외에도 중요한 것은 대화의 목적과 대화 참여자의 상호 역할 인식이다. 이런 시각에서 Leech(1983)는 발화 수반적 목표와 사회적 목표의 두 가지 차원에서 언어 행위를 4가지 유형으로 구분한다.

1. 경쟁적(competitive) 언어 행위
2. 우호적(convivial) 언어 행위
3. 합작적(collaborative) 언어 행위
4. 갈등적(conflictive) 언어 행위

우선 경쟁적 언어 행위란 화자의 발화 수반적 목표(illocutionary goal, 줄여서 IG)가 사회적 목표(social goal, 줄여서 SG)와 경쟁 관계에 있는 경우로 명령하기나 요구하기, 간청하기가 이에 해당된다. 반면에 축하하기나 제공하기, 인사하기, 감사하기 등의 우호적 언어 행위의 발화 수반적 목표는 사회적 목표와 일치하는 것이고 합작적 언어 행위는 말하기나 보고하기, 발표하기처럼 발화 수반적 목표가 사회적 목표와 무관하며, 마지막으로 갈등적 언어 행위는 협박하기나 비난하기, 저주하기, 꾸중하기처럼 발화 수반적 목표가 사회적 목표와 갈등 관계에 있는 경우이다. 이러한 Leech의 언어 행위 유형 분류는 다소 모호한 면이 없지 않은데, 특히 경쟁적 언어 행위와 갈등적 언어 행위의 구별이 그러하다. 경쟁적 언어 행위는 화자가 자신의 개인적인 발화에 수반되는 목표인 IG를 달성하기 위해서는 청자가 생각하거나 화청자가 공유한다고 믿는 공동의 장(common ground)을 확인해야 할 필요가 있는 언어 행위이다. 이런 경쟁적 언어 행위의 IG는 그 발화와 관련된 사회적 목표, 즉 SG와 반드시 배치하지는 않지만 IG를 달성하기 위해 SG에 대한 고려가 필수적이며 SG를 무시한 언어 행위는

IG를 얻는 데 장애가 될 수 있는 경우이다. 예를 들어 명령하거나 요청하기는 Brown & Levinson의 이론에 따르면 청자의 소극적 체면을 위협하는 행위이지만 그럼에도 불구하고 사회 생활에서 이런 체면 위협적 행위를 하는 것이 불가피할 때가 많은데 그럴 경우 화자가 자신이 원하는 목표를 달성하기 위해서는 청자와의 관계를 잘 살피고 그에 맞는 방식으로 적절하게 발화를 구성해야 할 필요가 있다. 이 과정이 생략되거나 SG를 망각한 발화는 화자의 IG도 위태롭게 할 수 있다.

반면에 갈등적 언어 행위는 단순히 소극적 체면을 위협하는 행위가 아니라 근본적으로 부정적인 의도를 지닌 화행으로서 그 발화를 통해 화자는 필연적으로 청자나 제3자와 대립적, 갈등적 관계에 들어가는 것을 각오해야 한다. 즉 화자가 원하는 IG를 고집하면 사회적 공생으로서의 SG는 포기해야 하는 모순적 대립 관계를 만드는 화행이 갈등적 언어 행위라고 할 수 있는데 이런 유형의 화행은 그라이스의 협조의 원리와 격률이 적용될 수 없는 유형으로서 우리가 관심을 두는 명예훼손 행위나 모욕 행위도 이런 갈등적 언어 행위의 하나라고 볼 수 있다.

갈등적 언어 행위에 속하는 명예훼손 행위에서 화자가 '잘은 모르겠지만'이라든지 '들리는 바에 의하면'과 같은 울타리 표현이나 '(뭐) 그냥', '혹시(라도)', '아마' 등과 같은 약화사(downtoner)나 '약간', '살짝', '조금' 등과 같은 축소사(understater)를 사용하는 것은 명예훼손이라는 화자의 발화수반적 의도를 약하게 희석시켜 갈등적 언어 행위가 아니라 일종의 보고하기(reporting)와 같은 합작적 행위처럼 보이도록, 즉 자신의 발화 수반적 목표가 사회적 목표와 무관한 것처럼 보이게 하기 위한 것이다. 그러나 중요한 점은 명예훼손의 화자가 이런 발화 수반적 의도를 완화시키는 표현을 썼다고 하더라도 여전히 그의 의도는 피해자를 비난하는 데 있기 때문에 그런 의도를 가지고 있는 한 그의 책임이 경감될 수는 없다는 점이며 이는 실제 법원에서의 판결과 형량 책정에도 중요하게 고려되어야 하는 명예훼손을 재단하는 핵심은 겉으로 드러난 발화 행위(locutionary act) 자체가 아니라 그 속에 내포된 발화 수반 행위(illocutionary act)이다.

'갑을 관계'에서 '갑'은 '파워'라든지 지위, 전문성, 지식의 범위, 학벌, 재산, 신체적 요건 등의 다양한 요소에 의해 일정 맥락이나 상황에서 우월한 입장에서 의사소통에 임할 수 있는 존재라고 할 수 있다. 흔히 '갑의 횡포'라고 부르는 것은 Culpeper(1996: 357f.)가 열거하는 다음과 같은 무례한 의사소통의 표현 방식을 모두 포함한다.

1) ignore, snub the other:
   대화 상대방의 존재 자체를 무시하거나 대응하지 않는 것
2) dissociate from the other:
   대화 상대방과 엮이거나 연결되지 않으려고 노력하는 것, 상호 거리감을 강조하는 것

3) use inappropriate identity markers:

부적절한 호칭이나 이름을 사용하거나 상대방이 원하지 않는 용어를 사용하는 것

4) use obscure or secretive language:

알아듣기 힘든 애매한 표현을 사용하거나 자신만의 비밀스런 말을 사용하는 것

5) use taboo words:

사회적으로 금기시되는 말이나 욕과 같은 수치심을 불러일으키는 말을 사용하는 것

6) frighten:

상대방으로 하여금 겁을 먹게 하는 것

7) condescend, scorn or ridicule:

잘난 척하거나 상대방의 약점을 조롱하거나 경멸적으로 말하는 것

8) invade the other's space:

대화 상대방의 영역이라고 생각되는 것을 거리낌없이 침해하는 것

이런 '갑의 언어'적 특성은 앞에서 본 남양유업 본사 직원의 말에서 여실히 드러난다. 예를 들어 "죽기 싫으면 받으라고요"라든지 "잔인하게 해 줄테니까"라는 발화는 상대방으로 하여금 원치 않는 물품을 억지로 떠맡도록 강요하는 협박성 발화이며, "끊어 빨리…"라는 말은 상대방에게 정당한 발언 기회조차 주지 않겠다는 뜻으로서 상대방의 존재를 무시하는 발화라고 볼 수 있다. 또한 "이 따위 소리"와 같은 반

말을 내뱉음으로써 상대방의 체면을 깎아내리고 수치심을 불러일으키게 한다. 한국 사회에서 연장자에 대한 최소한의 예의로 과거에는 반드시 지켜야 한다고 생각되던 존댓말도 종종 무시되고 있는데 이런 맥락에서는 충분히 가능하다는 점에 주목해야 한다.

2.7. 다문화 맥락에서의 대화

현재 한국에서 갈등을 초래하는 '갑을 대화'가 빈번한 경우로 다문화 맥락에서의 대화를 들 수 있다. '다문화 맥락'이란 1차적 문화의 배경이 상이한 화자나 청자, 또는 제3자들이 참여하여 의사소통이 일어나는 사회 문화적 맥락을 말한다. 이런 맥락은 앞서 보았듯이 Grice(1975)의 "협조의 원리(Cooperative Principle)"가 일반적으로 준수되는 단일 문화 맥락에 비해 대화 참여자들 사이의 공유된 가정이나 믿음, 가치가 덜하고, 그런 상호 이질감은 종종 단순한 의사소통의 장애를 넘어 서로에 대한 배타적 태도로 비화하기 쉽다. 또한 다문화 맥락에서는 주류 세력과 소수 세력 사이의 언어적 표현의 유창성 등에서 차이가 존재하기 때문에 오해와 멸시 및 차별의 소지가 늘 존재한다. 그 결과 동일 문화에 속한 사람들 사이에서의 대화에서는 보기 어려운 모욕적이거나 명예훼손적인 표현 등 공격적인 발화를 쉽게 볼 수 있다. 이런 상황은 단순히 언어적 의사소통의 문제로만 그치는 것이 아니라 사회 통합적인 문제로 연결되기 때문에 적절한 대처가 요구된다. 명예훼손을 포함한 공격적 발화란 의사소통에 참여하는 개인이나 특정 집단의 명예를 훼손하는 발화로서 다음 사항들을 포함한다:

  1) 성차별적 발언
  2) 성소수자 비난 발언
  3) 장애인 차별 발언
  4) 종교 모독 발언
  5) 지역 감정 발언
  6) 특정 직업 폄하 발언
  7) 인종 비하 발언
  8) 이주민/귀화민 차별 발언
  9) 외모 비하 발언
  10) 기타 단순 모욕 또는 비방적 언술

위의 사항들은 대한민국의 현행 법체계에서 명예훼손죄나 모욕죄를 구성할 수 있는 것들이다. Fairclough(1993)는 "언어는 자체로서 힘을 갖는 것이 아니라 언어를 사용하는 사람들에 의해 힘을 얻는다"고 했는데 특히 문제가 되는 것은 언어가 힘을 가질 때 언어를 사용하는 사람이나 제도, 문화에 의해 힘의 불균형과 관계의 비대칭 현상이 발생한다는 점이다. 그런 불균형은 사회적으로 용인되기 어려운 부정적 발화를 조장할 수 있는데 이런 현상이 다문화 대화에서 매우 빈번하게 나타난다. 대한민국은 전통적으로 순혈주의의 관점에서 국가 구성원들이 동일한 문화를 공유하는 단일 문화 사회라고 여겨졌으나, 최근 들어 여러 가지 요인에 의해 외국인들의 이주와 귀화가 급격히 늘면서 빠른 속도로 다문화 사회로 변모하고 있다. 이는 수천 년의 역사에서 대다수의 한국인들이 이제껏 경험하지 못한 것이기 때문에 한국에 새로 거주하게 된 외국인들뿐 아니라 이 땅의 주인으로 자처해 온 한국인들에게도 새로운 도전으로 다가오고 있다. 외국인들의 대량 유입 외에도 교통과 통신이 눈부시게 발달하고 인적, 물적 교류가 그 어느 때보다 활발해지면서 고유 문화와 외래 문화가 접촉하게 되는 과정에서 어쩔 수 없이 발생하게 되는 비생산적이고 파괴적인 갈등과 혼란을 방지하고 생산적이고 건설적인 융합과 조화를 모색하는 것이 시대적 과제로 대두되고 있다. 문화적인 갈등은 주로 의사소통에서 발생하며 그 형태는 대개 서로 타 문화에 대한 몰이해나 거부감 또는 내국인/외국인이나 이민자에 대한 이질감이나 배타심 등에서 비롯한 각종 부정적이고 공격적인 발화로 나타난다. 이는 세계화 시대에 문화적 정체성을 재정립하는 과정에서 불가피하게 겪는 과도기적 문제로 덮어버리고 외면할 수 있지만, 다문화 시대의 사회 구성원들 대다수가 동의하는 정확한 목표 설정이 없는 갈등은 국력을 낭비하고 국제적 경쟁력을 떨어뜨릴 수 있는 중대한 문제이기 때문에 상황의 기민한 파악과 적절한 대처가 필요하다.

한국 사회는 현재 유례없는 전환기에 처해 있다. 새로운 밀레니엄의 도래와 더불어 폭발적으로 늘어난 외국인과 외래 문화의 유입은 기존의 패러다임으로는 **해결할 수 없는** 많은 문제들을 제기하고 있다. 법무부 출입국·외국인 **정책본부**의 통계에 따르면 2024년 7월 현재 베트남 253,659명, 한국계중국 241,503명, 네팔 207,817 순으로 총 142만 명을 넘는 체류 외국인이 있는데 이는 불과 25년 전인 1999년 말에 비해 약 3.5배 이상 증가한 것이라고 한다. 또한 이와는 별도로 내국인과 혼인을 통하여 한국에 체류하는 결혼 이민자와 한국 국적을 취득한 혼인 귀화자도 급격히 증가하여 약 25만 명에 달한다고 하며, 이런 숫자에 포함되지 않는 단기 산업연수생이나 유학생, 난민, 단기 체류자들을 모두 합한다면 200만 명도 훨씬 넘는 외국인들이 한국에 거주하고 있다. 이들 중 적지 않은 수는 이른바 3D로 표현되는 산업 현장의 기피 업종에 종사하면서 인력 공백을 메워 주고 있고, 배우자를 구하기 힘든 농어촌 지역에서 세대를 이어가는 중요한 역할을 수행하기도 한다. 뿐만 아니라 최근에는 고학력의 외국인들이 각종 일터에서 새로 중추적 기능을 담당하기도 하면서 자기의 출신 문화와 한국 고유 문화의 가교 역할까지 하는 경우도 있다. 이들은 국제화 시대에 한국 사회의 개방성과 역동성을 높이는 동시에 단일 민족 국가에서 미처 경험하지 못했던 다양한 가치와 삶의 방식을 보여주면서 차츰 한국 사회의 새로운 기층 세력을 형성하고 있다. 반면에 미처 준비되지 않은 상태에서 급격한 외국인들의 유입은 사회

각 분야에서 예기치 않은 마찰과 갈등을 초래할 수 있고 심지어 범죄와 연결될 수 있어서 이들과 원주민들이 원활하게 의사소통하면서 슬기롭게 공존, 공영할 수 있는 방법의 모색이 절실히 요구되고 있다. 특히 새로운 밀레니엄 이후 급증한 다문화 현상은 그 다문화 가정의 2세들이 연령 면에서 중요한 성장기를 맞고 있다. 따라서 이제는 본인들의 인격 형성과 대한민국의 국민으로서의 건전한 정체성을 갖게 하는 것이 절실하게 요구되는 시기로 그러한 차원에서 이들을 포용하고 긍정적인 의사소통을 유지하는 데 무엇이 문제인가를 건전한 토론을 통해 해결하려는 자세가 필요하다.

'갑의 언어'와 '을의 언어'는 한국에만 고유한 현상은 아니다. 다른 나라에서도 유사한 맥락에서 비대칭적 의사소통 현상을 볼 수 있다. 한국과는 달리 처음부터 다양한 이주민들에 의한 다문화 국가로 출범한 미국은 문화적, 인종적 다양성이 사회 갈등의 원인도 되면서 동시에 미국 특유의 발전의 원동력이라는 양면성을 지니고 있다. 원주민을 제외한 이주 백인들의 관점에서 보았을 때 미국은 한국에 비해 비교도 안 될 정도의 짧은 역사를 갖고 있지만 건국 초기부터 다양한 국적과 인종이 공동체를 형성하면서 공존의 방법을 실험해 오면서 많은 시행착오를 거쳐 이제는 어느 정도 성숙 단계의 다문화 사회를 구축하였다고 보인다. 그럼에도 불구하고 미국 사회의 성격이나 정체성을 둘러싸고 여러 비유에 의한 논란이 있는 것도 사실이다. 한편으로는 다양한 문화와 인종의 차이점을 다 녹여버려 하나로 통합하려는 용광로(melting pot)의 개념을 지양하고, 서로 간의 차이점을 인정한 상태에서 상승 효과를 도모하는 샐러드 보울(salad bowl)이나 문화적 모자이크(cultural mosaic)의 방향이 미국 사회가 추구해야 하는 방향으로 인식되기도 한다. 어떤 식으로 묘사하더라도 부인할 수 없는 것은 인종에 관한 한 다수인 백인이 갑의 지위에 있고 소수 민족인 흑인이나 히스패닉, 동양인 등은 여전히 을의 위치에 있어서 이들 사이의 대화는 늘 비대칭적인 대화로 흐르기 쉽다는 것이다. Yale 대학교 법학전문대학원 교수인 Chua(2007)는 미국이 전 세계적으로 초강대국의 지위를 계속 유지하기 위해서는 그에 걸맞는 '문화적 포용력(cultural tolerance)'을 갖추는 것이 선결 과제라고 주장하면서 편협한 애국주의와 보수적 고립주의의 부활을 경계하였다. 그러나 1980년대 후반부터는 미국 사회의 전반적인 보수화 현상에 편승하여 다문화 사회임에도 불구하고 다른 언어와 문화들 사이의 원활한 소통보다는 언어적, 문화적 이질성을 우려하고 단일화를 추구하려는 경향이 두드러지게 되었다. 그 결과 해묵은 인종 간의 문제를 1960-70년대처럼 활발히 공론화하여 고치려는 노력보다는 일종의 고질화된 불치병처럼 방기하거나 주류 세력으로의 통합을 강조하는 쪽으로 나아가고 있는 것도 사실이다. 이런 경향이 가속화하게 된 것은 2001년에 일어난 9·11사건과 이로 인한 특정 종교 및 민족에 대한 증오 범죄(hate crime)의 증가 및 불법 이민에 대한 대처 논쟁 등이 큰 쟁점이 되면서 어느 정도 성숙 단계로 들어갔다고 믿어지는 다문화 사회에 대한 미국인들의 포용력을 시험하고 있다. 증오 범죄의 특징은 대부분의 가해자가 사회적 낙오자들로서 극도로 가난하고 지적 능력이 떨어지며, 교육을 제대로 받지 못한데다 결손 가정에서 자란 이들이 인종, 종교, 성적 정체성 등에 대해 차이점을 인정하지 않고 대신 무차별적인 증오를 드러내고 범죄를 저지른다는 점으로서 이런 잠재적 범죄 집단에 대한 예방적 차원의 의사소통이 중요한 이슈로 떠오르고 있다. 뿐만 아니라 2016년 대선에서 미국의 백인 빈곤층의 절대적 지지에 의해 당선된 트럼프의 배타적이고 심지어 인종 차별적으로 보이는 정책들을 여전히 추종하는 세력의 존재는 앞으로 미국 사회가 나아갈 방향을 예측할 수 없는 불확실성을 키우고 있다. 이 와중에 외국인이나 소수자 등에 대한 혐오 발언은 점점 더 심해질 것으로 보이는데 따라서 오늘날 미국은 한국에서 급속히 진행되고 있는 다문화 의사소통의 이상적인 롤 모델(role model)은 될 수 없지만, 그럼에도 불구하고 그동안 이 부문에서 미국이 겪은 수많은 시행착오와 이를 극복하려는 노력은 제한적으로나마 타산지석이 될 수 있을 것으로 본다.

상호 다른 문화적 배경을 지닌 사람들 사이에서의 커뮤니케이션에서는 대화 참여자들이 공유하고 있는 배경 지식이 많지 않고 자신들이 우선시하는 가치나 규범들이 다를 수 있기 때문에 서로 조화로운 대화보다는 단절적이거나 완전한 이해가 되지 않는 대화가 되기 쉽다. 더 나아가 민족적, 인종적 우월 의식이나 문화적으로 편협한 배타주의 등 타 문화, 타 민족, 타 인종에 대해 갖고 있는 선입관이나 편견 등이 작용하는 의사소통은 종종 바람직하지 않은 공격성 발화를 내포할 경우가 많다.

이상에서 본 비대칭적인 의사소통에서 갈등과 대립의 언어 행위는 Grice의 화용론을 대신해서 Leech나 Brown and Levinson의 공손성 이론과 Culpeper나 Bousfield의 무례 이론으로 어느 정도 설명할 수 있을 것처럼 보인다. 그러나 이런 이론들이 '갑의 언어'를 분석하는 데 유용하지만 '갑의 언어'는 어떤 언어적 표현들이 구사되는지를 관찰하는 것만으로는 그 속성을 완전히 규명할 수 없다. 즉 이들 이론은 사회적 변수라고 할 수 있는 대화 참여자들의 권한과 거리감 등을 공손한/무례한 발화의 형식을 결정하는 핵심적 요인으로 분석하고 있는데 '갑'이 왜 그러한 표현 방식들을 채택했는지에 대한 '갑'의 의도(intention)를 밝히는 것까지 필요하다.

정치적 대화에서와 또 다른 비대칭적 관계를 볼 수 있는 경우가 병원에서 의사와 환자의 대화라고 할 수 있는데 Cole and Bird(2000)의 조사에 따르면 의사는 환자와 초면일 경우나 여러 번 만나서 잘 알고 있는 경우에나 언제나 일정한 거리감을 두는 발화를 하는 것이 일반적으로 나와 있다. 즉 친숙함(familiarity)에 기인한 거리감이란 요소는 별다른 역할을 하지 못한다. 또한 브라운과 레빈슨이나 컬페퍼의 분석에서는 과제의 중요성이나 어려운 정도가 때에 따라 발언의 공손성/무례함을 결정짓는다고 하지만 한국의학교육학회의 2005년 연구에 따르면 한국에서 병원 대화의 경우 의사가 해결해야 할 환자의 병이 얼마나 치료하기 어려운지에 관계없이 의사는 일관되게 환자들에게 고압적인 자세를 취하며, 환자들이 잘 이해할 수 없는 외래어라든지 전문 용어를 별다른 설명 없이 구사하는 경우가 많고, 환자가 알고 싶어 하는 만큼의 정보를 제공하지 않는 것으로 나와 있는데 이 역시 전문성이나 지식에서 우월한 지위에 있는 일부 의사들의 비대칭적 의사소통이라고 할 수 있다.

지금까지 본 '갑의 언어'와 대척 관계에 있는 '을의 언어'는 '갑의 언어'에 비해 보다 복잡한 양상을 보인다. 즉 '을의 언어'는 한편으로는 종종 비정상적이리만큼 비굴하거나 존대법에 맞지 않는 양상을 보인다. 예를 들어 앞에서 본 남양유업의 대화에서 대리점주는 더 많은 물품을 인수하라고 재촉하는 본사 영업팀의 직원에 대해 단호하게 거부의 의사를 밝히지 못하고 "상황이…"라든지 "자리도 없고…"와 같이 변명하기에 급급하다. 급기야 팀장이 "망해버려라"는 말에 "그게 영업 관리 소장으로서 할 말이야? 그게?"라는 정도의 반발이 그가 한 가장 '강력한' 의사 표현이라고 할 수 있다. 또 다른 예를 들어 물건 판매와 같은 서비스업에 종사하는 점원은 '갑'의 지위를 갖는 고객들에게 지나칠 정도로 공손하거나 어울리지 않는 존칭을 사용하는 경우가 많다. 분명 '사장'도 아닌 사람에게 무턱대고 '사장님'이라고 부르거나 일부 지위를 갖춘 여자들에게만 쓰는 칭호인 '사모님'을 나이 든 여자 고객이라면 누구에게나 사용함으로써 공경의 예의를 표시한다고 하지만 실제 그 말의 가치는 필요 이상으로 인플레이션(inflation)

이 일어나 원래의 액면 가치는 추락하게 된다. '을의 언어'에서는 위에서 예를 든 사람에 관계된 표현뿐 아니라 "고객님, 죄송하지만 이 옷은 품절되셨습니다"라든지 "주문하신 커피 나오셨습니다", "이 제품에는 안티에이징 기능이 포함되셨습니다"와 같이 무생물인 사물까지도 격에 맞지도 않고 불필요한 존칭을 사용하는 경우가 점점 늘어나고 있다. 물론 '을' 자신도 사물에 존칭을 사용하는 것이 한국어 표준 문법에 맞지 않는 것을 알고 있고 다른 맥락에서는 그렇게 말하지 않지만, 고객과의 대화라는 특정 맥락에서 고객이라는 '갑'의 비위를 거스르지 않고 기분을 좋게 하려면 '을'은 어쩔 수 없이 이런 어색한 어법을 사용하여야 하며 '갑' 또한 이를 은근히 즐기는 것이 보편화되고 있다. 2014년 1월의 아시아경제 기사에 의하면 경기도 수원에서 가전제품 대리점을 하는 신현호(37.가명) 씨는 "사물 존댓말을 쓰지 않으면 손님들이 불쾌해하는 경우도 있기 때문에 잘못된 줄 알면서도 쓸 수밖에 없다. '결제 금액 5만 원이십니다'라고 말할 때와 '5만 원입니다'라고 할 때는 미묘한 차이가 있다"고 말했다.

이런 현상은 Locher(2004: 90)가 "과잉 공손(overpoliteness)"이라 부르고 Kienpointner(1997: 257)가 "과장된 공손함(exaggerated politeness)"이라 부르는 것의 생생한 예로서 이는 공손한(polite) 발화라기보다는 부적절한(inappropriate) 발화로 간주될 수 있다. 점원이 자신보다 훨씬 어려 보이는 생면부지의 젊은 여성 고객에게 "언니"라고 부르며 살갑게 접근하는 것은 Brown and Levinson(1987)이 말하는 적극적 공손

함(positive politeness)의 전략을 추구하는 것으로 볼 수 있지만, 그 어법의 목적이 고객과의 동료애(camaraderie)나 연대감(solidarity)을 형성하기 위해서라기보다는 오로지 고객의 비위를 맞추어 돈지갑을 열게 만드는 데 있다는 점에서 단순히 적극적 공손함으로만 분석할 수 없다. Watts(2005) 역시 이처럼 지나치게 공손한 어법은 단순히 "과잉 진술(overstatement)"이 아니라 청자로 하여금 화자의 숨은 의도를 의심케 하는 부적절한 부정적(negative) 발화라고 보고 있는데 이런 발화는 우월한 지위에 있는 사람이 저지르기 쉬운 명예훼손 발화와 거울-이미지(mirror-image) 관계에 있는 열등한 지위에 있는 사람이 저지르는 비정상적 발화로 보아야 한다.

위에서 본 것처럼 자신의 뜻을 완전히 내보이지 못하는 소극적 발화와 필요 이상으로 과장된 아부성 발화가 '을의 언어'에서 흔히 볼 수 있는 특징이지만, 또 한편으로 '을'은 '갑'과의 대화에서 필요 이상으로 공격적이고 자극적이며 선동적인 양상을 보이는 등 상반된 양극단의 모습을 갖는다. 즉 을의 언어는 반드시 비굴하거나 복종적이지만은 않다는 점에 주목해야 한다. 사회의 약자로서 오랜 시간 침묵을 강요받아야 했던 '을'의 언어가 놀랍도록 공격적인 경향을 보일 때도 많은데 회사를 대상으로 한 노동조합의 구호나 게시판 곳곳에 붙여져 있는 대자보의 문구들이 대표적이다. 'ㅇㅇ가 아니면 죽음을', 'XX는 지옥으로', '목숨걸고 규탄한다' 등 투쟁적이고 비장한 말투는 '을'이 처한 처지를 그대로 대변한다. 하지만 소통의 측면에서는 이 역시 문제가 있다는 지적도 나온다. 사회적 약자로서 '을'은 '갑'과의 의사소통에서 자신의 의사를 제대로 표명하지 못하고 항상 억눌려왔다는 피해 의식 때문에 그 반작용으로 쉽게 과격해지고 감정적인 언사들이 튀어 나올 수 있다. 그 결과 점점 더 '갑의 언어'와 '을의 언어'가 수렴해 나가지 못하면서 상호 간의 간격은 더 벌어지게 된다. 이정복(2005)에서는 한국어의 경어법을 힘과 거리의 원리로 분석하고 있는데 이런 분석은 보다 일반적인 일상 대화에서는 매우 유효하지만 명예훼손적 언어 행위라든지 '갑의 언어'와 '을의 언어'라는 독특한 종류의 갈등과 대립의 의사소통에서는 그 이상의 원리가 요구된다. 즉 이 점은 '갑의 언어'와 '을의 언어'를 연구할 때 전통적인 공손 이론에서의 힘이나 거리감만으로는 언어 사용 전략을 충분히 설명할 수 없다는 점을 보여준다. 따라서 이 경우는 개인들끼리의 일반적인 사교적(social) 대화가 아닌, '갑과 을'이라는 사회적으로 부과된 역할에 따른 사회적(societal) 대화로 파악하고 보다 거시적인 차원의 접근이 요구된다. 이런 접근법 중의 하나가 Spencer-Oatey(2000)의 조화 관계(rapport)이론에 의한 발화 분석인데 이에 대해서는 이 책의 4장에서 다루도록 한다.

3.
법적 차원

3. 법적 차원

　명예훼손이라는 중요하지만 까다롭고도 복잡한 문제를 제대로 이해하기 위해서는 언어와 법, 그리고 문화의 세 가지 측면을 고루 이해할 필요가 있다. 이 장에서는 명예훼손의 3대 축 중의 하나인 법적인 측면에 대해 탐구하고자 한다.

　일단 법을 전공하지 않은 대다수의 일반인들은 법에 대해 일종의 경외감을 갖고 있는 경우가 많다. 미국뿐 아니라 한국에서도 법학을 공부한다는 것은 아무나 할 수 없고 소수의 뛰어난 인재들이 어려운 공부를 성공적으로 끝내면 이른바 출세 가도를 누릴 수 있는 특별한 기회를 부여받는 경로로 보는 사람들도 있다. 법이나 사회 규범은 마치 누군가 초인적인 존재들이 평범한 민중들을 다스리기 위해 이해하기 어려운 말과 논리로 짜 놓은 올가미 같은 것으로 생각된다. 이쯤 되면 사람이 법을 만드는 것인지 법이 사람을 만드는 것인지 의심스러울 정도이다. 영국 역사에서 한때 성경은 라틴어를 할 수 있는 소수의 특권층만이 읽을 수 있는 성스러운 문헌이고 라틴어 문해 능력이 없는 일반 민중들은 성서는 사제들을 통해서만 이해할 수 있는 것으로 생각하던 때가 있었다. 라틴어를 배운 지배층은 성서에 접근할 수 있다는 것을 그들만의 지위를 공고히 하는 수단으로 삼았다. 따라서 함부로 라틴어 성경을 영어로 번역하려는 시도는 사회 체제를 전복하려는 것과 동일시될 정도로 위험한 일이었고 실제 Wycliffe 같은 이는 성경을 영어로 번역하였다가 부관참시를 당해 강물에 뿌려지기도 했다. 그 당시 사람들에게 성경은 하나님의 계시이며 진리와 생명의 유일한 근원으로 절대적 권위를 가졌다면, 현대인들에게 법은 성경을 대신하여 우리 삶에서의 옳고 그름을 판단하고 행동과 사상의 정당한 근거를 제공하며 정의를 수호하는 또 다른 절대적 권위를 갖고 있다. 그런 중요한 역할을 하는 법이 일반 대중들로부터 좌절감을 느끼게 하고 외면하게 되는 가장 큰 이유 중의 하나가 법의 언어가 지나치게 어렵고 전문화되었기 때문인데 마치 과거에 라틴어를 배우지 못한 사람이 성서를 읽고 싶어도 못 읽듯이 법을 알고 그에 따라 행동하고 싶어도 법률 용어의 문턱에 걸려 포기하는 경우가 허다하다. 법은 이미 전문가의 조력을 받지 못하면 낭패를 볼 수밖에 없을 정도로 복잡하고 어려운 언어의 유희가 되어 일상적인 언어와는 차원이 다른 또 다른 신성불가침한 코드로 여겨지기도 한다.

그런데 공리주의 철학자인 Bentham은 법에 대한 필요 이상의 물신화를 경계하면서 "법은 (언어) 기호들을 조합해 놓은 것 (Law is an assemblage of signs)"이라고 보았다. 그는 권리라든지 자유와 같은 것들이 통치 체제와는 무관하게 자연적으로 존재한다는 자연법 사상을 부정하였다. 법이 언어 기호들을 조합해 놓은 것이라면 누구의 언어 인지가 문제가 되는데 그에 따르면 법은 "자연법(natural law)"에 뿌리를 둔 것이 아니라 단지 통치자의 의지를 표현하는 명령으로 때에 따라 도덕적으로 문제가 되는 행동을 명령하는 법이나 국민들의 동의를 받지 못하는 법도 그것이 만들어지고 시행된 이상 법이라고 본다. 비슷한 관점에서 1950년대 이탈리아 출신의 법철학자인 Norberto Bobbio는 법은 일종의 언어이고 법학은 메타 언어, 즉 언어에 대한 특수한 언어라고 생각했다(Pintore and Jori 1997, 3).

그러나 성문법은 자연법에 기초를 둔 것이 아닌 통치자들이 사용하는 언어 기호의 조합이라는 Bentham의 생각은 현재 다수 의견은 아닌 것으로 보인다. 경험주의자이자 공리주의자인 벤담의 견해와 다르게 보다 전통적인 견해는 법이 공동체 구성원과 그 조직들을 구속하는 것으로 취급되는 표준(standards)에 의한 공동체의 삶에 대한 체계적인 규제(regulation)라는 생각이다. 성문법 체계의 국가에서는 의회와 같은 입법 기관이 법률을 제정하기 위해 언어를 사용하지만 그 결과물로서의 법률은 단순히 기호를 모아놓은 것은 아니다. 어떤 사람에게 우리 집의 파티에 초대하는 편지를 쓸 때, 그 편지는 물론 기호들의 집합이지만 그 편지가 의도하는 '초대'는 기호들의 집합이 아니라 그 기호들로 이루어진 또 다른 차원의 언어 행위(speech act)이다. John L. Austin의 언어 행위 이론에 따르면 편지를 쓰는 것을 발화 행위(locution)라고 한다면, 편지를 씀으로써 누군가를 초대하는 것은 발화에 수반된 또 다른 행위, 즉 발화 수반 행위(illocution)이다. 즉 편지를 쓴 사람은 단지 편지를 쓰는 것에 그치는 것이 아니라 그것을 통해 상대방을 초대하고자 하는 자신의 의도(illocutionary point)를 전달하는 것이고 그 편지를 본 사람은 그 편지에 들어 있는 단어들의 의미의 합만 이해하는 것이 아니라 그런 맥락에서 편지를 쓴 사람의 의도까지 알게 된다. 심지어 편지에는 '초대한다'는 말, 즉 언어 기호가 명시적으로 들어 있지 않고 대신 '몇 월 몇 일 내 생일 파티에 와 주었으면 좋겠다'라고 간접적으로 말해도 그 편지를 읽은 사람은 아마도 이를 초대의 행위로 인식하는 데 어려움이 없을 것이다. 편지에는 기호의 집합 외에도 편지를 쓴 사람의 의도에 의한 또 다른 언어 행위가 내재해 있는 것이다.

마찬가지로 의회가 언어를 통해 제정한 법률은 법전의 일부로 문서화되지만 그 안에 담긴 언어 표현들의 합에 머무는 것이 아니라 그 언어 표현들의 사용에 귀속되는 법적 효과에 의해 그 존재와 내용이 결정된다. 따라서 법은 언어 자체가 아니라 사람들이 언어를 사용하여 의사소통할 수 있는 행동의 기준이라고 보는 것이 더 타당하다. 그렇다고 해서 언어가 법의 제정과 해석, 집행 등에서 중요하지 않다는 것은 결코 아니다. 입법 기관에서 법률안을 만들 때 아무리 사소하게 보이는 것이라도 한 자 한 자 문구 해석에 심혈을 기울여 축조 심의를 하는 것은 언어가 지닌 상상할 수 없는 잠재력 때문이며 '법은 결국 언어의 놀음'이라는 속언의 현실적 타당성을 입증한다.

성문법 체계의 국가에서는 명예훼손에 관한 법률의 경우 명예훼손성 행위를 중의성이나 애매모호성이 배제된 가장 정제된 언어로써 정의하고 그런 일이 발생할 경우 법적 다툼의 절차를 명시하며 그 결과로 내려질 수 있는 법적 제재나 처벌을 명확한 언어로써 기술한다. 다만 그렇게 하다 보니 일상적인 언어와는 거리가 먼 지나치게 고답적인 언어, 즉 legalese의 사용에 의존하기 때문에 법률 전문가가 아닌 일반 대중의 외면을 받을 수 있다. 법의 보호를 누구보다 필요로 하는 사람들이 사회적 약자들인데 이들은 너무 어려운 법률 용어로 인해 좌절을 느끼고 보이지 않는 차별을 받게 된다.

3.1 법체계와 법 규정

한국에서의 명예훼손에 대한 법적 접근을 알아보고 더 나아가 다른 나라에서 명예훼손 행위를 법적으로 다루는 것을 비교, 검토하기 위해서는 먼저 각 국가의 전체적인 법체계과 사법 관행을 이해하는 것이 필요하다. 오늘날 지구상에는 관점이 다른 법철학에 기반한 상이한 법체계가 존재하는데 그 중 대표적인 것이 영미법과 대륙법이다.

3.1.1 영미법과 대륙법

먼저 영국이나 미국은 보통법이라고 불리는 영미법계의 국가이다. Merryman(2007)에 의하면 보통법이란 문제가 되는 행위의 잘잘못을 가리기 위해서는 결국 이런 행위가 보통 시민의 건전한 상식(common sense)에 부합하는지를 살피는 것이 중요하며 이를 위해서는 먼저 "어떤 사건"이 먼저 존재해야 한다고 본다. 판사나 배심원은 어떤 사건이 생긴 후에야 경험에서 비롯된 상식을 동원할 수 있으며, 새로운 사건이 발생하면 지난번의 상식이 이번에도 통하는 것인지 개별적으로 판단하게 된다.

이와 달리 대륙법의 법철학은 이성(reason)의 활동에 의한 진리의 발견을 중시하기 때문에 개별 사건에 대한 경험적 판단보다는 '이성적 판단에 의한 정의 부합' 여부가 더 중요하므로 판례의 중요성이 영미법계보다 덜한 편이다. 고명식(2000)도 지적하듯이 법정에서의 변론 방향에서도 영미법계에서는 사건의 진행 과정에 대한 상식성과 경험적 보편성을 강조하는 반면, 대륙법계에서는 이론적 해석과 선험적 추론을 전면에 내세운다. 그런데 한국과 일본은 근대법의 도입 과정에서 독일 중심의 대륙법계의 영향을 더 많이 받아서, 법을 일종의 이론적 체계로 보며 이론에 대한 학자들의 다양한 학설들이 대립하는 경향이 있다(이상윤 2009). 따라서 명예훼손과 같은 경우에도 미국과는 달리 판사나 배심원들의 판례보다는 학자들의 법철학적 해석과 이론적 정합성을 우선시할 수밖에 없고, 판례는 학설의 구체적 실현에 그친다고 본다. 즉 영미법적인 접근은 그 시대 대중적 가치관을 기준으로 삼되, 그간 판례들이 대중들의 생각을 보정하여 시대의 정의를 만들어 가는 방식이라면, 대륙법적인 접근은 누적된 법의식을 기준으로 구체적 상황에 대해 법 전문가들이 시대성을 고려해서 시대의 정의를 규정하는 방식이다^(고명식, 2000). 이런 차이는 다음 절에서 보듯 명예훼손에 대한 법조문 체계와 판례 구속성 등의 차이에 반영된다.

3.1.2 한국, 일본, 미국의 법체계

잘 알려진 바와 같이 한국과 일본은 대륙법 체계를 따르고 있는 반면, 미국은 Louisiana와 같은 주를 제외하고는 영미법계에 속한다. 영미법의 본산인 영국은 성문화된 별도의 헌법이 없고 역사적으로 중요한 사례나 조약, 선언 등을 포괄하기 때문에 흔히 영미법은 불문법이라고 규정하지만 2차 세계 대전 이후 영미법 역시 성문화된 법전을 제정하고 있기 때문에 이런 구분은 더 이상 적절하지 않다. 대신 대부분의 법학자들이 동의하는 대륙법계와 영미법계의 가장 큰 차이점은 판례의 선례 구속성을 일반 사건에 공통적으로 인정하느냐^(법원성法源性 긍정), 아니면 개별 사건에 한해서만 인정하느냐^(법원성法源性 부정)의 차이이다^(이상윤 2009, 대법원 2018, 허영 2019). 물론 대륙법계와 영미법계 모두 현대에 들어와서는 성문법이 제1차적 법원(法源)이지만, 2차적으로 판례의 법원성 인정 여부에는 상당한 차이가 있다.

미국은 고전적인 불문율 관습의 영국처럼 판례가 법이 되는 판례법주의(principle of precedent)를 폭넓게 인정하기 때문에 어떤 개별 사건에 대한 법원의 판례가 다른 사건에도 적용된다. 따라서 미국의 명예훼손 사건을 잘 이해하기 위해서는 법조문 외에도 정부에서 발행하는 Official Reports와 일반 출판업자들이 영업용으로 제작하는 Unofficial Reports 및 연방 법원에서 발행하는 Lawyer's Edition과 American Law Reports Annotated 등을 종합적으로 참고해야 한다. 또한 앞서 보았듯이 재판관들과 변호사, 법학자 및 관련 분야 종사자 등으로 구성된 미국법률협회(The American Law Institute)에서는 명예훼손을 포함하여 기존의 재판관이 서술(state)한 중요한 판례를 정기적으로 다시 재서술(restate)하여 일종의 코드화한 규정집이라 할 수 있는 Restatement를 각 분야별로 시리즈로 발행하는데 이 역시 중요한 자료가 된다.

반면에 한국이나 일본에서 법원의 판례는 물론 참고 사항은 될지언정 판례 자체의 법원성은 부정하므로 판례는 원칙적으로 그 해당 사건에만 적용되며, 선례 구속의 원칙이 없다. 물론 대륙법계 국가인 한국이나 일본에서도 판례를 절대 무시하는 것은 아니며 매우 중요한 참고 사항이 되지만 하나의 판례가 이후의 재판에도 원칙적으로 법적 구속력을 가지지는 않는다. 따라서 유사한 사례들이라도 개별적이고 독립적인 심리의 대상으로서 시민들의 법 감정이나 건전한 상식보다 판사의 양심에 따른 법해석이 중요하기 때문에 판결 자체도 예단하기 어렵다. 이 점이 바로 한국뿐 아니라 일본의 명예훼손 사건에서도, 다음 절에서 예를 든 것처럼 가끔씩 일반 대중들뿐 아니라 법률 전문가가 보기에도 수긍하기 어렵고 전례에 비추어 엇갈리는 판결이라고 느끼게 되는 이유가 된다(Kitajima 2012, 하시우치·홋타 2016). 물론 한국에서는 이처럼 판결에 관한 한 무소불위한 사법부를 견제하고 국민의 일반 상식에 어긋나지 않는 판결을 위해 2008년부터 영미법계의 배심원 제도를 모방한 국민 참여 재판 제도를 실시하고 있지만 국민 참여 배심원들의 판결이 재판에 구속력을 갖지 않는다. 또한 판사는 아무리 유사한 사건이라도 선례에 구속되지 않으며, 피고인이 국민 참여 재판을 선택할 수 있고, 재판부가 이런 방식의 재판을 결정할 최종 권한을 갖는데, 피고인의 유불리에 따라 자의적으로 선택되며 재판부 역시 대체로 이 제도를 선택하지 않아 극히 소수의 사건에서만 채택되고 있다는 점에서 아직은 미완의 제도라고 보아야 한다(탁희성·최수형 2011, 김병수 2018).

미국은 영미법계에 속해서 무엇보다 판례가 일차적으로 중요하고 성문화된 법전에는 이차적인 역할만 부여해 왔지만, 최근 들어서는 체계적인 성문화된 법전의 필요성을 인정하고 법 전체를 성문화하려는 움직임도 있는데, The Restatement, UCC(Uniform Commercial Code)가 그 예이다(박용상 2019). 미국은 19세기까지 융통성이 없고 경직된 판례

구속의 원리를 고수하였지만, 20세기에는 법원이 판례를 바꿀 수 있는 자유를 가지게 되었는데 그런 융통성을 가지게 된 이유 중의 하나는 20세기 들어 미국의 사회적, 경제적 변화가 너무나 빠르게 일어나 경직된 판례법주의만으로는 변모하는 시대적 요청에 부응할 수 없다는 점을 들 수 있다 (이우영 2013). 명예훼손이 바로 그런 경우 중의 하나인데, 과거에는 상상할 수 없을 정도로 강력한 파급력과 다양성을 가진 인터넷과 통신, 사회관계망 서비스 등이 발전하면서 기존의 판례에만 의존하여 다룰 수 없는 사례들이 쏟아져 나오고 있기 때문이다.

반면에 대륙법은 조문으로 명시되어 있기 때문에 시간이 지나도 이 법조문을 이루고 있는 윤리나 철학이 바뀌지 않는 이상, 법조문을 바꾸기 어렵고 바꾼다고 하더라도 그 과정에 엄청난 시간과 비용이 소요된다. 그래서 대체로 불변적이고 보수적인 성격을 지닌 법체계이다. 한국과 일본은 이런 대륙법계에 속한 법체계를 갖고 있고 명예훼손 역시 명문화된 법조문이 모든 판결에 거의 절대적인 기준이 되고 있다. 그러나 두 나라 역시 최근 통신 기술의 발전과 사회적 소통 행위의 폭증으로 인해 타인의 명예를 침해하는 데 있어 전에 볼 수 없었던 새로운 방식과 양상이 전개되고 있는 반면 법조문은 이를 실시간적으로 따라가지 못하고 있다는 문제를 공통적으로 안고 있다.

3.1.3. 법해석

법체계가 다르면 언어로 표상된 법해석의 방식도 달라질 수 있는데 이와 관련해서 Hutton(2009)은 법해석에서의 '목적적 해석'과 '문자적 해석'을 구별한다. 우선 목적적 해석이란 언어를 정의로운 사회를 위한 목적론적 체제(teleological system)로 보는 견해이다(Bix 2002: 776). 이는 과거 Grotius, Hobbs, Rousseau, Locke 등의 자연법(natural law) 사상가들이 주장하는 것으로서 요약하자면 진실을 논하고 서술하는 언어의 집합으로서 법은 도덕(morality)과 무관할 수 없다는 생각이다. Finnis(2002), Moore(1985) 등은 이러한 주장이 인간이 잘잘못을 구별할 수 있는 능력을 갖고 있다는 믿음에 근거한다고 본다. 자연법에서는 인간이 가지는 본능, 본성을 중시해 관습이나 관행, 또는 작위적인 왕권 또는 교회권에서 비롯된 실정법(positive law)과 대립한다.

반면에 자연법 사상에 대비되는 실정법 사상을 대표하는 Bentham, Austin, Hart 등의 법실증주의자(legal positivists)들이 지지하는 문자적 해석 또는 명목적 해석으로서의 법은 자립적이고 명목상으로 근거를 가진(normatively grounded) 영역으로서 사회적인 범주로 환원될 수 없는 일련의 도덕률과는 무관하다고 여겨진다. 물론 도덕 규칙이 법과 아무런 상관이 없는 것은 아니지만 실증적인 체계로서의 법과 당위적인 체계로서의 법은 구별되어야 한다는 입장이다. 경험을 뛰어넘는 인간의 본성에 의거하여 성립되는 보편타당한 자연법과는 달리,

실정법은 가변성과 역사적 상대성을 특징으로 한다. 즉 존재와 당위의 구별에 해당하는 'law as it is'와 'law as it ought to be'의 차이로 볼 수 있다(이상윤 2009). 현재 한국이나 미국, 일본에서 명예훼손을 다루는 법은 자연법이 아닌 실정법의 영역에 속하는 것으로 각국의 독특한 관습이나 문화, 역사 등이 반영된 결과이므로 그 내용과 해석 및 집행에 있어 차이가 있는 것은 어찌 보면 당연한 것이다. 그러나 명예훼손에 관한 각국의 사법적 관행은 기본적으로 타인을 악의적으로 비방하는 것은 옳지 않다는 보편타당한 도덕적 판단에 근거한다는 점에서 실정법의 성격 외에 자연법적 요소가 포함되어 있다고 보아야 한다.

3.2. 명예훼손 법 조항

3.2.1. 한국의 경우

이 책에서 초점을 맞추고 있는 한국과 미국의 명예훼손 법 조항을 살펴보자. 우선 명예훼손을 범죄(crime)가 아닌 민사상의 불법 행위(tort)로 보는 미국과는 달리 한국에서는 명예훼손이 민사상으로나 형사상으로 모두 처벌될 수 있는 중한 범죄로서 형법 제307조에 다음처럼 명시되어 있다.

1. 공연히 사실을 적시하여 사람의 명예를 훼손한 자는 2년 이하의 징역이나 금고 또는 500만 원의 벌금에 처한다.
2. 공연히 허위의 사실을 적시하여 사람의 명예를 훼손한 자는 5년 이하의 징역, 10년 이하의 자격 정지 또는 1천만 원 이하의 벌금에 처한다.

이 형법 조항은 명예훼손 자체에 대해 상세히 기술하기보다는 명예훼손의 두 가지 유형과 그런 행위의 결과로 처벌될 수 있는 형량만 밝히고 있다. 이 법 조항에는 별도로 상술한 명예훼손의 정의가 없기 때문에 실제로 이 법 조항을 근거로 법적 다툼이 일어날 경우 소송 당사자와 재판관은 "공연(公然)히", "적시(摘示)", "사실", "사람의 명예", "훼손" 등의 용어 해석을 둘러싸고 공방을 벌이는 일이 흔하다(표성수 1997, 차형근·조병래·최영훈 2000, 신평 2004, 안상운 2011, 박용상 2019). 이런 현실에도 불구하고 현행 대한민국의 법에는 명예훼손을 구성하는 이들 하위 개념에 대한 명확한 설명이나 제시가 없고 미국의 Restatement에 해당하는 법률 해석 기준서도 없기 때문에 같은 사건이라도 재판부에 따라 유무죄가 갈리기도 하고 양형도 달라지며 심지어 명예훼손과 모욕이 혼동되는 등의 난맥상을 보이고 있어 이에 대한 보완이 시급하다. 명예훼손의 언어적 차원에 대한 논의에서도 보았듯이 이 문제에서 가장 중요한 개념인 "명예"란 한국이든 미국이든 어디에서든 보편적으로 사람의 인격적 가치에 대한 사회적 평가를 지칭하는 것이다. 이는 단지 직업적, 경제적, 도덕적, 윤리적인 것에 국한되지 않고, 사람의 성격, 업적, 신분, 혈통, 용모, 지식, 능력 등에 대한 총체적인 사회적 평가를 의미하며, 그 사람이 가지는 주관적 판단으로서의 자긍심과는 관계가 없다. 명예는 개인의 감정이나 생각이 아닌 일반화된 외적인 평가를 말하는 반면 자긍심은 개인의 주관적인 판단에 근거한 내적 만족감을 말한다는 점에서 구분된다.

흔히 "법은 언어의 놀음"이고 "법률은 언어에 의한 제도 체계"라고 하지만(Gibbons 2003), 법의 언어와 일상의 언어는 차이가 있다. 이른바 "legalese"라고 불리는 전문화된 법률 언어로 인해 법 전문가와 일반 대중 사이의 거리는 메울 수 없을 정도로 벌어져 있는 것이 사실이다. 그러다 보니 법규정과 이를 읽고 이해하는 일반인들의 해석 사이에는 불일치나 오해가 필연적으로 생겨난다. 예를 들어 형법 제308조는 사자 명예훼손에 관한 것인데 일반적으로 명예는 살아 있는 사람들에게 국한되는 것으로 생각하기 쉽지만, 법에서는 '망인'들의 명예도 사회적으로 보호할 가치가 있는 것으로 간주하고 이를 공연히 훼손하는 것을 금하고 있다.

> 제308조(사자의 명예훼손) 공연히 허위의 사실을 적시하여 사자의 명예를 훼손한 자는 2년 이하의 징역이나 금고 또는 500만 원 이하의 벌금에 처한다.

이 사자의 명예훼손 조항이 생존 인물의 명예훼손 조항과 다른 점은 사자의 경우는 허위의 사실을 적시할 때로 한정하고 있다는 점이다. 또한 사자에 대한 허위 사실의 적시에 의한 명예훼손 경우는 2년 이하의 징역 또는 500만 원 이하의 벌금에 처한다고 해서 생존 인물에 대한 허위 사실의 적시에 의한 명예훼손의 경우보다 처벌이 다소 약하다는 차이점이 있다. 그럼에도 불구하고 세상을 떠난 사람들의 명예도 법적 보호 대상으로 명기하고 있다는 점은 주목할 만하다. 형사소송법 제227조에서는 사자 명예훼손의 경우 사자의 친족 또는 자손을 고소권자로 규정하고 있으며, 제228조에서는 친족 또는 자손인 고소권자가 없는 경우에 이해관계인의 신청이 있으면 검사는 10일 이내에 고소할 수 있는 자를 지정하여야 한다고 되어 있다.

이와 관련된 최근의 대법원 판례를 보면 역사적 인물을 소재로 한 드라마인 〈서울 1945〉에서 이승만 전 대통령을 친일파로 묘사하고 여운형 암살을 지시하는 등의 허위 사실을 공연히 적시하여 이미 고인이 된 이승만 전 대통령 등의 명예를 훼손하였다는 공소 사실에 대하여, 대법원은 구체적인 허위 사실의 적시가 있었다고 보기 어렵다는 이유로 무죄를 선고한 원심판단을 정당하다고 판시하였다(대법원 2010. 4. 29., 선고, 2007도8411, 판결). 대법원은 판결 이유에서 "이미 망인이 된 역사적 인물을 모델로 한 드라마에 있어 허위 사실을 적시하여 역사적 사실을 왜곡하는 등의 방법으로 그 모델이 된 인물의 명예를 훼손하는 경우에는 비록 그것이 예술 작품의 창작과 표현 활동의 영역에서 발생한 일이라 하더라도 위 규정에 의한 처벌의 대상이 된다"고

함으로써 창작물에서도 사자 명예훼손이 가능함을 분명히 하였다. 다만 "가상 인물에 의한 허구적 이야기가 드라마 내에서 차지하는 비중, 드라마상에서 실존 인물과 가상 인물이 결합된 구조와 방식, 묘사된 사실이 이야기 전개상 상당한 정도 허구로 승화되어 시청자의 입장에서 그것이 실제로 일어난 역사적 사실로 오해되지 않을 정도에 이른 것으로 볼 수 있는지 여부 등이 종합적으로 고려"되어야 한다고 보고 문제가 된 드라마에서는 이런 것들을 종합적으로 고려할 때 허위 사실의 적시에 의한 명예훼손이 발생했다고 볼 수 없다고 판단한 원심을 받아들였다.

위의 형법 조항과는 별도로 2001년 7월부터 한국에서는 온라인상의 명예훼손을 오프라인에서의 명예훼손과 구별하여 특별히 정보통신망법에 사이버 명예훼손이라는 항목으로 다루고 있다. 정보통신망법 제70조에 보면 사람을 비방할 목적으로 정보 통신망에 공공연하게 사실 또는 허위 사실을 적시해 명예를 훼손할 경우 3년 이하의 징역이나 3천만 원의 벌금 또는 7년 이하의 징역이나 5천만 원 이하의 벌금에 처하는 것으로 되어 있는데 이는 온라인 통신이라는 매체의 파급력이 면대면 대화에서의 파급력보다 훨씬 강력한 것을 감안한 것으로 오프라인상의 명예훼손에 비해 더 중하게 처벌하고 있다. 다만 사이버 명예훼손은 "비방할 목적으로"라는 문구가 명시되어 있다는 점에서 별 생각없이 부주의하게 글을 퍼나르는 행위는 처벌 대상이 아닐 수 있다. 그러나 아래 예에서 보겠지만, 실제로는 호기심이나 재미로 선정적인 명예훼손성 글을 SNS 등에 올린 누리꾼들의 경우도 기소되는 사례가 있다. 또한 사이버 명예훼손은 형법상 명예훼손과는 달리 반의사불벌죄로서 피해자가 가해자의 처벌을 원하지 않으면 처벌할 수 없는데 이 점은 피해자의 공소 제기를 제약하는 독소 조항으로 작용할 가능성이 있어 논란의 대상이 되고 있다. 특히 온라인상의 텍스트는 전통적인 문어체 글말이나 구어체 입말의 이분법에 해당하지 않는 새로운 제3 유형의 '손가락말'이라고 불리는데(이성범 2015), 이런 유형의 언어 양식에서의 명예훼손 행위는 그 텍스트가 가진 언어학적, 화용론적 특성을 면밀히 검토하여 법적으로 재단할 필요가 있다.

인터넷 강국으로 자처하는 한국에서 눈부신 정보 통신 기술 발전의 어두운 그림자라고 할 수 있는 사이버 명예훼손죄는 디지털 매체의 시간적 영속성, 공간적 무제한성, 기록성, 전파성, 신속성 등을 감안해 일반적인 오프라인 명예훼손죄보다 엄하게 처벌하고 있는데, 특히 허위 사실일 경우 7년 이하의 징역 또는 5000만 원 이하 벌금에 처할 수 있도록 한 것은 한국, 일본, 미국 세 나라 법 규정을 비교할 때 가장 무거운 형벌이다. 그러나 실제 형량이 벌금 쪽에 치우쳐 강화 필요성이 지적되는 실정이다. 대한민국 법원의 통계에 따르면 2015년 한 해 발생한 사이버 명예훼손 및 모욕 사건은 총 15,043건으로 2014년의 8,880건 대비 69.4%나 크게 증가했다고 한다(대법원 2015년 사법연감). 이는 전반적으로 평등권과 인격권 및 개인의 권리에 대한 의식이 고취되고, 특히 젊은 층에서 메신저 등을 통한 명예훼손을 그대로 참지 않고 수사를 의뢰하여 법적 해결까지 원한 결과로 보인다. 명예의 보호는 헌법상 인격권에 근거를 둔 보장된 권리다.

3.2.2 일본의 경우

일본은 한국이나 미국에 비해 법의 역사에서 독특한 측면을 갖고 있다. 일본 최초의 근대 헌법은 에도 막부 시대에 만들어진 메이지 헌법이다. 그 후 일본 제국 헌법을 거쳐, 2차 세계 대전 패망과 더불어 1946년 연합군최고사령부(GHQ) 시대에 만들어진 이른바 평화 헌법 또는 MacArthur 헌법이 현재까지 유지되고 있다. 다만 지난 아베 정권과 아베 정권을 계승한 스가 정권 및 기시다 정권은 이 평화 헌법이 시대에 맞지 않는다는 이유로 개정하려는 움직임을 보이고 있다.

맥아더는 물론 미국의 군인이었지만 맥아더 헌법과 그 부수 법체계는 영미법계가 아닌 대륙법계의 형식을 취하고 있다(하시우치와 홋타 2016). 따라서 명예훼손의 경우 완전한 성문법으로서 한국과 마찬가지로 명예훼손 행위를 민사상으로나 형사상으로 다룰 수 있도록 법에 명시되어 있다. 즉 일본의 형법 230조 1항에 보면 "공공연히 진실이든 허위이든 사실을 거론하여 타인의 명예를 훼손하는 사람은 3년 이하의 징역이나 50만 엔 이하의 형에 처한다"고 되어 있다. 다만 230

조 2항에는 예외 조항을 두어 "그러한 행위가 공익에 부합하고 오직 대중을 이롭게 하기 위해 행해질 때에는 그 거론된 사실의 진위를 밝혀 사실로 입증될 경우 처벌하지 아니한다"고 되어 있다. 반면에 민법 709와 710조에서 명예훼손의 피해자는 가해자의 불법 행위에 대해 민사 소송을 제기할 수 있다고 명기되어 있으며 그 시한은 피해자가 불법 행위를 인지한 시점으로부터 3년 또는 불법 행위가 발생한 시점으로부터 20년으로 제한하고 있다.

그런데 앞에서 본 한국의 명예훼손 관련 법조문에 사용된 용어의 개념 정의 문제가 일본의 경우에도 마찬가지로 남아 있을 뿐 아니라, 더 나아가 하마베(2005)는 일본의 명예훼손 관련 법규와 사실 판단의 기준 설정이 애매하다고 지적한다. 실제로 하시우치와 홋타(2016)의 조사에 따르면 일본 법원이 문서에 의한 명예훼손 사건을 다룰 때에는 1956년 일본 최고 재판소가 제시한 민집 10권 8호에 수록된 "일반 독자의 보통 읽는 법"이라는 기준이 중요하게 적용되는데, 이 기준 자체가 모호할 뿐 아니라 최근의 미디어 발달 속도를 따라잡지 못하고 있다. 예를 들어 오래 전 1969년 도쿄 지방 법원은 어떤 잡지의 기자가 명예훼손으로 고소당한 사건에서 그 잡지의 독자층이 그 잡지의 기사를 대할 때의 태도나 읽는 방법을 고려할 때 특정인의 사회적 지위를 해칠 만하다고 판시한 반면(도쿄 지방 법원 1969년 8월 5일 판시 689호), 1998년 일본 최고 재판소는 대중적인 한 석간 신문이 명예훼손으로 기소된 경우 그 기사를 읽는 독자들이 흥미 본위로 글을 읽는 경향이 강하기는 하지만 그럼에도 그 독자들이 해당 신문에 나온 기사를 모두 근거없는 것으로 인식하지는 않기 때문에 원고의 사회적 평판에 영향을 줄 가능성이 있다고 판시하였다(최고 재판소 1998년 5월 27일 판시 1006호). 즉 명예훼손을 결정하는 핵심적인 요인은 글을 쓴 사람의 현실적 악의나 사용된 언어 표현이 아니라 그 글을 찾아 읽는 독자층의 성격과 태도가 더 중요할 수 있다는 것이다.

물론 미국에서도 '평균적인 독자나 시청자'의 기준이 적용되는 경우가 많다. 그러나 Tiersma(1987), Gibbons(2003), Shuy(2010) 등은 명예훼손의 여지가 있는 표현에 대한 독자 또는 시청자의 일반적인 수용 방식만 보아서는 안 되고 그 글을 만든 사람의 의도까지 파악해야 비로소 명예훼손 행위에 대한 균형 잡힌 접근이 가능하다고 주장한다. 최근 미디어 혁명을 거치면서 독자의 개념이 크게 변모하고 있다. 독자라고 하면 과거에는 주로 종이 매체인 잡지나 신문을 읽는 사람을 떠올린 반면, 최근에는 온라인 통신에 참여하는 사람들도 광범위하게 늘어났기 때문이다. 이들은 잡지나 신문의 경우처럼 그 성향에 따라 단일한 성격의 집단으로 규정하기에는 너무나 다양한 그룹이어서 그들의 "읽는 법"을 획일적으로 적용할 수 없고 따라서 독자들의 태도나 성격을 파악하여 어떤 기사의 잠재적인 명예훼손 가능성을 예단하기는 쉽지 않기 때문에 새로운 대안이 요구된다.

3.2.3. 미국의 경우

명예훼손법제는 각국의 역사적, 문화적 특성에 따라 조금씩 차이가 있다. 특히 독일의 대륙법 체계에 속하는 한국이나 일본은 영국의 보통법 체계에 속하는 미국과 차이가 있다. 원칙적으로 판례에 의해 법체계를 형성하는 영국의 보통법에서는 타인의 명예를 저하시키는 발화를 일단 허위로 추정하고 해당 발화의 피해자는 자신의 명예를 훼손한다는 가해자의 진술이 허위임을 입증할 필요가 없고 대신 가해자가 자신이 말한 것이 사실임을 입증해야 한다. 그런데 법체계 면에서 영국과 같은 미국은 명예훼손법에서는 영국의 보통법과 결별하게 되는데 그 결정적 계기는 1964년에 있었던 New York Times Co. v. Sullivan, 376 U.S. 254의 판결이었다. 이때부터 미국은 명예훼손을 당했다고 주장하는 원고가 자신의 명예를 훼손한 피고의 진술이 허위이며 더 나아가 피고가 자신의 발화의 내용이 허위임을 알거나 무시한 채로 그런 발화를 공연히 했음을 입증해야 한다고 하여 입증 책임을 원고, 즉 명예훼손의 피해자에게로 돌렸다.

미국의 명예훼손법제에서 특이한 또 다른 점은 미국은 많은 주에서 명예훼손을 defamation per se와 defamation per quod의 두 종류로 구분한다는 점이다. 간단히 말해서 어떤 유형의 허위 사실 공표 행위는 그 말을 하기만 해도 바로 명예훼손이 성립할 수 있는데 이런 경우가 본질적 명예훼손(defamation per se)이다. 반면에 어떤 허위 사실의 발화는 그 자체로 명예훼손이라고 단정지을 수 없고 법적 다툼의 여지가 있으며 다른 사실들을 추가한 맥락에서 전체적으로 평가되어야 하는데 이를 정황적 명예훼손(defamation per quod)이라고 한다. 후자의 경우는 명예훼손을 당했다고 주장하는 사람이 그 손상을 입증해야 할 책임이 있다. 전통적으로 별도의 입증이 필요하지 않은 것은 다음 4가지 범주에 속한 것들이다.

1) 피해자가 범죄 행위에 연루되어 있다고 말하는 것
2) 피해자가 전염성이 있는 병이 있다고 말하는 것
3) 피해자가 정숙하지 않거나 성적으로 불륜을 저지르고 있다고 말하는 것
4) 피해자가 자기 일이나 직업과 동떨어진 행동을 한다고 말하는 것

이 범주는 절대적이지 않고 주마다 해석이 다를 수 있어서 적지 않은 혼선을 초래하고 있는 게 사실이다. 그래서 Baker(2011: 2) 같은 학자는 미국에서의 명예훼손 정의는 고질적으로 애매하다고 꼬집고 있다.

이처럼 미국에서는 명예훼손죄에 대해 각 주마다 법의 명칭이나 법조문의 내용에서 약간의 차이가 있기는 하지만, 일반적으로 명예훼손 혐의를 입증하기 위해서는 1)허위성, 2)공연성, 3)동기, 4)결과의 4가지 요건이 충족되어야 한다. 즉 1)가해자는 피해자에 대한 허

위 진술을 하였고, 2)그런 진술을 제3자가 알 수 있게 했으며, 3)가해자는 부주의하거나 신중하지 못해서 또는 의도적으로 그런 진술을 했고, 4)그런 진술의 결과 피해자의 명성이 손상을 입었다는 것이 입증될 때 가해자는 명예훼손으로 처벌될 수 있다. 이는 역으로 명예훼손으로 기소된 피고는 자신의 말이 1)진실이거나, 2)단순 의견 표명이었거나, 3)그런 말을 할 특권을 부여받았거나, 4)정당하게 전달한 것일 경우를 입증하면 재판에서 이길 수 있고 실제로 거의 모든 법정 공방은 이런 구성 요건을 둘러싸고 벌어진다. 이런 요건은 명시성 정도의 차이가 있기는 하지만 미국뿐 아니라 한국이나 일본에서도 인정되는 것인데 다만 각 요건의 해석을 둘러싸고 나라마다 많은 쟁점이 있는 것도 사실이다.

가장 두드러진 차이점은 미국에서 통용되는 명예훼손법은 그보다 상위법인 헌법에 명시된 언론의 자유라는 관점을 강조하면서 다른 나라의 경우와 달리 명예훼손 사실의 입증 책임이 피해자에 있다. 뿐만 아니라 1974년 Gertz v. Robert Welch, Inc., 418 U.S. 323에서는 사실 적시가 아닌 단순 의견 표명은 면책된다고 판시함으로써 그 어느 나라보다 개인의 인격권에 비해 표현의 자유를 우선시하고 있다. 이런 기념비적인 판결의 결과 미국에서는 발화 내용이 사실일 경우는 아무리 악의적인 비방이라도 불법 행위가 성립하지 않고 명예훼손으로 처벌하지 않지만, 일본에서는 그 목적이 공익을 의도한 것일 경우 또는 사실의 진위를 판단하여 사실이라는 증명이 있을 경우에는 명예훼손의 위법성 조각 사유에 해당하여 처벌하지 않는다. 즉 사회적 적절성을 좀 더 유연하게 적용하는 것으로 보인다. 반면에 한국의 경우는 발화된 내용이 비록 사실일지라도 당사자의 명예를 현저하게 침해할 우려가 있으면 유죄로 인정되어 처벌될 수 있고 오직 공공의 이익에 관한 사항에 관하여 진실한 사실을 적시한 경우에 한하여 선별적으로 위법성이 조각되어 처벌을 받지 않는다는 차이점을 보여주는데 이에 대해서는 다음 절에서 다시 보기로 한다.

3.2.4. 명예훼손의 유형

전통적으로 명예훼손은 그것이 일어난 방식에 따라 크게 두 가지 유형으로 구분한다. 즉 출판에 의한 명예훼손은 'libel(글말 명예훼손, 또는 문서 명예훼손)'이라 하고, 구술에 의한 명예훼손은 'slander(입말 명예훼손, 또는 구두 명예훼손)'라 하여 구분한다. 그런데 앞서 1장에서 보았듯이 최근 언어학에서는 글말(written language)과 입말(spoken language)의 전통적인 이분법을 뛰어넘어 제3의 언어 유형으로 '손가락말(finger speech)'이라는 신종 언어를 인정하기도 한다. 이는 휴대 전화와 같은 모바일 기기를 사용하는 사람들끼리 기존의 어법과는 달리 창조적인 방식으로 쓰는 언어 기호를 말한다. 인류의 언어적 진화 과정에서 가장 먼저 등장한 것은 입말이었다가 말소리의 한계를 극복하기 위해 나온 글자를 토대로 한 글말 덕분에 인류의 문명이 비약적으로 발전할 수 있었지만 최근에는 최고의 지위를 누리던 글말의 시대가 저물어가고 새로 손가락말의 시대로 들어가는 것으로 보는 전문가들도 있다 (McWhorter 2017). 손가락말은 기존의 글말이나 입말과는 달리 어휘나 조어법, 구문 등에 있어서 창의적인 면이 많고 기존 문법을 뛰어넘는 새로운 어법을 사용하기도 한다. 인터넷과 스마트폰으로 무장한 신세대들은 종이 책이나 신문, 손 편지는 따분하고 지루하게 생각하고 면대면 대화보다도 40자 이내의 단문자 메시지를 주고받는 것이 가장 익숙하고 편하게 느낀다. 2010년 인쿠르트와 한겨레의 설문 조사에 따르면 오랜만에 지인에게 안부를 물을 때 64.1%가 휴대폰 문자를 이용한다고 말했고 개인 안부 연락을 할 때 예전에는 음성 통화를 하던 것을 이제는 문자로 한다고 72.0%가 답했다. 이처럼 손가락말이 대두되는 상황은 명예훼손도 slander와 libel만으로는 충분하지 않고 제3의 범주가 필요하다고 본다. 예를 들어 손가락말(또는 줄여서 손말)에서 자주 쓰는 'ㅋㅋㅋㅋ'와 같은 표현이나 문장적 의미를 에스키모어와 같은 융합어처럼 하나의 단어로 축약하여 쓰는 '지못미', '할많하않', '갑툭튀', '반모할래', '알잘딱깔센', '복세편살', '어쩔티비'와 같은 표현들은 이에 익숙치 않은 세대나 집단에게는 자칫 자신들을 비웃거나 공격하는 말로 비추어질 수 있다.

　이처럼 언어 사용의 양상은 급속도로 변모하고 있지만 법학자들의 명예훼손 분류와 정의는 아직도 아날로그 시대를 면하지 못하고 전통적인 2분법에 매여 있다. 우선 Oxford English Dictionary는

'slander'를 "False report maliciously uttered to person's injury (개인을 해하기 위해 악의적으로 발화된 거짓 발표)"라고 정의하고 있다. 문서에 의한 명예훼손에서의 '문서'에는 전통적인 서적이나 신문, 잡지, 논문, 메모, 일기 외에도 문서화할 수 있는 언론 보도, 블로그, 사진 등의 이미지도 포함되지만 정해진 사전 원고 없는 강연은 여기에 포함되지 않는다.

한국은 점차 문서에 의한 명예훼손이 증가하고 있는데, 이는 형법 309조에 별도로 출판물 등에 의한 명예훼손으로 다루고 있다. 단 원고를 미리 작성하여 발표된 강연의 경우, 유튜브와 같은 디지털 미디어를 통해 전파된 경우는 별도의 사이버 명예훼손으로 다룬다는 점에서 미국이나 일본과 차이가 있다. 앞서 말한 미국 법 전문가들이 편찬하는 Restatement of Torts의 558조에 나온 명예훼손의 정의는 다음과 같다: "A communication is defamatory if it tends so to harm the reputation of another as to lower him in the estimation of the community or to deter third persons from dealing with him"("개인에 대한 사회 공동체의 평가를 낮추거나 다른 사람들로 하여금 그와 어울리지 못하게 할 정도로 개인의 평판에 손상을 가할 의도로 말하는 것은 명예훼손이다"). 그런데 이런 정의는 한편으로는 매우 간결하지만 또 다른 한편으로는 지나치게 포괄적이기 때문에 실제로 법 집행이나 사회적 담론에서 효과적으로 적용되기 위해서는 보다 세밀한 개념 분석과 용어 해석이 필요하다. 영미법 전통의 미국에서는 이런 세부적인 부분은 연방법에 명시하지 않고 대신 기존의 판례나 판례 해설집, 법률 용어 사전 등에 의존하는 경향이 있는데 그 결과 일관성 있는 법 집행에 우려를 표명하는 시각도 있다(Dragas 1995, Shuy 2010).

지금까지 살펴본 법체계와 법 조항을 토대로 다음 절에서는 일부 국가의 명예훼손에 대한 법적 판단과 관행의 실태를 사례와 법조문의 검토를 병행하여 쟁점별로 살펴보기로 한다.

3.3. 주요 쟁점

3.3.1. 표현의 자유와 인격권

표현의 자유와 인격권은 민주주의 국가라면 누구나 자국민이 누려야 할 기본적인 권리로 인정한다. 일찍이 1948년에 유엔에 의해 제정된 세계 인권 선언의 19조에 보면 "사람은 누구나 자유롭게 자기의 의사를 갖고 이를 발표할 권리를 가진다"라고 하여 표현의 자유를 인정하고 있다. 반면에 같은 인권 선언의 12조에는 "누구도 자신의 사생활, 가족, 가정, 통신에 대하여 자의적인 간섭을 받거나 명예와 신용에 대하여 공격받지 아니한다"라고 하여 인격권 역시 보장하고 있다. 이 둘은 우열을 가릴 수 없을 정도로 기본적이고 중요한 권리인데 문제는 이 둘 사이에 충돌이 발생할 수 있다는 것이다.

명예훼손은 세계 인권 선언에도 명시되어 있듯이 기본적인 권리인 타인의 명예를 공격하는 공공연한 비방이라는 점에서 선량한 인간관계를 무너뜨리고 사회적 신뢰를 저해하는 행위로 법적 제재의 대상이 되어야 한다. 그러나 현재 미국과 유럽의 거의 모든 나라에서는 명예훼손을 형사상의 범죄(crime)가 아니라 민사상의 불법 행위(tort)로만 간주하고 있다. 특히 미국에서는 명예훼손 처벌법의 위헌적 요소를 판결한 1964년의 'Garrison v. Louisiana, 379 U.S. 66'는 기념비적인 판결이었다. 이 사건은 루이지애나주의 지방 검사인 Garrison이 기자 회견에서 자신의 관할 법원 판사 여덟 명을 지목하면서 이들이 게으르고 비효율적이며 19개월 동안 300일이나 휴가를 감으로써 검사인 자신의 업무를 방해했다고 원색적으로 비난하면서 시작되었다. 이에 루이지애나 법원은 그가 루이지애나주의 형사상의 명예훼손법(the Louisiana Criminal Defamation Law)을 위반하였다는 혐의로 그를 다른 지역 판사가 주재하는 재판에 회부하였다. 피고는 자신이 기소된 것은 표현의 자유에 대한 중대한 침해라고 주장하였으나 결국 1심과 항소심에서는 판사들에 대한 명예훼손이 인정되어 패소하였다. 그러나 Brennan 대법관이 작성한 연방 대법원 판결문에는 피고의 비난이 사적인 의견을 피력한 것으로 이런 종류의 의견 표명은 보호받아야 한다고 판단하여 원심을 파기, 환송하였다.

　이 사건 이후 도미노처럼 루이지애나, 뉴욕, 캘리포니아, 일리노이, 텍사스, 플로리다 등 많은 주의 형법에서 명예훼손 조항이 아예 폐기되었다. 그 주된 이유는 민주주의의 기초가 되는 표현과 언론의 자유를 공권력이 지나치게 간섭하거나 제재하는 것을 경계한 때문이다. 미국에서는 언론의 자유와 사회의 부패는 반비례 관계에 있다는 믿음하에 사회 구성원들이 권력을 견제하고 사회의 투명성을 높이는 수단으로 감시와 폭로를 어느 정도 용인하고 있는 것이다. 특히 대통령을 포함한 고위 관리나 정치인, 기업인, 유명 연예인 등 이른바 사회적 지도층 인사들에 대한 신랄한 비판이나 풍자는 좀처럼 명예훼손이라는 잣대로 소송의 대상이 되지 않는다.

표현의 자유를 헌법에 명시한 미국과 마찬가지로 한국이나 일본 역시 표현의 자유를 국민의 기본권으로 인정하고 있다. 대한민국의 헌법 21조 1항에는 모든 국민은 언론, 출판의 자유를 가진다고 명시되어 있다. 여기서 언론의 자유는 사상과 의견, 느낌의 자유로운 표명과 그것을 전파할 자유를 의미한다. 그러나 안상운(2011)의 지적대로 언론의 자유는 정치 권력에 의해 자의적으로 해석되고 제한되곤 하였다. 특히 한 개인의 가치에 대한 사회적 평가를 보호하기 위해 제정된 명예훼손 관련법은, 그 원래 취지와는 달리 소수 권력층에 대한 대다수 국민의 비판을 막기 위한 수단으로 작용하였다. 이런 한국적 특성이 가장 두드러진 것이 국가 모독죄인데 유신 시대인 1975년에 제정된 이 법은 대통령 등 국가 기관을 비방할 경우 형사상으로 처벌하는 법으로 표현의 자유와 사상의 자유를 침해하는 대표적인 악법으로 손꼽힌다. 이 법은 1980년대 이후 민주화 과정에서 폐지되었지만, 일본이나 미국에서는 볼 수 없는 군사적, 권위주의적 문화는 아직도 곳곳에 남아 있다. 최근 만연하는 이른바 갑과 을 사이의 대립, 세대 갈등, 미투 현상, 반혐오주의 운동 등은 결국 인간답게 살고자 하는 기본적 바람을 억압하는 전통적인 상하수직적, 가부장적 사회에서 원활한 사회적 소통의 부재와 확실한 가치의 공유가 미비하기 때문에 일어나는 한국 사회의 어두운 부분이라고 볼 수 있다.

그런 사회 문화적 배경을 갖고 있는 한국에서는 표현의 자유도 존중하지만 인격권을 침해하는 비방, 중상 행위는 형사상, 민사상으로 중대 범죄로 인식되어 미국이나 유럽보다 훨씬 엄격히 다루고 있다. 이는 아마도 체면을 중시하는 한국의 유교 문화적 특성이 반영된 결과로 보인다. 물론 법원의 판례만 놓고 볼 때 표현의 자유나 언론의 자유도 중요하지만 최소한 그에 못지않게 인격권도 높이 존중한다는 점에서 일본은 명예훼손을 잘 인정하지 않는 미국과는 거리가 있고 오히려 한국과 대체로 유사하다. 다만 표성수(1997)는 일본의 경우 형사적 처벌보다는 민사적 손해 배상으로 해결하려는 경향이 높다고 했으나, 이런 경향은 최근 들어 변화하고 있다.

즉 일본에서는 명예훼손에 대한 형사 소송, 그 중에서도 인터넷에서의 명예훼손에 대한 형사상의 다툼이 꾸준히 늘고 있는데 2016년에는 전년 대비 약 15% 이상 증가하여 평균보다 높은 신장세를 보였다(www.moj.go.jp). 일본의 경찰은 악성 메시지의 원저자뿐 아니라 이를 유포한 사람들에 대해서도 차별없는 엄정한 수사를 하는 것으로 알려져 있는데 이는 인터넷상의 명예훼손으로 피해를 입었다고 생각하는 사람들이 민사 소송을 제기하기보다는 형사 소송을 택하는 경우가 더 많기 때문이다. 그 주된 원인은 일본의 명예훼손 민사 재판에서 승소할 경우는 최대 50만 엔 밖에는 배상금을 받지 못하지만(일본 민법 723조), 형사 소송은 그보다 엄중한 처벌이 가능하기 때문이다(일본 형법 32조). 어쨌든 한국이나 미국에 비해 일본은 명예훼손을 사회적 중범죄로 취급하는 경향이 강하다. 그러나 개인에 대한 공격적인 발화를 굳이 형사상의 범죄로 보는 것이 마땅한지에 대해서는 논란의 여지가 남아 있다. 일본의 영자 신문인 The Japan Times 보도에 의하면 일본은 메신저와 소셜네트워크 서비스상에서의 명예훼손 소송이 꾸준히 증가하는 추세인데 일본 Twitter사는 사용자들이 명예훼손성 텍스트나 이미지를 올리는 것을 금하고 이를 위반할 경우는 일방적으로 게시물을 삭제한 적이 있다. 이는 2015년 1월에 홋카이도에 사는 20대 일본 여성이 자신의 트위터 계정을 해킹당해 부적절한 성적 이미지 사진과 글이 마치 그 여성이 한 것처럼 업로드된 일이 발생하면서 비롯되었다. 이에 도쿄 지방 법원은 해커의 IP 주소를 공개할 것을 명령했다. 또한 10월에는 니이가타에 사는 부부가 자신들의 한 살짜리 딸의 이미지가 국민 안전 보장법의 수정안에 항의하는 시위 도중 사망한 영아인 것처럼 도용되었음을 발견하였는데 법원은 이미지 도용자를 처벌하면서 범인의 트위터를 공개한 후 항구적으로 금지하도록 하였다.

섬나라인 일본은 역사적으로 외국인에 대한 경계와 배타적인 성향이 강했다. 특히 일제 강점기에 일본으로 건너간 많은 조선인들에 대해 차별과 멸시를 노골적으로 표시해왔고 이는 한국이 일본의 식민지에서 해방된 현재에도 크게 달라지지 않고 있다. 일부 일본인들은 이를 합리화하는 근거로 많은 한국인들이 일본의 규범이나 문화를 지키지 않기 때문이라고 주장한다. 또한 일본에 오래 거주하는 한국인들이 일본에 동화되는 것을 거부하고 한국식 생활 방식과 문화를 지키는 것에 대해 반감을 가진 일본인들이 적지 않다. 이는 이른바 혐한(嫌韓)이라는 비우호적, 공격적 용어가 횡행하는 것으로도 알 수 있는데 일본에서 한국에 대한 혐한 운동은 역사적, 정치적, 사회적 배경과 맞물려 다양한 형태로 나타나고 있다.

가장 두드러진 사례로서 '재일 조선인의 특권을 용납하지 않는 시민 모임'(줄여서 재특회)을 중심으로 한 혐한 시위가 대표적이다. 이들은 역사 문제와 문화 갈등 등을 이유로 한국인을 비난하고 혐오하는 내용의 구호를 외치며 시위를 벌이는데 이에 대한 일본 정부의 대응은 소위 "미래지향적인 한일 관계를 위해 일본에게 통큰 양보를 했다"고 주장하는 윤석열 정부에서도 거의 달라진 바가 없이 수수방관적이라고 할 수 있다. 뿐만 아니라 인터넷 커뮤니티나 SNS 등을 통해 일본인들이 한국인을 대상으로 하는 악의적인 댓글과 허위 정보 유포 등이 끊이지 않고 있으며 많은 일본 매체들은 한국을 부정적으로 묘사하고, 한국인에 대한 편견을 조장하는 보도를 하기도 하는데 이

3. 법적 차원

에 대해 일본 검찰이 자발적으로 문제 파악에 나서서 해당 인사들을 명예훼손으로 기소하거나 처벌한 사례는 없는 실정이다. 더 큰 문제는 양국 관계에 책임이 있는 일부 정치인들이 과거사 문제에 대한 책임을 회피하거나, 한국을 비난하는 발언을 하면서 혐한 분위기를 부추기는 경우가 다반사이지만, 일본 정부는 혐한 발언에 대해 명확하고 일관된 입장을 밝히기보다는 묵인 내지 용인하는 듯한, 일본 특유의 모호한 태도를 보여왔다. 즉 일본 내에서의 혐한 시위 등에 대한 법적 규제를 강화하기 위한 논의가 있긴 있었지만, 표현의 자유와의 충돌 등을 이유로 실질적인 조치는 미흡한 편으로서 2016년에 '헤이트 스피치 해소법'이 제정되었지만, 처벌 조항이 없어 실효성에 대한 의문이 제기된다. 뿐만 아니라 국제 사회에서 혐한 문제에 대한 비판이 제기될 때마다 일본 정부는 일반적으로 개별 사안에 대한 언급을 피하거나, 역사 문제에 대한 책임을 회피하는 등의 태도를 취하고 있다. 일본 정부의 이러한 태도는 혐한 운동을 억제하기보다는 오히려 방치하고 있는 것이라는 비판을 받고 있다. 혐한 운동은 단순히 개인적인 감정 표현의 문제가 아니라, 사회 전체에 영향을 미치는 심각한 문제이다. 양국 관계 개선을 위해서는 일본 정부가 혐한 운동에 대해 더 적극적인 자세를 보이고, 국민들에게 상호 이해와 존중의 중요성을 교육해야 할 필요가 있다.

　미국에서 명예훼손법은 표현의 자유를 명시한 1차 수정 헌법과 밀접한 관계가 있다. 그 결과 연방 명예훼손법(federal slander and libel laws)

은 영국이나 캐나다, 다른 서유럽 국가 등과 비교해 볼 때 피의자에게 관대한 경향이 있다. 첫째로 단순 의견은 처벌되지 않으며 사실을 적시한 것 역시 예외적인 경우를 제외하고는 명예훼손으로 인정되지 않는다. 다만 공인의 사회적 평판에 손상이 되는 허위 주장들은 헌법상의 표현의 자유에 속하지 않는다. 뿐만 아니라 미국은 온라인에서 발생하는 명예훼손에 대해서는 호스팅 회사나 웹사이트 운영관리자, 개발자, 인터넷 서비스 공급자들에게 직접 또는 간접 책임을 묻지 않는다. 예를 들어 앞서 본 일본의 경우와는 달리 누군가가 막강한 파급력을 가진 Facebook에 아무리 신랄하게 타인을 참칭하는 메시지를 올려도 본인이 아닌 제3자가 이 메시지를 삭제하거나 계정을 폐쇄하도록 명령할 수 없으며, 페이스북 회사는 모든 메시지 내용에 대해 면책된다. 또한 Apple사는 2015년에 FBI가 미국 샌버나디노에서 일어난 총격 테러범의 아이폰을 풀어달라고 했지만 개인 정보 보호를 이유로 거부하기도 했다. 이 모든 것은 개인의 정보 보호를 최우선하는 미국의 헌법 정신을 반영하는 것이라고 할 수 있다.

 요약하건대 명예훼손 행위에 대한 근본적인 쟁점은 언론과 표현의 자유와 개인의 인격권 사이의 조화 문제이다. 물론 논리적 관점에서 이 두 가지는 양립이 불가능한 모순적 대립의 관계는 아니며 어느 가치를 더 중요시하는가의 차이에 따른 우선순위의 문제에 가깝다. 이런 우선순위는 선험적으로 결정되는 것이 아니라 국가나 사회 구성원들의 가치관과 규범 의식, 문화 등에 의해 다르게 정해질 수 있다. 예를 들어 미국은 언론과 표현의 자유를 민주주의의 근간을 이루는 헌법적 차원의 가치로 생각하는 경향이 있는 반면 개인의 명예나 인격권은, 물론 중요하지 않은 것은 아니지만, 언론과 표현의 자유에 버금갈 정도로 높은 우선순위를 갖는다고 생각되지는 않는다. 이는 민주주의뿐 아니라 개인주의도 가장 발달한 나라라고 여겨지는 미국 사회에 어울리지 않는 관점이라고 볼 수 있다. 영국은 역사적으로 시민 사회 태동기부터 개인의 인격권을 매우 중요시하는 입장이었으나 점차 언론과 표현의 자유도 동등하게 중요한 가치로 인식하는 경향을 보이고 있다(박용상 2019: 25).

영국에서 이런 경향을 대변하는 사건으로 전직 형사였던 Michael Charman은 작가 Graeme McLagan이 『Bent Coppers』라는 책에서 자신의 명예를 훼손했다고 소송을 제기했다. 이 Charman v. Orion Publishing Group & others(No. 3)(CA)[2007] EWCA Civ 972; [2008] 1 AllER 750의 판례는 결과적으로 인격권과 언론의 자유라는 양대 가치에 우선순위를 부여하지 않고 모두 중요한 것으로 평가하고 있다. 원고인 전직 경찰은 '비뚤어진 경찰(bent coppers)'라는 말 자체가 명예훼손적이며 글의 내용에서도 자신이 부당한 뇌물을 받은 것처럼 추정될 수 있는 문구들이 있다고 주장했다. 이에 대해 피고인 출판사 측은 그 용어 자체가 명예훼손적인 점은 인정했지만 그런 용어를 사용할 수 있을 만큼 충분한 의혹이 있었다고 주장하였다. 판사는 문제의 글에서 저자가 Charman이 경찰 재직 시 부패 행위를 저질렀을 수 있는 "합리적인 근거(reasonable grounds)"가 있다고 주장한 것은 독자로 하여금 그런 의심을 품게 할 만큼 유효한 것은 아니라고 판시하고 이런 탐사 보도인 "르뽀(reportage)"라는 저술 형식의 특권(privilege)을 제한적으로나마 인정하는 것이 필요하다고 하였다. 즉 표현 자체는 개인의 명예를 훼손하는 면이 있으나 사실을 파헤치기 위한 공익적 목적이라면 책임을 묻지 않을 수 있다는 것이다. 한국의 경우 미국과 마찬가지로 언론과 표현의 자유가 헌법적 가치로 인정되고 있지만 개인의 인격권 또한 침해할 수 없는 중요한 가치로 받아들여지는 경향이 있다.

3.3.2. 한국의 사례

최근 한국의 경우 이정희 전 통합진보당 대표 부부가 미디어워치 대표인 변희재 씨를 상대로, 그리고 앞 장에서도 보았지만 문재인 전 대통령이 고영주 전 방송문화진흥회 이사장을 상대로, 각기 명예훼손 혐의로 민사 소송뿐 아니라 형사 고발도 함께 했지만 변희재 씨는 아예 검찰에서 무혐의 처분을 받아 처음부터 이 부분에 대한 형사 처벌을 면하였고, 고영주 전 이사장은 1심과 2심 재판에서는 문 전 대통령에 대한 명예훼손이 인정되었으나 대법원에서 "고 이사장의 발언은 경험을 토대로 공적 인물인 문 대통령의 정치적 이념이나 행적 등에 관해 자신의 평가나 의견을 표명한 것에 불과할 뿐, 피해자의 명예를 훼손할만한 구체적인 사실의 적시에 해당한다고 보기 어렵다"라며 무죄 취지로 파기 환송되었고 최종 무죄가 확정되었다. 변희재 씨는 민사 재판에서도 승소했는데, 같은 사안을 두고 민사 법정과 형사 법정에서 몇 차례 유무죄 판단이 엇갈린 것은 이례적인 일이다. 이는 차형근·조병래·최영훈(2000)과 신평(2004)도 지적했듯이, 이미 오래 전부터 한국에서는 통상적으로 명예훼손에 대한 형사 사건에서는 명예훼손의 불법성에 대한 입증 기준을 민사 사건보다 더 엄격하게 적용해 온 것이 반영된 것으로 해석된다. 그럼에도 일반 대중들의 명예훼손에 대한 인식에는 혼란이 불가피할 것으로 보인다. 표현의 자유와 인격권 보장은 모두 민주주의의 초석이 되는 가치이지만 이 두 가치가 상충하여 불가피하게 우선순위를 매겨야 할 경우 문화적인 요인들이 작용하게 되는데 이런 문화적 요인들에 대해서는 다음 장에서 다루기로 하고 여기서는 이정희 전 대표와 변희재 씨의 소송에서 법원의 판례를 좀 더 살펴보기로 하자.

2018년 10월 30일 대법원 전원 합의체는 대법원에 사건이 접수된 지 4년 만에 이정희 전 통합진보당 대표 부부가 보수 논객 변희재 씨 등을 상대로 낸 손해 배상 청구 소송에서 원고 승소를 선고한 원심을 깨고 사건을 서울 고법에 돌려보냈다. 이 사건의 쟁점은 변희재 씨 등이 자신의 트위터 계정에서 이 전 대표와 배우자인 심재환 변호사에 대해 '종북 주사파', '종북파의 성골쯤 되는 인물', '경기동부연합의 브레인이자 이데올로그' 등 표현이 담긴 글을 올렸는데 이때 사용된 '종북'과 '주사파' 등의 표현이 이 전 대표 부부의 명예를 훼손하는 위법 행위에 해당하는지의 문제였다. 대법원 전원 합의체는 이날 8대 5로 명예훼손이 성립하지 않는다고 판단했는데 "정치적 표현에 대해 명예훼손의 범위를 지나치게 넓게 인정하거나 그 경계가 모호해지면 헌법상 표현의 자유는 공허하고 불안한 기본권이 될 수밖에 없다"고 판시했다. 또 언론에서 공직자 등을 비판하거나 정치적 반대 의견을 표명하며 사실 적시가 일부 포함된 경우에도 불법 행위의 책임을 인정하는 데는 신중해야 한다고 보았다.

이 판결에 대해 가장 큰 논란이 된 것은 전원 합의체가 "종북', '주사파' 등의 용어가 사용됐으나 이 의미를 객관적으로 확정할 경우 사실 적시가 아니라 의견 표명으로 볼 여지가 있다"고 판시한 것이다. 이 사건의 항소심은 "남북이 대치하고 있고 '국가보안법'이 시행되고 있는 한국 현실에서 특정인이 주사파, 종북으로 지목될 경우 반사회세력으로 몰리고 사회적 명성과 평판이 크게 손상돼 명예가 훼손된다고 봐야 한다"고 판단했지만 대법원 전원 합의체의 8인 대법관은 타인에 대해 '종북' 등 표현을 쓰는 것은 명예를 훼손하는 위법 행위가 아니라는 다수 의견을 냈다. 반면에 5명의 대법관은 "표현의 자유에도 일정한 한계가 있을 수밖에 없다"며 소수 의견을 냈다. 특히 박정화 대법관 등은 "한국 사회에서 '종북', '주사파', '경기동부연합' 용어는 그 입장으로 규정된 사람들을 민주적 토론 대상에서 배제하기 위한 공격 수단으로 사용돼온 측면이 있다"며 "이런 표현을 할 만한 상당한 이유가 있었다고 볼 수도 없다"고 지적했다.

반면에 그로부터 불과 한 달 남짓한 2018년 12월 3일 같은 대법원은 배우 문성근 씨가 자신에 대해 "종북"이라고 칭한 탈북 영화감독 등 7명을 상대로 제기한 명예훼손 손해 배상 청구 소송에서 원고 문성근 씨의 주장을 인정하여 피고인들에게 각각 100만 원에서 500만 원을 배상하도록 판결하였다. 이처럼 유사한 사건에 대해 대법원의 유무죄 판단이 달라진 것은 무엇보다도 각각의 경우 고소인이 "종북"이라고 불릴 만한 구체적 근거가 있느냐의 여부로서 문성근 씨는 북한을 추종했다고 볼 수 있는 근거가 없는 반면 이정희 전 대표 부부는 일부 행위가 북한을 추종한 것으로 볼 수 있다고 판단하였는데 한겨레 등의 일부 언론에서는 이런 결정은 면책 특권을 갖는 국회 의원으로서 정상적인 정치 활동을 확대 해석한 것이라는 비판을 불러 일으켰다. 뿐만 아니라 앞에서도 언급했듯이 유사한 사례로 문재인 전 대통령을 "공산주의자"라고 지칭한 것은 명예훼손이라는 판결이 나왔다. 즉 2018년 9월 16일 서울중앙지법 민사7부는 문 대통령이 2013년 1월 자신을 "공산주의자"라고 비판한 고영주 전 방송문화진흥회 이사장을 상대로 낸 손해 배상 청구 소송 항소심에서 1000만 원 배상 판결을 내렸다. 비록 문재인 전 대통령에 대한 공산주의자 발언은 우여곡절 끝에 무죄로 판결이 났지만, 이 일련의 사건들은 모두 명예훼손에 따른 손해 배상 청구라는 같은 민사 사건에, 내용도 유사해 공인을 비판한 정치적 표현에 대한 명예훼손의 책임을 놓고 법원이 어떻게 판단할 지를 두고 관심이 집중된 사안이었다. 그런데 그 재판

결과가 상반되게 나왔다는 점은 주목할 만하다. 한국에서 명예훼손은 우선 제3자에게 '사실의 적시'가 있어야 성립한다. 적시한 사실이 실제 사실이든, 허위 사실이든 무관하게 사실의 적시를 통해 상대방의 사회적 평가가 손상을 입으면 명예훼손이 인정된다. 반면 주관적인 생각이 포함된 의견일 경우에는 처벌하지 않는다. 이 때문에 이들 사건 모두 '사실의 적시'에 해당하는지가 주요 쟁점이었다.

앞에서도 보았지만 대법원은 변희재 씨가 이 전 대표 부부에게 '종북', '주사파'라는 표현을 쓴 것에 대해 단정적인 사실이 아닌, 의견 표명이라고 판단하였다. 즉 "종북'이라는 표현은 '반국가·반사회 세력'이라는 의미부터 '북한에 우호적인 사람들', '대북 강경 정책에 비판적인 사람들'까지 다양하게 사용되고 있다"며 "남북 관계, 시대적·정치적 상황에 따라 개념이 변하기 때문에 의미를 확정하기가 어렵다"고 지적하고 이어 "'주사파'도 단순히 이 용어를 사용했다고 해서 '사실 적시'로 판단할 게 아니다"라며 "'종북'과 '주사파' 등의 표현은 정치적 행보나 태도를 비판하기 위한 수사학적 과장이고, 의견 표명"이라고 판단했다. 반면 고영주 사건의 항소심 재판부는 고 전 이사장이 문 대통령에게 '공산주의자'라고 표현한 것은 '사실 적시'에 해당한다고 판단했다. 재판부는 "'문 대통령은 공산주의자'라는 표현이 가치 판단이나 의견으로 보이는 부분이 있기는 하지만, '문 대통령은 체제 전복 활동을 한 범죄자들을 변호하면서 그들과 동조하여'라든지 '고 전 이사장에 대해 불만을 갖고 참여정부 때 공정하지 못한 인사를 했다' 등 사실을 의견과 혼합해 표현한 것"이라고 했다. 고영주 전 이사장의 경우는 변희재 씨와는 달리 의견과 사실이 섞여있기 때문에 사실 적시로 봐야 한다는 취지다.

하지만 같은 사건을 두고도 형사 사건 재판부의 시각은 달랐다. 서울 중앙 지법 형사11단독 김경진 판사는 "(공산주의자라는 표현이) 부정적인 의미로 사용된다는 사정만으로 허위·진실 여부를 가릴 '사실 적시'라고 볼 수는 없다"고 했다. 김 판사는 "분단 국가인 대한민국에서 공산주의자라는 표현은 북한과 긴밀하게 연관된 사람을 지칭하기도 하지만, '북한에 우호적인 사람', '북한에 유화 정책을 주장하는 사람' 등을 부정적으로 이를 때 사용되기도 한다"며 "오늘날 우리 사회에서 이론의 여지가 없이 받아들여질 수 있는 일의(一意)적인 자유민주주의나 공산주의 개념이 존재하는지 의문"이라고 했다. 그러면서 "고 전 이사장의 발언은 대체로 사실에 부합하게 언급하고 있다"고 했다. 결국 이 사건은 대법원에서 원심 파기 환송되었다. 이상에서 볼 수 있듯이 한국에서의 명예훼손 판단은 재판부에 따라 동일한 용어의 해석에 대한 잣대가 달라지는 등 일관성이 결여되었다는 지적을 면할 수 없다.

3.3.3. 법언어학적 접근

위의 사례에서 보듯 논란이 되는 민감한 표현들, 예를 들어 '종북'이나 '주사파', '공산주의자' 등의 용어 사용을 둘러싼 각급심에서의 해석의 차이는 사법부의 불신을 초래할 정도로 우려할 만한 수준이다. 적어도 가장 기본적인 용어의 의미와 해석에 관해서는 누구나 예측할 수 있도록 일관성이 필요하다. 이를 위해 앞 장에서 언어적 표현이 갖는 감정적 규준이라는 분석 방법을 보았는데 이를 응용한 명예훼손성 어휘에 대한 감정적 규준의 도입을 진지하게 검토할 필요가 있다. 감정은 한 개인의 외부 환경이나 사건에 대한 내면적 의미 부여의 산물로서 개인의 신체적 적응과 항상성(homeostasis) 유지와 직결되는 중요한 심리적 기제이다. 다만 현재 한국에서는 개인적 차원을 넘어 자신과 생각이 다른 사람이나 집단을 혐오하거나 사회적 약자를 경멸하고 우월감을 과시하는 등 온갖 유형의 공격적 감정 표출과 소통이 인터넷과 모바일 미디어를 중심으로 만연하고 있다. 이 중 적지 않은 부분은 자신의 생각이나 느낌을 표현할 때 수반되는 감정의 적정한 표출과 소통에 대한 이해가 부족하고 공개적 맥락에서 자기 감정의 적절한 제어가 없으며, 배려와 공감 능력이 모자라기 때문이다. 인간은 분노나 혐오, 수치심, 당혹감, 기쁨, 행복, 질투, 슬픔, 자부심, 좌절감, 우울함 등의 다양한 감정을 언어로써 표현하고 타인에게 전달하거나 상호 교환하며, 이는 사회 전체적으로 해석되고 수용되며 일부는 문화 규범화한다. 따라서 우리는 구체적인 상황에서 감정의 개념화와 언어적 표출에 영향을 주는 요인들을 조사하고, 다문화 시대 및 국제화 시대에 서로 다른 문화에 속하는 사람들이 자신의 모어로 부정적인 감정을 표출하는 것을 연구할 필요가 있다. 특히 감정을 사회 규범이나 법에서 용인하는 방식으로 적절하게 표출하며 소통하는 것을 다각도에서 비교하여 명예훼손을 포함한 여러 가지 정표적 언어 행위(expressive speech act)의 원리를 법과 언어, 문화의 통합적 관점에서 체계적으로 밝히는 것이 필요하다.

하루가 다르게 발전하는 정보 통신 기술이 제공하는 유용한 도구들이 오히려 우리의 소통과 생활을 어렵게 만드는 데 남용되고 있는 이런 현실은 인공 지능과 사물 인터넷 등 첨단 기술이 사회와 경제에 융합되어 우리 생활에 보편화되고 모든 사람과 사물이 궁극적으로 거대한 네트워크로 연결되는 이른바 4차 산업 혁명 시대를 맞아 슬기롭게 해결해 할 시급한 선결 과제 중의 하나이다. 일찍이 Mellinkoff(1963)는 "The law is a profession of language"라 한 바 있고, Gibbons(2003)는 "Law is language,… it is a profoundly linguistic institution"이라고 할 정도로 법의 요체는 우리가 사용하는 언어이다. Svartvik(1968)이나 Coulthard(1994) 역시 재판의 언어는 일부 법조인들만의 전유물이 아니며 이들이 사용하는 언어를 면밀하게 연구하는 것이 필요하다고 주장한 바 있다. 법 전문가이든 일반인이든 누구나 언어에 대한 의식과 이해가 높을수록 법에 대한 인지 수준이 높아진다. 그 때문에 미국의 법조인을 양성하는 미국 대학의 로스쿨에서는 언어에 대한 중요성을 강조하며 영어의 완벽한 구사와 이해를 위해 끊임없는 독서와 작문을 요구한다. 한국에서도 종래의 사법연수원이나 현재 로스쿨에서 모의 공소장이나 판결문 작성 연습을 하지만, 언어학자나 전문 작가 수준의 완벽한 한국어를 구사하는 법조인을 배출하는지는 의문이다.

특히 현대 언어학에서는 방대한 양의 언어 자료를 언제든 참고할 수 있는 말뭉치, 즉 코퍼스(corpus)를 활용한 코퍼스 언어학이라는 분야가 급성장하고 있다. 하시우치와 홋타(2016, p.81)는 법언어학의 연구를 일본에 정착시키기 위해서는 과학적으로 검증해 나갈 필요가 있는데 이에 코퍼스 분석은 유용한 수단이라고 주장한다. 또한 Fanego & Rodríguez-Puente(2019)는 영어의 법률 담화에 대한 코퍼스 분석과 언어역 분석을 통해, 일반적인 예상을 뛰어넘는 통계적으로 흥미로운 결과들을 보여주고 있다. 다만, 여러 기관에서 만든 말뭉치에는 문법과 어법에 부합하는 언어 자료만이 조직적으로 저장되어 있는 것이 아니라 온갖 종류의 자료들이 뒤섞여 있기 때문에 이를 법적 판단에 활용하기 위해서는 옥석을 정확히 가려낼 수 있는 전문가들의 참여가 필수적이다 앞서 본 사건들에서 '종북', '주사파', '공산주의자' 등의 의미 해석과 사용은 단순히 몇몇 재판부의 직관적이고 주관적인 판단에 의존해서는 안 되며, 대신 법언어학적 훈련을 받은 코퍼스 분석 전문가의 자문을 받아 보다 전문적이고 객관적인 판단을 내리는 것이 바람직하다.

3.4. 익명성

3.4.1. 사회적 적절성

명예훼손 발화에 대한 언어학적 분석과 맞물린 주제로서 명예훼손적 사건 보도에서의 익명성(anonimity)과 명시성(explicitness) 역시 현재 법적으로 중요한 쟁점이 되는 문제이다. 특히 한국에서는 이름에 관한 명예 의식이 강하고 피의자라고 해도 인권을 보호해야 한다는 견해가 강해서 아무리 극악한 사건이 발생해도 언론 보도에 익명으로 처리되는 경우가 허다하다. "배우 A모 씨가 해외에서 원정 도박을 한 혐의로…"처럼 사건 초기에는 사건 당사자의 실명을 거론하지 않는 것이 보통이고 인권위원회의 심의를 거쳐 통과될 때에만 예외적으로 이름을 공개한다. 그러다 보면 이미 대중들은 이른바 인터넷 수사대라는 일부 네티즌들의 도움으로 피의자의 이름을 알고 있는데도 공식 보도에는 여전히 익명으로 나오는 경우도 많다. 또한 어떤 방송사나 신문사에서는 익명으로 처리하는데 다른 언론사에서는 "김 아무개 씨"처럼 이름의 일부만을 노출하기도 하며, 또 다른 언론사에서는 "홍길동 씨"처럼 전체 이름을 공개하기도 한다. 그런데 한국에 비해 오래 전부터 피의자의 권리를 철저히 보호하는 것으로 알려진 미국의 경우 사건의 초기에서부터 언론사에서 피의자의 이름을 익명으로 보도하는 경우는 매우 드물며 그럴 경우 언론사의 책임 회피나 과잉 보호라는 독자들의 빗발치는 항의를 받게 된다.

이런 차이는 사회 구성원들이 공유하는 소통의 '사회적 적절성'에 대한 인식의 차이로 볼 수 있는데(Fetzer 2007), 이것이 각 사회나 국가에서 표현의 자유와 인격권의 우선순위를 결정하는 요인이 된다. Fetzer(2007)의 거시화용론적 개념인 '사회적 적절성(social appropriateness)'은 예를 들어 친구나 가족들 사이와 같은 단순히 사교적인 소맥락이 아닌, 공공성을 염두에 둔 사회적, 규범적 대맥락에서의 발화 의미의 타당성과 수용 가능성을 말하는데 같은 문장을 발화하더라도 이 사회적 적절성의 척도가 달라질 수 있기 때문에 국가마다 법적 판단이나 제재가 달라지는 것을 설명할 수 있다. 예를 들어 한국과 일본, 미국 이 세 나라는 명예훼손적 발화의 사실성 여부가 그 발화의 사회적 적절성 판단에 영향을 주는 데 차이가 있다고 볼 수 있다.

발화의 사회적 적절성은 발화의 내용뿐 아니라 익명 사용을 포함한 발화의 형식과도 관련이 있다. 이런 관점에서 Martin & Gray(2005)는 호주에서 명예훼손으로 소송이 벌어진 사건들을 소개하면서 그 핵심적인 발화의 내용보다도 그것을 표현하는 방식이 쟁점이 되는 것에 주목하고 있다. 예를 들어 "The politician is corrupt"라는 발화는 본질적 명예훼손(defamation per se)으로 인정될 가능성이 높은 위험한 발화인 반면 "The politician received a payment of $100,000 from a developer"라는 발화는 그 자체만으로는 당연히 명예훼손이 성립한다고 볼 수 없고 피해자가 그 발화로 인해 손해를 보았다는 추가적인 증거가 필요한 정황적 명예훼손(defamation per quod)에 해당된다. 호주나 영국에서 공직자의 무능함이나 부패를 비난하고자 할 때 명예훼손의 가능성을 피하기 위해서는 그들과 관련된 구체적 사실을 언급하는 것이 비교적 안전하며 그런 사실을 지적하는 대신 그 사실들로부터 자신의 결론을 직접 말하는 것은 불법 행위로 인정받을 가능성이 높기 때문에 위험하다. 다만 Lee(2012a)에서는 명시적인 발화보다 함축적인 발화가 더 자극적이고 무례한 발화로 지각될 가능성이 있음을 보여주고 있어서 더 세밀한 연구와 실제 판례 분석이 필요하다. 앞 절에서도 보았듯이 현재 대한민국 형법에 의하면 불특정 다수에게 공공연히 사실 또는 허위의 사실을 적시하여 명예를 훼손한 경우 처벌을 받는다. 이때 명예훼손의 중요한 구성 개념인 '적시(摘示)'란 사전에는 '지적하여 보임'으로 되어 있는데, 적시의 형식이 단순한 언명(statement)이나 단언(assertion)에 국한되지 않고 함축이나 전제, 함의, 표의와 이의 등 하나의 발화에 수반될 수 있는 다양한 유형의 의미들 중 어디까지 포함할 수 있는지 불분명한 상황으로 이 역시 법언어학적 분석이 시급히 요구되는 부분이다(하시우치와 홋타 2016, Schane 2006).

　명예훼손 소송의 실제 사례를 보면 명예훼손은 개인, 단체, 정부에 부정적인 인상을 줄 수 있는 주장을 전파하거나 아니면 특별히 언명되거나 사실임을 암시한 진술을 전달하든지, 남에 대한 허위 사실을 유포하는 것까지를 광범위하게 포함하는 적극적인 판례도 있고, 발화자가 그런 의도를 갖고 있었다고 할지라도 발화에 구체적으로 명시되지 않은 부분까지 예단하여 사법부가 단죄할 수 없다고 다소 소극적으로 판결한 예도 있다. 따라서 Gibbons(2003)나 Shuy(2010) 하시우치와 훗타(2016)도 지적했듯이 명예훼손에 대한 가장 기본적인 법언어학적 토대가 시급히 마련되어야 함에도 불구하고 실제 법 집행에서는 이런 점은 심각하게 고려되지 않고 법관의 직관이나 상식선에서 사안별로 판단하는 문제점이 있는데 법학자와 언어학자의 공동 연구 결과를 바탕으로 이를 해소할 수 있는 명확한 법언어학적 기준들이 시급히 만들어져야 한다.

3.4.2. 온라인 실명제

최근 한국을 포함 몇몇 나라에서는 온라인에서 범람하는 각종 인신 공격, 혐오, 모욕, 거짓 뉴스 등을 막기 위해 온라인 실명제가 거론되었다. 그러나 이는 개인 정보가 유출될 수 있다는 반발에 부딪혀 전면 법제화는 되지 않고 있다. 표현의 자유를 거의 신성시하는 미국의 경우도 2011년 구글(Google)의 소셜네트워킹 자회사인 구글 플러스(Google plus)가 실명제(real name policy)를 실시하겠다고 발표한 적이 있다. 익명에 기대어 지나친 악플과 스팸 및 댓글 전쟁이라고 할 수 있는 플레이밍(flaming)과 상업적이고 선정적인 메시지 등으로 홍역을 앓

왔기 때문인데 누구든 법적 이름이 아닌 이름으로 등록한 계정은 구글 측에서 일방적으로 삭제하겠다는 일종의 폭탄선언이었다. 그러나 이는 실행에 옮겨지지 못했고 여전히 문제는 해결되지 않은 채로 남아 있다. 구글은 과거 2009년 유튜브 서비스에 대해 한국 정부가 인터넷 실명제를 추진하자 한때 도메인에 한국 국가 설정으로는 업로드와 댓글을 모두 차단한 적이 있었다는 점에서 일관성이 없는 정책이라는 비판을 받을 수밖에 없다.

한국은 개인 정보 보호법이라는 강력한 법이 있어서 공공 매체에서의 개인이나 법인의 법익에 반하는 실명 노출을 금지하고 있다. 그 결과 이미 그 신원이 잘 알려진 사람인데도 언론 매체에서는 여전히 'A 씨', 'B 양', 'O모 씨'와 같은, 외국인들의 시각에는 생소한 보도 행태를 보이고 있다. 이와 비근한 사례로 우리나라는 방송에서 간접 광고를 엄격히 통제하기 때문에 대부분의 시청자들이 잘 알고 있는 기업이나 상표 이름도 전체를 다 공개하지 못하고 일부는 별표(*) 등으로 처리하거나 원음 대신 한국어 표현으로 바꾸어 적기도 한다. 예를 들어 널리 알려진 'YouTube'는 '너튜브'라고 불러 책임을 피하고 '나이키'는 '나이*'이라고 부르며 'Instagram'은 '인별그램'이라고 부른다. 눈 가리고 아웅식이지만 방송사로서는 그만큼 제재를 받을 위험성이 높기 때문에 이런 웃지 못할 편법이 횡행하고 있는데 현대판 "아버지를 아버지라고 부르지 못하는" 이 우스꽝스러운 면피성 형식주의 행태는 속히 바로잡아야 할 것이다.

그런데 문제는 지나친 정보 보호가 일반 대중의 알권리를 심각하게 침해한다는 점이다. 미국의 대표적인 신문인 뉴욕타임스(The New York Times)는 2018년부터 취재 당사자가 누구인지 알고 있어도 그의 실명을 공개할 경우 그가 난처한 상황에 빠질 우려가 있을 경우에는 단지 "senior official in the Trump administration"이라는 식의 익명적 표현을 사용하고 있는데, 이에 대해 트럼프 대통령은 "gutless fake news(배짱이 없는 가짜 뉴스)"의 무책임함을 보여주는 표본이라고 맹비난한 바 있고 뉴욕타임스의 라이벌이라고 할 수 있는 워싱턴포스트(The Washington Post)도 이는 독자들의 알권리를 제한하는 것이며 더 나아가 케이블 뉴스나 인터넷 게시판에서 흔히 볼 수 있는 '우스꽝스러운 별명(silly handle)'을 사용하는 게 어떻겠냐는 조롱을 퍼부었다. 미국뿐 아니라 한국이나 일본도 인터넷의 특성과 장점 중의 하나가 익명성의 자유라고 보는 사람들이 많기 때문에 전면적인 인터넷 실명제는 사실상 불가능한 것으로 보인다. 악플을 방지하는 방법은 전면적인 실명제에 있기보다는 궁극적으로 악플을 올린 사람이 외면당하게 되는 성숙한 시민 의식을 고양하는 데에 있으며 이는 법적인 규제의 문제가 아니라 문화적인 수준의 문제로 생각되는데 이에 대해서는 다음 장에서 다루겠다.

미국이나 일본과는 달리 한국은 2007년에 정부가 '제한적 본인 확인제'라는 이름으로 인터넷 실명제를 추진하였고 독일의 시사주간지 슈피겔(Der Spiegel)은 인터넷 익명성을 다루는 기사에서 한국을 인터넷 실명제 도입으로 표현의 자유가 침해될 위기에 있는 나라로 소개하기도 했다. 실제로 국내 대형 포탈과 방송사의 토론 게시판을 샘플로 한 연구 조사에 의하면 당시 실명제가 도입되면서 인신공격성 발화의 비율이 다소 줄어들기는 했지만 여전히 다수 악플러들은 별다른 변화를 보이지 않았다고 한다(Cho & Kim, 2012). 이런 전면적인 인터넷 실명제는 2011년에 헌법재판소에서 최종적으로 한정 위헌이라는 판결을 받았지만, 2012년 4월 11일 총선을 앞두고 중앙선거관리위원회는 익명으로 올리는 이른바 '소셜 댓글'이 공직 선거법에 저촉된다고 유권 해석하고 모든 언론사와 인터넷 포털사들에게 공식 선거 운동 기간 중에는 일시적으로 실명으로만 글을 올리도록 하였다.

그러나 후에 드러난 사실은 실명제를 사용했음에도 악성 댓글은 그다지 감소하지 않았고, 대신 전체 댓글의 숫자만 현저하게 줄어들어 오히려 활발한 의사소통을 제한하는 결과만 초래했다는 것이다. 선거 관련 온라인 게시판에서 진짜 문제점은 익명으로 활동하는 누리꾼이 아니라 일부 정보 기관이나 권력 기관, 사이비 시민 단체 등을 동원한 이른바 댓글 부대가 은밀하게 벌이는 여론 조작이라는 점이다. 이에 비하면 모욕적인 언사를 사용하는 댓글은 민주주의의 근간을 흔들 정도는 아니라고 여겨지지만 그런 피해를 당한 개인의 공포와 좌절감을 간과할 수는 없다.

그 어느 나라보다도 표현의 자유를 신봉하는 미국이지만 온라인 소통에서의 일견 무질서하고 혼란스러운 모습은 일부 미국인들을 곤혹스럽게 한다. 온라인 소통은 면대면 대화와는 질적으로 다른 소통 방식이기 때문에 같은 잣대로 재단할 수 없음에도 불구하고, 일반적인 면대면 대화에서는 감히 입에 올릴 수 없는 외설적이고 공격적인 표현은 이에 익숙하지 않은 미국인들에게는 충격으로 다가올 수 있다. 그러한 분위기에서 2012년에 뉴욕주 의회의 Dean Murray 주하원 의원과 Thomas O'Mara 주상원 의원은 인터넷에서의 익명 사용을 금지하는 '인터넷 보호법(Internet Protection Act)'을 발의했으나 많은 시민 단체와 누리꾼들의 저항에 부딪혀 실제 투표에 부쳐지지는 않았다. 이 법안을 반대하는 측은 이 법이 표현의 자유를 폭넓게 인정한 수정 헌법에 위배된다고 보고 있다. 대신 미성년을 보호하기 위해 공공 기관에서의 인터넷 서핑을 제한하는 '아동 인터넷 보호법(Children's Internet Protection Act)'은 큰 반발 없이 시행되고 있다. 일본 역시 사회적 예법을 중시하고 타인에게 폐를 끼치지 않도록 행동하는 것이 요구되는 문화적 규범을 가진 사회인데 온라인 특유의 중상과 비방은 당혹스러울 수밖에 없어서 이를 어떤 방식으로든 규제하려는 움직임이 여전히 정치권 안팎으로 존재한다.

3.5. 공인과 공익

3.5.1. '공인'의 개념

명예훼손의 법적 쟁점 중의 하나로 앞 절에서 본 '표현의 자유 v. 인격권 보호'의 문제와 연결되어 있는 또 다른 쟁점은 명예훼손의 대상자가 사회적으로 널리 알려진 이른바 '공인(public figure)'인지의 문제이다. '공인'은 그 개념이 모호하지만 한국에서는 일반적으로 정치인이나 연예인을 포함한 유명 인사들을 지칭하는데 이런 공인들은 그가 누리는 사회적 지위나 인기, 명성에 수반되는 비판을 감수해야 하고 보통 사람들보다 더 무거운 사회적 책임을 부담해야 한다는 점에서 일반인들과 다른 취지의 판결이 내려지곤 한다. 예를 들어 다음 절에서 상세하게 살펴보겠지만, 농민운동가 고 백남기 씨의 유족이 자신들을 풍자한 시사만화가 윤서인 씨에 대한 소송에서 법원은 만화 내용의 사실성 여부 외에도 이들 유족이 시사만화가의 신랄한 풍자의 대상이 될 정도로 사회적 공인은 아니라고 판단하여 시사만화가에게 유죄를 선고하였다. 즉 시사만화가의 풍자는 고위공직자와 같은 사회적 인지도와 책임성이 높은 공인에 대해서는 어느 정도 면책이 되지만 상대적으로 덜 알려진 농민운동가의 유족은 풍자의 대상이 될 수 없다는 취지이다.

"모든 사람은 법 앞에 평등하다"는 것이 법치 국가의 대전제이지만 명예훼손의 경우에서는 예외적으로 공인과 일반인은 비대칭적 존재이기 때문에 단순 형평의 논리로 접근해서는 안 된다고 보는 것이 정설이다. 예를 들어 2004년 미국 대법원은 Santa Barbara News-Press v. Ross, U.S. 03-1338, 03-1432 사건에서 베벌리 힐즈의 대기업 회장인 Leonard Ross가 자신이 '공인'으로 취급되는 것이 타당한지를 확인해 달라는 소송을 아무 논평 없이 각하하였다. Ross는 미국에서 대기업 회장을 자동적으로 공인으로 보는 언론사 관행 때문에 자신에 대한 각종 희화화나 공격적인 비판이 자행되고 있고 이는 프라이버시(privacy) 침해에 해당한다고 주장했다. Ross의 변호인은 소장에서 지금이야말로 미국 사회에서 공인의 정의에 대해 분명한 사법적 판결이 필요한 시점이라고 했지만 대법원은 이에 대한 심리를 거부하였다.

이로써 미국에서 각종 미디어의 주목을 받으며 15년이라는 오랜 기간을 끈 소송은 일단락되었는데 비록 대기업 회장이 공인인지 아닌지는 명시되지 않았지만 유명한 대기업 회장은 대통령이나 국회의원과 같은 정치 지도자 및 인기 연예인들과 마찬가지로 지나치리만큼 과격한 풍자와 비판이 허용되는 공적 인물임을 간접적으로 인정하는 결과가 되었다. 이 결과는 대중의 관심을 끌게 되어 그에 상응하는 권력이나 지위를 얻게 된 사람은 그만큼 의무도 커지며 언론을 통한 사회의 견제를 받아야 한다는 일종의 노블리스 오블리제(noblesse oblige)라는 서구적 사고 방식을 암시하는 것이다.

한 가지 주목할 점은 미국의 몇몇 주의 법에서는 공인의 범위를 명시적으로 정해 놓고 있는데 예를 들어 일리노이주에서는 공인을 좋은 의미이든 나쁜 의미이든 대중들에게 잘 알려진 인물들로서 정부 관리(government officials)와 정치 후보자들(political candidates), 정치인은 아니지만 대중들의 눈(public eye)에 포착되어 있는 사람들로 정의하고 있다(The Communications Decency Act of State of Illinois, Section 230). 이러한 공인은 자신들에 대한 피고소인의 명예훼손 발화가 현실적 악의(actual malice)에서 비롯된 것임을 입증해야 하는 책임을 갖는다는 점에서 일반 대중, 즉 사인(private figure)과는 달리 법적인 부담을 갖는다. 즉 공인이 아닌 일반인은 피고소인이 자신에게 그런 발화를 했을 때 그 동기에 고의성이 없고 단순 부주의에서 비롯된 것이라도 명예훼손이 성립된다. 워싱턴주도 공인 개념에서 일리노이주와 유사하지만 특별히 '제한적인 목적의 공인(limited-purpose public figures)' 개념을 설정하고 있는데 이는 "유명하지는 않지만 사람들의 관심을 끄는 사건에 연루된 사람(people who aren't 'famous' but become entangled in a matter of public interest)"으로 이들 역시 공인과 마찬가지로 자신들에 대한 발화가 단순 부주의가 아닌 현실적 악의에서 비롯되었다는 점을 입증할 책임이 있다(McNamara 2007).

공인 및 공익과 명예훼손의 개념과 관련해서 기념비적 사건의 하나로 호주의 뉴사우스 웨일스주에서는 1988년 유명한 크리켓 선수인 Greg Chappell이 자신의 외도 사실을 알고 이를 심층 취재하여 보도하려고 한 TCN Channel Nine 방송사에 대해 방송 금지 명령을 법원에 요청하였다. 이에 대해 방송사 측에서는 그 선수가 매우 유명한 공인(public figure)으로 그의 외도가 사생활에 속한 문제일지라도 대중들의 알권리를 위해 프로그램을 제작하였다는 입장이었다. 그러나 원고 측에서는 공인의 경우 그가 자신의 공적인 의무(public duties)를 수행할 능력과 관계되는 범위 내에서의 사생활이 공익에 속할 뿐 공적인 의무 수행 능력 밖에 있는 문제는 공익의 범주에 포함되지 않으며 그가 외도를 한 것은 공적 의무와는 아무런 상관이 없다고 주장하였다(Chappell v TCN Channel Nine Pty Ltd). 이 사건의 담당 판사인 Hunt 판사는 그 유명 스포츠 스타가 사람들의 관심을 끌기 위해 의도적으로 그런 사적인 행동을 했다면 이는 언론사에 의해 보도가 되어도 무방하지만 이 사건은 그런 고의성이 없이 은밀히 불륜을 저지르다가 발각된 사건이므로 공익과는 거리가 있다고 판단하고 방송 금지 가처분 신청을 받아들였다. 이는 공익과 공인에 대한 언론 보도에서 명예훼손의 한계를 공적 의무라는 관점에서 명시한 판결로 의의가 있는데 공인에 대한 보도라고 해서 모두 공익과 관련된 공적 발화로 볼 수 없고 공인이 공적인 의무를 성실히 수행했다면 피해자에 대한 명예훼손이 성립하게 된다는 것이다. 이때 문제가 되는 것은 공적인 의무의 범위이다. 최근 한국에서도 프로스포츠 스타나 연예인들의 경우 음주 운전이나 불법 도박, 학창 시절의 학내 폭력 등이 언론에 폭로되어 징계를 받거나 심한 경우 선수나 연예인 생활을 끝내게 되는 경우들이 발생하고 있다. 이를 보도한 신문사나 방송사는 이런 유명 인사들은 대중의 관심을 바탕으로 보통 사람들은 꿈꿀 수 없는 막대한 인기와 명예 및 부를 누리고 그들의 일거수일투족이 팬들에게, 그 중에서도 특히 자라나는 청소년들에게 큰 영향을 줄 수 있는 공적인 존재이기 때문에 그들의 일탈 행위는 단순한 사적 영역에 속한 은폐

가능한 문제가 아니라고 본다. 한국의 경우는 경기장 안에서의 페어플레이 못지않게 경기장 밖에서의 깨끗하고 모범적인 생활도 공적인 의무에 속한다고 보는 경향이 강해서 이런 의무를 다하지 못한 경우를 언론사들이 보도하는 것은 명예훼손이 아닌 대중의 알권리를 위한 정상적인 공적 책무에 속하는 것으로 보는 경향이 강하다.

2012년까지 일본에서 발생한 232건의 명예훼손 사건의 법원 판례를 분석한 Kitajima(2012)에 따르면 일본에서는 명예훼손을 당했다고 제소하는 사람의 직업이나 법인의 직종에 따라 승소율에 차이가 있는데 정치인이나 정부 관리의 경우는 기업인이나 범죄인에 비해 재판에서 이길 확률이 낮았고, 운동 선수나 연예인에 비해 명예훼손의 정도도 낮은 것으로 드러났다. 예를 들어 2007년 일본의 주간지인 주간현대(Shukan Gendai)는 일본 씨름인 스모 챔피언이었던 아사쇼루를 비롯한 스모 선수들과 일본의 스모 협회가 승부 조작을 했다고 보도하였다. 이들은 이 잡지를 명예훼손 혐의로 제소하였는데 2009년 3월에 도쿄 법원은 피고가 원고들에게 1100만 엔을 배상하도록 판결하였고 항소심에서도 유죄가 인정되었지만 770만 엔으로 배상액이 낮아졌다. 그런데 Kitajima(2012)는 이와 유사한 사건이 미국에서 벌어졌다면 아마도 유명 스포츠 선수가 승소하기는 어려웠을 것이라고 말한다. 그 이유는 미국의 경우는 명예훼손을 했다고 추정되는 언론사가 그런 보도로 피해자의 사회적 평판을 끌어내리려는 현실적 악의가 있었는지를 입증하기가 거의 불가능하기 때문이라고 지적한다. 그 예로 미국에서 있었던 1964년의 New York Times v. Sullivan 사례와 1974년 Gertz v. Robert Welch, Inc.을 들고 있는데 미국의 경우는 언론사가 비록 허위 보도를 했어도 그 보도가 피해자에 대한 실제적인 악의에서 비롯된 것을 입증하지 못하면 모두 언론사의 명예훼손 책임을 물을 수 없는 것으로 귀착되었다. 다만 일단 그런 불순한 동기가 인정될 경우는 미국이라도 일본보다 배상 규모가 훨씬 높았다(Media Law Research Center 2004, 48). 그런데 유명인에 대한 언론사의 명예훼손성 보도는 그 동기가 그 공인의 평판을 끌어내리려는 현실적 악의에서 비롯되는 경우보다는 오히려 그런 보도를 통해 해당 언론사에 대한 독자들의 관심을 끌어보려는 선정주의적 보도 행태인 경우도 빈번하다는 점을 간과할 수 없다.

  Kitajima(2012)에 따르면 일본의 법원은 미국에 비해 명예훼손을 엄격하게 다루기 때문에 비록 우연하게, 사실 관계를 잘 알아보지도 않고 부주의하게 그런 말이나 글을 발표하는 경우라도 의도적으로 악의를 갖고 한 경우와 마찬가지로 처벌의 대상이 되며, 비록 원고가 승소하더라도 소송 비용을 감안한다면 그 배상 규모가 매우 낮다는 특성을 가진다(Gamble and Watanabe 2004, 115-16). 이는 한국의 경우도 유사한데, 반면에 미국은 원고의 사회적 지위에 따라 책임을 묻는 정도에 차이가 있고, 현실적 악의가 결정적인 요인이며, 일단 명예훼손이 입증될 경우 높은 배상을 판결하는 경향이 있다. Kitajima(2012, 116)는 일본 재판부가 정치인이나 연예인에 대한 명예훼손 배상 액수를 비교적 낮게 정하는 것은 언론의 자유를 보장하기 위한 의도가 있다고 추정하였다.

이와 관련된 조사로 West(2006)는 일본은 미국에 비해 정치인이나 유명 연예인이 선정적 보도를 일삼는 주간 잡지를 상대로 명예훼손 소송을 하는 경우가 많지만 청구하는 배상액은 낮은 편인데 이는 소송의 주된 목적이 금전적 배상에 있지 않고 보도된 기사 내용이 허위임을 자신이 속한 정당이나 기획사, 팬그룹 등에 밝히기 위해서이기 때문이라고 보았다. 이와 같은 사회적 맥락에서 명예훼손성 기사가 보도되었을 때 유명 인사가 법적으로 해결하지 않는 것은 그 기사 내용을 인정하는 것으로 받아들여지기 때문에 이런 계층에서 명예훼손 소송이 빈번하게 일어난다. 한국에서도 흔히 "셀럽(celebrity)"이라고 불리는 유명 연예인을 둘러싼 황색저널리즘의 흥미 위주의 보도를 심심치 않게 볼 수 있는데 이런 보도에 법적으로 대응하는 사례가 많아지는 것은 일본의 경우와 유사하다. 명예훼손을 서슴지 않는 황색저널리즘의 한 유형으로 "찌라시"라는 단어는 일본어의 '散らし'에서 나온 것으로 보이는데 이는 '어지럽히다, 흩뜨려 놓다'라는 뜻으로 전단이나 광고지를 마구 뿌리는 것에서 유래한 말이다. 이런 "찌라시"는 해당 공인들에 대해 현실적 악의를 갖고 그와 같은 행태를 보이는 경우는 극히 드물고 단순히 독자의 눈길을 끌기 위해 선정적이고 센세이셔널(sensational)한 보도를 하는 것이다. 일부 경우에는 자신들의 존재를 과시하거나 인지도를 높이기 위해 배상을 감수하고 고

의적으로 허위 보도를 일삼는 사례도 있는데 이를 무책임한 행태를 방지하려면 일본처럼 단순 소액 배상에 그치지 않고 미국처럼 징벌적(punitive) 배상을 상례화하는 것이 검토되어야 한다. 이상윤(1996: 252)에 의하면 징벌적 손해 배상은 "민사상 가해자가 피해자에게 '악의를 가지고' 또는 '무분별하게' 재산 또는 신체상의 피해를 입힐 목적으로 불법 행위를 행한 경우에, 이에 대한 손해 배상 청구 시, 가해자에게 손해 원금과 이자만이 아니라 형벌적인 요소로서의 금액을 추가적으로 포함시켜서 배상받을 수 있게 한 제도"라고 하는데 명예훼손이 재산이나 신체상의 피해를 가져올 가능성은 높지 않지만 이에 못지 않게 사회적 자산이라고 볼 수 있는 명예를 훼손하는 것은 일부 사례에서 보듯 극단적 선택으로 이어지는 등 심각한 결과를 초래할 수 있다는 점에서 더 이상 방치하지 말고 전향적으로 검토되어야 한다고 본다.

　명예훼손 재판에서 유죄로 판단될 경우 유럽에서는 원칙적으로 벌금을 부과하는 재산형이 일반적이지만 한국이나 일본, 중국에서는 벌금 외에 징역형도 가능하다. 또한 손해 배상이 필요할 경우 미국이나 영국 등 영미법 체계의 국가에서는 가해자에게 손해 배상 청구시 손해 원금과 이자만이 아니라 형벌적 요소로 추가 금액을 포함하여 배상을 받을 수 있는 징벌적 손해 배상이 가능하다. 이는 명예훼손을 민사상 불법 행위 책임에 형벌로서의 벌금을 혼합한 것으로 볼 수 있는데 미국 연방대법원은 징벌적 손해 배상을 "응징과 억제를 위해 민사재판의 배심원에 의해 부과되는 사적인 벌금"이라고 표현한다(Milo 2008, 221). 반면에 한국을 포함하여 유럽의 여러 나라와 호주, 남아프리카공화국 등에서는 실손해액에 대한 배상인 보상적 손해 배상(presumed damages)을 원칙으로 하고 있다. 실제로 명예훼손 행위는 민법과 형법의 양쪽에 걸쳐 있지만 명예훼손으로 인한 실제 심적, 물적 손해액은 산정하는 게 쉽지 않고 징역형과 재산형을 병과하는 것은 과잉금지 원칙에도 위배된다고 볼 수 있다.

손해 배상을 하는 경우 가해자의 명백한 명예훼손 발화에도 불구하고 피해자의 사회적 평판이나 정신적 건강에 별반 손상이나 피해가 없을 때 금전적 배상을 면제하거나 매우 상징적인 의미의 배상만을 명하는 경우도 있는데 대표적인 사례가 1999년 영국에서 있었던 Reynolds v. Times Newspapers Ltd. 사건이다. 영국의 대표적인 신문인 The Times는 아일랜드의 수상(Taoiseach)을 지낸 Albert Martin Reynolds가 아일랜드 의회를 기만해왔다고 비판하는 기사를 올렸는데 이에 대한 최초 아일랜드판 보도에서 밝힌 Reynolds의 반론은 두 번째 영국판 보도에서는 삭제한 채로 보도하였고 Reynolds는 이를 명예훼손으로 고소하였다. 영국에 2009년 대법원이 별도로 설립되기 전까지 영국 사법 제도의 최고 기구였던 영국 상원(House of Lords)에서 벌어진 최종심에서의 쟁점은 이 사건이 이른바 '자격을 갖춘 특권의 방어(qualified privilege defence)'가 적용될 수 있는지에 대한 판단이었다. '자격을 갖춘 특권의 방어'란 특정한 권위나 신임을 받는 자리에 있는 사람에 한해, 만약 다른 사람이 그런 말을 한다면 당연히 중상이나 비방으로 간주될 수 있는 발화나 진술을 하거나 타인에게 전달하는 것을 특별히 용인하는 것을 말한다.

한국에서도 일반인이 유력 인물의 사회적 평판을 저해할 정도로 신랄하게 비방하는 글을 공공 매체에 올리면 명예훼손이 될 수 있지만, 권위를 인정받은 언론사에서 풍자 만화 등으로 비판할 경우 이를 명예훼손으로 재단하는 경우는 별로 없는 것과 같은 취지라고 할 수 있다. 언론의 중요한 역할 중 하나는 정부를 비판하는 것인데 일부 위정자들에게는 쓴소리로 들릴 수 있다. 그럼에도 왕관을 쓴 자는 왕관의 무게를 견뎌야 하듯 권력을 가진 자는 그만큼 견제를 감수해야 한다. 일부 방송에서 균형있는 보도라는 미명하에 모든 시사 프로그램에 여당 측 인사와 야당 측 인사를 동수로 출연시키고 발언 기회도 기계적으로 균등하게 배정하려는 것은 언뜻 보기엔 공정한 보도 행태로 보이지만 자칫 언론의 비판 기능을 축소시키거나 포기하게 만드는 결과를 낳을 위험성이 있다. 물론 일방적으로 치우친 보도나 선동적이고 부정확한 보도는 제재를 받아야 하고 이에 대해 충분한 반론과 해명의 기회가 보장되어야 함은 의문의 여지가 없다.

사회적 공기(公器)로서 언론사는 그 책임을 다할 경우 다소 논쟁거리가 될 만한 글을 올리더라도 방어가 가능한 특권이 있는 사회적 목탁의 역할을 인정받지만, 학술적인 저술의 저자를 제외한 개인의 경우는 그저 시끄러운 확성기에 불과한 대접을 받을 수 있다. Reynolds

사건의 경우 영국의 전통적인 권위지인 The Times나 Sunday Times 의 기사라면 아무리 입증하기 어려운 명예훼손성 기사를 쓰고 유포 하더라도 그런 자격을 갖춘 특권의 방어가 가능하다는 것이 피고 측 의 입장이었는데 이에 대해 상원의 Lord Nicholls는 책임감이 있는 언론사가 특권과 관련해서 염두에 두어야 할 10 가지 기준을 다음과 같이 밝혔다(출처: "Judgments -- Reynolds v. Times Newspapers Limited and Others". House of Lords. 28 October 1999. Retrieved 28 May 2009):

1) 주장의 심각성: 주장이 심각하면 할수록 만일 그 주장이 사실이 아닐 경우 대중은 그만큼 더 오도될 수 있고 당사자는 더 큰 피해를 입게 된다.
2) 정보의 성격과 그 문제에 대한 대중들의 관심 정도
3) 정보의 출처: 어떤 정보 제공자는 사건에 대한 직접적인 지식이 없을 수 있고, 자기 스스로 지어낸 말일 수도 있으며 돈을 받고 이야기를 하는 경우도 있다.
4) 정보를 검증하기 위해 취한 조치들
5) 정보의 지위: 문제의 정보는 이미 수사 대상일 수도 있는데 이는 존중되어야 한다.
6) 사안의 시급성: 뉴스는 시간이 지나면 가치가 없을 수 있다.
7) 최초 발설자로부터 논평을 받으려 했는지 여부: 최초 발설자는 다른 사람들이 갖고 있지 않은 정보를 갖고 있을 수 있는데 그렇다고 가해자를 반드시 찾아야 하는 것은 아니다.
8) 기사가 최초 발설자의 주장의 요점을 포함하고 있는지 여부

9) 기사의 논조(tone): 신문사는 의문을 제기할 수 있고 조사를 요구할 수 있다. 자신들의 주장을 사실로 단정할 필요는 없다.
10) 기사의 타이밍을 포함한 상황의 문제

언론이 명예훼손에서 '자격을 갖춘 방어의 특권'을 누리기 위해서는 공정하고 정확하며 악의 없이 출판되어야 하고 시의성이 있어야 하며 해당 인물에게 해명이나 반론의 기회를 보장해야 한다는 것인데 이 특권은 잉글랜드와 웨일스에서는 공익과 관련된 사안이나 과학 및 학술적 저널에서 동료 심사를 받는 저작물의 경우 법적으로 보호를 받도록 하는 2013년에 제정된 명예훼손법(The Defamation Act)에 의해 대체되었지만 그 기본 정신은 계승되고 있다. 이에 비해 언론의 자유를 헌법적 가치로 신봉하는 미국은 언론사가 오보에 의한 명예훼손의 책임이 있을 때 피해자에게 손해 배상을 하지만 정정 보도는 필수적으로 요구하지 않는 것이 관행이었다. 1974년 미국 대법원은 공직 선거에 출마한 후보들에 대해 신문사가 명예훼손성 기사를 쓸 경우 후보자는 그런 비판에 대한 자신의 해명을 해당 신문이 게재하도록 요구할 수 있는 플로리다주의 법이 미국 수정 헌법에 위배된다고 판시함으로써 언론의 자유를 강조하였는데 이는 영국의 경우와는 차이가 있다(Miami Herald v. Tornillo 418 US 241). 그러나 최근 들어 약 30개 주 이상에서 명예훼손의 분쟁을 해결하기 위한 방법으로 언론사가 자발적으로 해당 기사를 철회하는 것을 타협책으로 하는 법령들을 제정했거나 준비 중이다. 예를 들어 캘리포니아주에서는 언론사가 자진해서 기사를 철회할 경우 징벌적 손해 배상을 할 수 없도록 하고 있다(Milo 2008).

결과적으로 Reynolds v. Times Newspapers Ltd. 사건에서 배심원단은 신문사에 의한 명예훼손은 인정했지만 Reynolds에게 실질적인 손해가 발생하지 않았다고 판정하고 우리 돈 20원에도 미치지 못하는 1페니라는 상징적인 금액을 배상하도록 하였다. Reynolds로서는 명분상으로는 승리했지만 실질적으로는 아무런 도움이 되지 않는 배상을 받음으로써 상처뿐인 승리에 만족해야만 했는데 이 사건은 영국은 물론 다른 나라에게 언론사의 정치 관련 보도의 책임과 명예훼손상 면책의 범위를 보여준 사건이었다.

3.5.2. 한국의 사례

위 논의에서 보듯 영미법계인 미국의 법에서는 다소 모호할 수도 있는 '공인' 개념을 명시하고 있는 반면, 대륙법계인 한국이나 일본의 경우는 '공인'에 대한 상식적 수준의 개념을 관례적으로 적용하고 있다. 실제로 한국에서는 '공인'은, 그 법적 지위가 불확실하지만, 그럼에도 불구하고 이에 속한다고 보는 유명 인사들은 사회적인 비판을 감수해야 한다는 취지의 판례를 자주 볼 수 있다. 일례로 전직 국회의원이자 변호사로서 활발한 방송 활동을 해왔던 강용석 씨는 2018

년 5월에 자신의 불륜 의혹을 다룬 기사에 부정적인 댓글을 작성한 13명의 누리꾼들을 상대로 각각 200만 원의 손해 배상을 청구한 소송에서 원고 패소했다. 당시 강 변호사 측은 "모욕적인 댓글을 작성해 인격권을 침해당했으므로 불법 행위로 인한 정신적 손해에 대한 위자료를 받아야 한다"라고 주장했다. 담당 재판부는 "강 변호사는 상당히 높은 대중적 인지도와 신뢰를 얻어 이를 자신의 사회 활동에 유용하게 활용했다"며 "대중적 신뢰를 저버리는 언행에 대해서는 일반인들의 비난 내지 비판을 받을 가능성이 상존하고 원고도 이를 예상했다고 할 것이다"라고 지적했다. 이어 "자신에 대한 비판에 수반하는 다소의 경멸적 표현을 어느 정도 감내해야 할 위치에 있다고 할 것인 점 등을 종합하면 댓글 기재가 사회 상규에 위반해 손해 배상 책임을 인정할 정도의 불법 행위에 이르렀다고 볼 수 없다"라고 강 변호사의 패소 사유를 밝혔다.

문제가 되는 공인 개념과 관련하여 법원은 "강 변호사가 전직 국회의원으로서 다양한 방송 프로그램에 출연해 상당히 높은 대중적 인지도를 확보하고 사회적 관심을 받았다"는 점을 지적하면서 "불륜 의혹과 관련해 부인하다가 출입국 기록이 확인되자 다른 태도를 취했으며 온라인에서 관련 사진이 공개된 일"이 있었는데 이는 공인으로서 부적절한 행동이었다고 보았다. 또한 누리꾼들이 올린 "댓글들이 강 변호사가 드러난 사실 관계와 다른 해명을 반복하는 태도가 옳지 않다는 취지의 비판적 의견과 실망감을 표현하는 것으로 보이고, 표현이 무례하기는 하나 그 정도가 지나치게 모욕적이거나 경멸적이어서 인격적 가치에 대한 사회적 평가를 저하시킬 만하다고 보긴 어렵다"라면서 "댓글이 사회 상규에 위반돼 손해 배상 책임을 인정할 정도의 불법 행위는 아니다"라고 누리꾼들의 손해 배상 책임을 인정하지 않았다.

3.5.3. 공익의 문제

명예훼손에 대한 논의뿐 아니라 모든 종류의 사회적 소통과 담론에서 흔히 언급되는 '공공의 이익(public benefits)'이란 개념은 사회 구성원들이 인정하는 그 논의가 지니는 사회적 적절성(appropriateness)의 한 형태로 볼 수 있어 적지 않은 경우 엄격한 기준을 견제하는 수단으로 작용한다. 일례로 앞에서 본 개념인, 공인, 즉 공적인 인물을 공공연히 비난함으로써 그의 사회적 평판에 손상을 불러일으키는 명예훼손은 그 동기가 비판자 자신의 사익을 추구한 것이 아니라 공공의 이익을 추구하는 경우 처벌되지 않을 수도 있다. 한국에서는 원래 SNS 등의 정보 통신망을 통한 허위 사실의 유포는 가장 무거운 명예훼손죄로서 7년 이하의 징역이나 금고 또는 5,000만 원 이하의 벌금에 처해질 수 있지만 공익성이 담보될 경우는 예외적으로 처리되기도 한다. 지난 2012년 대통령 선거 운동에서는 불법적인 인신 공격과 비방, 흑색 선전이 난무했음에도 실제로 처벌된 경우는 극소수였다. 특히 국가 권력의 핵심 기관이라고 할 수 있는 국가정보원에서 야당 후보를 무차별적으로 공격한 사실이 밝혀졌음에도 불구하고 국가 안보적 차원에서 행한 것으로 "공공의 이익에 관한 때에는 처벌하지 않는다"는 형법 제310조의 규정에 따라 무죄로 판결된 것에 대해 "공익"의 개념이 불분명하거나 자의적으로 해석되었다는 지적이 있었다.

공익성 기준을 명예훼손 판단의 중요한 기준으로 삼는 것은 미국의 경우도 마찬가지인데, Dragas(1995)는 미국의 명예훼손법이 공익을 지나치게 고려한 나머지 그런 공익을 빙자한 언론이나 단체의 무자비한 폭로에 속수무책으로 희생을 감수해야 하는 사례를 들면서 외국의 경우와 비교해도 미국은 공익의 추구가 과도하므로 이를 개선하여야 할 필요가 있다고 주장하고 있다. 반면에 최근 들어 한국에서는 미투 운동이 확산되면서 성폭력을 당한 여성들의 폭로가 이어지고 있다. 그런데 문제는 이들이 자신들의 피해 사실을 SNS 등을 통해 다른 사람들에게 알리고 도움을 호소하려고 할 때 자칫하면 가해자들에 대한 명예훼손으로 처벌을 받을 수 있다. 즉 성폭력의 피해자가 이런 사실을 알리고자 한 것이 역으로 사실 적시에 의한 명예훼손의 가해자가 되는 것이다. 예를 들어 2018년 9월 KBS의 보도에 따르면 김모 씨는 용기를 내어 SNS에 과거 알고 지내던 지인이 자신을 성추행했다고 밝혔지만 법의 구조를 받기는커녕 오히려 그 지인으로부터 명예훼손으로 피소되었고 법원은 1심과 2심에서 모두 김모 씨가 성추행을 당했다는 것이 사실일지라도 공익적 목적이 없다면 상대의 명예를 훼손한 것으로 간주하여 벌금 300만 원의 유죄를 선고하였다. 결과적으로 이 사건의 미투 고발자 김모 씨는 형사 처벌의 대상이 되어 범죄자가 될 위기에 처한 것인데, 이는 명예훼손을 형사적 범죄가 아닌 민사상의 다툼으로만 보는 미국의 경우와 완전히 다른 것이다. 성폭력 피해자가 최후의 수단으로 소셜네트워크 서비스에 호소한 것이 공익과는 전혀 무관한 사익 추구인지 아니면 한국 사회에 만연한 미투 문제를 직시하는 계기가 되고 여성의 인격권과 신체 결정권을 보호하는 데 도움이 되는 공익성을 갖는 행위인지의 논란은 아직 풀어야 할 중대한 사안으로 남아 있다.

한국에서 최근 혐오 표현의 범람과 관련하여 이주영(2015)은 한국의 명예훼손 관련법이 피해자를 특정할 수 있는 경우에만 적용된다는 것이 문제라고 주장한다. 즉 아무리 심한 비난성 발화라고 할지라도 특정 개인을 대상으로 하는 것이 아니라 어떤 집단의 불특정 다수를 대상으로 할 때는 처벌할 수 없는데 이런 조항은 오히려 혐오와 명예훼손 발화를 조장하는 측면이 있어 재고의 여지가 있다.

3.6. 사실성

3.6.1. 사실과 의견

명예훼손을 둘러싼 또 다른 중요한 법적 이슈는 사실에 대한 언명과 단순한 의견 피력의 구분이다. 한국에서 명예훼손죄의 구성 요건 중에는 어떤 발화가 단순 의견 표현이 아닌 사실의 적시 또는 허위 사실의 적시이어야 하는데 그 구별은 쉽지 않다. 우선 대법원 판례에는 '사실의 적시'에 대해 구체적으로 서술되어 있는데 "사실의 적시란 시간과 공간적으로 구체적인 과거 또는 현재의 사실 관계에 관한 보고나 진술을 뜻하며, 표현 내용이 증거에 의한 증명이 가능한 것을 말한다."고 되어 있다(대법원 2018. 9. 28. 선고 2018도11491 판결). 중요한 것은 시간과 공간이 막연하지 않게 과거에 일어난 것이나 현재에 벌어지고 있는 사실에 대해 명시적으로 언급하되 그 내용을 증명할 수 있는 것이어야 한다는 점이다. 이에 따르면 미래에 일어날 가능성을 이야기한다거나 실제 증거로 입증되지 않은 것을 소문이나 추정에 의해 언급하는 것은 '사실의 적시'에서 제외된다.

뿐만 아니라 '사실의 적시'는 가치 판단이나 평가를 내용으로 하는 '의견 표현'에 대치되는 개념인데 대법원에 따르면 "판단할 진술이 사실인지 아니면 의견인지를 구별할 때에는 언어의 통상적 의미와 용법, 증명 가능성, 문제된 말이 사용된 문맥, 표현이 이루어진 사회적 상황 등 전체적 정황을 고려하여 판단해야 한다"고 하였다(대법원 2018. 9. 28. 선고 2018도11491 판결). 여기서 주목할 만한 점은 사실과 의견의 구분은 사용된 언어 표현의 사전적 의미 외에도 맥락에 따른 의미와 이런 의미가 발생한 상황까지 두루 고려해야 한다는 점이다. 언어화용론에서는 말의 의미를 의미론적 의미(semantic meaning)와 화용론적 의미(pragmatic meaning)로 나누는데, 전자는 말이 발화된 맥락에 좌우되지 않는 고정적인 개념적 의미인 반면 후자는 화자나 청자 및 이들이 공유하는 가정, 세상 지식 등의 맥락 요소에 의해 결정되는 대화 함축(conversational implicature)과 같은 맥락의존적 의미이다(이성범 2019, 2023). 따라서 어떤 발화가 사실의 적시인지 아니면 단순 의견 표현인지는 이런 두 가지 의미를 종합적으로 고려하여 판단해야 하므로 언어 의미의 발생과 해석 과정에 대한 깊은 법언어학적 성찰이 요구되는 부분이다.

우리나라 대법원이 사실의 적시와 의견 표현을 구별하여 판시한 최근 사례를 보면 어떤 도시의 동장인 피고인이 같은 동의 주민자치위원에게 "어제 열린 당산제 행사에 남편과 이혼한 A도 참석을 하여, 이에 대해 행사에 참여한 사람들 사이에 안 좋게 평가하는 말이 많았다."고 말하고 동 주민들과의 식사 모임에서 "A는 이혼했다는 사람이 왜 당산제에 왔는지 모르겠다."고 취지로 말하여 A로부터 명예훼손으로 기소되었다. 1심과 상고심은 공소 사실을 유죄로 인정하였지만 대법원은 원심을 파기 환송하였다. 즉 원심은 이혼을 한 객관적인 사실만을 언급한다면 이는 과거에 비해 이혼을 부정적으로만 보지 않는 현재 사회 분위기를 고려할 때 명예훼손이 아니겠지만 문제의 발화는 주관적인 관점에서 이혼을 부정적으로 평가하는 내용을 포함함으로써 이혼한 사람의 사회적 가치나 평가를 침해할 수 있기 때문에 명예훼손으로 판단하였다. 그러나 대법원은 피고인의 발화는 이혼녀

A의 당산제 참석에 대한 부정적인 가치 판단이나 평가를 표현하고 있을 뿐, A의 사회적 가치나 평가를 침해하는 구체적인 사실의 적시에 해당하지 않고 A의 당산제 참여에 관한 의견 표현에 지나지 않는다는 이유로, 공소 사실을 유죄로 인정한 원심 판단 중 명예훼손죄에서 사실의 적시와 의견 표현의 구별에 관한 법리 오해의 잘못이 있다고 한 사례이다.

사실과 의견의 구별은 명예훼손 발화 자체의 직접성/간접성 수준과도 관련이 있다. Tiersma(1987)는 사실에 대한 언명과 의견의 피력을 구별해야 한다고 주장한다. 사실에 대한 언명은 가해자가 자신이 비난하고자 하는 피해자에 대해 제3자에게 새로운 부정적 정보를 제공하고 더 나아가 제3자를 설득하려는 의도에서 비롯된 것이기 때문에 현실적 악의를 부인할 수 없지만, 단순한 의견 피력은 특정 사안에 대해 자신의 믿음을 제시하는 것으로서 악의적인 비난과는 다르기 때문에 법적 제재에서 제외되어야 한다는 것이다(Tiersma 1987, 307). 그 결과 Tiersma(1987)에 의하면 명예훼손 발화의 판단은 피해자의 사회적 평판 저하와 같은 발화 결과적 효과(perlocutionary effect)도 중요하지만 화자/저자의 발화 수반적 의도(illocutionary intent)가 중요하다고 주장한다. Tiersma(1987)는 어떤 발화가 명예훼손이 되기 위해서는 그 발화에 수반된 의도가 비난(accusation)임이 확실해야 한다고 본다. 발화 수반적 의도가 비난이 아닌, 단순 전달이나 취재 보도, 인용(quote)일 경우는 명예훼손이 아니라고 보는 것이다. 이와 관련된 한국 법원의 판례를 보자.

　전국언론노조 소속 문화방송 노조는 지난 2012년부터 약 6개월간 파업을 벌였는데 이를 보도한 MBC 뉴스데스크는 노조의 파업을 "대선을 앞둔 불법 정치 파업"이라고 지칭해 보도하였다. 이에 대해 노조는 MBC 당시 김장겸 보도본부장과 최기화 보도국장을 상대로 정정 보도와 명예훼손 손해 배상 청구 소송을 제기하였으나 서울 서부지법 민사합의 12부(부장 판사 이원신)는 이 뉴스 보도는 "순수한 의견 표명일 뿐"이라면서 원고 패소 판결을 내렸다. 이에 대해 노조는 "앞선 재판에서 자신들의 파업은 공정 방송 회복을 위한 정당한 파업이라고 인정받았다"면서 "뉴스데스크는 이러한 법원 판결들을 누락해 시청자들에게 제대로 전달하지 않았다"고 주장했다. 그러나 재판부는 "MBC가 '이 사건 파업은 불법이다' 또는 '이 사건 파업은 정치색이 있다'라는 자신의 의견을 표명한 것에 불과하다"라고 보았으며 "MBC가 의견에 대한 근거 즉, 기초가 되는 사실을 따로 밝히고 있지 않은 이상 표현한 의견 부분은 이른바 순수 의견으로서 타인의 명예를 훼손하는 행위가 될 여지가 없다"고 판단했다. 이 판결의 요지는 MBC 뉴스데스크의 보도가 어떤 구체적인 사실을 적시한 것이라기보다 의견을 표명한 것으로 정상적인 보도 업무의 범위를 넘어서지 않았다는 것인데 노조는 문제의 뉴스 보도가 노조를 깎아내릴 악의적인 의도로 이루어진 것으로 명예훼손에 해당한다고 주장했지만 법원은 당시 경영진의 주장을 받아들였다.

의견 표명의 한 형태로서 어떤 메시지에 대해 '좋아요(Like it)'를 누르거나 댓글을 올리는 것이 있다. 그런데 한국에서는 타인의 명예를 침해하는 아무리 심각한 글이라도 이에 대해 '좋아요'를 누르거나 동감한다는 댓글을 올린 경우는 명예훼손으로 처벌할 수 없다. 그럼에도 불구하고 외국에서는 종종 악의적인 댓글을 달거나 명예훼손성 발화를 적극적으로 전파한 누리꾼들도 최초 입력자와 같이 처벌되기도 한다. 특히 최근의 법원 판례들을 보면 적어도 한국에서는 명예훼손의 위법성 조각 사유에서 진술된 발화의 해석을 놓고 진실과 의견의 판단이 명확하지 않고 현실적 악의의 의도 해석이 불분명한 경우가 있는데 이 점 역시 법언어학적, 화용론적 관점에서 그 기준이 새로 정비되어야 할 부분으로 생각된다.

3.6.2. 반론

한국과 일본, 미국 모두 명예훼손 행위에서 사실과 의견의 구분이 중요하지만 Shuy(2010, p.15)는 '사실에 대한 언명'과 '의견의 피력'이라는 엄격한 이분법에 반론을 제기한다. 즉 예를 들어 누군가가 "I think he's a mean employer"와 같은 발화를 한다면 이는 "I think"라는 의견을 표시하는 전형적인 울타리 표현(hedge)을 사용해서 전체 발화가 참인지 거짓인지를 증명하기 어렵다는 이유로 과거에는 명예훼손으로 기소되지 않았다. 하지만 1990년 'Milkovich v. Lorain Journal

Co., 497 U.S. 1, 18-21' 사건에서 미국 대법원은 모든 의견 제시가 법의 보호를 받는 것이 아니며 사실과 의견의 구분은 다분히 "인위적인 (artificial)" 것이라고 보았다. 이 사건의 하급심에서는 미국의 1차 수정 헌법에 따라 공적인 관심사에 대한 진위를 따질 수 없는 언명은 법의 보호를 받으며 사실을 진술한 것이라고 합리적으로 해석할 수 있는 언명은 면책된다고 선고하였다. 그러나 당시 Rehnquist 대법원장이 이끄는 최상급심에서는 "I believe"나 "in my opinion"과 같은 울타리 표현으로 시작하는 비난 발화가 항상 면책되는 것은 아니라고 판결하였다: "Simply couching such statements in terms of opinion does not dispel these implications [of false assertion of fact]; and the statement, "In my opinion Jones is a liar," can cause as much damage to reputation as the statement, "Jones is a liar."(497 U.S. 1, 19, 1990, quoting Cicanci, 639 F. 2d at 64).

그런데 이런 미국 대법원의 판결은 '사실 대 의견'이라는 논쟁을 종식시키기보다는 오히려 더 증폭시키는 결과를 초래하였다. 이 판결은 언론과 표현의 자유를 위축시켰다는 반발을 불러일으켰고 전통적으로 인격권보다는 표현의 자유를 중요시하는 미국의 가치 체계에 수정을 강요한 것이 아니냐는 주장이 대두되었다는 점은 앞으로 더 면밀하게 다룰 연구 과제라고 생각한다. 예를 들어 과거 2차 세계 대전 중의 유대인 학살을 옹호하는 발언을 하거나, 나치를 상징하는 물품을 전시하거나 나치스식 구호와 경례를 하는 경우, 또한 타인을 근거없이 공공연히 신나치주의자로 비판할 경우 유럽의 여러 나라에서는 법적으로 제재를 받을 수 있지만, 미국에서는 그런 행위조차도 과격하기는 할지언정 그것도 그 개인이 가진 의견의 피력이라는 점에서 넓은 의미의 표현의 자유로 인정을 받기 때문에 사법적 판단의 대상이 되지 않는다. 물론 미국에서도 그런 발화를 할 경우 법적인 제재 외에 또 다른 거센 사회적인 비난이 뒤따르지만 그런 발화를 한 개인이나 단체가 명예훼손 혐의로 처벌을 받는 사례는 아직 보고된 바 없다.

이런 점에서 Lee(2012b)는 언어 형식에 반영된 사실 적시와 의견 표명의 차이 및 의견 표명의 경우라도 다른 형식으로 발화된 경우 실제 언어 사용자들은 어떻게 인식하는지를 화용론적 방법으로 조사하였다. 예를 들어 다음 발화를 보자.

(1) A: What do you think of the candidate for Chief Justice?
    B: I don't think the Chief Justice is an office for a dishonest person.
(2) A: What do you think of the candidate for Chief Justice?
    C: There's a rumor that he is a wife beater.

같은 질문에 대한 (1)의 B의 답과 (2)의 C의 답은 둘 다 대법원장 후보자를 부정적으로 보고 있지만 "I don't like him because he is a wife beater"처럼 직접적이거나 명시적으로 사실을 적시하여 말하고 있지는 않다. 그러나 이런 간접적인 뜻을 전하는 데 있어서 B와 C는 차이가 있는데 B는 그 후보자가 정직하지 못한 사람이라고 전제하고 그에 대한 자신의 의견을 간접적으로 개진하는 형식을 취하고 있다. 반면에 C는 그 후보자에 대해 떠도는 이야기가 있다고만 말하고 있다. 이 대답을 들은 A는 두 사람이 제공한 단서를 토대로 이들이 의도한 것을 찾아내야 한다. 즉 비명시적인 말을 함으로써 응답자들은 A가 접근할 수 있는 맥락의 범위를 한정했고 그 범위 내에서 후보자에 대한 잠재적으로 명예훼손적인 해석으로 인도했다. 그런데 B와 C의 답에서 함축되어 있는 결론의 강도(strength)는 차이가 있다. Sperber & Wilson(1995)의 적합성 이론에서는 대화에서 전달되는 함축의 강도는 "맥락 가정(contextual premises)"이라고 부르는 암시적 상정 내용의 개수에 반비례한다고 본다. 물론 직설적인 사실 적시의 문장은 암시적 상정 내용이 없기 때문에 별다른 함축 없이 문장의 의미가 전달된다. 즉 같은 질문에 "I don't like him because he is a wife beater"라고 아무런 맥락 가정을 암시하지 않고 직설적으로 대답한 것은 가장 강력한 답으로서 명예훼손성의 정도도 이에 비례하여 매우 높다. 반면에 예를 들어 어떤 함축은 그 함축에 연결된 암시적 상정 내용이 불과 한두 개 밖에 없어서 강하게 전달될 수 있기 때문에 청자가 쉽게 풀 수 있는 반면 다른 함축은 암시적 상정 내용이 복잡하게 너무 많아서 그 함축 의미가 잘 보이지 않을 정도로 약하고 청자는 함축에 도달하기 어렵다. (1)의 B가 전하는 메시지의 함축은 (2)에서 C가 전하는 메시지의 함축보다 강한데 그 이유는 맥락 가정의 수에서 차이가 있기 때문이다. 즉 (1)에서 A가 찾아야 할 유일한 맥락 가정은 "The candidate is a dishonest person"인 반면 (2)에서는 이보다 더 많은 가정이 필요하다. (2)의 대화에서 생각할 수 있는 맥락 가정과 이로부터 도출할 수 있는 결론은 다음과 같다.

> Premise 1: Wife-beating is a serious crime.
> Premise 2: A person who commits a serious crime is not eligible for an office required for integrity.
> Premise 3: The Chief Justice is an office that requires integrity.
>
> Conclusion: The candidate is not eligible.

즉 (2)에서 A는 3개의 맥락 가정을 모두 찾아내어 이를 종합해서 결론에 도달해야 하기 때문에 그만큼 비용이 높은 추론을 해야 한다. 물론 이런 가정들로부터 결론을 얻는 것은 맥락의존적인 화용적 추론이기 때문에 때에 따라서는 "Nevertheless, I think he is well-qualified."처럼 취소가 가능하다. 위의 질문에서 별다른 암시적 상정 내용이 없어 가장 직접적으로 답을 한 경우는 명예훼손성도 높게 나타나는 반면, 암시적 상정 내용이 많을수록 함축의 강도가 낮아지면 명예훼손성도 낮게 나타나기 때문에 그 대답의 명예훼손성도 약하다고 느낄 가능성이 높다. 즉 앞 장에서도 보았듯이 발화의 명예훼손성은 '있다-없다'의 2가적 가치를 갖는 개념이 아니라 가장 강한 것부터 가장 약한 것까지 연속적 척도(scale)를 이루는 정도적 개념으로 보아야 한다. 다만 이 경우 약한 함축을 사용해서 명예훼손 발화 행위를 한 경우와 그보다 강한 함축을 사용해서 명예훼손 발화 행위를 한 경우를 구별해서 법적으로 다르게 처벌할 것인지는 아직 더 검토가 필요한 문제이다.

3.6.3. 사실과 허위

명예훼손의 법적 측면에서 '사실과 의견' 논쟁 못지않게 중요한 것은 '실제 사실과 허위 사실'의 문제이다. 한국과 일본, 미국에서 명예훼손죄 성립의 주요 차이점 중의 하나는 진술된 내용의 사실성 여부이다. 한국에서는 실제 사실이든 허위 사실이든 모두 처벌될 수 있지만, 미국에서는 실제 사실을 언급한 경우는 민사상으로도 벌하지 않는 것이 원칙이며, 일본에서는 허위 사실일 경우 더 엄하게 처벌한다. 한국은 단순 사실 적시에 의한 명예훼손과 허위 사실 적시에 의한 명예훼손을 엄격히 구분하고 있다. 즉 형법 제307조에 보면 사실 적시에 의한 명예훼손은 2년 이하의 징역이나 500만 원 이하의 벌금에 처하지만, 허위 사실 적시에 의한 명예훼손은 5년 이하의 징역, 10년 이하의 자격 정지 또는 1000만 원 이하의 벌금에 처할 수 있다. 또한 형사 소송법 제249조에서의 명예훼손 공소 시효도 사실 적시는 3년이지만, 허위 사실 적시는 5년으로 허위 사실 적시에 의한 명예훼손을 단순 사실 적시에 의한 명예훼손보다 훨씬 중하게 다루고 있다.

그런데 예를 들어 공황 장애자가 아닌 사람 XX를 지칭하여 타인에게 "XX는 공황 장애자이다"라고 거짓으로 공격하는 것보다, 진짜 공황 장애자로서 이 사실을 남에게 감추고 싶어 하는 사람에게 "XX는 공황 장애자이다"라고 폭로하는 것이 당사자에게 주는 심리적 당혹감이 더 크다고 보아야 할 것이다. 자신과 전혀 상관이 없는 문제로 공격받는 것은 처음에는 어이가 없고 억울하겠지만 대개의 경우 사실 여부를 확인할 수 있어서 금세 가해자의 주장이 거짓임이 탄로날 수 있는 단순 비난성 발화이기 때문에 피해자로 하여금 반증가능성(falsifiability)이 높아 심적 부담이 덜할 수 있다. 반면에 자신이 정말로 숨기고자 하는 신체적 문제나 개인적 비밀을 남이 매정하게 까발리는 것은 유감스럽게도 그것이 사실이기 때문에 반증가능성이 없고 그런 사실이 공론화된다는 것 자체가 법적 소송의 승패를 떠나서 피해자에게는 괴로운 일이 될 수 있다. 그럼에도 현행 대한민국 형법은 허위 사실을 적시한 경우를 실제 사실을 적시한 경우보다 더 무거운 죄로 다루고 있어서 일반적인 법 감정과 괴리가 있다는 지적인데 이는 명예훼손을 단순히 법적 시각으로만 접근하는 것에 한계가 있다는 것을 함의한다 (법체계와 법 감정에 대해서는 다음 장에서 상술하고 있다).

아무리 사실일지라도 감추고 싶은 개인적 비밀을 다른 사람들에게 악의를 갖고 폭로하는 발화는 있지도 않은 허위 사실의 적시보다 피해 당사자에게 미치는 좌절감이나 열등감 등의 발화 결과적 효과

(perlocutionary effect)가 높기 때문에 피해자의 입장을 도외시하고 단순히 화자의 발화 수반적 의도(illocutionary point)만을 보고 그가 한 말이 실제 사실인지 아니면 허위 사실인지만을 따져서 처벌을 달리하는 것은 재고되어야 한다. 미국의 경우는 아무리 심각한 명예훼손성 발화라고 할지라도 밝힌 내용이 허위가 아닌 입증된 사실이라면 처벌하지 않는 반면, 한국이나 일본은 개인의 체면이나 사회적 평판을 현저히 손상시킬 우려가 있는 경우라면 비록 그것이 사실이라고 하더라도 명예훼손으로 처벌할 수 있다. 이는 정보화 시대에 맞지 않는 비밀권의 과잉 보호라는 지적이 일고 있다. 유엔 산하의 시민 정치적 권리 국제 규약(ICCPR)은 한국의 이런 조항을 수정할 것을 한국 정부에 2015년부터 여러 차례 권고한 바 있지만 유교적 전통이 강한 한국에서는 사실 적시 명예훼손 조항의 폐지가 쉽지 않은 실정이다. 실제로 한국의 국회에서는 사실 적시 명예훼손을 폐지하자는 형법 개정안이 발의된 바 있지만 여러 이유로 진척이 되지 않고 있다. 한 가지 절충안은 사실 적시 명예훼손이 오로지 타인을 비방할 목적으로 말한 경우에만 처벌하자는 것인데 이는 앞에서 명예훼손성 발화에 대한 Blum-Kulka et al. (1989)의 분석이나 Sperber & Wilson(1995)의 적합성 이론의 적용에서 본 것과 같은 화자나 저자의 의도의 명시성을 판단할 만한 객관적 기준의 확보가 전제가 된다.

3.6.4. 한국의 사례

먼저 최근 한국 법원에서 허위 사실을 유포한 혐의로 명예훼손의 유죄 선고가 내려진 사례를 보기로 하자. 서울 중앙 지법 형사16단독 최미복 판사는 농민운동가 고 백남기 씨 유족의 명예를 훼손하였다는 이유로 정보통신망법상 명예훼손 혐의로 불구속 기소된 시사만화가 윤서인 씨와 전 MBC 기자 김세의 씨가 허위 사실을 유포하였음을 인정하고 각각 벌금 700만 원을 선고하였다. 최 판사는 "두 사람의 게시글은 피해자의 인격을 허물어뜨릴 정도의 표현으로 평가하기 충분하다"며 "피해자 비방 목적이 있었다고 봄이 상당하다"고 판단했다. 이어 "슬픔에 처한 피해자의 고통을 가중시켰다"고 지적했다. 윤 씨와 김 전 기자는 소셜네트워크 서비스 등에 백 씨 유족들에 대한 허위 사실을 적시해 명예를 훼손한 혐의로 재판에 넘겨졌다. 윤 씨는 2016년 10월 백 씨가 가족들의 동의를 얻지 못해 아무런 치료를 받지 못하고 있는 것처럼 묘사된 만화를 보수 단체 자유경제원 홈페이지에 올렸다. 이 만화의 다른 컷에서는 백 씨의 딸이 수영복 차림으로 해변가에 누워 SNS에 '아버지를 살려내라'는 글을 올리는 것처럼 묘사했다. 같은 시기 김 전 기자는 자신의 SNS에 "납득하기 어려울 정도로 매정한 딸이 있다"며 "놀라운 사실은 위독한 아버지의 사망 시기가 정해진 상황에서 해외 여행지인 발리로 놀러갔다는 점"이라는 글을 올렸다.

하지만 백 씨의 딸은 휴양 목적으로 여행한 것이 아니라 시댁 형님의 친정을 방문한 것으로 밝혀졌는데 그 결과 당초 공소장에는 허위 사실 유포 혐의였으나 판결문에는 실제로 시댁 방문을 위해 여행한 것으로 사실 적시에 의한 명예훼손으로 판시되었다. 또 유족들은 백 씨의 의식이 회복될 가능성이 없어 의료진과 협의에 따라 혈액 투석을 중단한 것으로 조사됐다. 백 씨는 지난 2015년 11월 민중총궐기 집회에서 경찰의 물대포에 맞고 쓰러진 후 장기간 치료를 받았으나 이듬해 9월 숨졌다. 유족들은 김 전 기자 등이 허위 사실로 고인과 유족의 명예를 훼손했다며 검찰에 고소했다. 윤 씨는 재판에서 "시사만화가로서 그 정도의 만평은 할 수 있는 것이 자유 대한민국의 기본적 권리라 생각한다"고 주장했다. 김 전 기자는 "일종의 감상, 감정이었다"고 입장을 밝혔지만 재판부는 이를 받아들이지 않았는데 이는 허위 사실 유포를 엄격하게 판단하는 전통적인 판례와 궤를 같이 하는 것이다. 다만 1심재판부는 윤서인 씨가 시사만화가라는 점에 주목하여 "풍자만화의 경우 풍자와 은유, 희화적 표현 기법이 흔히 사용되고 일반 독자도 그런 속성을 감안해 받아들이는 만큼 어느 정도 과장이 용인된다"면서 "윤서인 씨의 만화에 허위 사실을 암시하거나 허위의 인식이 있었다고 보기 부적절하다"고 판단했다. 시사만화가로서의 역할을 어느 정도 인정하면서도 재판부는 벌금형을 내렸는데 그 근거는 "(당사자가) 언론에 상당한 영향을 끼치는 위치임에도 불구하고 가족을 잃은 슬픔에 처한 피해자의 고통을 가중시켰다"고 지적하면서 윤 씨가 "비방 목적으로 사실을 적시했고 그 내용이 백남기의 딸 백민주화의 인격권을 침해했다"고 판단했기 때문이라고 밝혔다. 이런 1심 재판부의 판단은 상급심에서도 유지되어 결국 2020년 11월 대법원이 상고를 기각하면서 유죄가 최종 확정되었다.

반면에 허위 사실을 유포했다고 하더라도 "감상이나 감정"이 아닌 "착각"에 의한 것이라면 책임을 물을 수 없다는 사례도 있다. 2018년 4월 지방 선거 운동 당시 바른미래당 경기도 지사 김영환 후보는 당시 이재명 더불어민주당 경기도 지사 후보가 영화배우 김부선 씨와 "옥수동 밀회를 즐겼다"고 주장하였다. 이를 최초 보도한 CBS노컷뉴스에 따르면 김영환 전 의원은 "비가 엄청 오는데 봉하를 갔는데 성남을 지나가니까… 근데 (이재명의) 전화가 왔더라구… 옥수동으로 가라고 거기 왜 가느냐고"란 내용의 김부선 씨 녹취 기사를 인용하였다. 그러나 정작 경찰 수사 과정에서는 김영환 전 의원은 자신이 착각에 의해 말을 잘못한 것이라고 진술하였는데 이에 대해 이재명 씨는 "명예훼손은 고의성이 필요한 거라 김영환 전 의원이 착각했다고 진술해 경찰은 고의성이 없다고 판단한 것 같다"고 말했다. 선거가 끝난 후 이재명 당선자는 "명백한 허위 사실을 공표한 김영환과 김부선은 무혐의 송치될 겁니다. 경찰이 수사한 이 두 사건에 대한 수사 결과 발표는 왜 없을까요?"라는 글을 통해 경찰의 편파적 수사를 에둘러 비판했고 결국 그의 말대로 2018년 12월에 수원지검 성남지청은 이재명 지사의 의혹에 대한 수사 결과를 발표하면서 스캔들 부분에 대해서는 객관적 증거가 없다며 불기소 처분했다. 이는 종전의 법원 판례와는 달리 비록 허위 사실이라도 착각에 의한 것이라면 기소조차 되지 않을 수 있다는 선례를 남긴 특이한 경우로 볼 수 있어 논란의 여지가 남아 있다.

3.7. 유포 경로

  명예훼손은 누가 어떤 사실을 어떤 동기로 누구에게 했느냐가 법적 다툼의 핵심이라고 할 수 있다. 이때 명예훼손의 잠재적 가해자는 그런 말이나 글을 최초로 입력한 사람일 수도 있고 그런 말이나 글을 보고 적접적으로 동조하거나 아니면 단순히 전파한 사람일 수도 있다. 특히 디지털 시대에 젊은 세대일수록 직접 만나 얼굴을 보면서 대화하는 것보다 모바일 기기를 통해 메시지를 주고받는 시간이 더 긴 경우가 많은데, 이런 SNS나 메신저는 개인 간의 면대면 대화보다 명예훼손의 한 요건인 공연성이 크기 때문에 문제가 발생할 가능성이 높아진다. 메시지를 입력한 당사자도 모르는 사이에 불특정 다수가 인지할 수 있고 손쉽고 빠르게 퍼나르기를 할 수 있어 의도치 않은 상황에 처할 수 있다. 자칫하면 자신도 모르는 상황에서 일파만파로 퍼져나갈 수 있기 때문에 명예훼손죄를 범할 개연성도 커졌다.

  단적인 예가 치어리더 A의 명예훼손 사건이다. 프로야구 선수 B가

여자 친구였던 C에게 메신저로 'A의 사생활이 문란하다'는 내용을 보냈다. 내용은 B의 의도 여부를 떠나 C를 통해 퍼져 나갔다. 법원은 B에게 벌금 700만 원, C에게 징역 4개월에 집행 유예 1년을 선고했다. 법원은 '두 사람의 대화라 하더라도 전파성이 높다면 명예훼손에 해당한다'는 검찰의 기소 내용을 인정했다. 최초 발언자와 유포자 모두 죗값을 치르게 된 것이다. 또한 2018년 5월 16일, 흔히 '페북스타(페이스북 스타)'로 알려진 유명 유투버(YouTuber) 양예원 씨는 약 3년 전 자신이 피팅 모델(fitting model) 아르바이트를 하던 중 스튜디오 실장 A씨로부터 외설적인 사진 촬영을 강요당하고 그런 사진 파일이 유포되었다고 주장하는 영상물을 유튜브에 올림으로써 사건을 공론화하였다. 하루 만에 청와대 민원게시판에는 철저한 수사를 촉구하는 글이 올라왔고 20만 명 이상이 동의하였다. 그런데 그 후 A씨와 양예원 씨가 주고받은 메신저에는 성폭행에 대한 항의는 없고 오히려 그녀 자신이 계속 아르바이트를 원했다는 내용이 B씨에 의해 폭로되었다. 급기야 A씨가 투신 자살하면서 양예원에 대한 옹호보다는 비판의 여론이 커지게 되었다. 수많은 악성 댓글들이 그녀를 신상털기식으로 비난하거나 조롱하며 특히 그녀의 신체를 속되게 부르기에 이르렀다. 법원은 최초 유포자인 B씨의 책임을 인정하여 1심에서 2년 6개월의 실형을 선고했지만 2019년 2월 양예원 씨는 최초 작성자뿐 아니라 이에 악플을 달은 100여 명 누리꾼에 대해 명예훼손 및 모욕에 따른 법적 책임을 묻기 위해 고소하였다. 향후 이어질 재판에서의 쟁점은 이들 누리꾼의 행위에 현실적 악의(actual malice)가 있는지의 문제로서 어떤 판결이 나오든 중요한 선례가 될 것으로 보인다.

Garner(1995)도 지적했듯이 미국에서는 현실적 악의를 입증할 책임이 고소인에게 있기 때문에 명백한 증거가 제시되지 않는 한 일반적으로 책임을 묻기 어렵다. 반면에 한국에서는 명예훼손적 발화에 사용된 표현만으로도 가해자의 의도를 추정할 수 있는 충분한 근거로 여기는 경향이 있다. Prosser et al.(1984)이나 Shuy(2010)는 미국에서의 명예훼손 처벌은 모욕적, 비판적 언어 표현의 성격 규정에 있어 모호함과 불합리함이 많이 있기 때문에 피해자의 사회적 평판을 해칠 위험이 있는 표현의 범위는 언어학적으로 기준이 정해져야 한다고 주장한 바 있는데 이는 우리나라도 마찬가지 상황이다.

메신저를 둘러싼 또 다른 유사한 사건으로 프로야구 KT 소속 장성우 선수의 전 여자 친구인 박모 씨는 2015년 말 장성우 씨로부터 유명 치어리더인 박기량 씨를 비방하는 내용을 네이버 커플 간 메신저 앱인 비트윈으로 전송 받고 그 대화 화면을 저장한 후 다시 자신의 인스타그램을 통해 그 대화 화면을 다수의 사람들이 볼 수 있도록 게시하였다. 뒤늦게 이 사실을 알게 된 박기량 씨가 박모 씨뿐 아니라 장성우 선수를 명예훼손으로 고소하면서 치어리더의 명예를 훼손한 혐의로 정보 통신망 이용 촉진 및 정보 보호 등 법률에 따라 벌금형 700만 원에 처해졌다. 장성우 씨와 함께 고소된 전 여자 친구인 박모 씨에 대해선 징역 4월, 집행 유예 1년, 사회봉사 160 시간을 확정했는데 이 경우 법원은 비록 개별적으로 잘 아는 한 사람에 대하여 사실을 유포하였다 하더라도 그로부터 불특정 다수에게 전파될 가능성이 있다면 공연성의 요건을 충족한다고 보았고 또한 전파자의 책임을 중히 여겨 최초 발설자보다 더 중한 형벌을 내린 것으로 주목할 만한 판결이다.

  미국에서도 '소문 전파자는 그 날조자와 마찬가지로 나쁘다'라는 말이 있고 단순 복사나 전달도 면책 대상이 아니다. 대화 내용은 메신저 서버 프로그램에 1주일 가량 남아 있지만 수신과 발신 기록은 3개월 동안 저장된다. 더욱이 대화 내용이 삭제되더라도 복구할 수 있는 데다 주고받은 이도 확인할 수 있다. 공인과 사인을 막론하고, 지위 고하에 상관없이, 형사 피의자나 수사선상에 오르게 되면 자신의 휴대폰 비번을 암호 수준 이상으로 철통같이 고수하고 때로는 휴대폰 자체를 아무도 모르는 곳에 버리거나 불능 상태로 만드려고 시도하는 이유가 여기에 있다. 전파성과 보전성은 디지털 매체의 장점이지만 이를 잘못 사용할 경우 누구든 화를 입을 수 있는 위험성을 내포한 양날의 검과 같다. 이처럼 사이버 명예훼손은 여러 판례에 드러나듯이 그런 발화의 창조자이든 전파자이든 구별하지 않고 동일하게 처벌하는 경우가 일반적이라는 점을 주목할 만하다. 즉 앞 장에서 사회적 소통 과정에 참여하는 화자들의 역할을 유형별로 밝혔듯이 메시지의 창조자가 아닌 대독자, 전달자, 대변인, 유령 저자 등은 원래 그 메시지를 만든 사람이 아니라 전파한 사람에 불과하지만 형법에서 법적인 책임은 화자와 동일하다. 심지어 최근 스위스에서는 누군가가 페이스북에 올린 명예훼손성 허위 메시지에 '좋아요(Like it)'를 누른 사람도 중한 처벌을 받았다. 이처럼 악의적 험담 메시지의 창조자뿐 아니라 전파자도 엄하게 처벌하는 이유는 아마도 피해자의 입장에서는 자신에 대한 명예훼손 메시지가 누구의 입(또는 손)에서 나왔든 간에 여전히 피해를 보는 것은 마찬가지이며 아무런 이해 관계가 없는 제3자가 이를 그냥 재미로 또는 실제 악감정을 갖고 널리 유포하는 것 역시 반사회적 불법 행위로 간주하기 때문으로 보인다. 따라서 예기(禮記)에 나오는 "다른 사람의 의견을 자신의 의견인 것마냥 말하지 말고, 다른 사람의 의견에 자기 생각 없이 무조건 동조하지 말라"는 "毋勦說 毋雷同"은 현대에도 통용되는 진리라고 할 수 있다. 일본이나 미국뿐만 아니라 한국에서도 현재 널리 사용되는 텔레그램이나 인스타그램, 카카오톡 등의 메신저에 회자되는 글이나 퍼옴 기사들은 조회수를 높이기 위한 목적으로 사실 여부를 확인하지 않고 통속적이고 선정적인 내용으로 올린 것이 많은데 최초 작성자는 물론이거니와 이를 퍼나른 사람들이 실제 명예훼손으로 처벌되는 경우는 드물지만 일단 적발되는 경우 예외 없는 법 적용의 대상이 되고 있다.

최근 미국 법원은 악의적인 유투버의 명예훼손 관련 재판에서 새로운 기록의 벌금형을 부과하여 화제가 되었다. 즉 2022년 10월 31일 미국 코네티컷 워터베리 지방 법원은 알렉스 존스(Alex Jones)라는 유투버가 샌디 훅(Sandy Hook) 초등학교에서 일어난 총기난사 사건 유가족들의 명예를 훼손한 점을 인정하여 무려 1조 3천억 원이 넘는 거액을 위자료로 배상하도록 선고했다. 이는 코네티컷의 불공정 거래 관행법(Unfair Trade Practices Act)에 근거한 것으로 명예훼손과 관련된 사건으로는 최고 수준의 징벌적 손해 배상 금액이다(출처: https://www.bbc.com/news/world-us-canada-63592386).

알렉스 존스는 음모론자(conspiracy theorist)이자 Infowars라는 인터넷사이트 운영자 겸 라디오 진행자로서 2012년 12월 샌디훅 초등학교에서 일어난 총기 난사 사건 희생자들의 유가족들이 사건을 조작했다고 주장하여 세상을 놀라게 하였다. 알렉스 존스는 2009년에도 The Obama Deception이란 영화를 제작하고 연출 및 해설까지 했는데 여기서 그는 오바마가 미국인들을 "세계의 노예(global slavery)"로 이끌고 있다는 충격적인 주장도 한 바 있다.

그에 따르면 샌디훅 초등학교 총기 난사 사건은 연출된 재난 연기자(crisis actors)들에 의한 가짜 총기 난사 사건이며, 실제로는 아무도 사당하지 않았다고 한다. 이런 주장이 유투브 등을 통해 퍼져 나가면서 희생자 유가족들은 인터넷상에서 뿐만 아니라 현실에서도 협박을 당한 반면, 존스는 자신의 주장이 들어간 인터넷 상품들을 판매하며 약 1억 6500만 달러의 수입을 올렸는데 유족들은 총 4건의 명예훼손 혐의로 그를 고소했다. 재판정에서 존스는 당시 오바마 정부가 총기 규제 여론을 확산시키기 위해 사건을 조작한 것이라고 자신은 생각했고 유가족에게 해를 입힐 의도는 없었기 때문에 무죄라고 주장하였지만 이런 항변은 받아들여지지 않았다. 법원은 존스가 원고인 유가족들의 명예를 훼손할 뿐 아니라 이를 이용하여 상품들을 판매하여 부당한 수입을 올렸기 때문에 징벌적 손해 배상액에 제한을 두지 않는 코네티컷 불공정 거래 관행법에 따라 과거는 물론 미래에도 있을 명예훼손 손해(defamation/slander damage)와 정신적 손해(emotional distress damage)를 각각 최고 수준으로 책정하여 원고가 청구한 금액의 2배가 넘는 금액을 배상액으로 결정했다. 이 사건 유족들의 변호를 맡았던 Christopher M. Mattei 변호사는 "순진한 사람들을 타겟으로 해서 거짓말로 돈을 버는 사람들은 정의의 심판에 직면하게 될 것"이라고 하여 일부 악의적 유투버들에게 경종을 울렸다(출처: 뉴욕타임스 https://www.nytimes.com/2022/11/10/us/politics/alex-jones-sandy-hook-damages.html).

이처럼 미국의 명예훼손은 그 자체만으로 끝나는 것이 아니라 그로 인해 파생된 불법적 수입에 대해서까지 무제한 징벌적 배상이 가능하다는 점에서 매우 심각한 사안으로 받아들여진다. 참고로 한국의 경우는 단순 명예훼손의 경우 형법 제307조에 1)사실을 적시한 명예훼손의 경우는 2년 이하의 징역이나 금고 또는 500만 원 이하의 벌금에 처하고, 2)허위 사실을 적시한 경우는 5년 이하의 징역, 10년 이하의 자격 정지 또는 1천만 원 이하의 벌금에 처하도록 되어 있어서 벌금의 규모만 보면 알렉스 존스 사건의 경우와 비교도 할 수 없을 정도로 낮다. 그러나 뺑소니 사고의 경우 유기 후 도주가 아닐 경우 법정 형량이 1년 이상 징역 또는 500만 원에서 3000만 원의 벌금이고, 폭행은 대개 2년 이하의 징역이나 500만 원 이하의 벌금에 처해진다는 점에 비해 명예훼손은 생명이나 신체적 손상과는 무관하지만 형사적으로 결코 가볍지 않은 범죄에 속한다.

3.8. 피해자의 지각과 대응

명예훼손의 언어화용론적 측면을 최초로 분석한 Tiersma(1987)는 명예훼손 판단에서 발화자의 의도, 즉 발화 수반적 요점(illocutionary point)을 명확하게 파악하는 것이 가장 중요하다고 주장한다. 이 점은 Gibbons(2003)나 Milo(2008), Shuy(2010) 등의 법언어학 이론에서도 일관되게 받아들여지고 있다. 원론적으로 볼 때 명예훼손 행위는 가해자와 피해자의 존재가 대등하게 중요한 사회적 언어 행위이지만 일차적으로 가해자인 명예훼손성 발화 생산자의 의도에 초점이 맞추어져 왔고 피해자의 지각이나 피해자에게 발생한 발화 행위의 결과는 상대적으로 관심이 덜했다. 특히 가해자의 의도, 즉 발화 수반적 요점은 사실성 여부와 밀접한 관련성을 갖는데 이에 대해 Tiersma는 사실에 대한 언명은 가해자가 자신이 비난하고자 하는 피해자에 대해 제3자에게 새로운 부정적 정보를 제공하고 더 나아가 제3자를 설득하려는 의도에서 비롯된 것이기 때문에 실질적 악의(actual malice)

를 부인할 수 없는 반면, 단순한 의견 피력은 특정 사안에 대해 자신의 믿음을 제시하는 것으로서 악의적인 비난과는 다르기 때문에 법적 제재에서 제외되어야 한다고 주장한다(Tiersma 1987, 307). 그 결과 Tiersma(1987)에 의하면 명예훼손 발화의 판단은 피해자의 사회적 평판 저하와 같은 발화 결과적 효과(perlocutionary effect)보다 화자나 저자의 발화 수반적 의도(illocutionary intent)가 더 중요하다.

이에 대한 반론으로 이성범(2020)은 피해자의 입장에서 명예훼손성 발화에 대한 지각이나 인식뿐 아니라 발화의 결과로 파생되는 새로운 사태의 전개도 최소한 발화자의 의도만큼 중요하게 다루어져야 한다고 주장한 바 있다. 그럼에도 불구하고 일반적으로 명예훼손에 관해서는 발화자의 측면에서 접근하는 것이 보통이며 특히 발화자가 그 발화 내용에 대해 사실로서 인지하고 있었는지가 중요한 부분으로 생각된다. 명예훼손을 둘러싼 학문적 논의뿐 아니라 실제 법정 공방에서 가장 핵심적인 쟁점이 되는 것은 명예훼손이라고 생각되는 발화 내용의 진실성 여부이다. 널리 알려진 대로 미국을 포함한 서양에서는 발화 내용이 실제 사실이 아닌 허위 사실(줄여서 허위)일 경우에는 명예훼손죄가 성립된다. 그러나 만약 실제 사실일 경우에는 누구든 그 사실 자체를 공표한 것은 형사상 책임을 묻는 위법 행위로 간주되지 않는다(서철원 2005). 특히 표현의 자유를 가장 중요한 헌법적 가치로 생각하는 미국에서는 흔히 말하는 '공인(public figure)'은 물론, 사회적으로 널리 알려지지 않은 일반인의 경우에도 그 인물에 대한 부정적인 사실을 공공연히 퍼뜨리는 것은 넓은 의미의 의견 표명으로 보고 형사 처벌 대상으로 생각하지 않는다. 즉 한 개인의 인격권보다 표현의 자유를 우선시하는 경향이 강한데(Thomas 1999, Hutton 2010), 개인주의 문화가 꽃핀 나라로 알려진 미국에서 개인의 인격권보다 더 우선시되는 가치로 언론과 표현의 자유를 꼽는다는 점은 아이러니하게 들릴 수도 있다. 반면에 개인적 수준이든 사회적 수준이든 유교적 체면 문화가 강한 대한민국의 경우 명예훼손성 발화의 내용이 허위일 경우에는 5년 이하의 징역이나 1000만 원 이하의 벌금이 부과될 수 있지만 실제 사실일 경우에는 2년 이하의 징역 또는 금고에 500만 원 이하의 벌금이 부과될 수 있도록 하고 있다. 즉 한국에서 명예훼손은 실제 사실을 적시하거나 또는 허위 사실을 적시하여 타인의 명예를 떨어뜨리는 행위로서 형법 제307조와 정보 통신망 이용 촉진 및 정보 보호 등에 관한 법률 제70조에서 문제가 되는 발화의 진실성에 따라 차등 처벌하고 있다. 이처럼 명예훼손의 법적 판단에서 그 발화의 진실성 여부가 중요하기 때문에 우리는 발화자가 실제 사실인 내용을 공표하는 경우와 그렇지 않은 경우로 나누어 각각의 경우에 피해당사자가 느끼는 발화의 명예훼손성 지각 정도의 차이가 있는지를 확인할 필요가 있는데 이를 위해 이성범(2020)은 다음과 같은 가설을 설정하고 한국어 화자들을 대상으로 검증하고 있다:

가설 1: 발화 내용이 허위 사실일 경우는 실제 사실일 경우보다 명예훼손성 지각도가 높다.

이 가설은 명예훼손성 발화 내용의 사실 여부가 발화의 명예훼손성 정도와 일정한 비례 관계가 있을 것으로 보는 것인데 앞서 언급한 Tiersma(1987)의 또 다른 핵심 이론인 '의견 피력 vs 사실 적시'의 분리 필요성 주장과 연관이 있다. 다시 말해서 누군가가 나에 대해 진실이 아닌 내용을 타인에게 공표할 경우 그 발화를 통해 명예훼손을 입었다고 느끼는 정도가 실제 사실인 내용을 공표하는 경우보다 높을 것으로 추정하는 것이다. 여기서 용어 사용과 관련해 주목할 점은 명예훼손의 법적 해석에서 '사실'이란 실제로 존재하는 것을 의미하기 보다는 '사건 내용으로 간주되는 것'을 의미한다는 점이다 (야마다 2009: 5). 일본의 형법 230조에서는 "공공연하게 사실을 적시하여 사람의 명예를 훼손한 자는 **그 사실 유무에 관계없이** 3년 이하의 징역 또는 금고 또는 50만 엔 이하의 벌금에 처한다 (강조는 본 저자가 추가한 것)"고 되어 있어서 발화 내용의 진실성 자체는 문제가 되지 않는다. 이는 앞서 본 한국의 경우와 유사한데 '그 사실 유무에 관계없이' 발화자에 의해 공표된 '사실'이 진실이든 아니든 상관없이 모두 처벌될 수 있다 (Kitajima 2012, 하시우치와 훗타, 2012). 이 점은 영미법에서 진실이 아닌 내용을 공표하는 경우만 명예훼손이 성립하고 진실인 내용을 적시할 경우는 피해당사자한테 그 내용이 아무리 뼈아픈 것일지라도 형사적으로 처벌하지 않는 것과 대조적이다 (Gibbons 2003, Coulthard & Johnson

2007). 그런데 Dragas(1995)나 Shuy(2010)는 미국에서의 명예훼손 관련 법 조항이 지나치게 표현의 자유만을 보장하는 바람에 개인의 인격권과 불균형이 발생하고 있다고 지적하면서 발화 내용이 사실일 경우라도 단순 의견 표명이 아니라 그 피해자의 사회적 명성을 해치려는 의도가 분명한 경우는 처벌해야 한다는 주장을 하고 있어서 명예훼손성 발화의 진실성 논쟁은 아직도 이어지고 있다. 이런 맥락에서 가설 1에 대한 아래 조사 결과는 진실성에 대한 피해자의 지각에 근거하여 명예훼손을 둘러싼 사실 적시 논쟁을 판단할 수 있는 기초 자료의 역할을 할 수 있을 것으로 생각한다.

명예훼손성 발화에 대한 인식(perception)과 대응(response)은 그런 발화에 사용된 언어적 표현에 따라 결정될 뿐 아니라 그 발화의 당사자로서 화자와 청자 및 관련 인물들이 속한 언어 공동체가 공유하는 사회적 가치나 지배적인 규범, 문화 등의 요인에 따라 달라질 수 있다. 그런데 한국과 중국은 같은 동아시아에 속하고 역사적으로 오래 동안 상호 교류하면서 한자 및 유교 문화 등을 공유했고 체면에 대한 관념도 비슷하기 때문에 언어적 행위로서 명예훼손성 발화에 대한 인식과 대응에서 상당한 유사성이 있을 것으로 추정된다. 그러나 그런 추정에도 불구하고 한국과 중국은 최근 Hofstede et al. (2011) 등의 문화 연구에서 드러나듯이 집단주의/개인주의를 비롯해서 남성성(masculinity), 장기 지향성(long-term orientation), 불확실성 회피(uncertainty avoidance), 권력 거리(power distance) 등의 중요한 문화 차원에서 항목별로 변이가 있지만 적지 않은 차이를 보이고 있다. 이성범(2020)은 한국어 모어 화자들을 대상으로 명예훼손성 발화에 대한 인식과 대응 방식을 조사했는데 이를 확장하여 한국과 같은 동아시아 문화권에 속하지만 다른 정치적, 경제적 체제와 역사 문화적 배경을 가진 중국의 경우를 조사한 후 명예훼손 행위에 대한 한중 양국의 공통점과 차이점을 알아보았다.

우선 한국에서는 2019년 12월 2일부터 2020년 1월 30일까지 한국어를 모어로 사용하는 성인 93명을 대상으로 Google form으로 온라인 설문 조사를 실시하였다. 모어 화자 및 19세 이상 성인 여부만 확인하고 그밖에 응답자의 나이나 성별, 거주지, 학력, 직업, 종교, 재산, 정치 성향 등의 개인 정보는 수집하지 않았고 설문 조사의 학술적 의의를 설명한 뒤 자유롭고 자발적인 참여를 요청한 반면 별도의 사례는 지불하지 않았다. 이 중 응답의 성실성이 의심되는 3명을 제외한 90명의 응답을 분석하였다. 반면 중국에서는 온라인 대신 오프라인 방식으로 조사자가 설문지를 인쇄하여 100명의 남녀 피험자를 대상으로 조사하였고 100명 전원 성실하게 답한 유효 응답자로 판단되었다. 중국의 경우 대면 방식으로 이루어졌다는 점을 제외하고 설문의 방법이나 내용은 한국의 조사와 동일하였다. 조사 내용은 한국어와 중국어 공히 가상의 4가지 상황을 설정하고 각 상황에서 가상의 화자나 저자가 자신에 대해 공격적인 중상 또는 비방 발화를 한 것을 보고 그 발화에 대해 자신이 느끼는 명예훼손성 정도를 0부터 5까지 척도 중에 하나를 선택하여 답하게 하였다. 또한 이어서 그 공격성 발화에 대해 응답자 본인은 그런 발화를 한 화자나 저자에게 어떤 식으로 대응할 것인지 한두 문장으로 서술하도록 하여 그 결과를 전략에 따라 분석하였다. 설문 조사에 사용된 4가지 상황, S1~S4를 표로 정리하면 다음과 같다. (자세한 내용은 부록을 참조할 것)

표-16. 4가지 상황의 주제 및 특성

상황	주제	사실성	친숙성
상황 1 (S1)	불륜에 의한 이혼	−	−
상황 2 (S2)	고등학교 중퇴	+	−
상황 3 (S3)	인터뷰 매수	−	+
상황 4 (S4)	음주운전 발각	+	+

각 상황은 한국과 중국에서 흔히 볼 수 있는 대표적인 공격성 언어 행위의 주제들을 선택하였는데 그런 공격성 언어 행위의 내용이 사실인지 아닌지의 사실성 여부에 따라 두 가지 경우를 설정하였고, 또한 그런 발화를 하는 가상의 화자나 저자가 응답자와 사회적 거리감이 없는 친숙한 사람일 경우와 그렇지 않을 경우로 나누어 구성하였다. 즉 상황 2와 상황 4는 실제 일어난 사실에 대한 화자의 공격성 발화가 발생한 [+사실적 상황]인 반면, 상황 1과 상황 3은 실제 사실이 아닌 허위 사실임에도 화자가 의도적으로 명예훼손적 발화를 한 상황, 즉 [−사실적 상황]이다. 또한 상황 1과 상황 2는 화자가 그 말을 듣는 청자나 독자와 잘 모르는 사이인 [−친숙한 상황]인 반면, 상황 3과

상황 4는 둘 사이가 가까운 [+친숙한 상황]이다. 상황 1부터 상황 4는 사실성과 친숙성의 조합에서 각기 다른 경우를 보여준다.

이런 상황의 설정은 명예훼손 행위와 관련한 가장 핵심적인 가설들을 확인하기 위한 것이다. 첫 번째는 사람들은 허위 사실인 것에 대해 누군가가 비방할 경우 그 발화의 명예훼손 정도가 높다고 느낄 가능성이 높다는 가설을 세우고 이를 검증하고 한다. 즉 상황 1과 상황 3에서 화자의 공격적 발화는 상황 2나 상황 4에서의 공격적 발화보다 더 듣는 사람의 명예를 훼손했다고 생각될 가능성이 있는지를 검증하는 것이다. 만약 그렇다면 실제 사실에 대한 명예훼손적 발화는 허위 사실에 대한 근거없는 명예훼손적 발화보다 법적 책임을 약하게 물어야 할 개연성이 있다. 두 번째 가설은 명예훼손적 발화 행위의 당사자들인 화자와 청자 사이의 관계가 친밀하면 친밀할수록 그 발화가 더 명예훼손이 심하다고 느끼게 된다는 친숙도의 가설이다. 일반적으로 잘 아는 사람이 진심으로 자신을 비난하는 말을 한 경우 그렇지 않은 사람이 같은 말을 할 때보다 마음의 상처를 받을 가능성이 높으므로 친숙도와 지각되는 명예훼손성의 정도는 비례할 것으로 예상된다. 마지막으로 검증할 가설은 피해자가 명예훼손성 발화를 듣거나 읽은 뒤 문제의 명예훼손성 발화에 응수하는 대응 발화에 사용한 무례 전략의 유형과 그가 지각한 명예훼손성의 정도 사이에는 유의미한 관계가 있을 것으로 보는 것이다. 즉 상대방이 먼저 말한 것을 듣고 자신도 적절하다고 생각하는 대응을 할 경우 그 대응 발화행위의 유형은 발화에 구현된 무례 전략에 따라 〈감정분출형〉과 〈해결모색형〉, 〈회피형〉의 세 가지 유형으로 나눌 수 있다. 구체적인 언어 행위로서 무례 전략의 상위 범주로 볼 수 있는 이 유형들에는 다음 절에서 보듯 8가지 무례 전략이 속하는데, 이 중 자신의 감정을 제어하지 못하고 노골적으로 표출하는 〈감정분출형〉은 다른 유형에 비해 상대방의 문제 발화가 명예훼손성의 정도가 심각하다고 인지한 경우에 선택될 가능성이 높은 발화 유형으로 생각할 수 있다. 이를 위해 각 발화에 동원된 무례 전략을 Culpeper의 무례 이론에 따라 세분해서 유형별로 분류하고 선택된 각 유형과 그가 인지한 명예훼손성의 정도 사이의 유의미한 상관관계를 상황별로 조사한다.

우리가 설정한 4가지 가상 상황에는 모두 명예훼손적 발화로 볼 수 있는 발화가 들어 있는데 이에 대해 한중 양국의 응답자로 하여금 그 발화의 명예훼손성의 정도를 평가하도록 했다. 명예훼손성의 평가는 '해당 발화가 전혀 명예훼손적이지 않음'을 뜻하는 0부터 '해당 발화가 극도로 명예훼손적임'을 뜻하는 5까지 총 6단계 (0=not defamatory at all, 1=very slightly defamatory, 2=a little defamatory, 3=moderately defamatory, 4=strongly defamatory, and 5=extremely defamatory)로 구성된 6점 척도상에 하나의 숫자를 선택하도록 하였다. 그리고는 각 설문 응답자들은 만약 본인이 그런 상황에서 해당 발화를 듣는다면 어떻게 말로 응수할 것인지 한두 문장으로 간단히 서술하게 했는데 이는 주로 명예훼손성 발화에 대한 지각 (perception)

과 그런 지각에 따른 대응 전략(response strategy)을 알아보기 위해 실시된 것이다.

대응 전략 분석

명예훼손 행위에 대한 대응 전략(defamation response strategy)이란 어떤 사람이 자신을 비방, 중상하는 발화를 할 경우, 그것을 듣고 반응을 할 때 효과적인 것으로 판단해서 선택할 수 있는 발화 전략으로서 대부분의 경우 청자는 누군가가 자신의 명예를 훼손하는 말을 한다고 느낄 경우 피동적으로 잠자코 받아들이기보다는 맥락에 따라 적절하다고 생각되는 반응을 한다. 즉 어떤 대화 상황에서 누군가가 자신의 명예를 훼손하기 위한 의도로 발화했다고 생각될 경우 그 말을 들은 사람은 이에 대해 자신의 대응 메시지를 효과적으로 전달하기 위해 다음의 전략들 중 하나 또는 여러 개를 자신의 대응 발화에서 선택할 수 있다. 본 설문 조사에 앞서 명예훼손성 발화의 대응 전략으로는 Averill(1982)의 분노 대응 방식에서 확인되었던 다음과 같은 발화 행위가 분노유발성 발화뿐 아니라 명예훼손성 발화의 대응 방식으로도 사용될 것으로 예상되었다.

1) '비난하기'(criticizing) 2) '욕하기'(swearing)
3) '저주하기'(cursing) 4) '책망하기'(blaming)
5) '협박하기'(threatening) 6) '해명하기'(explaining)

7) '요구하기'(claiming)   8) '우쭐대기'(condescending)
9) '개탄하기'(deploring)   10) '인정하기'(admitting)

각 전략에 해당하는 한국어와 영어의 예문을 들면 다음과 같다 (일부 영어 예문은 이성범 2017에서 인용한 것임):

1) '비난하기'

분노를 유발한 상대에게 상스러운 욕설을 하지는 않지만, 듣기에 불편한 험담을 하거나 나쁘게 맞받아치는 것이다.

"네 말은 뻔뻔한 거짓말로 일고의 가치도 없다."
"Blacks are their own worst enemy."

2) '욕하기'

'매도하기'와 유사하지만 평상시에는 금기시되어 차마 입밖에 낼 수 없는 저속한 욕설을 사용하여 자신을 비방한 상대방을 원색적으로 공격하는 것이다.

"야 이 양심이라고는 눈꼽만큼도 없는 짜식아."
"FUCK THE POLICE MAY THEY ALL REST IN SHIT."

3) '저주하기'

자신을 비방, 중상한 상대에게 재앙이나 불행이 일어나도록 바라고 기원하는 것이다.

"이런 말을 한 너를 하늘이 가만두지 않을 거다…"

"I curse you Allah!!! his executor will go to hell."

4) '책망하기'

분노의 감정을 내세우기보다 상대방의 행동이나 말의 문제점을 논리적으로 지적하면서 도덕적 책임을 묻는 것이다.

"아무 증거도 없는 싸구려 유언비어에 휘둘리지 마세요."

"Obama has done nothing sense [sic] he's been in office."

5) '협박하기'

분노유발성 발화를 한 상대에게 자신의 말에 따르지 않으면 신체적, 물리적 위해를 가할 것을 감정을 섞어 알리는 것이다.

"정말 미쳤구나. 또 다시 이렇게 말하면 그땐 가만두지 않겠어요. 각오하세요."

"The blacks need to stop acting low class and being idiots! Any race will be shot by a cop if you give them cause!!!!"

이상의 다섯 가지의 전략은, 앞서 보았듯이, 분노 감정을 연구한 Averill(1982)의 분노 양식 중 '분노의 표출(anger-out)'에 해당한다. '분노의 표출'은 자신의 격앙된 감정을 분노의 대상을 향해 누구나 알아볼 수 있는 솔직한 방식으로 나타내는 것으로서 종종 신체적 행위가 수반될 수 있고 평상시에는 잘 볼 수 없는 언어가 사용된다.

6) '개탄하기'

어떤 사건이나 사람에 대해 수치스럽게 생각하는 마음을 표현하여 한탄하는 것으로 그 방향이 화자 자기 자신이 아니라 청자 또는 제3자에게 향하는 것이다.

"아이고 억울하고 창피해서 못 살겠네."
"Another sad day in American history."

7) '인정하기'

상대방이 제기한 문제의 발화 내용을 받아들이는 것이다.

"맞습니다. 다 내가 덕이 부족한 탓이지요."
"How quickly we forget what that led to!"

위의 '개탄하기'와 '인정하기' 두 전략은 자신이 가지고 있는 감정을 굳이 숨기려고까지 하지는 않지만 다른 발화수반력으로 표현하면서 그 감정을 자신의 내부로 향하게 하는 것으로 Averill(1982)의 분노 양식 중 '분노의 삭임(anger-in)' 유형에 해당한다.

8) '해명하기'

상대방의 말에 의해 문제가 된 일이나 사건이 발생한 경위에 대해 시시비비를 따져서 해명하고 이해를 구하는 것이다.

"나는 그때 그 자리에 있지 않았고 그런 말은 하지도 않았다는 것은 증인이 여러 명 있어요."

"Blacks will always see the police as enemies. They commit over half of the violent crime in the country and over half of all black youth are on probation or in jail. Since their hobby is committing crime and the job of the police is to stop crime, they are going to hate cops."

9) '요구하기'

자신의 명예를 훼손한 상대에게 적절한 보상이나 행동을 요구하는 것이다. 단 신체적, 물리적 위해를 가하겠다는 협박은 제외된다.

"당장 사과하고 댓글을 삭제하세요."

"Send all the Blacks in America back to Africa so they can join their peaceful Black brothers."

10) '우쭐대기'

자신을 비방한 상대를 오히려 가엾게 생각한다든지 우월한 감정을 느끼면서 그를 동정하거나 모자란 사람처럼 보이도록 젠체하는 것이다.

"멍청함을 넘어 가엾기까지.. ㅉㅉ."

"Feel sorry for officer Wilson!"

위 '해명하기', '요구하기', '우쭐대기'의 세 가지 전략은 겉으로 보아서 그런 말을 하는 화자가 상대를 비방하려고 하는 마음을 갖고 있는지 확실하지 않으며 분노를 마음에 담아두거나 억압하는 것으로 Spielberger et al. (1983)이 말한 '분노의 다스림(anger-control)' 유형에 해당한다.

이상 분노 유발성 표현에 대한 대응 전략으로부터 동일한 10가지 명예훼손 대응 전략을 예상하고 설문 조사를 하였다. 그런데 처음 예상과는 달리 한국어와 중국어 설문 응답에서 명예훼손성 발화를 한 사람에 대한 대꾸로서 분노 유발성 표현의 대응 전략인 '저주하기'와 '책망하기', '개탄하기' 및 '우쭐대기'에 속하는 발화는 발견되지 않았다. 대신 설문 조사 전 예상했던 대응 전략이 아닌 '경멸하기'와 '대응하지 않기'라는 새로운 전략이 사용된 경우를 확인할 수 있어서 총 8개의 명예훼손성 발화 대응 전략이 확인되었다. 설문 조사 결과 확인된 8개 대응 전략의 예를 들면 다음과 같다^{(한국어 예는 이성범(2020)에서 인용한 것)}.

1) 비난하기

한국어: "이런 거짓말을 함부로 하다니 제 정신이 아니군요."

중국어: "你怎么知道呐？造谣对你有什么好处，请你拿出证据。造谣也的有个度。" ('How do you know? What's the benefit of fabricating facts like this? Give me some evidence. Enough is enough.')

2) 욕하기

한국어: "야 이 미친 놈아. 완전 또라이 아니야."

중국어: "有病？你是什么心态来造谣？" ('Are you crazy? What are you talking nonsense about?')

3) 협박하기

한국어: "당신이 한 말 때문에 퇴사를 당하게 된다면 가만있지 않 겠습니다. 명예훼손으로 고소하겠습니다."

중국어: "关你什么事？发表这样的话要负法律责任，等着我的 律师函。" ('What's it got to do with you? If you fabricate this fact, you have to take legal responsibility. Wait until you get my lawyer's letter.')

4) 경멸하기 (despising)

한국어: "자기 수준에서 생각하시나요."

중국어: "羡慕吗？有本事你也开法拉利！" ('Jealous? If you can, you drive a Ferrari, too.')

이상의 '매도하기', '욕하기', '협박하기', '경멸하기'는 상대의 명예훼 손성 발화를 듣거나 보고 자신의 감정을 숨기거나 조절하지 않고 느 끼는 그대로 터뜨리는 〈감정 분출(emotional outburst)〉이라는 유 형의 대전략에 속하는 대응 전략이다.

5) 해명하기

한국어: "돈을 준적이 없다. 인터뷰 내용으로 내가 이득을 본 것도 없고 있는 사실만을 이야기했을 뿐이다."

중국어: "我当年辍学是因为身体原因，不信请去高中查档。" ('I dropped out because of my health. If you don't believe me, go to my high school and check a schoolbook.')

6) 요구하기

한국어: "죄송하지만 다른 분 블로그와 착각하신 듯합니다. 글을 내려주신다면 감사하겠습니다."

중국어: "你可以认为我的文章有错误，但请不要损害我的名声，请你为自己的行为公开道歉。" ('You may think my writing is at fault, but please don't damage my reputation and apologize publicly for your actions.')

7) 인정하기

한국어: "사실인 내용입니다. 죄송합니다."

Chinese: "高中辍学并不影响我的工作能力，但我的确不该隐瞒事实，我道歉。" ('I apologize for hiding the facts, although dropping out of high school did not affect my ability to work.')

'해명하기'와 '요구하기', '인정하기'는 앞서 보았던 〈감정분출형〉에 속하는 '매도하기', '욕하기', '협박하기', '경멸하기' 등의 전략과는 달리 문제를 감정적으로 접근하기보다는 상대방과의 문제 해결에 초점을 맞추고 관계 유지 또는 개선을 염두에 두는 〈해결모색형〉 유형에 속하는 대응 전략이라고 할 수 있다.

8) 무대응하기

한국어: "할 말 없음."

중국어: "没话说, 用沉默诠释一切" ('No words to say. I remain silent.')

마지막으로 '무대응하기'란 〈회피형〉에 속하는 대응 전략으로서 문자 그대로 명예훼손성 발화에 대해 말대꾸를 전혀 하지 않거나 대응할 의사나 가치가 없음을 짤막하게 표시하는 것이다. 즉 설문 조사에서 확인된 8개 대응 전략은 〈감정분출형〉에 속한 4개의 대응 전략과 〈해결모색형〉에 속한 3개의 대응 전략 및 〈회피형〉의 대전략에 속한 1개의 대응 전략으로 분류될 수 있다. 그런데 다음 예처럼 하나의 설문 참여자가 답한 응답에는 때로 한 개 이상의 응답 전략이 포함된 경우도 있었기 때문에 이런 경우 복수의 응답 전략을 모두 포함시켜 분석하였다.

9) 복합 대응 전략

한국어: "나는 돈을 주고 평을 해달라고 한 적이 없다. 허위 사실을 계속 유포한다면 고소하겠다."

중국어: "你有病吗？请问您有什么证据吗？我不接受这样无理由的诋毁，请你注意自己的网络言论，谢谢。" ('Are you sick? Give me the evidence. I'll never accept fabricating facts for no reason. Please be careful with your Internet comments.')

위의 한국어 대응 발화의 경우 처음에는 '해명하기'로 시작했다가 곧 '협박하기'로 이어졌고 중국어 예는 먼저 분노의 감정을 표출하는 '욕하기'로 시작한 후 상대방의 주의를 촉구하는 강력한 '요구하기'로 말을 맺고 있다. 복합 대응 전략으로 응답한 경우 복합 전략을 구성하는 개별 대응 전략으로 세분해서 각 전략에 포함하였다.

설문 조사에서는 4가지 상황(S1, S2, S3, S4)이 제시되고 있는데 각 상황별 명예훼손성 발화에 대해 한국과 중국 설문 응답자들이 느끼는 명예훼손성의 정도에 대한 지각과 적절한 대응 전략은 각각 다음과 같다.

표-17. 한국어 청자의 상황별 대응 유형과 전략 선택

유형	전략	S1	S2	S3	S4	계	순위
감정분출형	비난하기	15	28	27	20	90	1
	욕하기	2	1	1	1	5	8
	협박하기	32	11	30	4	77	3
	경멸하기	9	8	4	1	22	7
	소계	58	48	62	26	194	2
해결모색형	해명하기	35	3	32	2	72	5
	요구하기	24	15	25	14	78	2
	인정하기	0	30	0	44	74	4
	소계	59	48	57	60	224	1
회피형	무대응하기	6	13	5	19	43	6
	소계	6	13	5	19	43	3
계		123	109	124	105	461	

표-18. 중국어 청자의 상황별 대응 유형과 전략 선택

유형	전략	S1	S2	S3	S4	계	순위
감정분출형	비난하기	39	58	60	54	211	1
	욕하기	10	4	4	0	18	8
	협박하기	17	7	16	0	40	5
	경멸하기	2	2	2	20	26	7
	소계	68	71	82	74	295	1
해결모색형	해명하기	21	7	9	2	39	6
	요구하기	39	33	37	16	125	2
	인정하기	0	17	0	24	41	4
	소계	60	57	46	42	205	2
회피형	무대응하기	16	6	12	14	48	3
	소계	16	6	12	14	48	3
계		144	134	140	130	548	

첫째로, 일단 제시된 4가지 상황을 종합하여 볼 때 한국과 중국 두 나라의 피험자들이 선택한 명예훼손 대응 발화 유형의 순위는 한국의 경우 해결모색형이 가장 높고 그 다음이 감정분출형이었으며 회피형은 거의 드물었다. 반면에 중국의 경우는 감정분출형이 해결모

색형보다 높았고 회피형은 한국의 경우처럼 별로 선호되지 않았다 (한국 N=461, 중국 N=548, 소수점 세 자리에서 반올림).

  한국: 해결모색형 224(48.59%) ＞ 감정분출형 194(42.08%) ＞ 회피형 43(9.33%)
  중국: 감정분출형 295(53.83%) ＞ 해결모색형 205(37.41%) ＞ 회피형 48(8.76%)

즉 중국에서는 응답자의 50% 이상이 감정분출형을 선택하고 해결모색형은 상대적으로 낮은 반면, 한국은 이 두 가지 유형의 순위가 반대로 나타났으며, 두 나라 모두 회피형은 그다지 선택되지 않았다. 또한 한국의 경우 해결모색형과 감정분출형의 차이는 크지 않았는데 반해 중국의 경우 이 둘 사이의 간격이 상대적으로 크게 벌어졌다. 다만 상황별로 선호되는 대응 유형을 보면 한국의 경우 상황 1과 상황 2에서는 해결모색형과 감정분출형의 차이가 거의 없었지만 상황 3에서는 감정분출형이 유의미한 수준에서 높았고 상황 4에서는 역으로 해결모색형이 감정분출형보다 높게 나타남으로써 상황이란 변수에 따라 명예훼손 대응 유형의 선택이 달라짐을 알 수 있다. 이와는 반대로 중국의 경우는 모든 상황에서 일관되게 감정분출형이 해결모색형보다 높은 수준을 유지하였다.

둘째로, 전체적으로 선호하는 대응 전략의 순위를 보면 다음과 같

다 (한국 N=461, 중국 N=548, 소수점 세 자리에서 반올림):

한국: 비난하기 90(19.52%) > 요구하기 78(16.92%) > 협박하기 77(16.70%) > 인정하기 74(16.52%) > 해명하기 72(15.62%) > 무대응하기 43(9.33%) > 경멸하기 22(4.77%) > 욕하기 5(1.08%)

중국: 비난하기 211(38.50%) > 요구하기 125(22.81%) > 무대응하기 48(8.76%) > 인정하기 41(7.48%) > 협박하기 40(7.30%) > 해명하기 39(7.12%) > 경멸하기 26(4.74) > 욕하기 18(3.28%)

대응 전략의 선택에서 주목할 만한 점은 주어진 모든 상황을 종합해 볼 때 두 나라 공히 비난하기 전략과 요구하기 전략의 선택이 높은 가운데 한국은 협박하기가 자주 눈에 띄었으며, 중국의 경우는 응답하지 않고 무시하는 전략이 매우 빈번하게 사용되었다는 점이다. 다만 이 경우에도 대응을 하지 않는다는 것이 상대방의 명예훼손성 발화를 인정하고 아무 감정 없이 승복한다는 것을 의미하지는 않는다. 즉 이 전략을 선택한 피험자들도 상대방의 문제성 발화가 명예훼손성이 심하다는 데에는 높은 지각도를 보였다. 또한 한국은 상위 5가지 전략이 비교적 고르게 선택되어 반응의 다양성이 높은 반면, 중국은 비난하기와 요구하기가 전체 전략 선택의 과반을 점할 정도로 높은 비중을 차지하였다. 상황별로 선호되는 대전략으로서 명예훼손 대응 유형은 한국과 중국이 상황 변수의 차이를 보였지만, 구체적 대응 전략은 두 나라 공히 상황 변수의 차이가 없었다. 예를 들어 상황 1과 상황 3에서 두 나라 모두 비난하기, 요구하기의 비중이 일정하게 높았고 협박하기가 인정하기보다 더 선호된 반면 상황 2와 상황 4에서는 역으로 협박하기는 잘 선택되지 않고 대신 인정하기가 상대적으로 선호되었다는 공통점을 보여주었다.

상황별 명예훼손성 지각 분석

그렇다면 각 상황에서 한국과 중국의 청자가 자신을 비난하는 발화를 듣고 그 발화의 명예훼손성이 얼마나 높은지를 지각하는 정도에 대해 살펴보자.

1) 상황 1 [-사실성, -친숙성]

상황 1은 내가 배우자와 아무 문제없이 행복한 결혼 생활을 하고 있음에도 나는 잘 모르는 어떤 블로거가 고의적으로 흠집을 내려는 의도로 마치 내가 불륜으로 이혼을 했다는 거짓 내용을 블로그에 올린 가상의 상황이다. 이 상황에서 가해자의 거짓 발화에 대한 명예훼손성 지각도(defamatoriness perceived)의 6점 척도 평균값과 표준 편차는 다음과 같다.

표-19. 상황 1에서 화자 발화의 명예훼손성 인식 정도

	한국	중국
명예훼손성 지각도	3.93	3.33
표준 편차	1.2798374	1.2515827

한국인 응답자들은 이런 상황에서 나와 친하지 않은 화자의 사실이 아닌 발화는 평균 3.93의 명예훼손성이 있는 발화로 인식하여 보통 이상의 명예훼손성이 있다고 지각하였고 중국인 응답자들의 명예훼손성 지각도는 3.33.으로 나타났다.

2) 상황 2 [+사실성, -친숙성]

상황 2는 자신이 고등학교 중퇴자임을 숨기고 취업한 상태인데 나와 별로 친하지 않은 회사 동료가 그 사실을 어떻게 알고서 이를 회사 직원들 앞에서 발설한 경우를 가상하였다. 당사자인 나는 이 사실이 탄로나면 직장에서 해고될 위험도 있는데 그럼에도 불구하고 이런 화자의 공격성 발화에 대해 한국과 중국의 조사 참여자들로 하여금 명예훼손성의 정도를 전혀 없음을 뜻하는 0부터 극도로 심함을 뜻하는 5까지 단계로 구성된 0~5 척도 상에 한 숫자를 선택하도록 하였다. 그 결과의 평균값과 표준 편차는 다음과 같다.

표-20. 상황 2에서 화자 발화의 명예훼손성 인식 정도

	한국	중국
명예훼손성 지각도	2.99	3.54
표준 편차	1.51764	1.21788

한국인 응답자들은 이런 상황에서 나와 친하지 않은 화자의 사실이 아닌 발화는 평균 2.99의 명예훼손성이 있는 발화로 인식하여 앞서 본 상황 1보다는 비교적 낮은 명예훼손성 지각도를 보였다. 반면에 중국인 응답자들은 한국인 응답자들에 비해 훨씬 높은 3.54의 명예훼손성 지각도를 보였다. 즉 한국인 응답자들에 비해 중국인 응답자들이 이런 상황에서 화자의 공격성 발화는 청자의 명예를 심각하게 훼손하고 있다고 생각하는 것으로 나타났다. 상황 2는 앞서 본 상황 1과 발화 내용의 진실성에서 차이가 있는데 상황 1의 허위 사실의 발화에 비해 상황 2의 실제 사실의 발화에 대해서는 한국은 청자가 지각하는 명예훼손성의 정도가 상대적으로 낮았지만 중국은 오히려 상황 2가 상황 1보다 더 명예훼손성이 높다고 지각하였는데 이는 아마도 상황 2에서 서술하고 있는 내용의 사회적 의의가 중국인들에게는 생존마저 위협할 정도로 심각하게 여겨지기 때문으로 보인다.

3) 상황 3 [-사실성, +친숙성]

자신과 친한 사람이 어느 날 자신이 잡지에 쓴 인터뷰 기사에 대해 사실이 아닌 댓글을 올린 상황을 가정한 상황 3은 언론인이라면 직업

윤리에 어긋나서 치명적일 수도 있는 사안이다. 즉 인터뷰 참여자를 매수하여 조작한 글이라는 터무니없는 비방에 대해 한국과 중국의 응답자들로 하여금 명예훼손성의 정도를 '전혀 없음'을 뜻하는 0부터 '극도로 심함'을 뜻하는 5개 단계로 구성된 0~5 척도상에 한 숫자를 선택하도록 하였다. 그 결과의 평균값과 표준 편차는 다음과 같다.

표-21. 상황 3에서 화자 발화의 명예훼손성 인식 정도

	한국	중국
명예훼손성 지각도	3.86	3.92
표준 편차	1.14717	1.07947

한국인 응답자들과 중국인 응답자들은 상황 3에서 나와 친한 화자의 허위 사실 적시 명예훼손 발화는 한국과 중국 양쪽에서 유사한 수준의 명예훼손성이 있다고 보았다. 중국인 응답자들은 이 상황에서 가해자의 허위 사실 적시 발화는 설문 조사에 제시된 다른 어느 상황보다도 명예훼손성이 매우 높은 것으로 보았고 한국인 응답자들도 평균 3.86의 명예훼손성이 높은 발화로 인식하였다. 이런 점에서 상황 3은 상황 1과 유사한 수준의 명예훼손 지각도를 보였는데 이 두 상황의 공통점은 모두 허위 사실의 공표, 즉 [-사실성] 상황이란 점을 주목할 필요가 있다.

4) 상황 4 [+사실성, +친숙성]

상황 4는 응답자 자신이 비싼 외제차를 몰고 다니다가 음주운전으

로 단속되어 운전 면허가 취소되었는데 이 사실을 알게 된 응답자와 친한 동급생이 수업 시간에 이를 다른 학생들 앞에서 널리 알린 당황스러운 상황이다. 음주운전의 당사자인 나는 이 사실을 될 수 있으면 감추려고 했지만 친한 친구에 의해 밝혀지게 되었는데 이 친구의 비방성 발화에 대해 한국과 중국의 설문 참여자들로 하여금 명예훼손성이 얼마나 심한지에 대한 인식을 수치로 조사하였다. 그 결과의 평균값과 표준 편차는 다음과 같다.

표-22. 상황 4에서 화자 발화의 명예훼손성 인식 정도

	한국	중국
명예훼손성 지각도	2.63	2.42
표준 편차	1.31926	1.24868

친한 사람이 실제 일어난 사실에 대해 피해자를 공격하는 명예훼손성 발화를 퍼뜨린 상황 4에서 문제의 발화는 한국 응답자나 중국 응답자 모두 다른 상황에서의 발화에 비해 비교적 명예훼손성이 낮은 것으로 인식되었다. 이 상황은 설문 조사에 나온 4가지 상황 중 가장 낮은 명예훼손성 지각도를 보여주었다는 점에서 주목할 만하다. 이상의 4가지 상황을 종합하면, 한국과 중국의 명예훼손성 지각도는 상황별 차이는 있었지만 전체적으로는 한국이 3.35, 중국이 3.30으로 별 차이가 없었다.

표-23. 상황별 지각도

상황	명예훼손성 지각도	
	한국	중국
상황 1 [-사실성, -친숙성]	3.93	3.33
상황 2 [+사실성, -친숙성]	2.99	3.54
상황 3 [-사실성, +친숙성]	3.86	3.92
상황 4 [+사실성, +친숙성]	2.63	2.42
평균	3.35	3.30

　이 결과는 허위 사실 적시에 의한 명예훼손일수록 그 발화의 명예훼손성 지각도가 높아질 것이라는 가설을 대체로 지지하는 반면 가해자가 친숙할수록 지각도가 높아질 것이라는 가설은 지지하지 않는 것으로 보인다. 또한 [-사실성]인 상황 1과 상황 3에서는 다음과 같은 공통점이 발견되었다. 첫째로, 이들 허위 사실 적시에 의한 명예훼손 발화에는 타겟이 된 피해자가 반박하기 위해 사용하는 대응 전략의 숫자가 다양하게 많은 것으로 나타났다. 즉 이런 상황에서는 실제 사실 적시에 의한 명예훼손 발화 때보다 피해자가 여러 가지 전략을 구사하여 적극적으로 대응한 것으로 보이는데 이 점은 한국의 경우가 더 두드러지게 나타났다. 중국도 상황 1과 상황 3에 대응 전략 수가 많았지만 상황 2나 상황 4에 비해 그 차이는 크지 않았다. 또한 상황 1과 상황 3은 가해자의 발화 내용이 허위이므로 그 대응 방법으로 인정하기 전략은 당연히 사용되지 않은 반면 분노 감정을 표출하는 협박하기가 많이 사용되었다. 이에 비해 실제 사실 적시에 의한 명예훼손인 상황 2와 상황 피해자의 대응 전략으로 해명하기가 없었고 협

박하기와 요구하기가 상대적으로 드문 대신 인정하기와 비난하기는 비교적 선호되고 아예 대응을 하지 않는 전략의 비율이 높았다. 모든 상황에서 한국과 중국 공히 욕하기는 드물게 선택되었다. 종합하면 한국은 해결모색형이 감정분출형보다 약간 높은 반면 중국은 감정분출형이 해결모색형보다 현저히 높은 비중을 차지했다.

분석 결과에 대한 논의

이상에서 분석한 결과를 토대로 명예훼손에 대해 우리가 설정한 사실성 가설과 친숙성 가설 및 응답자 유형 가설들을 차례로 검토해 보도록 하자.

사실성 가설

한국의 경우 주어진 발화들에 대해 응답자들이 느끼는 전체적인 평균 명예훼손성 지각도는 6점 리커트 척도에서 중간값을 상회하는 3.35였는데 상황별로 큰 차이가 있었다. 즉 실제 사실이 아닌 허위 사실을 발설한 상황인 상황 1과 상황 3에서 응답자들의 명예훼손성 지각도가 평균 3.895로 매우 높게 나온 반면 실제 사실인 내용을 발설한 경우인 상황 2와 상황 4는 상대적으로 지각도가 비교적 낮게 나왔다. 명예훼손성 지각도에 대한 요인으로서 발화 사실성의 경우 통계적으로 유의미하였는데 ($F(1,89)=49.490$, $p=.000$) 이는 발화가 진실하지 않은 허위 사실일 경우 명예훼손성 지각도가 높을 것이라는 우리의 가설 1을 지지하는 결과이다(이성범 2020). 여기서 특히 주목할 점은 상황 1과 상황 3에 비해 상대적으로 낮게 나오기는 했지만 상황 2와 상황 4의 명예훼손성 지각도 수준은 평균 2.81로서 "다소 명예훼손적이다"에 근접한 수치로 화자의 발화 내용이 사실이든 아니든 비방성 발화는 명예훼손적이라고 인식하는 경향을 보였다. 중국의 응답 결과와 비교하면 우선 한국의 경우 사실이 아닌 내용을 제3자에게 공표한 발화는 사실인 내용을 폭로한 발화에 비해 명예훼손적이라고 인식되는 정도가 높았다. 즉 상황 1과 상황 3처럼 화자나 저자가 허위 내용을 꾸며서 공표했을 때는 그 발화를 명예훼손적이라고 인식하는 정도가 0~5점 척도에서 평균 3.93 (상황 1)과 3.86 (상황 3)으로서 종합 평균 3.89였다. 반면에 상황 2와 상황 4처럼 화자나 저자가 사실을 적시하여 공표했을 때는 그 발화가 피해자의 명예를 훼손한 것이라고 인식하는 정도가 0~5점 척도에서 평균 2.99 (상황 2)와 2.63 (상황 4)이고 이 [+사실성] 상황의 명예훼손성 지각도는 평균 2.81로서 상황 1이나 상황 3과 비교할 때 상대적으로 낮게 나왔다. 그러나 상황 2와 상황 4의 명예훼손 인식 정도 역시 "다소 명예훼손적이다"에 매우 근접한 수치로서 화자의 발화 내용이 사실이든 허위이든 비방성 발화는 명예훼손적이라고 인식하는 경향을 보였다. 반면에, 중국의 경우는 사실성과 명예훼손성 지각도 사이는 통계적으로 유의미한 일정한 관계가 발견되지 않았다. 즉 중국은 상황 2에서 보듯 비록 실제 사실인 내용이라도 이를 공공연히 유포하여 자신의 생계에 위협을 느낄 정도가 되면 매우 명예훼손성이 높은 발화로 인식하는 경향이 있었다. 즉 명예훼손성 지각도는 중국의 경우 사실성보다는 발화 자체가 지니는 의미 내용에 영향을 받는 것으로 보인다. 예를 들어 자신의 생계 수단과 직결된 사안이라든지 자신의 동료들과의 관계를 위험하게 만드는 사회적 체면 위협 행위로 인식되는 공격성 발화는 사실성 여부를 떠나 매우 심각한 명예훼손성 발화로 간주되고 이에 대한 대응 전략도 매우 적극적이었다. 이는 일반적으로 한국보다 더 실용적인 가치를 추구하는 중국의 사회문화적 배경이 작용하는 것으로 판단된다.

친숙성 가설

두 번째로 명예훼손에 관한 논의에서 진실성 여부 못지않게 중요한 것은 화청자 사이의 관계이다. Joskowicz-Jabloner와 Leiser(2013)의 사회심리학적 연구에 따르면 평소 자기가 잘 알고 지내서 사회적 거리감이 없는 친구나 지인이 자신에게 갑자기 무례한 태도를 보일 경우 잘 모르는 사람이 그럴 경우보다 느끼는 실망과 좌절감이 더 강하다고 한다. 이는 명예훼손성 발화 행위에도 적용될 수 있을 것으로 보고 다음과 같이 가설 2로 설정하였다(이성범 2020).

가설 2: 자신과 친숙한 사람이 자신을 헐뜯는 말을 공공연히 할 경우 그 발화의 명예훼손성 정도에 대한 지각도가 그렇지 않은 경우보다 높다.

즉 무례 발화의 한 유형인 명예훼손성 발화는 그런 말을 퍼뜨리는 사람과 그 발화의 피해자가 얼마나 가까운 사람인지에 따라 문제 발화에 대한 명예훼손성 지각도가 달라질 수 있을 것으로 추정된다. 한국의 경우 상황 3과 상황 4처럼 문제가 되는 발화를 한 사람이 잘 아는 사이일 때에는 그 발화를 명예훼손적이라고 생각하는 정도가 각기 3.86과 2.63으로서, 평균 3.24이지만 편차가 심했다. 또한 잘 모르는 사람이 자신에 대해 명예훼손성 발화를 한 상황인 상황 1과 상황 2는 명예훼손성 인식 정도가 각기 3.93과 2.99로서 평균 3.46이었는데 이 역시 상황 1과 상황 2 사이에서 편차가 심했다. 한국의 경우 이원 반복측정 분산분석으로 검증한 결과 $F[1, 89]=4.472$, $p=.037$로서 이 차이는 유의미한 것으로 드러났다. 결과적으로 명예훼손 발화를 하는 사람과 당하는 사람이 서로 친숙할 때보다 친숙하지 않을 경우 문제 발화의 명예훼손성 지각도가 상대적으로 높았으며 이 결과는 가설 2의 토대가 되는 Joskowicz-Jabloner와 Leiser(2013)의 주장이 적어도 명예훼손성 발화를 둘러싼 화청자 상호 관계에 그대로 적용될 수 없음을 보여준다. 반면에 사실성 요인과 친숙한 관계 요인 사이의 상호 관계를 조사한 결과는 $F[1, 89]=1.326$, $p=.253$로 유의미하지 않은 것으로 나타났다. 마지막으로 명예훼손성 지각도에 영향을 주는 발화 내용의 사실성과 화자와의 친숙한 관계 중 어느 것이 더 강력한 변수인지를 확인하기 위해 Cohen 가이드라인을 따른 부분 에타 제곱(partial eta squared, η2)으로 효과 크기(effect size)를 측정하였다. 그 결과 명예훼손성 지각도 분산의 약 36%는 사실성으로 설명되었고 (η2 = .357), 약 5%가 친숙한 관계로 설명되어 (η2 = .048), 사실성의 영향이 훨씬 더 큰 것으로 나타났다. 결론적으로 명예훼손성 발화에서 가장 핵심적인 요소인 사실성과 친숙도 관계는 둘 다 지각도에 영향을 주지만 사실성이 보다 더 강력한 요인임을 알 수 있다.

응답자 유형 가설

지금까지 명예훼손에 대한 대부분의 사회심리학적, 법언어학적 접근은 주로 그런 발화를 만들어 퍼뜨린 사람에 초점을 맞추어 이루어져 왔다(Schane 2006, Milo 2008). 그러나 명예훼손은 그런 발화를 하는 사람뿐 아니라 그런 발화의 잠재적 피해자로서 발화에 기술된 문제 행위를 한 당사자의 역할도 중요하다. 화자나 저자가 아무리 의도적으로 명예훼손성 발화를 하여도 정작 당사자가 아무런 불쾌감이나 피해 의식을 느끼지 않을 경우 그 발화는 별다른 효력을 갖지 못한다. 그와 정반대로 화자나 저자는 별 생각 없이 누군가에 대해 크게 문제가 되지 않을 거라고 생각한 나머지 가벼운 지적이나 농담성 발화를 했을지라도 듣는 사람의 입장에서는 큰 불쾌감이나 피해 의식을 감정적으로 표출할 수도 있고 또는 그 발화로 인해 생긴 갈등을 해결하기 위해 나설 수도 있으며 때로는 그 발화에 대해 맞대응을 자제하고 대꾸하지 않을 수도 있다. 각각의 경우 명예훼손성 발화로 촉발된 사태의 발전은 다른 양상으로 전개되거나 종결되게 된다. 이처럼 명예훼손 행위는 처음 발화 행위부터 이에 대한 당사자의 대응 행위에 이르기까지 상호 작용이 매우 중요하다. 이에 우리는 앞에서 보았듯이 명예훼손성 발화를 접한 피해당사자의 대응 발화에 내포된 무례 전략에 따라 응답 역시 1)감정분출형, 2)해결모색형, 3)회피형의 기본 유형으로 나누고 다음 가설 3을 설정했다. 이를 이성범(2020)에서는 응답자 유형 가설로 부르고 통계적으로 분석하였다:

> 가설 3: 자신에 대한 발화에 대해 감정분출형 대응을 선택하는 사람은 다른 기본 유형의 대응을 선택하는 사람에 비해 해당 발화에 대한 명예훼손성 지각도가 높다.

가설 3은 같은 명예훼손성 발화라고 하더라도 이에 가장 감정적으로 대응하는 유형인 감정분출형에 속하는 사람들은 다른 방식으로 대응하는 사람들보다 그 발화에 대한 명예훼손성 지각도가 높을 것으로 추정하는 것이다. 이상과 같이 설정한 가설을 검증하는 과정에서 가설 1과 가설 2는 각각 [+사실성, -사실성], [+친숙한 관계, -친숙한 관계]의 요인이 2개이고 2번 이상 반복 측정되었기 때문에 이성범(2020)에서는 이런 샘플의 변화량에 유의미한 차이가 있는지를 검증하기 위해 이원 반복측정 분산분석(two-way repeated measures ANOVA)

을 사용하였다. 반면에 가설 1, 2와 달리 가설 3은 이원 반복측정 분산분석을 사용하는 것이 타당하지 않은데 그 이유는 응답자의 유형이 모든 상황에서 동일하지 않기 때문이다. 예를 들어 응답자 A는 상황 1에서는 감정분출형의 응답을 하였다가 상황 2와 3, 4에서는 다른 유형인 회피형의 응답을 하였고 또 다른 응답자 B는 상황 1과 4에서는 해결모색형 응답을 하였지만 상황 2와 3에서는 감정분출형 응답을 할 수 있는 등 어떤 응답자가 어떤 유형에 속한다고 결정할 수 없고 유형별 균등한 분포가 보장되어 있지 않기 때문에 ANOVA 분석은 적절치 않다고 판단되었다. 대신 변수에 따른 조건별 사이즈를 일정하게 구축하지 않아도 되는 R 통계프로그램의 선형혼합효과 회귀분석(linear mixed-effect regression analysis) 모델을 사용하여 가설 3을 검증하였다. 3가지 응답자 유형에 따라 앞서 본 가설 3에서 설정한 명예훼손 지각도와 대응 유형의 상관관계를 조사하기 위해서 응답자와 상황을 임의 변수(random variable)로 지정하고, 명예훼손성 지각도를 독립 변수로, 응답자 유형을 종속 변수로 하는 선형혼합효과 회귀모형 분석을 시행한 결과 응답자 유형별 명예훼손성 지각도는 감정분출형이 3.786, 해결모색형이 2.858, 회피형이 2.660으로서 비교 대상인 세 기본 유형 중에서 감정분출형이 가장 높았다. 이 말은 감정분출형에 속하는 청자들이 상대방의 발화의 명예훼손성을 상대적으로 높게 인지하였다는 것이다. 또한 명예훼손성 지각도에서 감정분출형을 기준으로 다른 유형을 상호 비교한 결과 감정분출형에 대한 해결모색형의 t-value는 -3.957이고, 회피형의 t-value는 -4.056인 반면 복합형의 t-value는 0.547로 나왔는데 이 모델에서는 t-value의 절대값이 클수록 신뢰도가 높지만 최소한 2 이상이면 유의 수준 5%에서 귀무가설을 기각하고 95% 신뢰 수준을 충족하여 유의미하다고 볼 수 있다[이성범 2020]. 따라서 응답자 유형 중 감정분출형의 명예훼손성 지각도는 다른 해결모색형이나 회피형의 지각도보다 유의미하게 높게 나타났고 복합형과는 유의미한 차이가 없었다. 이 결과는 감정분출형 유형은 자신이 접한 발화에 대한 명예훼손성 지각도가 복합형을 제외한 다른 기본 유형의 응답자에 비해 높을 것이라는 가설 3을 지지한다.

요약하면 이 연구 결과 명예훼손 발화는 그 내용의 사실성 여부와 화청자 친숙성 여부에 따라 청자가 느끼는 명예훼손 지각도가 달라질 수 있다는 것을 알 수 있었다. 또한 피해자의 대응 방식은 그가 느끼는 명예훼손성 지각도에 따라 달라질 수 있다는 점도 밝혀졌는데 이는 앞으로 실제 명예훼손 논쟁에서 유용한 자료로 활용될 수 있을 것이다.

3.9. 보통 언어 운동

법에서 사용하는 언어는 그 의미가 정확해야 하고 모호하지 않아야 하며 중의적이지 않아야 한다. 또한 용어들이 일관성이 있고 완전하게 정의되어야 하며 하나의 담화를 형성할 경우 논리적 타당성이 유지되어야 한다. 그런 목적을 달성하기 위해서 이 언어는 일반인들이 사용하는 일상 언어(ordinary language)와는 차이가 있을 수밖에 없다. 자연 언어로서 일상 언어는 여러 논리학자나 철학자들이 지적했듯이 애매모호하고 중의적인 표현으로 가득하며 그 뜻이 개인마다 또는 집단마다 다르게 사용되기도 하고 비논리적 추론과 맥락의존적인 의미가 범람하기 때문에 이해관계가 첨예하게 대립하는 현실을 다루고 시시비비를 가려내야 하는 법률의 언어로는 적합하지 않다. 따라서 일종의 정제된 언어로서 법률 언어(legal language)를 따로 설정하고 이를 전문적으로 익히고 사용해야 할 필요성이 제기된다. Ramsfield(2005, p.145)는 법률 전문가들이 법률 언어를 "일종의 제2 언어(second language)로 공부하는데 "이 언어는 전문가들 사이에서 더 쉽게 소통하는 데 도움이 될 수 있도록 특화된 어휘와 표현 및 구문을 사용한다"고 말한 바 있다. 즉 법률 언어는 법률 전문가들이라는 특정 집단에서 사용되는 일종의 특수 언어(jargon)이다.

영어 모국어 화자들에게도 영어로 된 법률 언어는 자연 언어인 영어와 구별되는 자기만의 특질들을 가진 하위 언어(sublanguage)로서 이를 습득하기 위해서는 특별한 훈련 과정이 필요하다(Tiersma 1999). 이 하위 언어는 법률 전문가(professional)와 일반인(layman)을 구별짓는 기준으로 작용하는데 그 결과 그런 트레이닝을 받은 법률 전공자가 아닌 일반인들은 법률 언어가 생소하게 느껴질 수 있고 때로는 이 전문가와 소통이 원활하지 않을 정도로 소외감을 느낄 수도 있다. 영어의 경우 역사적으로 프랑스와 라틴어의 영향을 받아서 이들 언어로부터 많은 외래어가 들어와 자리잡았는데 이 외래어의 대부분은 교육 수준이 높은 사람들만이 이해할 수 있을 정도로 어려운 어휘들이었다. 이런 외래 어휘가 법률 문서에도 널리 사용되면서 영국의 일반 대중들조차 잘 사용하지 않아서 난해한 법률 영어가 굳어지게 된 것이다. 이는 한국에서 중국으로부터 들어온 한자 어휘가 이른바 교양있는 언어로 인식되면서 고유 한국어 어휘를 밀어내고 한국어의 어휘로 정착하고, 일제 강점기에는 일본어에서 유래한 한자 어휘들이 물밀듯이 유입되어 한국어 어휘의 다층 구조를 형성하게 된 것과 유사하다.

한국은 해방 후 상당 기간까지 학교에서 국한문 혼용 교육을 하면서 한자를 익히게 하고 보수적인 법조계에서는 한자 사용에 익숙한 나머지 법률 문서에서 난해한 한자 표현을 한국어로 대체하려는 노력이 뒤늦게 일어났다. 한국에서 법학전문대학원에 입학한 학생들은 일부 문헌에 한자가 병용되어 읽는 데 어려움을 겪는 경우도 있다. 한국어가 모국어인 학생들이 미국의 법학전문대학원에 입학해서 공부할 때 가장 어려움을 느끼는 점 중의 하나가 특수한 어휘와 형식으로 이루어진 법률 언어를 익히고 자유자재로 구사하는 것인데 이는 아무리 영어를 잘 하는 학생일지라도 상당한 노력이 필요한 부분이다. 영국의 경우 법률 언어를 외국인들에게 가르치기 위한 목적으로 법률 영어 기능 시험(Test of Legal English Skills, 줄여서 TOLES)을 시행하고 있고 법률 영어를 교육하는 사람들의 학회인 Global Legal Skills Conference가 매년 열리기도 한다.

그런데 일반인들의 관점에서 독자들에게 불친절한(reader-unfriendly) 법률 언어의 사용을 시정하려는 움직임도 있다. 법률 문서나 재판 등에서 지나치게 전문적이거나 사용 빈도가 매우 낮아 법률 종사자들을 제외하고는 대부분의 사람들에게는 어려운 용어 대신 사법 과정을 훼손하지 않는 범위 내에서 일정 수준의 교육을 받은 대중들이라면 쉽게 이해할 수 있는 말을 사용하자는 이러한 움직임은 해외에서도 오래 전부터 있어 왔다. 영국에서는 Sir Ernest Gowers는 1948년 저서 『Plain Words』와 1954 저서 『Complete Plain Words』에서 오늘날 '보통 언어 운동(Plain Language Movement)'이라고 불리는 움직임을 주창한 바 있다. 또한 1984년부터는 본격적으로 National Consumer Council과 함께 쉬운 영어 법전을 옹호하는 캠페인인 '보통 영어 캠페인(Plain English Campaign)'이 시작되었다. 이 캠페인에서는 법률가들은 분명하고(clear), 정확하며(correct), 간결하고(concise), 완전한(complete) 문장을 사용해야 한다고 주장하는데, Clear, Correct, Concise, Complete의 첫 글자인 C를 딴 4C는 미국에서도 좋은 법률 문서의 글짓기 특징으로 인정받고 있다. 1998년 The Woolf Reforms and the Civil Procedure Rules를 주도한 Rt Hon. Lord Woolf는 사법 제도는 공정하고 효율적으로 접근할 수 있어야 하며, 법률 규정은 "간결하고 단순하게 표현되어야(simple and simply expressed)" 한다고 주장하면서 사법 개혁의 일환으로 오래된 법률 용어들을 새로운 표현들로 다음과 같이 바꾸었다.

old term	new term
plaintiff	claimant
court summons/originating summons	claim form
pleading	statement of case
ex parte	without notice
fit	just
in camera/in chambers	in private
interlocutory	interim
inter parties	with notice
leave	permission
mareva injunction	freezing order
Anton Pillar order	search order
guardian ad litem	litigation friend
open court	in public
relief	remedy
taxation	detailed assessment
taxing master	costs master
writ	claim form
writ of subpoena ad testificandum	witness summons
writ of subpoena duces tecum	witness summons

이 밖에도 waiver는 surrender of right or privilege; an agreement that you do not have to pay or obey something으로, restraint of trade란 용어는 contractual restrictions on freedom to conduct business와 같이 보다 쉽게 풀어 쓰는 것이 권장되었다. 그런데 이

렇게 쉬운 말로 풀어쓰는 것은 때에 따라서는 더 길고 덜 압축적이 되어 효과적이지 않을 수도 있는데 예를 들어 계약을 할 때 처음에 믿게끔 한 약속을 나중에 취소할 수 없다는 것은 원래 promissory estoppel(약속적 금반언)이라고 했으나 이를 보다 쉬운 영어로 고친 결과는 a legal rule that prevents someone from changing their mind about something they have previously said is true in court이라는 평범한 용어들로 구성되어 있지만 이렇게 평범한 용어들로 바꾼 결과 너무 길고 더 복잡하게 되었다. 따라서 이 경우에는 전통적인 용어인 promissory estoppel이 그 용어를 아는 사람들에게는 더 효율적일 수 있다. 또 다른 예로 a formal written agreement in which someone agrees not to do particular things라는 다소 긴 표현보다 restrictive covenant(제한적 약관)라는 표현이 더 간결하게 들릴 수 있다. 이 캠페인에서는 단어들 뿐 아니라 문장 수준에서도 보다 쉽고 일상적인 문장을 사용하는 방향으로 법률 문서를 작성할 것을 요구하고 있다. 그럼에도 불구하고 일상 언어와 법률 언어 사이의 괴리는 완전히 없어지기는 요원하다.

한국에서도 법률 언어를 순화하려는 노력은 지속적으로 이루어지고 있다. 법무부 법제에서는 우선 일반인들에게는 너무 어려운 한자어나 법률 용어를 쉬운 여러 차례 우리말로 변경하였는데 예를 들면 가온(加溫) → 온도를 높임, 어렵(漁獵) → 고기잡이, 收捧(수봉) → 징수, 懈怠(해태)한 → 제때 하지 아니한, 告(고)하고 → 알리고, 判事(판사)의

更迭(경질) → 판사가 바뀐, '가병 → 꾀병' 등으로 바꾸었으며, 訴 → 소(訴), 歲入 → 세입(歲入), 反對給付 → 반대급부(反對給付)처럼 각종 문서에 한자 표현만 사용된 경우 한글을 먼저 쓰고 괄호 안에 한자를 함께 기재하였다. 또한 '가리', '녹비', '사찰', '시말서', '품신' 등의 일본식 표현을 '갈큼', '풋거름', '조사', '경위서', '건의' 등의 우리말 표현으로 수정하고, 차별적이거나 권위주의적 용어라고 생각되는 '임검', '징구하다', '정상인', '불구자', '정신병자' 등의 용어 대신 '현장 조사/현장 감사', '제출하다', '비장애인', '신체장애인', '정신질환자' 등으로 대체하였다. 또한 어법에 맞지 않거나 부자연스러운 표현을 일상생활에서 자주 사용하는 표현으로 정비하였는데 예를 들어 '申請함에 있어서'는 '신청하는 경우'로, '운반에 要한'은 '운반에 필요한' 등으로 수정하였다(출처: 법제처, 『알기 쉬운 법령 만들기 백서』, https://www.moj.go.kr/bbs). 이밖에도 다음과 같이 보다 이해하기 쉬운 구문과 표현으로 바꾸도록 했다.

1) 당해 상품이 일반 소비자에 의하여 일상 사용되는 것일 것
→ 해당 상품이 소비자가 일상적으로 사용하는 것일 것 (피동문을 능동문으로 고침)
2) 旅團級이상의 戰鬪를 主任務로 하는 部隊의 長은 大統領令이 정하는 바에 의하여 第1項에 規定된 補職上의 資格을 具備한 戰鬪兵科出身將校로써 補한다.
→ 전투를 주된 임무로 하는 여단급(旅團級) 이상 부대의 장은 대통령령으로 정하는 바에 따라 제1항에 따른 보직상의 자격을 갖춘 전투병

과(戰鬪兵科) 출신 장교로 임명한다. (한자를 한글로 바꾸거나 꼭 필요할 경우는 괄호 안에 같이 씀)

3) 일·월 또는 연으로써 하는 기간의 계산에 있어서는 법 제38조 제1항 단서 및 업무 정지 기간의 계산의 경우를 제외하고 초일을 산입하지 아니한다.

→ 일, 월 또는 연을 단위로 하는 기간을 계산할 때에는 첫날을 산입하지 아니한다. 다만, 법 제38조 제1항 단서의 경우와 업무 정지 기간을 계산하는 경우에는 첫날을 산입한다. (문장을 나누어 단서를 명확히 함)

영어의 경우도 법률 언어의 통사적 구조면에서 이와 유사한 움직임이 있는데 다음에서 예로 든 (A)는 강조를 위해 지나치게 어렵고 복잡한 구문들을 사용하고 있다. 반면에 (B)는 같은 내용을 간추려서 보다 쉽고 간결한 표현과 구문으로 쓴 것이다.

(A) This Agreement may be terminated at any time prior to the Completion by either Party, if the Completion shall not have been consummated on or before 31 March 2008, provided that the termination right shall not be available to any Party whose failure to perform any material obligation under this Agreement is the cause of such delay.

→ (B) Each Party may terminate this Agreement at any time prior to the Completion, if the Completion shall not have taken place before 1 April 2008.

또한 다음 예문 (C)는 Davies가 인용한 영국에서의 폐가구 수거협회와의 폐가구 처분 계약 [British Association of Removers Contract]의 원문인데 구문이 난해해서 이해하기 힘든 것을 (D)처럼 쉬운 영어로 고친 것이다(Gibbons, 2005, p.183에서 재인용).

(C) The buyer further promises to pay the holder hereof a delinquency and collection charge for default in the payment of any instalments above recited, where such default has continued for a period of ten days, such charge not to exceed five per cent of the instalments in default or the sum of five dollars, whichever is the lesser.

→ (D) You also promise to pay a late fee if your payment is more than 10 days overdue. The late fee will be

    five percent of the amount overdue

    or

    five dollars

whichever is less.

그런데 이런 계약서와 같은 법률 문서는 그 계약을 하는 당사자뿐 아니라 만일 그 계약에서 어떤 종류의 것이든 법적 분쟁이 발생할 경우 그 계약서를 보고 법률적 판단을 해야 할 변호사나 판사, 배심원 등 법조계 관련 인사들까지도 만족시켜야 하는 딜레마를 안고 있다. 이를 Gibbons(2003)는 "two audience dilemma"라고 부르는데 지나치게 쉬운 용어로 법률 문서가 작성되면 일반인들은 이해하기 쉽겠지만 법률 종사자들은 해석의 미묘한 부분을 세밀하게 나누어야 할 필요가 있는 곳에서 그렇지 못한 용어로 쓰인 문구나 문장을 보고 좌절할 수 있다. 따라서 이 두 그룹의 사람들을 모두 만족시킬 수 있는 적절한 선에서 타협이 이루어져야 한다.

미국에서도 지미 카터 전 대통령이 개인적으로 이런 운동에 동의를 표한 바 있고 워싱턴 DC 소재 Document Design Center에서는 법률 영어의 난해성을 조사하고 이를 완화할 수 있는 가이드라인을 제시하기도 했는데 이 중 몇 가지를 보면 다음과 같다.

1) 앞에서 언급된 표현을 다시 받는 대용 표현으로 it이나 him, her, them과 같은 대명사를 사용하지 않고 대신 the same, the said, the aforementioned 등과 같은 자주 사용하지 않는 표현을 사용하는 것을 피한다.
2) 같은 의미의 단어를 둘 또는 여러 개 나열하는 것을 피하고 가능한 한 하나로 쓴다. 예를 들어 null and void, fit and proper, (due) care and attention, perform and discharge, terms and conditions, controversy or claim, promise, agree and covenant and cease and desist과 같이 중복된 같은 의미의 표현은 가급적 피한다.
3) 현대 영어의 어순에서 벗어난 특수 구문은 가급적 현대 영어 어순에 맞도록 고쳐 사용한다. 예를 들어 the provisions for termination hereinafter appearing 또는 will at the cost of the borrower

forthwith comply with the same은 각각 the following termination provisions (한국어 번역은 '다음에 제시되는 종료 조항들')와 will immediately comply with these at the borrower's expense (한국어 번역은 '차입인의 비용으로 즉시 이행할 것')처럼 보다 현대 영어의 자연스러운 어순으로 고쳐 사용한다.

보통 영어 사용 캠페인은 언어가 서로 다른 나라 간 소통에서도 중요하게 작용한다. 법률 전문가가 영어가 모국어가 아니거나 법률 영어를 전문적으로 트레이닝을 받은 적이 없는 고객과 소통할 때는 그 고객이 속한 법적, 문화적 환경을 이해하고 가능한 한 쉬운 영어로 소통하려는 자세가 필요하며, 외국인 고객도 그런 것을 당당히 요구할 권리가 있다. 이를 위한 국제적 단체도 계속 생겨나고 있는데 일례로 국제표준화기구(International Organization for Standardization)는 국제 소통에 필요한 보통 언어의 표준과 가이드라인을 개발하기 위한 워킹 그룹을 ISO/TC 37 기술위원회 내에 설치하고 작업에 착수하였고 전 세계적으로 30여 개 국의 15개 언어 사용자들이 회원으로 참여하는 국제 보통 언어 단체인 International Plain Language Federation에 속한 Center for Plain Language와 Plain Language Association International(PLAIN) 등이 매년 학술 대회를 개최하고 있는 등 국제 소통에서 보통 언어 사용은 가속화될 전망이다(https://www.iplfederation.org/ 참조).

4.
문화적 차원

4. 문화적 차원

    지금까지 우리는 명예훼손의 언어적 차원과 법적 차원에 대해 살펴보았다. 이제 명예훼손의 세 번째 차원으로 문화적 차원을 생각해 보자. 명예훼손의 문화적 차원은 명예훼손 행위와 관련된 사람이 속한 사회적 특성이나 생활 방식 및 가치에 대한 공유된 의식을 포함한다.

    가장 단적인 예로 앞에서도 잠시 언급했던 사자의 명예훼손에 대한 문화적 차이를 보자. 이제는 많이 퇴색해 가고 있지만 그래도 한국은 조상을 모시고 가문과 족보를 따지며 명절에는 차례를 지내는 풍습이 있다. 돌아가신 분의 묫자리를 잘 써야 후손들이 편안하다고 믿어 고인이 묻힐 산소를 정하고 관리하는 데 각별히 신경을 쓰는 이른바 음택 풍수는 다른 나라에서는 거의 볼 수 없는 한국의 독특한 문화라고 볼 수 있다. 이런 문화적 배경을 가진 한국에서는 세상을 떠난 사람도 명예를 갖고 있어서 함부로 그 이름을 헛되게 불러서는 안 된다고 생각한다. 이런 문화를 반영하여 한국의 형법은 생존 인물이 아닌 이미 세상을 떠난 사람에 대해서도 명예훼손이 성립한다고 보고 있다. 반면에 영미법 체계에서 명예훼손은 생존 인물에 한하며 사자의 명예훼손은 인정하지 않는다. 세상을 떠난 사람은 더 이상 손상될 사회적 평판을 갖지 않는다고 보기 때문이다. 물론 악의적인 공격성 발화로 고인의 기억에 해를 끼칠 수는 있지만 그런 행위는 명예훼손의 영역에 포함되지 않는다. 오래 전 미국 조지아주의 대법원은 1891년의 Johnson v. Bradstreet (Co., 87 Ga. 79) 사건에서 사자의 명예훼손은 성립하지 않는다고 판시했다. 앞서 본 대한민국의 형사소송법과는 달리 영미법에서는 사자의 유족이나 상속인이 사자에 대한 명예훼손으로 소를 제기할 수 없고 그들 또한 사자가 타인에 대해 생존에 행한 명예훼손에 의한 손해 배상 책임도 지지 않는다. 물론 사자에 대한 명예훼손의 결과로 유족이나 상속인의 명예도 영향을 받는다고 생각될 경우는 그들도 자신들의 평판을 지키기 위해 소를 제기할 수 있으며 앞서 본 조지아와 같은 일부 주에서는 사자의 명예훼손은 인정하지 않되 재판 진행 중 원고가 사망한 경우 그 상속인이 승계해서 재판이 계속될 수 있지만, 대부분의 주에서는 소송 중 원고가 사망할 경우 소가 취하되는 것이 관례이다.

사자의 명예훼손에 대한 서양과 한국의 차이는 결국 사자의 사회적 평판으로서 인격을 계속 부여하는 것에 대한 차이에서 비롯된다. 한국에서는 '호랑이는 죽어서 가죽을 남기고 사람은 죽어서 이름을 남긴다'는 말이 있는데 이는 결국 명예의 영구불멸적 지위를 인정하는 것이다. 최근 문제가 되었던 이승만 전 대통령이나 김구 전 대한민국 임시 정부 수반 등과는 비교도 안 될 정도로 오래 전의 기록으로만 알려진 역사적 인물들을 그린 사극 드라마에서 특정 인물의 인간적 약점을 부각하고 역사적 사실과는 달리 극적으로 각색했다고 해서 후손들이 항의를 하는 사례가 종종 있는데 이는 조상과 가문에 대해 많은 가치를 부여하는 한국의 문화적 특성이라고 할 수 있다. 반면에 대부분의 서양 문화에서는 역사의 영역에 속한 것을 현존하는 사람들이 평가하는 것은 사학자들의 몫이지 법관의 몫은 아니라고 여겨지며 이에 따라 선조들의 행적에 대해 재판정에서 시시비비를 가리는 것이 적절하지 않다고 생각된다. 세상을 떠난 사람들에게도 사회적 평판의 잣대를 적용할 수 있는지는 법적인 차원을 떠나 문화의 영역까지 고려할 문제인데 명예훼손을 포함한 모든 법은 법조문으로만 존재하는 것이 아니며 흔히 말하는 법 감정을 무시하고 제대로 기능할 수 없다. 앞에서도 보았지만 한국어에서 '법'이란 단어는 광의적 의미의 법1과 협의적 의미의 법2가 있는데 법관들은 법2가 우선한다고 볼 수 있지만 "세상에 어찌 이런 법이 있나?"에서처럼 일반 시민들의 생각과 어법에서의 '법'은 법전에 성문화된 의미의 법이 아니라 세상이 돌아가는 바른 이치라는 뜻의 넓은 의미의 법이라는 점을 유의해야 한다. 명예훼손 행위에 대해서도 문화적 차원에 대한 이해와 검토가 중요한 이유가 바로 여기에 있다.

4.1. 법과 법 감정

명예훼손은 보통 언어로 이루어진 공격성 발화에 대해 사회적으로 심각한 문제가 발생할 경우 사법적 판단이 이루어진다. 그런데 이 과정에 국민의 법 감정이란 것이 영향을 줄 수 있는데 이런 법 감정은 사법부의 재판 결과와 일치하지 않을 수 있다. 물론 '법 감정'이란 법률에 정의된 용어가 아니며, 법관은 원칙적으로 이에 흔들리지 않고 오로지 자신의 양심과 법률에 의해서만 판단할 뿐이다. 특히 한국은 아무리 흉악하고 명백한 사건이라도 이를 법원의 판결에 따르지 않고 사사로이 벌을 가하는 사형(私刑, lynch), 즉 사적 제재를 금지하고 있다. 그러나 '법은 멀고 주먹은 가깝다'는 말처럼 종종 법의 체제를 따르지 않고 제도 밖에서 초법적으로 사형을 가하는 일이 벌어지곤 하는데 명예훼손에서도 예외가 아니다. 이런 사적 제재는 명예와 명예훼손 문제에 대한 일반 국민들의 생각과 태도를 보여준다. 최근 일어난 이른바 "n번방 사건"이라 불리는 "디지털 교도소" 사건은 국민의 법 감정이 얼마나 큰 영향력을 갖는지 단적으로 보여준다.

그 이름도 생소한 디지털 교도소는 성범죄를 저질렀다는 혐의가 있는 사람들의 신상 정보를 공개하는 사이트로서 그 서버는 국내에 있지 않고 러시아에 있다. 이 디지털 교도소의 취지는 만연한 성범죄를 예방하겠다는 것이었는데 이 교도소에 신상이 낱낱이 공개된 모 대학교 학생이 극단적 선택을 함으로써 불법적인 사적 제재의 논란이 일었고 이 사이트의 운영자에 대한 수사가 시작되었다. 그러자 이 사이트는 일시적으로 폐쇄되어 수면 밑으로 내려갔는데 며칠 후 갑자기 2대 운영자가 나타나 사이트를 재가동하였다. 이에 대해 해당 학생이 다니던 대학의 신문에서는 누리꾼들만의 책임이 아닌 사법부에도 책임이 있다고 하면서 "개인이 사적 제재를 내세우며 위세마저 떨친 것은 사법부의 공백이 컸기 때문이다. 그 공백은 국민의 법감정과는 거리가 있는 성 관련 범죄 수사 과정이나 재판 결과가 크게 영향을 미쳤다"라고 주장했다. 이 주장처럼 국민들이 디지털 교도소와 같은 사적 제재의 필요성을 느끼지 않으려면 국민의 법 감정을 충분히 고려한 경찰 수사와 법원의 판결이 선행되어야 한다.

디지털 교도소 사건과는 반대로 여론의 압력에 공권력이 영향을 받는 경우도 있다. 이런 점에서 가장 대표적인 사례가 가수 유승준 씨의 비자 발급 거부와 입국 거부 문제이다. 한때 정상급의 인기를 누렸던 유승준 씨는 평소 "언젠가 때가 되면 대한민국 군대에 입대하겠다"던 자신의 말을 번복하고 그의 나이 25살인 2002년에 미국 국적을 취득한 것으로 드러나 병역 기피라는 여론의 들끓는 지탄을 받았다. 그 결과 대한민국 법무부는 그의 한국 입국을 금지하였고 유승준 씨는 13년 동안 외국 생활을 하던 끝에 2015년 대한민국 LA총영사관에 입국 비자를 신청했다. 그가 그동안 한국행을 원했음에도 비자를 신청하지 않고 있다가 이 시점에 신청한 것은 아마도 그가 38세가 되었기 때문인데 당시 재외동포법이 병역 면탈을 위해 한국 국적을 포기한 자는 38세까지 입국을 금지하는 조항이 있었기 때문이었다. 다만 38세가 넘었다고 하더라도 대한민국의 안전을 심각하게 해할 우려가 있거나 테러리스트 또는 중범죄자일 경우 등 특별한 사정이 있으면 계속 입국을 금지할 수 있다는 유보 조항을 들어 LA총영사관은 유승준 씨의 비자 발급 신청을 거부했다. 이에 대해 유승준 씨는 제소하였고 대법원까지 가는 오랜 심리를 거쳐 2019년 7월 대법원은 이 조치가 위법하다고 최종 판결하였다. 그러나 대법원의 판결에도 불구하고 대한민국 정부는 2020년 7월에 유승준 씨의 비자 발급을 또다시 거부하였는데 그 이유로는 유승준 씨가 한국에 입국하게 되면 "대한민국의 안전 보장과 질서 유지, 공공복리에 저해가 될 수 있다"는 재외동포법을 근거로 삼았다. 이런 결정에 대해 유승준 씨는 "이제 한국에 입국하는 것을 포기하겠다"고 말했다고 했지만 변호인들은 그를 설득해서 2020년 10월에 "정부의 비자 발급 거부는 유 씨의 입국 금지가 비례의 원칙에 어긋난 과도한 처벌이란 대법원 판결 취지에 정면으로 반한다"며 서울 행정 법원에 비자 발급 거부 취소 소송을 제기했다. 정부는 2019년의 대법원 판결은 2015년의 처분에 대해서만 구속력이 있을 뿐이라며 이례적으로 특정 개인에 대한 강경한 입장을 고수하였는데 이는 법적 해석보다는 이 사안을 둘러싼 여전히 식지 않는 국민감정을 다분히 의식한 것으로 보인다. 국회에서 병무청장은 입국 금지의 정당성을 주장하면서 유승준 씨를 미국 이름인 "스티브 유"로 불렀는데 이는 그가 미국 국적의 외국인임을 강조하는 누리꾼들의 거부감을 그대로 따른 것이다. 이에 대해 유승준 변호인들은 이런 조치는 형평성에 어긋나는 인권 침해라고 주장하는 장문의 글을 SNS에 올리기도 했다. 그러나 다음 기사의 댓글에서 볼 수 있듯이 유승준 씨의 입국 비자 발급 거부를 둘러싼 네티즌들의 반응은 대부분 여전히 싸늘하거나 냉소적이다(출처: 유투브 https://youtu.be/o-kMzx0hes4).

> 김창숙 1시간전 미국인 미국에서 살지 왜 자꾸시끄럽게하냐?
> 답글4 댓글 찬성하기 696 댓글 비추천하기 12
>
> 닉네임 1시간전 제발 오지마세요 한국이 우스운가여??
> 답글1 댓글 찬성하기 470 댓글 비추천하기 22
>
> 최민호 1시간전 스티브유야! 인생의 가장 아름다운 시절을 내 가족과 내 나라를 지키기 위해 군에서 보낸 모든 이들의 노고와 아픔을 깎아내리지 마라.
> 남자였든 여자였든, 또 전방이었든 후방이었든, 자의였든 타의였든 그것은 중요치 않다. 네가 온갖 변명과 갖은 방법으로 미꾸라지처럼 요리조리 빠져나갈 때 우리는 조국을 지켰고 또 지키고 있다. 군인들이 있기에 안심하고 모두가 생업에 종사할 수 있는 것이다. '양심적' 병역 기피자들도 마찬가지다. 우리는 당신들보다 '비양심적'이라서 총을 든 게 아니다. 그것은 우리의 의무였고 또 보람이었다.
>
> 요시무라 1시간전 오해하지미라... 법원서 내린 결정은 법적으로 문제 없으니 비자 발급을 주는건 문제 없다 였지... 강제로 비자 내놔라 가 아님...
> 답글7 댓글 찬성하기 747
> 댓글 비추천하기 25

이 사안이 다시 불거졌을 당시는 추미애 법무장관 아들의 군복무 중 휴가 연기를 둘러싸고 특히 젊은 남성들을 중심으로 반발이 심했고 정치 문제화하고 있던 상황이라는 점도 정부의 판단에 고려될 수 있었을 것으로 보인다. 하지만 중앙일보 박태인 기자와 같은 일부 언론 보도에서는 일부 법조계의 의견이라면서 "정부가 여론을 의식해 유독 유 씨에게만 과도한 처벌을 가하고 있다"는 지적이 있다고 보도하기도 했다. 유승준 측은 LA총영사관의 재외동포 (F4) 비자 발급 거부의 부당성에 대해 2차 소송을 제기해 2023년 11월 대법원에서 다시 승소하였지만 정부는 세 번째로 재외동포 체류자격 비자 발급을 거부했다. 이에 대해 변호인단은 "법치 국가에서 공권력 행사는 '국민 정서법'이 아닌 '법률'에 따라 이뤄져야 하며, 행정 처분이 위법하다는 취소 판결이 나오면 행정청은 그 판결의 취지에 따른 재처분을 해야 한다"고 주장했다. 이 사건은 대법원의 판결마저 무색하게 만들 정도로 국민의 법 감정이 얼마나 영향력이 큰지를 보여준다. 국민의 여론을 외면할 수 없는 정치권이야 두말 할 나위 없지만 법관의 양심과 법률에 의해서만 판결을 내린다는 사법부마저 최고 재판 기관의 영이 서지 않는 무력함을 지켜보고만 있어야 하는 현실이다.

　1651년에 영국의 사상가 홉스(Hobbes)는 미력하기 짝이 없는 새우와 같은 시민 각자가 거대한 고래와 같은 리바이아던(Leviathan)에 권력을 위임하고 보호를 받는 대신 개인의 사사로운 폭력을 금하고 공권력과 법을 통해 모든 갈등과 대립을 해결하는 사회적 제도를 제안했다. 결과적으로 근대적 시민의 권리보다는 전제 군주제를 옹호했던 이 사상은 여러 논란을 불러일으켰는데 무엇보다 전제 군주의 선한 의지와 명철한 판단력, 공평무사한 절대 권력 행사를 신뢰할 수 있는지가 문제였다면 현대 사회에서는 법은 멀고 SNS 글이나 인터넷 댓글은 너무나 가까운 세상이 된 지금 공권력에 호소하여 문제 해결을 기다리기까지는 너무나 시간이 많이 걸리고 절차도 복잡한 것이 현실이다. 뿐만 아니라 특히 민주주의가 확립되지 못한 사회에서는 법 자체와 법 집행에 대한 불신이 팽배한 나머지 법은 이른바 개돼지의 권익을 보호해주기는커녕 강자의 입맛과 이익에 따라 고무줄처럼 해석되고 적용된다고 생각될 수 있다. 그 결과 복잡하고도 어려운 법에 의지하기보다 단순하고도 쉬운 여론에 호소하여 자신이 원하는 것을 얻는 지름길을 선택하는 경우가 많다.

"헌법 위에 떼법"이라는 말이 한낱 우스갯소리에서 시작했겠지만 점점 농담이 아닌 진담처럼 들리고 있다. 명예훼손을 비롯한 대한민국의 모든 법은 대다수 민주 국가의 법처럼 개인이 아무리 부당한 행위를 당했더라도 사사로이 제재하는 것을 엄격히 금하고 있다. 그러나 이런 사적 제재 금지의 원칙의 대전제는 국가가 위임한 법체계가 선량한 시민들의 권익을 보호하고 공평 정대하게 집행된다는 믿음이 공유되어야 한다는 점이다. 만의 하나라도 강자의 이익에 따라 결과가 왜곡될 수 있다면 아무리 힘없는 개인일지라도 자기 권리와 이익을 보존하기 위해 수단과 방법을 가리지 않을 가능성은 높아진다. 명예훼손 행위는 날로 증가하는데 제도권에서 이를 적절히 재단하지 못할 경우 법을 뛰어넘는 사적 제재는 계속되고 또 다른 제2의 n번방 피해자가 나오지 말라는 법이 없다. 따라서 명예훼손의 법조문과 재판 절차와 같은 법체계를 정비하는 것도 중요하지만, 법원에서 대체로 배척하고 외면하는 일반 국민들의 명예훼손에 대한 생각과 실제 사안들에 대한 법 감정 및 사회 문화적 가치 체계를 파악하는 것은 말단지엽적 문제가 아니라 필수적인 부분이다.

한국은 오랜 세월 동안 권위주의적 신분제 사회로 개인의 권리보다는 사회의 관습과 도덕율이 우선했다. 특히 젊은 여성은 시댁에 들어오면 귀머거리로 3년, 벙어리로 3년, 장님으로 3년을 살아야 한다는 비유가 있을 정도로 가혹한 행동 강령이 있었고 7거지악에 3종지도(三從之道)라 하여 어렸을 때는 아버지에 복종해야 하고, 결혼해서는 남편을 따라야 하며, 늙어서는 아들에 의탁하여 사는 것을 당연하게 여기기도 했다. 철저한 신분과 계급 제도에 얽매어 약자는 자신의 권리를 주장할 엄두도 낼 수 없고 근대 사회적 시민의 권리나 인격권이란 생각할 수도 없었다. 이런 사회에서 지금의 명예훼손과 같은 갈등이 발생하더라도 전통적으로 내려오는 불문율과 소수 엘리트 집단의 권위주의적 판단에 의존하여 해결할 수밖에 없었다. 즉 갈등 상황에서 대다수 일반 백성의 주장은 마치 양탄자 밑에 다 쓸어 넣어서 안 보이게 깔아뭉개고 그 위에 앉아 군림하는 권위주의적 통치자들의 일방적인 결정에 승복하는 것만이 기대되는 깔개형 사회였다. 그러나 해방 이후 정치에서도 오랜 권위주의적 체제가 무너지고 그 자리에 풀뿌리 대의 민주주의 체제가 새로 자리를 잡으면서 마치 스폰지처럼 민심을 흡수하여 우리도 서구의 정치 선진국처럼 민주주의의 꽃을 피우는가 했더니 정부와 국회, 법원, 언론 등은 각자 제 구실을 다 하지 못하고 각종 이념 단체, 이익 집단들이 거리로 쏟아져 나와 광장의 민주주의로 변질되었다. 급기야 백가제방을 넘어서 중구난방으로 자신들의 이익과 권리만을 편협하게 움켜쥐고 개인적 주장을 과도하게 개진하며, 모든 책임은 타인에게 넘김으로써 마치 건드리면 바로 폭발하는 부비트랩형 사회로 전락하고 "만인에 대한 만인의 투쟁(bellum omnium contra omnes)"이 현실화될 위기에 놓여 있다. 게다가 SNS나 유투브 등 신매체들은 언로를 확장하는 순기능 외에 비방과 중상모략을 무절제하게 쏟아내고 정쟁을 조장하여 국론을 분열시키는 소통 과잉의 역기능을 보이고 있다. 명예훼손이나 모욕은 이런 토양에서 잘 자라는 독버섯과 같은 현상으로서 스폰지와 같은 여론 흡수 장치가 기능을 멈춘 사회에서 언제든 터질 수 있는 폭탄처럼 우리 주위에 그 어두운 그림자를 드리우고 있다. "사람은 사람에 대해 늑대(homo homini lupus)"와 같은 경구가 지배하는 사회로 갈 것인가 아니면 "사람은 사람에 대해 천사(homo homini angelus)"와 같은 이상적 사회를 지향하되 최소한 "사람은 사람에 대해 사람(homo homini homos)"이라는 금언이 통하는 사회를 유지할 것인지는 오직 그 사회의 주인인 우리들에게 달려 있다.

4.2. 사회적 갈등과 명예훼손

명예훼손은 사회적 갈등의 산물이기 때문에 갈등이 높은 사회일수록 명예훼손 행위도 빈번할 것으로 생각할 수 있고 갈등을 효과적으로 해소할 수 있는 법이나 제도 이외의 문화적 의식이 낮거나 갈등 예방과 조정을 위한 성숙한 시민 윤리가 발달하지 않은 사회일수록 명예훼손 행위도 증가할 것으로 볼 수 있다. 2021년 10월 14일 미국의 여론조사기관 퓨리서치센터(Pew Research Center)는 19개 나라 국민 1만8850명을 대상으로 한 '다양성과 갈등에 대한 조사' 결과를 발표했다. 이 조사에 따르면 국내 정치적 갈등이 매우 심각한 수준이라고 인식하는 시민들의 비율이 주요 선진국 중 한국과 미국이 가장 높은 것으로 드러났다. 정치적 갈등 정도를 묻는 조사에서 19개 국가의 평균이 '매우 높다' 21%, '높다' 39%, '별로 높지 않다' 28%, '없다' 4%인 데 비해, 한국은 각각 49%, 41%, 9%, 1%로 나타나 응답자의 90퍼센트가 한국에서의 정치적 갈등이 '매우 높다'와 '높다'라고 답했다. 미국은 41%, 47%, 10%, 1%로서 한국과 거의 비슷한 수준으로 정치적 갈등이 높다고 인식하였다. 반면에 일본은 7%, 33%, 48%, 5%로서 응답자의 절반 이하가 자국 내 정치적 갈등이 높지 않은 것으로 생각했고, 스웨덴의 경우는 43%만이 정치적 갈등이 매우 높거나 높다고 응답한 반면 55% 정도가 정치적 갈등이 별로 높지 않거나 없다고 답하였다. Pew Research Center에서의 조사에서 한국과 미국 외에 정치적 갈등이 '매우 높다' 또는 '높다'고 답한 응답자의 비율이 50%를 초과한 나라로는 이스라엘(83%), 프랑스(74%), 헝가리(71%), 독일(68%), 말레이시아(69%), 스페인(68%), 캐나다(66%), 영국(65%), 이탈리아(61%), 폴란드(61%), 네덜란드(61%), 벨기에(53%), 그리스(51%) 등이 있었다. 호주(43%), 스웨덴(43%), 싱가포르(43%), 일본(40%)은 50% 미만이었다.(출처: https://www.pewresearch.org/fact-tank/). 이 조사가 이루어진 시점인 2021년 10월에 한국은 2022년 3월의 대선을 앞두고 진보와 보수의 대립이 절정으로 치닫고 있었고 미국은 연초에 도널드 트럼프 전 대통령의 지지자들이 대선 결과에 불복하고 의사당을 무력으로 점거하는 초유의 사태가 벌어진 뒤 극심한 분열의 후유증을 겪고 있던 시기였으며 이스라엘, 프랑스, 헝가리, 독일, 말레이시아 등도 자국 내의 정치적 상황이 불안정한 시기였다. 이런 시대적 상황을 고스란히 반영하듯 한국과 미국에서는 정치 영역에서 각종 무고와 명예훼손이 그 어느 때보다 빈발하였고 각종 언론 매체와 인터넷 토론 등에서 감정적인 설전과 대립이 횡행하였다. 이 조사에 따르면 한국인들은 정치뿐 아니라 종교 간의 갈등 인식도에서도 61%가 매우 높거나 높다고 답하였고 도시와 농촌 사이의 갈등도 43%가 심각하다고 보았는데 이런 수치는 조사 대상국 중 가장 높은 수준이었다. 인종이나 민족 문제에서 갈등이 심하다는 데에서도 한국은 미국과 프랑스에 이어 3위를 차지할 정도로 심각한 양상을 보였다. 미국은 트럼프 정부하에 흑백 갈등이 심화되었고, 프랑스는 난민 문제로 극우파가 약진하는 등 사회 여론이 분열되는 조짐을 보이는데 한국은 그런 특수한 상황이 아님에도 불구하고 인종이나 민족 문제에서 갈등이 심각하다고 답한 것은 다소 예상 밖의 결과이다. 이에 대해 Pew Research Center는 한국에서 젊은 층일수록 그리고 교육 수준이 높을수록 갈등이 심하다고 생각하는 경향이 있다고 분석하였다.

또 다른 Pew Research Center 조사에서 자국 내 사회적 갈등의 정도를 묻는 질문에 대해서는 미국이 가장 사회적 갈등이 높다고 답했고, 그 다음으로 한국과 프랑스가 뒤를 이었으며 타이완, 스페인, 싱가포르는 사회적 갈등이 비교적 높지 않은 것으로 답했는데 조사 대상 17개 국에서 사회적 갈등이 '매우 높다'를 4점으로 하고 '사회적 갈등이 없다'를 1점으로 하는 4점 척도에서 각 나라의 순위는 다음 그래프와 같았다:

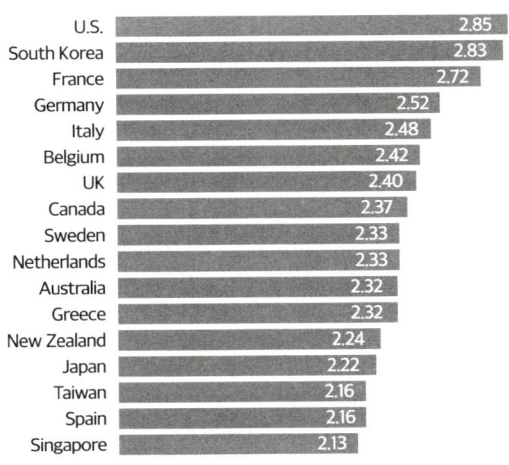

(출처: https://www.pewresearch.org/global/2021/10/13/diversity-and-division-in-advanced-economies/#perceived-social-conflict)

각 나라 국민들이 자국의 사회적 갈등이 높다고 생각하는 데에는 여러 지역적 이유가 있겠지만 전체적으로 한국은 미국과 더불어 정치, 종교, 인종/민족, 도시/농촌 등의 거의 전 영역에서 사회적 갈등이 매우 높은 국가로 인식하고 있는데 같은 동아시아권에 속한 일본이나 타이완, 싱가포르는 사회적 갈등이 높지 않은 것으로 인식하고 있어서 매우 대조적이다. 다만 싱가포르는 사회적 갈등에 대한 인식의 전체 수치는 낮아도 인종별로는 차이가 있어서 중국계 싱가포르인은 갈등이 낮다고 보는 경향이 강하지만 말레이계나 인도계는 그 반대로 생각하고 있었다. 물론 사회적 갈등 인식이 높다고 해서 바로 이것이 갈등 행위로 이어진다고는 볼 수 없고 국가마다 존중받아야 할 사회적 평판이나 명예에 대한 개념도 다를 수 있다.

그러나 국제법적으로 인간의 보편적 권리와 사회적 평판에 대한 표현의 자유를 둘러싼 국제적 기준은 존재한다. 대표적으로 국제연합인권위원회(U.N. Human Rights Committee)와 유럽인권재판소(European Court of Human Rights), 아프리카 인권 및 국민의 권리위원회(African Commission on Human and Peoples' Rights) 등에서 제안하거나 설정한 기준들이 있고 이에 따라 국가 간 명예훼손 행위와 표현의 자유를 판단할 수 있는 근거를 찾을 수 있다. 대체로 유럽은 명예훼손을 형사적 범죄 행위로 규정하는 데 부정적이며 각국의 그런 조항들을 폐기할 것을 권고하고 있다(http://legaldb.freemedia.at/international-standards/). 유엔인권헌장위원회(U.N. Human Rights Committee)는 General Comments 34호에서 회원국들은 명예훼손의 비범죄화(decriminalization)를 진지하게 검토해야 하며 가능하면 민사법으로 대체하고 가장 심각한 경우에만 형사법을 적용하되 어떤 경우에도 징역형을 부과해서는 안 된다고 강력하게 권고했다. 유엔은 또한 2010년에는 명예훼손을 전 세계 표현의 자유에 대한 10대 위협 중의 하나(one of the ten key threats to freedom of expression)라고 칭하면서 이를 형사 범죄 목록에서 즉각적으로 제외할 것을 촉구했다.

이처럼 주요 국제 기구나 단체에서 명예훼손을 형사적 범죄 행위가 아닌 단순 불법 행위로 전환하려는 이유 중의 하나는 명예훼손이 민주주의 국가의 근간인 언론과 표현의 자유를 저해하거나 위축시키고 특히 부패한 공권력과 사회 체제에 저항하는 세력들을 탄압하는 빌미로 작용하기 때문이다. 많은 나라에서 언론인들이 정치인들을 비판했다는 이유만으로 투옥되는 사례가 흔한데 이들에게 가장 쉽게 적용되는 죄목이 바로 무고죄와 명예훼손죄이다. 국제언론연구소(International Press Institute)는 "표현의 자유와 언론법과 명예훼손"이라는 2015년에 편찬한 매뉴얼에서 명예훼손을 형사 범죄로 규정하려면 합리적 의심 이상의 결정적인 증거가 제시되어야 하고 대안으로서 명예훼손을 민사법으로 제어할 수 있을 경우에는 반드시 그렇게 해야 하며 징역형은 철폐되어야 한다고 주장했다. 그럼에도 불구하고 미국 대법원은 형사법으로 명예훼손을 다루는 것을 폐지하지 않고 있지만 1964년의 Garrison v. Louisiana 사건의 판결에서도 언급되었듯이 명예훼손을 범죄로 취급하는 것은 현대 사회에서는 더 이상 정당화될 수 없고 공공의 질서를 해칠 가능성이 있거나 특정 집단을 중상하는 발화에 한해 최소한도로 적용되어야 한다고 보고 있다. 유엔 인권위원회는 반면에 정당한 의견의 표현은 정치나 학문, 역사, 도덕, 종교를 막론하고 어느 분야에서든 언제나 보장되며 명예훼손으로 다스릴 수 없고 심지어 매우 공격적이라고 생각되는 표현조차도 허용해야 한다는 점을 강조한다(유엔인권위원회 일반 논평 34).

한국에서는 2000년대부터 인터넷에서 '개드립'이라는 용어가 쓰이기 시작했다. 이 말은 부정적인 뜻의 '개'와 즉흥 발언이라는 영어 '애드립(ad lib)'의 혼성어인데 '실없는 농담이나 적절하지 못한 말'을 비하하여 이르는 말이다. 개드립은 처음에는 연예인들의 정제되지 못한 엉뚱한 말을 비판하는 용어였지만 특정 지역에 대해 부적절한 말을 하는 '지역 드립'과 특정 인종을 비하하는 말인 '인종 드립' 등으로 확대되었고 지역이나 인종 외에도 현재 한국 사회의 예민한 부분인 세대 간 갈등과 남녀 간 갈등에 관련된 부적절한 발화도 개드립이라고 부르기도 한다. 이 중 지역 및 인종, 세대와 관련된 개드립은 자칫하면 당사자들의 명예를 손상시킬 우려가 있어서 명예훼손 연구의 대상이 된다.

4.2.1. 세대 간 갈등

현재 우리 사회는 그 어느 때보다 공정과 평등 의식이 강하게 자리 잡고 있다. 기존의 한국 사회가 다분히 수직적 구조를 가진 위계질서를 강조하는 사회였다면 2000년 새로운 밀레니엄 이후는 수평적 구조를 가진 자립과 평등 정신을 강조하는 사회로 바뀌고 있다. 이 과정에서 기존의 사회 질서와 도덕적 관념과 윤리적 관행에 익숙한 노년 세대와 새로운 가치관으로 무장한 청년 세대와의 마찰과 갈등은 불가피한 국면으로 접어들고 있다. 현재 60대 이상은 성장기에 한 집에 3대가 같이 사는 것이 드물지 않았고 형제자매도 서너 명 있는 경우도 많지만 30대 이하는 이른바 핵가족 시대를 거쳐 급기야 나 혼자 사는 "혼집" 세대라고 볼 수 있다. 혹자는 한국의 60대가 부모를 봉양해야 한다는 생각을 가진 마지막 세대이고 더 이상 자식으로부터 봉양을 받을 것을 포기한 첫 세대라고 하는데 그만큼 한국 사회의 세대별 변동은 현재 진행 중이다. 특히 비록 유소년기는 어렵게 자랐지만 1980년대 경기 호황으로 인해 비교적 취업난에서 자유로웠고 평생직장 개념의 수혜자인 노년 세대와 유소년기는 물질적으로 이전 세대에 비해 여유가 있었지만 막상 취업 절벽 때문에 자신들의 일자리는 하늘에 별따기처럼 어려운 청년 세대는 서로를 보는 눈과 서로에게 하고 싶은 메시지가 다를 수밖에 없다. 그런 이른바 '넘사벽', 즉 넘을 수 없는 사차원의 벽과 같은 세대 차이는 종종 서로를 원망하거나 비하하는 명예훼손적 논쟁으로 이어진다. 앞서 보았듯이 2010년대 후반부터 더 이상 금기어 목록에서 해제된 '꼰대'와 '라떼'는 비우호적인 상호 인식을 여실히 보여준다.

  청년들은 더 이상 유효하지 않은 과거의 경험에 얽매여 잔소리와 꾸지람을 남발하는 윗세대들을 어른으로 공경하기보다 그냥 귀찮고 피하고 싶은 존재로 보거나 더 나아가 자신들이 차지해야 할 자리를 빼앗고 있는 거북한 존재로 보기도 한다. 젊은이에게 조언이랍시고 더 이상 순수한 노력과 열정을 이야기했다가는 물정을 모르는 꼰대라는 냉소적인 반응을 불러일으키게 된다. 일례로 최근 보도를 보면 노령층 운전자들이 증가함에 따라 어이없는 사고가 발생하는 사례들이 늘어나고 있다. 그 결과 65세 이상의 노년층의 운전면허를 제한해야 한다는 주장이 있다. 그러나 보험개발원이 집계한 실제 자동차 사고율은 여전히 10대와 20대가 높고 60대 이상의 사고율은 평균보다 낮은 수치를 보이고 있다(https://www.insis.or.kr/insis/insisweb/info/insisinfo.jsp). 일각에서는 한국보다 먼저 고령화 사회에 접어든 일본의 예를 들면서 한국에서도 노인 운전면허 재발급을 제한해야 한다는 주장이 있다. 그런데 일본의 경우 전체 운전자 중 65세 이상 운전자는 14% 정도인데 연 90만 건 정도의 교통사고 중 10만 건 정도가 고령자에 의한 사고로 약 11%선이다. 70세 이상 노인은 면허 갱신 기간 만료일 6개월 내에 인지 기능 검사를 받고 그 결과에 따라 고령자 강습을 받도록 되어 있다. 만약 노인이 자동차 운전면허를 자발적으로 반납하면 이에 대한 보상으로 대중교통 이용에 실질적인 편의를 제공하며, 온천이나 식당, 호텔에서 우대를 받게 하고, 이동권을 보장하기 위해 일부 자치 단체에서는 택시 서비스를 제공하기도 한다(2009. 3. 26일자 일본경제신문). 또한 일본에서는 70세 이상의 운전자들은 '고령 운전자 마크'를 차에 부착하도록 권장하고 있는데 법적으로 강제하지는 않아서 해당 연령대의 운전자들이 이 마크를 부착하지 않더라도 벌금을 부과하지는 않는다고 한다. 그래도 많은 고령 운전자들이 기꺼이 이 마크를 차에다 붙이고 다니는데 만약 같은 제도를 장유유서 문화가 아직도 강하게 남아 있는 한국에서도 실시한다고 하면 좋은 반응을 불러일으킬지는 의문이다.

과학적인 근거는 불확실하지만 백세 인생을 자연스럽게 운위하는 현대인들의 연령은 과거에 살았던 사람들 연령의 80% 수준이라고 보아야 한다는 이야기도 있다. 즉 현재 60세는 과거 48세에 불과하고 70세는 56세에 불과하다는 것이다. 그 결과 지하철 무임승차도 65세가 아닌 70세로 상향해야 한다는 주장이 심심치 않게 나오고 있다. 한국 전쟁 이후 태어난 베이비부머들은 대한민국이 물질적으로 풍족하지 않고 정치적으로도 완전히 민주화되지 않은 어려운 시기에 유소년기를 보내고 성인이 되어서는 주 52시간 근무와는 동떨어진 열악한 근로 조건을 감수하면서 근대화에 주역이 되었던 것이다. 그동안 꼬박꼬박 납부한 세금만 해도 어머어마한데 이제 은퇴 시점을 맞이해서 그동안 사회에 공헌한 것은 인정받지 못하고 지하철 운영 적자의 주범이라는 곱지 않은 시선을 받으며 그 전 세대들은 당연히 누리던 노령 혜택을 받지 못할 처지에 빠진 것이다. 65세 이상 지하철 무임승차를 반대하는 측에서는 노령 인구의 급격한 증가로 인해 젊은 세대가 그 비용을 지탱하는 데에 한계가 있고 실질적으로도 출퇴근 시간의 지하철 혼잡도가 감당하기 어려운 수준이라고 주장한다. 반면에 무임승차를 찬성하는 측에서는 아직도 한국은 노인 빈곤율이 OECD 국가 중 1위를 차지하고 있고 노인 자살율도 계속 증가하는 현실에서 그 정도의 혜택은 받을 자격이 있다고 주장한다. 다만 이런 양쪽의 의견들이 논리적인 토의가 아니라 종종 상호 혐오와 비방의 명예훼손성 발화로 이어진다는 점은 우려할 만하다.

그런 점에서 지하철은 앞 장에서 말한 깔개 사회에서 스폰지 사회로 이행하지 않고 부비트랩 사회로 건너뛰는 한국 사회의 단면을 여실히 보여준다. 처음 지하철이 나왔을 때 경로석은 말 그대로 나이가 많은 할아버지나 할머니들을 위해 따로 떼어놓은 좌석이었으나 차츰 노인들 외에 교통 약자들을 위한 자리로 탈바꿈하기 시작했다. 이 과정에서 일부 지하철에서 누리던 작디작은 기득권을 포기할 생각이 없는 노인들이 젊은이들에게 호통을 치는 등 볼썽사나운 마찰이 간간히 벌어지기도 했다. 2010년대부터는 지하철에 소위 임산부석이 마련되어 강력한 홍보를 통해 정착 단계에 있다. 아직도 이 자리를 임산부가 아닌 사람들이 버젓이 차지하는 경우를 자주 볼 수 있지만 점차 정착될 것으로 보이지만 일부 여성 혐오 사이트나 급진적 페미니스트 사이트에서는 여전히 이를 둘러싼 과격한 주장이 그치지 않고 있다. 1960년대는 시내버스나 기차에서도 심지어 비행기에서도 흡연을 하는 것이 허용되었지만 이후 공공 교통수단에서는 완전 금연이 자리잡은 것처럼 일련의 시행착오 과정을 거쳐 이 새 제도가 자리잡을 것으로 생각되지만 그 과정에서 생각이 다른 사람들끼리 과열된 논쟁으로 사회적 비용을 치뤄야 할 가능성이 높고 이를 최소화하려는 노력이 필요하다.

4.2.2. 지역감정

이상에서 본 세대 간의 갈등 외에 지역 간의 갈등 역시 한국 사회가 안고 있는 고질적인 문제이다. 자신이 태어나고 자란 지역에 대해 애착을 갖고 자부심을 표현하는 것은 아무런 문제가 되지 않지만 반대로 자기 지역 사랑이 도가 지나쳐 다른 지역을 업신여기고 비하하는 것은 바람직하지 않다. 지역감정이라는 부비트랩의 뇌관을 건드려 명예훼손 공방으로까지 비화한 사례는 적지 않다. 역사적으로 근원을 찾아 올라가면 고대까지 갈 수도 있지만 1960년대부터 본격화되어 아직까지도 그 해법을 찾지 못하는 영남과 호남 사이의 지역 감정은 차치하고, 최근 주목할 만한 사례가 소위 이부망천 사건이다. 마치 중국의 오래된 고사성어처럼 들리는 이 말은 실은 2018년 인천시장 선거를 앞두고 당시 자유한국당 대변인이었던 정태옥 전 의원이 인천시의 문제점에 대해 길게 지적한 말을 압축하여 표현한 것이다. 그는 YTN 방송에 출연해서 유정복 당시 인천시장을 옹호하면서 "서울의 목동 같은 데에서 잘 살다가 이혼하거나 직장을 잃으면 저 부천 정도 갑니다. 부천 있다가 또 살기 어려워지면 그럼 저기 인천 중구나 남구나 이런 쪽에 갑니다'라고 말했는데 선거를 며칠 앞두고 나온 이 발언은 야권에 큰 화근이 되고 말았다. 발언의 워딩을 보고 엄밀히 말하자면 '이부망천'보다는 '이부망인'이 더 정확할 것 같지만 '이부망천'으로 알려진 이 발언의 의도는 인천 일부 지역에 그만큼 어려운 사람들이 많은데 이는 당시 같은 당 소속 유정복 인천시장만의 잘못은 아니라고 비호하려던 것이었다. 그런데 당시 당대변인이라는 사람이 하필이면 여러 지역을 비교하고 걸러지지 않은 부정적 표현을 사용하는 바람에 많은 인천 및 부천 시민들의 심기가 불편해졌고 인터넷에서는 "이부망천 망언"이라는 여론이 들끓었다.

　이 문제는 공적 발화의 명예훼손성 여부를 둘러싸고 화자의 의도나 발화 수반력이 우선하는지 아니면 청자의 지각이나 발화 결과가 더 중요한지를 생각하게 만든다. 인천시에서 고위 공무원까지 지낸 현역 의원의 "이부망천" 발언으로 부천 시민들과 인천 시민들은 자신들의 명예가 훼손되었다고 생각했을까? 속단하기는 어렵지만 당시 선거 결과만 놓고 보면 그럴 가능성은 충분히 있다고 보인다. 즉 이 발언이 나오기 전까지만 해도 당시 자유한국당의 유정복 후보는 더불어민주당의 박남춘 후보와 각축을 벌이고 당락을 예측하기 어려운 정도였는데 막상 투표가 끝나고 결과를 보니 거의 두 배에 해당하는 압도적 차이로 박남춘 후보가 당선되었다. 물론 이 발언만으로 해당 지역의 표심이 결정되었는지는 알 수 없지만 적어도 일부 부천 시민들과 인천 시민들은 이 이부망천 발언이 자신들의 자긍심을 해치는 명예훼손성 발화로 인식한 것으로 보인다. 그렇다면 정작 이 발언을 두고 발언 당사자인 정태옥 의원은 명예훼손으로 법적 처벌을 받았을까? 이 발언 직후 정의당은 정태옥 의원을 검찰에 고발했지만 명예훼손이라기에는 그 대상이 너무 광범위하고 특정되지 않았다는 이유로 무혐의 처분을 받았다. 실제 자신이 거주하는 지역에 대한 자긍심에 손상을 느낀 사람들은 있었지만 그것이 명예훼손죄로 다스릴 정도의 범죄 행위는 아니라는 판단이다. 결국 문제 발언의 당사자는 사법적 판단은 면했으나 해당 지역민들의 감정에는 깊은 상처를 남기게 되었다.

보수 논객인 전원책 변호사는 MBC 개표 방송에서 이 발언을 "정태옥 스캔들"이라고 칭하면서 이 스캔들은 "대한민국에서 한때 집권 여당을 하고 탄핵 과정을 거치면서 남아있던 온실 속의 화초… 웰빙 정당이라는 그런 비아냥을 들으며 남아있던 자유한국당의 잔존 국회의원들이 얼마나 아직도 현실을 모르고 있고 대중을 모르는지 단적으로 보여주는 산 증거입니다… 얼마나 영향을 끼쳤냐면 부천시장, 인천구청장 2명, 인천시장, 경기도지사… 무려 다섯 사람의 선거 영향을 미친 망언이에요"라고 한탄하였다. 과거에도 권성동 의원이 경상도 방언을 비하했다는 비판에 직면한 바 있고 이해찬 전 더불어민주당 대표는 "서울은 천박한 도시"라는 말로 곤욕을 치루기도 했다.

또한 선거 때마다 충청도민들의 단합을 강조하면서 소위 "핫바지"론을 공공연히 들고 나온 정치인들이 많았고 선거에서 승리를 위해서라면 지역감정을 부채질하는 행태들이 사라지지 않고 있다.

이런 발언들이 고질적인 지역감정을 부채질하는 데도 불구하고 이 부망천의 사례에서 보듯 그런 발언으로 인해 실질적인 피해를 본 사람을 특정할 수 없다는 이유만으로 면죄부를 주는 것은 재고할 여지가 있다. 한국이라는 특수 상황에서 고질적인 지역감정을 부추기는 발언은 독일에서 히틀러와 유태인 학살을 옹호하는 것을 무관용으로 대처하는 것만큼 중대한 사회적 범죄 행위로 보고 명예훼손죄로 다스리고 공직자라면 공직을 박탈하는 것까지 검토할 필요가 있다. 사회 질서의 보루인 사법부가 법리적 해석에만 몰두하고 일반 국민의 법 감정을 외면한다면 불필요한 지역감정을 조장하는 이른바 '지역드립'은 사라지지 않고 한국 사회의 암적인 요소로 남을 것이기 때문이다.

4.2.3. 인종 문제

인종 차별 발언은 미국에서는 엄격한 사법적 판단과 제재의 대상이 되는 반면 한국은 여론의 질타를 받을지는 몰라도 좀처럼 형사 입건되거나 기소되지 않는다. 사실 미국에서도 특정 개인을 타겟으로 한 인종 차별적 명예훼손은 법적으로 문제가 되지만, 똑같은 인종 차별적 명예훼손이라도 집단을 대상으로 할 경우는 사정이 달라진다. 자연인이 아닌 법인의 명예까지 인정하는 마당에 개인이 아닌 집단이라는 이유로 명예훼손죄 적용에 미온적인 것은 납득하기 힘들고 법리적 재검토가 필요한 부분이다.

인종 차별이나 인종 간 갈등 문제는 한때는 바다 건너 남의 나라 이야기처럼 들렸지만 점차 다문화 사회로 변모하고 있는 우리나라에서도 인종 문제로 인한 명예훼손 논쟁이 고개를 들고 있다. 일례로 아프리카 가나 출신으로서 한국어와 한국 문화에 능통하고 재치있는 언변으로 인기를 모은 샘 오취리는 2020년 8월 6일 인스타그램에 올린 글 때문에 여론의 역풍을 받고 결국은 출연 중인 모든 프로그램에서 하차하는 비운을 겪게 되었다. 언론 보도에 따르면 의정부고등학생들이 졸업 사진에서 흑인 분장을 한 것을 보고 오취리는 "2020년에 이런 것을 보면 안타깝고 슬프다"라고 하면서 "인종 차별적 행위"라고 말했다. 문제의 사진에서 학생들은 아프리카의 장례식을 패로디하려는 의도로 얼굴을 까맣게 칠하고 관을 들고 있었는데 이에 대해 샘 오취리는 "웃기지 않다. 흑인들 입장에서 매우 불쾌한 행동이다. 제발 하지 말아달라. 문화를 따라하는 건 알겠는데 얼굴 색칠까지 해야되냐. 한국에서 이런 행동들 없었으면 좋겠다"고 불쾌한 기분을 표했다. 패로디란 원래 풍자와 더불어 표현의 자유가 넓게 보장되는 일종의 "원작 비틀어 신작 만들기"인데 이 고등학생의 패로디 사진을 보면 다소 엉성한 부분이 있어서 뭔가 새로운 감흥을 주지는 못했다.

그래도 아프리카 장례식에 주목해서 이를 새롭게 묘사하려고 노력한 부분은 인종을 차별하기 위한 악의라기보다는 오히려 타 인종에 대한 선의의 관심을 갖는 것으로 해석될 수도 있었다.

오취리의 글에 대해 일부 누리꾼들은 공감을 표명하기도 했지만 또 다른 네티즌들은 "흑인들의 장례식을 패로디한 것인데 얼굴 색칠을 검게 한 것이 꼭 인종 차별이라고 할 수 있나"라고 반론을 제기하기도 하고 "이제는 흑인을 흑인이라고 부를 수 없는 건가?", "고갱의 타히티 섬 그림에 보면 원주민들을 죄다 검게 그렸던데 그럼 고갱도 인종 차별주의자?"라는 비난이 쏟아졌다. 문화관광체육부에서는 다문화 사회로 들어가는 한국의 현 시점에서 과거 "살색"이라는 용어는 인종 차별적 의미가 들어 있어 적절치 않으므로 "살구색"과 같은 다른 용어로 바꾸도록 하였다. 그렇다면 "흑인"이나 "황인종", "백인"이라는 용어 역시 적절치 않은 것으로 보아야 하는지의 문제 제기가 뒤따른다. 일각에서는 한국인들이 한국 사람의 보편적인 피부 색깔을 지칭할 때 "살색"이라고 하는 것까지 문제시할 필요가 있느냐는 반발도 있다. 한국이 진정 다문화 사회라면 당사자들의 중지를 모아 합의를 거치되 일일이 네거티브하게 이런 경우에 "이러이러한 말은 사용하지 말라"고 하는 것보다 포지티브하게 이런 경우에 "이러이러한 말이 사용된다"고 가르치고 이를 벗어나면 집단적 명예훼손이 성립할 수 있다고 지도하는 게 현실적 방안이라고 생각한다.

그림-6. 무한 궤도?
(출처: Jules Feiffer, Publishers-Hall Syndicate)

어느 사이에 인종 문제가 한국 사회에 깊이 들어왔다는 것을 실감 나게 해주는 또 다른 사례가 있다. 2011년 8월에는 흑인 남성이 만원 버스 안에서 한국 노인에게 욕설을 퍼붓고 구타를 하는 동영상이 유튜브에 올라와서 네티즌들의 분노한 적이 있었다. 한국 모 학원의 강사로 있는 이 흑인은 경찰 조사에서 노인이 자신에게 "Shut up"이라고 말하고 이어서 한국어로 계속 흑인을 비하하는 말을 해서 화가 나서 그런 짓을 했다고 진술했다. 문제는 이 흑인이 만원 버스에서 떠들기에 노인은 좀 조용히 하라는 뜻의 영어로 말한 것인데 그의 의도와는 달리 원어민에게는 고압적으로 들릴 수 있는 직설적 명령형 문장을 썼다는 데 문제가 있었다. 이 노인이 화난 흑인 승객을 달래면서 이번에는 한국어로 "니가 여기 앉아"라고 말한 것을 정작 그 흑인은 노인이 자기를 가리켜 발음이 비슷한 "nigger"라는 인종 차별적 용어를 사용한 것으로 오해하였다. 이에 흑인은 극도로 흥분하여 노인에게 한국어로 "이 새끼"라고 욕을 하고 폭력을 휘둘렀으며 옆에서 이를 말리는 여성 승객에게는 영어로 "bitch"라는 욕설을 퍼부었다. 한국어와 영어의 욕설 대잔치가 벌어진 웃픈 상황이었다. 이 사건 보도에 따르면 문제의 흑인은 경찰서에서 불구속 기소 의견으로 송치하고 형법 제257조의 상해죄로 처벌을 받을 가능성이 큰 반면 노인이나 여성 승객에 대한 명예훼손은 고려되지 않았고 노인 역시 흑인 승객에 대한 명예훼손은 검토되지 않은 것으로 드러났다.

  이처럼 인종 차별 논란은 사소한 데에서 비롯되기도 하며 특히 그 지역이나 인종의 문화를 잘 모를 때 어이없이 불거지기도 한다. 이는 유명인이라고 해서 예외가 아니다. 잘 알려진 영화배우인 성룡이 할리웃에 처음 진출해서 흑인 영화 관계자와 인사할 때 특유의 친화력을 발휘하려고 "Hi nigger"라고 말했다가 갑자기 분위기가 싸해지고 인종 차별주의자로 몰리는 아찔한 순간이 있었다. 그 말은 흑인이 다른 흑인에게는 거리낌없이 쓸 수 있는 말이지만, 성룡과 같이 비흑인이 그것도 처음 만난 낯선 흑인에게 인사말로 쓸 수는 없는 말이라는 것을 성룡 자신이 몰랐기 때문이었다. 법은 무지에서 비롯된 불법 행위에 대해 관용을 베푸는 데 인색한데 명예훼손 역시 해당 문화의 코드를 잘 몰랐다는 것만으로는 변명이 되지 않는다. Brando Simeo

Starkey라는 흑인 칼럼니스트는 The Undefeated라는 저널에서 "nigger"라는 'the N-word'는 흑인이 흑인을 미워하게 만들기 위해 백인들이 악의로 만든 말이라는 역사적 사실을 아는 사람이라면 이 단어를 쓸 수 없을 것이라고 말했다. 불행하게도 성룡은 그런 역사적 사실을 몰랐을 가능성이 높았고 뜻하지 않은 곤욕을 치르게 된 것이다.

인종 차별적 언어 사용이 미국 대법원까지 올라가 법의 심판을 받은 예로 Harvard Law & Policy Review에 따르면 2011년 제11순회 항소 법원은 대법원 원심 파기 환송심 Ash v. Tyson Foods에서 자신이 고용한 흑인 종업원을 "boy"라고 부르는 것은 인종 차별의 충분한 증거가 된다고 최종 판시하였다. 이 사건은 John Hithon이라는 흑인 직원이 고용주인 Tom Hatley에게 승진을 요구했으나 사장은 회사 사정이 어렵다면서 그를 승진시키는 대신 두 명의 백인을 새로 채용한 데에서 시작되었다. Hithon은 사장이 인종 차별주의자로서 공정하지 않은 인사를 했다고 제소했는데, 그가 인종 차별주의자라는 증거로 자신을 종종 "boy"라고 불렀다는 점을 내세웠다. 피고인인 이 백인 사장은 1심에서 패소하여 175만 달러의 벌금형을 받았는데 항소심은 이를 뒤집었지만 대법원에서는 2심 결과를 파기하고 사건을 다시 돌려보냈다. 과거에는 흑인 직원을 "boy"라고 부르는 것은 인종 차별이 아니라고 보았으나 이 역시 시간이 지나면서 인식의 변화가 일어난 것이다. 2심 재판부는 문제의 boy란 표현이 항상 친절한(benign) 것은 아니지만 그렇다고 해서 인종 차별의 증거가 항상 성립하는 것은 아니라고 보았으나 대법원에서는 이런 단어의 의미는 "맥락, 굴절, 말의 톤(tone), 지역적 관습 및 역사적 어법 등에 따라 달라질 수 있다"고 하여 보다 광범위한 해석의 가능성을 지지하였다. 이 판결은 명예훼손성 어휘 자체뿐만 아니라 그 어휘를 어떤 식으로 사용하는지 이른바 운율적 요소와 화용적 요소까지 고려해서 명예훼손죄 성립 여부를 판단해야 한다고 본 특별한 판례로 남게 되었다.

세계 각 지역의 여러 인종과 민족들이 모여 사는 미국인지라 인종 차별은 우리나라의 지역 감정만큼이나 어렵고 민감한 문제이다. 특정 민족을 차별적으로 표현한 명예훼손의 사례로는 'The American Italian Defense Association(AIDA) v. Time Warner Entertainment Company' 사건을 들 수 있다. 이태리계 미국인들의 권익을 옹호하기 위한 단체인 전미이태리옹호협회(AIDA)는 마피아의 잔인하고 비정한 지하 세계를 주로 다룬 〈The Sopranos〉라는 텔레비전 드라마 시리즈가 마치 이태리와 이태리계 미국인들 문화의 전형인 것처럼 묘사함으로써 명예를 훼손했다고 Time Warner Entertaiment Company를 일리노이주 법원에 제소하였다. 이 드라마의 작가는 자신이 AIDA의 상담역이었던 경험을 토대로 미국 사법 체계에서는 개인의 명예훼손은 엄격히 다루고 있지만 인종 차별과 관련한 집단 명예훼손은 배상할 법적 장치가 없다는 점을 지적하였다. 실제로 미국 법원은 개인이 아닌 집단이 인종 차별에 의한 명예훼손을 당했다고 주장하며 민사 소송을 제기한 것을 기각해 왔고 형사적으로도 기소가 이루어진 적이 거의 없었다.

이에 대해 John Marshall Law School의 교수인 Michael J. Polelle 은 미국 사회가 상징적으로 용광로(melting pot)에서 샐러드 보울(salad bowl)이나 모자이크(mosaic) 사회로 옮아감에 따라 모든 인종과 민족에 대한 존중이 점점 더 중요한 이슈가 되고 있다고 하면서 인종 간, 민족 간 평화로운 사회적 공존을 위해서는 무엇보다 열린 토론과 합리적인 논의가 필요하다고 한다. 그는 미국은 다인종, 다민족 국가임에도 불구하고 차별과 관련된 집단적 명예훼손의 법령들이 아직 미비한 상태에 있음을 지적하는데 이 점은 한국에게도 타산지석으로 삼을 만한 지적이다. 뿐만 아니라 그 파급력과 영향력이 큰 방송에서 이런 차별적 명예훼손 행위가 성행하고 있는데도 이를 감독할 연방통신위원회(Federal Communications Commission)는 "자유방임적 윤리(laissez-faire ethic)"를 고수하고 미디어를 제재하는 데 미온적이라고 주장한다. 따라서 언론의 자유는 보장하되 만약 고의든 과실이든 매스미디어의 불찰로 이런 집단 명예훼손이 벌어질 경우 최소한 주 정부 차원에서 적절한 통제와 배상이 이루어지도록 감독하고 보장하는 법적 장치들이 마련되어야 한다는 것이다(Polelle 2020). 이 주장에서 눈에 띄는 점은 집단 명예훼손의 책임이 있는 당사자는 1년간 자격을 정지시키되 '회복 규칙(recovery rule)'을 설정하여 이에 따라 적정하게 회복이 이루어졌는지를 체크하는 제도를 마련한다는 점이다. 이는 명예훼손 행위를 일으킨 장본인들이 피해자의 상처가 채 아물기도 전에 시간만 지나면 마치 아무 일도 없었다는 듯 다시 방송 활동을 하는 것을 막기 위한 최소한의 장치이다. 다만 이 과정이 지나친 보복성 제재가 될 수 있고 표현의 자유와 창작 활동을 위축시킬 수 있다는 논란의 여지가 있어서 향후 제도적 보완과 운영의 묘가 필요하다.

한국의 경우도 인종이나 민족 문제와 같은 이슈에서 집단 명예훼손 행위로 법적 처벌을 받은 사례는 찾아보기 힘들다. 그렇다고 해서 한국에는 이런 차별적 행위가 드물다고 자신있게 말할 수 없다. 당장 보면 한국인들은 편한 자리에서 "일본놈들은…", "미국애들은…"과 같은 차별적 말을 하는 것을 쉽게 볼 수 있고 "깜둥이", "쪽발이", "왜놈", "짱께"라는 말이 듣는 사람의 마음을 얼마나 아프게 하는 명예훼손적 어휘라는 것을 이해하지 못하는 경우가 많은데 그럴 경우 자신의 의도와는 다르게 앞에서 본 만원 버스에서의 해프닝과 같은 봉변을 당하지 말라는 법이 없다. 차별적 어휘 사용에 관한 한 무지(ignorance)는 변명이 될 수 없으며 그 자체로 본질적 명예훼손(defamation per se)이고 화자의 악의가 없어도 피해자가 명예를 훼손당했다는 생각이 우선적으로 고려될 수밖에 없다.

한국은 단일 민족 사회에서 다민족 사회로 빠르게 옮아가고 있는 반면 이를 뒷받침할 행정적, 법적 제도는 신속하게 만들어지지 못하고 있다. 그 결과 과거에는 거의 볼 수 없었던 인종 차별적 명예훼손의 다툼이 벌어지고 있는데 사법적 판단 대신 여론의 향배에 의존해서 여론이 들끓는 경우에만 문제를 일으킨 당사자들에게 비법적인 제재를 가하는 편의적 해결 방법이 횡행하고 있다. 이는 엄밀히 말해서 사사로운 제재를 금지하는 사형 금지의 원칙에 위배되며 사법 기관과 공권력이 책무를 방기하는 직무 유기 상황이다. 한국어에서도 "이 문딩이 자식"이란 말은 가까운 경상도 사람들끼리는 문제없이 사용할 수 있을 뿐 아니라 오히려 친밀감을 도모할 수 있는 표현이지만 외지인이 처음 보는 경상도 사람에게 대뜸 할 수 있는 말은 아니다. 또한 "야, 이 기지배야"는 아주 친한 여자들끼리는 쓸 수 있지만 지하철이나 카페에서 잘 모르는 남자가 옆의 여자에게 사용할 수는 없는 말이다. "아가씨"란 말을 둘러싼 세대 간의 어감 차이도 사회적 문제를 불러일으키는데 중장년 이상의 세대에게 '아가씨'란 젊은 미혼 여성을 높여 부르는 말로 생각되지만 정작 그런 대상이 될 수 있는 여성들에게는 달갑지 않게 들리는 경우가 많다. 예를 들어 식당에서 일하는 젊은 여자 종업원을 "아가씨"라고 부르는 것은 차별적 언어로 간주되는 경향이다. 즉 '아가씨'는 1)'시집갈 나이의 여자를 이르거나 부르는 말', 2)'손아래 시누이를 이르는 말' 또는 3)'예전에, 미혼의 양반집 딸을 높여 이르던 말'이라는 좁은 사전적 정의(표준국어대사전) 중에서 정의 2)와 3)은 이제 사라지기 직전에 이르렀고 정의 1)역시 점차 쓰이지 않는 경향이 있어서 특정 업소 종사자를 이런 호칭으로 부르는 것은 조만간 명예훼손적 발화가 될 가능성이 있다.

 '아가씨'와 연령과 혼인 여부 차원에서 대립적 의미 관계에 있는 '아줌마'는 '아가씨'보다 젊은 미혼 여성이 훨씬 더 듣기 싫어하는 표현이다. 아직 결혼도 하지 않은 젊은 여자에게 "아가씨"라고 불렀을 때와 별 생각없이 "아줌마"라고 불렀을 때 아마도 그 여자의 반응은 완전히 다를 것이다. "아지매"나 "줌마"는 특정 언어 사용자들에게는 "아줌마"가 가진 부정적 의미보다는 친근한 나이든 여성을 가리키는 말로 받아들여지기도 한다. 반면 한국 남성의 경우 결혼 여부나 연령 차원에 따른 용어의 분화가 여성의 경우보다 심하지 않아서 "아저씨"란 표현이 전천후로 사용되며 보통의 상황에서는 대부분 이를 명예훼손성 표현이라고 생각하지 않을 것이다. 영어에서도 미혼인 여성과 기혼인 여성의 호칭을 Miss와 Mrs로 구분하던 것이 현재는 성중립적인 Ms로 굳어지고 있다. Miss나 Mrs의 구분을 차별적이라고 생각하는 여성에게 이 호칭을 사용하는 것은 갈등을 불러일으킬 소지가 있는데 이는 그런 용어를 사용하는 화자가 용어 사용에서의 사회적 적절성(social appropriateness)을 늘 염두에 두고 갈등을 예방하는 것이 현명하다고 생각된다. 더 나아가 he, she의 성 구별이 있는 3인칭 단수 표현 대신 성중립적인 ze를 본인이 원하면 선택해서 사용할 수 있게 하자는 움직임도 있다. 다만 '아저씨'는 '아줌마'에 비해 거부감이 덜하며 남성, 여성을 가리지 않고 거의 누구나 모르는 성인 남자를 가리키는 말로 사용된다. 완고한 백인이 흑인 소년을 부를 때 검둥이라는 뜻의 nigger라고 부르자 그 소년이 반발한 것에 대해 "나는 nigger를 nigger라고 불렀는데 그게 무슨 문제냐"고 강변한 것은 사회적 적절성을 망각하거나 모르는 시대착오적인 변명으로 만약 공적인 상황이라면 즉각 명예훼손의 죄를 물을 수 있는 심각한 일탈 행위이자 위법 행위임을 명심할 필요가 있다.

한국 사람은 무심코 들리는 이름인 Ann이나 Tom도 특정 맥락에서는 흑인들을 지칭하는 인종 차별적 표현으로 간주되므로 학교 교육에서부터 이를 분간할 수 있도록 교육해야 한다. 다음은 영어에서 특정 인종이나 민족, 국적을 비하하거나 경멸감을 표현하기 위한 목적으로 쓰이는 인종 차별적 언사(ethnic slurs 또는 ethnophaulisms)의 예이다. 원래 'slur'란 혀가 달라붙은 듯한 상태에서 불분명하게 내는 발음을 가리키는 것인데 이런 인종 차별적 표현들은 떳떳하게 또박또박 말하지 못하고 대충 상대방이 알아들을 듯 말 듯 발음하는 경향이 있기 때문에 붙여진 이름이다. 이들은 하나의 단어로서 "dirty Jew"나 "Russian pig"와 같은 복합 표현인 인종 차별적 별칭(ethnic epithet)과는 구별된다.

표-24. 영어의 대표적인 인종 차별적 언사

차별 표현	대상	내용
ABC	미국에서 태어난 중국인	미국에서 태어나 중국인 정체성이 엷거나 중국어를 잘 사용하지 않는 중국인
Aunt Jemima/ Aunt Jane/ Aunt Mary/ Aunt Sally	미국의 흑인 여성	백인들의 비위를 맞추려고 하는 흑인 여성을 비하하는 말로서 Uncle Tom의 여성판
Beaner/ Beaney	멕시코계 미국인	멕시코 음식에 흔한 콩(bean)에 빗댄 말
Boong/ Bong/Bung/ Boonga	호주 애보리진 원주민	'죽다'라는 뜻의 호주 영어 속어 'bung'에서 유래했다는 설과 원주민어인 Wemba어에서 '사람'이란 뜻의 단어에서 유래했다는 설

Chankoro	일본의 중국인 チャンコロ	일본에서 창코나베(ちゃんこ鍋)를 주로 먹던 중국인들을 비하하는 말이라는 설과 '엽전'에서 나온 말이라는 설이 있음. 한국어 '짱꼴라'의 어원으로 추정됨
Chink	북미나 호주의 중국인	'China'에서 나온 비속어로 추정됨
Christ-killer	유대인	서양 기독교인들이 유대인을 비하하는 말
Coolie	비숙련 아시아 노동자	19세기 미국에 온 중국계 이주 노동자로 '苦力'의 음차 표현
Cracker	미국 남부의 가난한 백인	애팔래치아 산맥이나 조지아, 플로리다 등에서 미국 전역의 가난한 백인으로 확장
Dago/Dego	영국의 이태리, 스페인, 포르투갈 사람	스페인 이름 'Diego'에서 나온 것
Gaijin	일본에 사는 외국인	'外人'에서 나온 차별주의적 단어
Gook/Gook-eye	동아시아인	한국전과 월남전의 미국 적국 병사를 지칭하던 말에서 동아시아인들로 확장
Gringo	중남미의 미국인	영어를 하는 백인을 가리키기도 함
Guizi	중국의 외국인	'鬼子'라는 뜻으로 적국 군인을 가리키는 말
Gypsy	유럽의 로마니인	Egyptian으로 착각해서 나온 말
Honky/Honkie	미국의 백인	미국 흑인들이 헝가리 노동자를 'hunky'라고 부른 데에서 생겨난 말
Jerry	전쟁에 참전한 독일 병사	'German'이라는 말에서 나온 것으로 보임
Kike	미국의 아쉬케나지 유태인	Yiddish어에서 '원'이라는 뜻의 kikel에서 온 것으로 이들은 서명을 할 때 원을 그렸기 때문에 이 별칭이 생겨남
Nigger	흑인	스페인어의 negro '검다'에서 나온 말
Squwa	미국 원주민 여자	Algonquian어의 uusqua '여자'에서 유래
Uncle Tom	백인에 아첨하는 흑인	흑인이 백인 행세할 경우는 Oreo라고도 함
Wetback	미국의 중남미계 노동자	미국 남부에서 허드렛일을 하는 불법체류자
Wop	이태리계 미국인	'멋쟁이'의 이태리어 guappo에서 나온 것
Yankee	뉴잉글랜드 지방 사람, 북부 지역 사람, 미국인	화란어의 Janke 'Johnny' 또는 Jan Kees 'John Cheese'에서 나왔다고 추정함

세계화 시대에 동서양 간의 문화 차이로 인한 명예훼손 사례도 증가하고 있다. 최근 사례를 들면, 명품 브랜드로 유명한 돌체앤드가바나(Dolce and Gabbana)는 2019년 패션 논평사인 다이어트 프라다(Diet Prada)를 상대로 3백만 유로의 명예훼손 소송을 제기했다. 문제의 발단은 돌체앤드가바나의 2018년 상하이 패션쇼를 앞두고 #DGLovesChina라는 해시태그를 사용한 홍보물에 중국 여성이 이태리 음식을 포크와 나이프 대신 젓가락으로 먹으려고 하는 장면이 있었다. 이 광고를 다이어트 프라다는 인종 차별이라고 비난했고 디자이너 Stefano Gabbana의 인스타그램에는 #DGTheS−tShow라는 해시태그와 함께 아시아를 조롱하는 듯한 글이 올라왔다. 문제가 커지자 해당 디자이너는 자신의 인스타그램이 해킹당한 것이라고 했지만 공식적으로 사과했는데 돌체앤드가바나사는 밀라노 법원에 다이어트 프라다를 명예훼손 혐의로 고소했다. 이에 다이어트 프라다사의 대표인 Tony Liu와 Lindsay Shuyler는 표현의 자유를 내세워 맞섰다. 특히 Tony Liu는 이 소송이 트럼프 전 대통령 시절 반아시아 정서가 고양되는 시기에 권력에 맞서 진실을 이야기한 인터넷 플랫폼인 Diet Prada를 옥죄려는 시도라고 주장했다. 공동 대표인 Lindsay Shuyler는 이 사건이 중국인들을 희화하려는 움직임일 뿐 아니라 여성 혐오적인 이미지도 들어 있는데 정의로운 인터넷 언론이라면 이런 "가짜 뉴스(fake news)"에 항변해야 한다고 말했다(출처: https://www.distractify.com/p/diet-prada-lawsuit). 이 사건은 현재 재판이 진행 중인데 한때는 유럽 국가 중 가장 친중국 노선을 걷다가 코로나19로 홍역을 치룬 이태리가 입장을 선회하여 중국에 대해 곱지 않은 시선을 가지고 있는 터라 그 결과가 주목된다.

4.2.4. 종교 문제

세대나 지역, 인종보다는 덜 하지만 그래도 최근 들어 부쩍 명예훼손의 소재가 되는 것이 종교 문제이다. 앞서 본 Pew Research Center의 조사에서 한국은 종교 문제로 인한 갈등 인식 응답에서 61%가 '매우 높다' 또는 '높다'라고 답함으로써 조사 대상 19개 나라 중 가장 종교적 갈등이 심각한 나라로 나타났다. 그 뒤를 이어 미국이 49%, 독일과 벨기에가 46%로 종교적 갈등의 심각성에 대한 인식이 높았다. 이때 종교적 갈등이란 한 종교와 다른 종교 간의 갈등일 수도 있고, 종교가 있는 사람과 그렇지 않은 사람 사이의 갈등일 수도 있다. Pew Research Center의 조사에 따르면 2020년 한국은 불교가 21.8%, 개신교와 천주교를 합친 기독교가 30.1%, 이슬람교는 1% 미만이었고 46.6%는 종교가 없는 것으로 나타났다. 반면에 종교 갈등 인식에서 2위와 3위를 한 미국과 독일의 경우는 기독교가 미국은 78.3%, 독일은 68.7%로 압도적 다수였고 종교가 없는 사람은 미국이 16.4%, 독일이 24.7%로 나타났다. 미국은 9.11 사건 이후 소수의 이슬람교도들과 개신교도들 사이의 갈등이 심화된 것으로 보이며, 독일과 벨기에 등은 최근 유입된 아랍권 난민들에 대한 경계심이 고조되면서 각종 모욕과 명예훼손 행위도 증가하는 것으로 보이는 반면, 한국은 기독교에 대한 비기독교인들의 혐오가 주된 갈등의 원인이 되고 있다.

단적인 예를 들어 코로나19 사태 초기에 정부의 주도로 다른 나라에 비해 비교적 방역에 성공했다고 생각하던 시점에 신천지 교회 신도들 모임으로 인해 확진자가 갑자기 증가하면서 많은 사람들이 신천지 교회를 질타하기에 이르렀다. 한때 인터넷에 올라온 글들의 절반 이상이 신천지 교회뿐만 아니라 개신교를 원색적으로 비난하는 내용이었다. 겉으로는 한국의 종교 간, 또는 종교인들과 무종교인들 간 대립이 다른 나라에 비해 심하지 않고 평화롭게 공존하는 듯하지만 이런 예외적인 상황이 발생하면 잠복했던 불만과 공격 본능이 활화산처럼 쏟아져 나오는 것은 우려할 만한 상황이다. 특히 전광훈 사랑제일교회 목사를 비롯한 일부 개신교가 중심이 되어 정부의 만류에도 불구하고 대규모 집회를 강행하자 또 다시 비난이 쏟아졌다. 그런 보도 기사의 댓글 중 대부분은 명예훼손성 발화라고 볼 수도 있지만 실제로 이로 인해 명예훼손의 법정 다툼까지 간 사례는 아직까지는 없다.

눈을 돌려 프랑스에서는 최근 Samuel Paty라는 한 중학교 역사 교사가 수업 시간에 이슬람교 창시자인 무함마드를 풍자한 Charlie Hebdo의 만화를 보여주면서 언론의 자유를 옹호하는 말을 한 것이 발단이 되어 끔찍하게 살해되는 사건이 벌어졌다. 교사는 만화를 보여주면서 이 만화가 불편한 학생이 있으면 잠시 교실 밖으로 나가도 된다고 말했지만 일부 학부모들이 올린 SNS 비판 영상을 통해 이 사실을 전해 들은 체첸 출신의 18세 이슬람교 신자인 용의자가 교사의 목을 잘라 살해하고 현장에서 경찰에 의해 사살되었다. Macron 대통령은 문제가 된 이슬람 극단주의자들이 혐오 표현을 올린 SNS를 규제하고 프랑스 내 이슬람 혐오주의 반대 단체인 CCIF를 "프랑스의 적으로 규정할 만한 요소가 있다"면서 해산 명령을 고려하겠다고 발표했다. 이 사실을 보도한 기사의 국내 댓글을 보면 아래와 같이 이슬람을 비난하는 글들이 주류를 이루었는데 때로는 이슬람과 기독교를 동일시하며 싸잡아 비판하는 글도 보였다. 후자의 성격을 가진 댓글에 대해서는 '찬성하기'도 많았지만 전자의 성격을 가진 댓글에 비해 '비추천하기'도 월등히 높아서 기독교를 비판하는 댓글에 대한 거부감도 상당히 높다는 것을 알 수 있었다. (온라인 네이버뉴스 댓글에서 인용)

세월을 아끼자 9시간전 더러운 무슬림
답글11 댓글 찬성하기186 댓글 비추천하기25

킬링멘토 9시간전 미친 이슬람종족주의자들 정신차려라
답글 작성 댓글 찬성하기 139 댓글 비추천하기 3

좋은생각 8시간전 우리나라 언론들 기독교 혐오 비판 뉴스 도배하듯 다음에 우리나라 무슬림들 많아졌을때 무슬림 비판 기사 쓰면 프랑스 처럼 언론사 테러 당하고 저렇게 참수 당한다 요즘 이슬람 빨아주고 난민 옹호하는

언론 방송사 그러다 큰코 다친다 기독교는 욕해도 테러안하지 이슬람은 다르다
답글14 댓글 찬성하기 336 댓글 비추천하기 27

yj...8시간전 우리나라 이슬람 믿는 난민 절대받지마라....그종교를 받으면서 공존할 순없다...
답글10 댓글 찬성하기 697 댓글 비추천하기 10

찌라시20158시간전 우리나라 목사는 '하나님 나한테 혼나요!!' 했는데도 멀쩡하다 이슬람이었다면 능지처참이다 기독교가 얼마나 종교적으로 허술한지 보여준다
답글11 댓글 찬성하기 207 댓글 비추천하기 82

nexus9시간전 이슬람 = 기독교 같은 뿌리가 아닌가요
답글61 댓글 찬성하기 207 댓글 비추천하기 153

ㅎㅎㅎ9시간전 로마가면 로마법 따르랬다고 따르기싫고 지네 종교 율법 사상으로 살꺼면 다른나라 발도 못 붙이게해야함 우리나라도 물론이고
답글1 댓글 찬성하기 334 댓글 비추천하기 4

Happy29시간전 우리나라도 멀지 않았다. 문화 교류라는 가면을 쓰고 들어오는 다양한 이슬람 문화들- 분별하지 않으면 큰코 닥치는 일을 곧 보게 될거다.
답글6 댓글 찬성하기 428 댓글 비추천하기 23

오준형8시간전 알라랑 무함마드가 잘못했네 역겨운 종교
답글4 댓글 찬성하기 129 댓글 비추천하기 17

TAX관리9시간전 이슬람은 같이 할 종교가 아니군.이로써 얘네들은 끝났다.아마도 누군가 이슬람의 잔인함을 말할때 이 사건이 대표적으로 거론되게 될꺼야...이슬람은 앞으로도 절대로 세계주류로는 되지 못할것이다.
답글5 댓글 찬성하기 369 댓글 비추천하기 13

> 마음부자아빠 9시간전 신은 죽었다…
> 답글 2 댓글 찬성하기 69 댓글 비추천하기 19
>
> 김동윤 9시간전 이슬람은 종교라는 가면을 쓰고 살인과 테러를 일삼는 세계 최대의 범죄 조직일 뿐이다
> 답글 4 댓글 찬성하기 397
> 댓글 비추천하기 19

한국은 외래 종교인 불교, 천주교, 기독교, 이슬람교가 차례로 유입되면서 역사적으로 다른 나라에 비해 비교적 평화롭게 공존해왔지만 이런 댓글을 보면 자신의 종교에 대한 독선적 신념을 갖고 타 종교에 배타적인 자세를 견지하고 있는 사람들도 적지 않다는 것을 알 수 있다. 특히 중동에서 발원한 이슬람교의 탄생 과정이나 이후 역사적 전개 과정에 생소한 한국인들에게는 다른 종교에 비해 늦게 한국에 전파된 이슬람교를 단순 종교 이상으로 경계하는 심리가 있다. 김선일 씨 참수 사건이라든지 샘물 교회 사건 등으로 인해 과격한 이슬람 무장조직들의 극단적인 투쟁 방식에 경악한 나머지 이슬람교를 테러 집단의 도구로 보는 경향도 있다. 주목할 점은 국내에서 종교적인 이유로 발생하는 명예훼손 행위는 표면적으로는 매우 과격하고 듣기에 거북한 공격적 발화들이 많지만 실제로 법정까지 가는 사례는 드물며 정부나 사법부도 이런 종교와 관련된 문제에 개입하는 것을 꺼리는 듯한 인상을 주는데 이 사안이 지니는 잠재적 폭발력에 비추어 더 이상 음지에 묻어두지 말고 이성적이고 합리적인 토론이 가능하도록

사회적 공론화 과정이 필요하다.

4.3. 조화 관계 이론

이상에서 살펴본 각종 '드립' 논란은 같은 시대에 하나의 사회를 같이 살아가는 사람들끼리 서로의 체면이나 권리를 인정하는 동시에 자신의 책임이나 의무를 수행하면서 조화롭게 지내는 것이 얼마나 어려운 일인지를 보여준다. 명예훼손은 문화적 시각으로 바라볼 때 단순히 주관적이고 개인적인 생각으로서가 아닌 사회적 평가로서의 '체면'과 연결되어 있고 법적으로는 헌법에서 보장된 인격체로서 존중받을 '권리'와도 연결되어 있다. 이런 체면과 권리의 개념을 종합한 것이 호주의 언어학자 Spencer-Oatey의 '조화 관계(rapport)' 개념인데 이 용어는 심리학에서 사람과 사람 사이의 상호 신뢰 관계를 말하는 것으로 흔히 '라포'로 번역된다. 우리는 이를 단순한 심리적 의존 관계가 아닌 사회적 상생을 뜻하는 '조화 관계'라고 부르기로 한다. 명예훼손의 문화적 측면을 제대로 이해하기 위해서는 이 조화 관계 및 체면과 권리의 개념을 명확히 할 필요가 있다.

4.3.1. 체면

체면은 중국이나 한국, 일본과 같은 동아시아 사회에서는 이미 오래 전부터 누구나 익히 알고 접하는 단어이지만 서양에서 이를 학문적으로 본격 접근한 것은 1장에서 보았듯이 사회학자 Goffman의 연구에서이다. Goffman(1967: 5)은 '체면(face)'을 "모든 사람들이 스스로 내세우려고 하는 공적인 자기 모습(public self-image that every member of society wants to claim for him/herself)"이라고 정의하였다. 그에 따르면 어떤 개인이든 체면에 대한 생각이 있고 사회의 다른 사람들로부터 인정받고 싶은 마음은 문화나 언어를 막론하고 보편적이라고 한다. 긍정적인 사회적 가치로서 체면은 화자 자신의 사회적 정체성(social identity)에 대한 의식으로서 타인과의 대화 중 올라가거나 유지되거나 내려가거나 심지어 잃어버릴 수 있다. 이 개념을 받아들여 언어 사용 연구에 적용하는 학자들은 체면의 상승이나 유지, 하락, 상실 등은 대화 참여자들 사이에서 상호 작용에 의해 결정되기 때문에 대화 참여자들은 서로의 체면을 고려해서 체면 작업(facework)을 하며 이에는 적절한 공손 전략의 선택이 핵심을 이룬다고 보고 그 이론적 체계를 만들려고 한다.

대표적으로 Brown & Levinson(1978, 1987, 줄여서 B&L)은 이 체면 개념을 도입하여 언어적 공손성을 공손 전략(politeness strategy)에 기반한 화용적 체계로 정립했다. 이들은 영어와 타밀어(Tamil), 첼탈어(Tzetal)라는 친족 관계에 있지 않은 세 언어를 조사하였는데 공손 표현이 개인이나 집단, 발화 상황 등에 따라 물론 다르게 나타나지만 대화를 규제하는 요인으로서 그 원리는 언어 보편적인 현상이라고 주장하였다(B&L 1978: 100). 체면은 1)소극적 체면(negative face)과 2)적극적 체면(positive face)의 두 측면이 있는데, 이는 대화를 하는 사람이라면 누구나 갖고 있는 두 가지의 기본 욕구이다. 먼저 '소극적 체면'이란 자신의 영역에 대한 권리 주장, 행동의 자유 및 강압으로부터 벗어나는 자유, 자기의 행동이 다른 사람에 의해 구속되거나 방해받지 않기를 바라는 마음 등을 말하는 반면, '적극적 체면'이란 사람들이 자신에 관해 갖는 긍정적 이미지와 다른 사람들로부터 인정받거나 존중받기를 원하는 마음을 말한다. 합리적인 사람이라면 누구나 사회 생활을 영위하면서 이 두 가지 체면 중 어느 하나도 잃어버리지 않으려고 노력하는데 이런 노력이 소통 과정에서 언어적으로 표현되는 것이 바로 언어적 공손이다. B&L에 의하면 소통은 잠재적으로 위험하고 적대적인(antagonistic)것이고 체면을 위협하는 행위(face-threatening act)이다. 따라서 이를 그대로 방치할 경우 원활한 소통이 불가능하고 인간 관계가 파국으로 치달을 수 있기 때문에 이를 막기 위한 최소한의 보정 행위(redressive action)로서 언어적 공손성이 필요해진다. B&L의 이론에서 언어적으로 공손한 것은 발화가 갖고 있는 잠재적인 체면 위협 행위를 보정해주는 장치이다.

그런데 이런 고전적인 '체면'의 개념은 비판을 받고 있다. 예를 들어 Gu(1990)는 중국어에서 '체면'은 개인 각자가 갖는 긍정적 가치라기보다는 "사회 수준에 속한 현상으로서 각 개인에게 규범적으로 적용된다"고 주장한다(Gu 1990: 242). 예를 들어 중국에서는 누구를 초대하는 것은 개인적 차원을 떠나 사회적 규범으로서 공손한 행위로 인정되기 때문에 그 초대를 누군가가 사양했다고 해서 초대한 사람의 체면이 손상되지는 않는다고 한다. 더 나아가 개인보다는 집단을 더 중시하는 중국 문화에서는 개인적 차원에서 작동하는 B&L의 소극적 체면과 적극적 체면의 이분법이 적절하지 않다고 지적한다. 뿐만 아니라 체면이라는 것은 고정된 것이 아니라서 상황에 따라 달라질 수 있다. 같은 사람이라도 그가 누구와 어떤 맥락에서 말하느냐에 따라 자신이 기대하는 상대방의 공손함과 무례함은 달라진다. 이 점은 명예훼손성 발화에도 중요한 부분인데 그런 발화를 하는 가해자의 측면과 이를 당하는 피해자의 측면이 균형있게 분석되어야 한다.

4.3.2. 조화 관계

Spencer-Oatey(2000, 2002)는 Brown & Levinson(1987)의 공손 이론을 받아들이되, 보다 사회적 관점에서 확장한 공손의 '조화 관계(rapport)' 이론을 제안한다. 또한 Spencer-Oatey(2002)는 사람이 언어를 사용하는 것은 정보 전달(information transfer)의 목적도 있지만 사회적 관계의 관리(social relations management)라는 목적도 중요하다고 보고 사회적 관계와 관련된 언어 사용의 면면을 대화 참여자들 사이의 조화 관계 관리(rapport management)의 개념으로 설명한다. 이 점은 다음 절에서 볼 Leech(1983)의 이론에서 대화의 '발화 수반적 목표'와 '사회적 목표'를 구별하는 것과 일맥상통한다. Spencer-Oatey가 제안하는 '조화 관계(rapport)'란 "사람들 관계에서 상대적인 원만함과 부드러움(the relative harmony and smoothness of relations between people)"으로 정의되며 '조화 관계 관리'는 사람들 사이의 원만한 관계를 관리하는 것인데 (Spencer-Oatey 2005: 96), B&L이 제안한 공손 이론의 주요 개념이나 원리는 Spencer-Oatey의 이론에서는 넓은 의미의 '조화 관계 관리'의 일부분을 구성하는 것이라고 한다.

또한 Spencer-Oatey(2005: 102)는 체면은 대화 상황에 따라 달라질 수 있는 상황-특정적(situation-specific) 체면과 개별 대화 상황과 무관하게 유지되는 범상황적(pan-situational) 체면으로 나누고 있다. 이 점은 개인의 일시적이고 가변적인 체면과 보다 지속적이고 잘 알려진 체면을 구별할 필요가 있기 때문이다. 일시적인 체면으로서 상황-특정적 체면은 그 사람의 본성과는 거리가 있는 즉흥적(ad hoc) 체면으로 그 상황이 지나가면 다음번에는 다르게 반응할 수도 있다. 따라서 상황-특정적 체면에 대한 공격은 범상황적 체면보다 피해자로 하여금 명예훼손성의 정도가 낮게 지각될 가능성이 크다.

뿐만 아니라 어떤 사람의 체면은 그가 순전히 개인으로서 갖는 체면, 즉 개인적 체면(individual face)이 있고 그 사람이 속한 집단, 즉 국가나 인종이나 성이나 학교, 직장 등에 의해 생기는 집단적 체면(group face)이 있다. 예를 들어 "여자애들은 다 요리를 잘 하는 줄 알았는데 너를 보니 사실이 아닌가 보구나"라는 발화는 개인적 체면도 공격하면서 그 개인이 속한 여성 전체의 집단적 체면 역시 공격하는 명예훼손적 발화이다. 또한 앞 장에서 보았던 '이부망천' 발언의 경우 집단적 체면을 건드렸기 때문에 큰 사회적 파장을 불러일으킨 명예훼손적 발화인데 문제는 개인적 체면과 관련된 명예훼손 행위는 법적으로 책임을 묻기가 쉬운 반면 집단적 체면과 관련된 명예훼손 행위는 그 대상이 너무 광범위하기 때문에 재판에서 기각되는 경우가 많다는 점이다. 이는 상법에서 집단 소송 제도를 인정하는 것처럼 전향적으로 검토되어야 할 부분이다.

개인적이든 집단적이든 체면은 공손과 조화 관계에 영향을 주지만, 체면에 대한 고민 외에도 여러 요인들이 소통에서의 조화 관계에 영향을 줄 수 있는데, Spencer-Oatey는 인간의 언어적 상호 작용에서 조화 관계에 영향을 주는 요인들로 다음과 같은 것들을 들고 있다.

1) 체면에 대한 우려(concerns about face)
2) 사교성 권리에 대한 우려(concerns about sociality rights)
3) 개인 간 지향점에 대한 우려(concerns about interpersonal orientations)
4) 집단 간 고려 사항들에 대한 우려(concerns about intergroup considerations)

첫째로 체면에 대한 우려는 사람이 갖고 있거나 그렇다고 생각하는 가치, 신뢰성, 존엄, 명예, 명성, 능력 등에 대해 그 주체가 지키고자 하거나 인정받고자 하는 바람을 가리킨다. 이것은 개인적 바람의 성취라는 측면에서는 앞 장에서 본 Goffman과 B&L의 체면의 개념과 유사하나 Spencer-Oatey의 체면은 단순히 한 개인의 자긍심 혹은 성취감에만 머무는 개념이 아니라 그러한 개인들이 속한 집단에서도 존재할 수 있는 개념이다. 그 결과 Spencer-Oatey는 체면을 둘로 나누어 B&L의 적극적 체면에 해당하는 개인적 수준에서의 체면을 '자긍심 체면'이라 부르고, 집단적 수준에서의 체면은 '사회적 정체성 체면'이라 불러 구분하고 이에 따른 각종 공격적이고 갈등 조장적인 무례 발화의 유형을 재분류하고 있다. 예를 들어 "누군가가 동성애자라서 후천성면역결핍증 AIDS에 걸렸다"는 사실이 아닌 내용의 글을 인터넷에 올린 경우 이는 그 사람의 개인적인 자긍심 체면만을 훼손하는 것이 아니라 그런 집단에 대한 사회적 정체성 체면까지도 침해한 명예훼손 발화가 된다.

둘째로 조화 관계에 영향을 주는 요인으로서 체면과 구별되는 '사교성 권리(sociality rights)에 대한 우려'란 개인적으로나 사회적으로 인정받으며 차별받지 않고 당연히 누릴 수 있는 자격이나 권한 등에 대한 염려를 뜻한다. 이에는 다른 사람들과 동등하게 대접받을 수 있으며 부당한 지시나 명령을 받지 않고, 이용당하지 않을 권리인 평등권(equity rights)과 다른 사람들로부터 배제되지 않고 잘 어울려 지낼 수 있는 권리인 교제권(association rights)이 있다. 이 중 평등권은 B&L의 소극적 체면에 해당하는데 평등권을 침해하는 발화는 당연히 조화 관계에 악영향을 주며 반대로 조화 관계를 유지하거나 키워나가길 원한다면 평등권을 존중하는 것이 필요하다. Spencer-Oatey에 의하면 평등권이나 교제권에 대한 우려는 체면에 대한 우려 못지않게 공손 전략뿐 아니라 조화 관계의 형성이나 유지에 영향을 줄 수 있다고 한다.

셋째로 사람들 사이의 조화 관계에 영향을 주는 요소인 '개인 간 지향점에 대한 우려'는 순수하게 개인들 사이에서 각자 추구하는 목표들에 관한 우려인 반면 마지막 요소인 '집단 간 고려 사항들에 대한 우려'는 개인들이 속한 집단이 추구하는 가치나 문화적 배경 등에 대한 의견의 일치/불일치, 외면/수용을 생각하는 것으로서 이 두 요소는 의사소통 과정에서 조화 관계에 영향을 줄 수 있다. Han(2014)에서는 한국의 부부 대화에서 불통과 공격적 발화가 일어나는 경우들을 Grice 화용론의 협조의 원리 체계와 Spencer-Oatey(2000, 2002)의 조화 관계 이론을 결합하여 유형별로 설명하고 있는데 넓은 의미에서 가부장적 잔재가 아직도 남아 있는 부부 관계에서는 '갑의 언어'와 '을의 언어'라고 볼 수 있는 비대칭적, 불평등 대화가 발생하는 경우가 많고 이는 또 다른 의미에서 갈등과 대립의 언어 행위라고 할 수 있다. 이런 비대칭적 의사소통은 권력이나 지위, 재력, 사회적 인식 등에 있어서 확연히 차이가 발생하는 두 개인이나 집단 사이에서 일어나는 의사소통인데 힘없는 상대에 대한 우월감이나 경멸감에서 출발하기 때문에 상호 목표-공유나 협조보다는 목표-선점과 제압이 우선되는 경우가 많고 명예훼손이나 모욕과 같은 반사회적이고 공격적인 발화가 빈번하다. 이상의 내용을 표로 정리하면 다음과 같다.

표-25. 조화 관계 관리 (Spencer-Oatey 2000: 15)

조화 관계 관리		
	체면 관리	사교성 권리 관리
개인적/독립적 관점	자긍심 체면	평등권
사회적/상호 의존적 관점	사회적 정체성 체면	교제권

이런 조화 관계의 개념을 토대로 Spencer-Oatey(2000)는 언어적 의사소통에서 화자가 추구하고자 하는 '조화 관계 지향(rapport orientation)'에 따라 대화자들의 상대적인 조화 관계가 성립될 수 있다고 보고 화자가 추구할 수 있는 조화 관계 지향을 다음과 같이 네 가지 유형으로 제안한다.

조화 관계 지향의 4 유형 (Spencer-Oatey, 2000)

1) 조화 관계 상승 지향(Rapport-enhancement orientation): 대화 참여자들 사이의 조화로운 관계를 보다 두텁게 하기를 원하고 노력하는 것
2) 조화 관계 유지 지향(Rapport-maintenance orientation): 대화 참여자들 사이의 조화로운 관계를 유지하거나 최소한 보존하기를 원하고 노력하는 것

3) 조화 관계 무시 지향(Rapport-neglect orientation): 대화 참여자들 사이의 관계의 질에 대해 관심을 갖거나 혹은 걱정하지 않는 것
4) 조화 관계 도전 지향(Rapport-challenge orientation): 대화 참여자들 사이의 조화로운 관계를 무너뜨리기를 원하고 노력하는 것

조화 관계 지향은 화자가 다양한 화행을 실현함에 있어 언어 전략의 선택에 영향을 줄 수 있는 주요 변인이 된다. 단순히 생각해 볼 때, 만일 화자가 1) 혹은 2)와 같은 지향점을 갖고 상호 작용에 참여한다면 화자는 청자와의 관계에서 불통 혹은 오해를 유발하고자 하는 의도가 없다고 볼 수 있는 반면 3) 혹은 4)와 같은 지향점을 갖고 있는 화자라면 그의 상호 작용의 의도는 불통을 유발하고자 하는 것이라고 추측해 볼 수 있을 것이다. 문제는 조화 관계 이론에서는 이런 조화 관계 지향을 화자의 입장에서만 설정하고 있는데 대부분의 대화는 마치 왈츠를 추는 것처럼 화자와 청자가 상호 작용하면서 이어나가는 것이라는 점에서 대화의 상호 작용과 역동성을 이해하려면 화자의 입장뿐 아니라 청자의 생각이나 역할도 고려할 필요가 있다. 특히 명예훼손의 경우 화자의 지향점이 중요하기는 하지만 이를 받아들이는 청자의 지각(perception)도 매우 중요하다. 아무리 공격적인 언사로 누군가를 비난하고 명예를 훼손했다고 생각해도 받아들이는 사람이 아무렇지도 않게 생각한다면 이는 명예훼손이 성립한 것으로 볼 수 없다. 즉 고전적인 화행 이론에서 명예훼손을 화자의 발화 수

반적 의도만으로 파악하려고 한 것은 지나치게 제한적인 것이었던 것처럼 Spencer-Oatey의 조화 관계 이론도 그 세밀한 개념 분류와 정리에도 불구하고 모든 유형의 언어 행위에 대한 완전한 설명과는 아직 거리가 있다. 이런 점에서 이성범과 한승훈(2014)은 조화 관계 지향은 대화 참여자들이 실시간으로 상호 작용하면서 만들어 나가는 것으로서 보고 한국 부부들의 대화에서 볼 수 있는 오해나 불통 현상은 화자의 입장과 청자의 입장을 종합적으로 고려하여 설명하고 있다.

조화로운 인간관계에 금이 가게 하는 행위로서 명예훼손에 관한 심각한 다툼은 법정에서 일단락이 나지만 이는 법적인 절차의 종료를 의미할 뿐 당사자들은 오랜 기간 동안 그 여파에서 자유롭지 못하며, 해결해야 할 여러 가지 인간적 사회적 문제들과 직면하게 된다. 특히 법원으로부터 무죄 판결을 받은 피해자는 승리감과 정신적 보상을 받을 수 있겠지만 이는 때때로 상처뿐인 승리로 남을 때가 많다. 자신의 혐의가 법원에 의해 벗겨졌어도 주위의 사람들은 여전히 의심에 찬 눈으로 그를 쳐다볼 수 있고 무엇보다 자신을 명예훼손의 주범으로 몰아 법정에서 시간과 금전을 소비하며 논쟁을 벌인 원고와의 관계는 아무리 무죄 판결을 받았다고 해도 그 이전으로 돌아가기 어렵다.

국가의 사법 기관은 인권을 지키고 정의를 구현하며 법질서를 확립하는 것이 일차적인 목표이지만, 보다 넓은 시야로 보면 조화로운 인간관계가 보장되는 사회를 만들고 유지되도록 자신에게 부여된 권한의 범위 내에서 최선의 역할을 할 수 있다. 비근한 예로 협의 이혼의 경우 협의 이혼 의사 확인 신청을 한 뒤에 가정법원에서 반드시 이혼 숙려 기간을 두고 전문적인 지식과 경험을 갖춘 상담인의 상담을 받을 것을 권고하는 것은 법원이 개인들의 사적인 문제에 부당히 개입하는 것이 아니라 결혼이라는 사회적 제도의 유지와 충동적이거나 감정적인 이혼 결정을 조금이라도 재고할 수 있도록 설정한 합법적 장치이다. 또한 교정 기관은 죄수들을 가두고 감시와 처벌을 하는 데 주목적이 있는 게 아니라 범법자들에게 자신의 행위를 돌아보게 해서 사회에 돌아갔을 때 재범하지 않고 잘 적응할 수 있도록 교화하는 데 주목적이 있다. 명예훼손의 경우도 일단 재판이 끝나고 무죄가 선고되면 그 과정에서 자신의 사회적 위치가 위험에 처하게 된 사회 구성원으로서 피해자의 평판을 회복시켜주는 데 일조하도록 하는 것도 중요하다. 이런 역할은 일차적으로 법원에 있다고 보지만 별도의 전문 상담 기관이나 공익 기관에서 담당하도록 하는 것도 방안이 될 수 있다.

이와 관련해서 남아프리카공화국은 'ubuntu' 정신이라는 것을 모든 법의 기본 정신으로 삼고 있다. 마치 대한민국이 '홍익인간'을 개국 이념으로 생각하듯, 아프리카 문화에서 널리 통용되는 'ubuntu'란 개인의 권리와 공동체 이상을 결합한 것인데 한 사회를 구성하는 각 개인들은 서로의 존재에 대한 인식의 바탕 위에 상호 의존성과 존중 및 배려를 인정하고 이를 위해 노력해야 한다는 것이다(Milo 2008, p.37). 이 나라에서 법과 사회 윤리는 무엇보다도 조화로운 인간관계의 유지를 가장 중요한 목표로 삼고 있는데 명예훼손의 경우 법원은 형사 소송의 경우라도 시시비비를 가려내어 범법자를 처벌하는 데 그치는 것이 아니라 당사자들의 원만한 관계를 회복하도록 하는 데까지 노력을 한다. 그 결과 법원은 명예훼손의 판결이 무죄로 될 경우 원고 측에 사과문을 제출하여 상대와 조화로운 관계를 복원할 의사를 표명하도록 권고한다 (예: Dikoko v. Mokhatla, Port Elizabeth Municipality v Various Occupiers 2005 (1) SA 217 (CC)). Spencer-Oatey의 조화 관계 이론을 명예훼손 행위에 적용하면 명예훼손 행위는 개인적 관점에서 자긍심 체면과 평등권을 침해할 수 있고 동시에 사회적 관점에서 사회적 정체성 체면과 교제권까지도 침해할 수 있는 심각한 행위인데, 법원의 판결 자체만으로는 이 모든 것을 회복시켜줄 수 없다. 다만 무죄 판결로 혐의를 벗은 사람에게 가해자를 비롯한 주위 사람들의 화해와 포용의 정신을 장려하고 실천하는 제도와 문화가 정착된다면 아무리 혐오의 시대라고 할지라도 사회 구성원들 사이의 조화로운 관계라는 이상에 한 걸음 더 가까이 다가갈 수 있을 것이다.

4.4. 감정 표출과 문화

명예훼손은 가해자가 피해자와의 조화 관계 도전 지향에서 시작되는 발화로 주된 동기는 체면이나 권리 및 개인 또는 집단의 고려 사항들을 지키고자 하는 데 있다. 가해자는 피해자의 사회적 평가로서 인격권을 부정하는 것으로 이는 불쾌한 감정이 수반되는 무례한 발화 행위이다. 따라서 2장에서도 보았듯이 명예훼손과 감정 표현은 불가분의 관계에 있다. 이 중 대표적인 감정으로서 분노 외에도 명예훼손 발화에서 가장 두드러지는 부정적 감정은 당혹감(embarrassment)과 수치심(shame)인데 이 두 감정은 문화적 배경을 모르고서는 제대로 이해하기 어려울 정도로 문화의 영향력이 큰 감정이다.

먼저 수치심은 Russell(1980)이 제안한 '감정의 환형 모델'에 의하면 혐오(hate)나 경멸(contempt), 분노(anger) 등과 함께 가장 흔히 볼 수 있는 기본적 감정으로서, 심리적 가치가 낮고 유쾌하지 않은 감정이되 분노에 비해 각성도는 낮은 [-pleasant, +low arousal]인 감정이다. 반면에 당혹감은 유쾌하지 않으면서 각성도는 높은 [-pleasant, +high arousal]인 감정이다. 부정적 감정으로서 수치심과 당혹감은 자신이 바라거나 기대했던 대로 사건이나 상황이 전개되지 않는 것에 대해 부정적인 평가를 내리는 것으로서, 심리학에서는 보통 이 둘을 인간의 기본적이고 언어 보편적인 감정으로 생각한다(Tangney & Fischer 1995, Cornelius 1996, Fox 2008 등). 그러나 이 두 감정은 겉으로는 매우 유사해 보이지만 서로 다른 기제에 의해 발생하고 언어마다 표현되는 방식에도 차이가 있는데 그 표출 과정은 각 언어가 속한 문화적 배경과도 무관하지 않다. 따라서 우리는 한국어와 영어의 화자나 저자들이 자신의 그런 부정적 감정을 효과적으로 적절히 전달하기 위해 맥락에 따라 다양한 전략을 어떻게 선택하고 언어적으로 구현하는지를 실제 발화 자료를 통해 화용론적 관점에서 조사하고 그 결과에 대한 문화적 접근을 시도할 필요가 있다.

명예훼손성 발화에서 흔히 보거나 느낄 수 있는 부정적인 감정을 화자나 글쓴이가 공공연히 표출하는 것은 일반적으로 그것을 듣거나 읽는 사람에게 불안감이나 불쾌감을 초래하기 때문에 기본적으로 무례한 언어 행위이다. 그럼에도 불구하고 사람들은 종종 이런 감정을 공공연히 토로하는데 이는 그런 부정적 감정을 갖게 만든 대상에 대한 악감정을 표출하는 것이 필요하다고 생각되기 때문에 그에 따르는 모든 위험을 무릅쓰게 되는 것이다. 이런 행동을 연구하는 사회심리학에서는 감정의 동물로서 사람들이 그런 반목을 표출함으로써 자신이 처한 상황을 극복하거나 카타르시스를 얻고 자기 정체성을 확인하려는 사회심리적 동기가 내재되어 있다고 보고 있다(MacKinnon & Heise 2010, Jacquet 2015 등). 누군가의 명예를 훼손한다는 것은 겉으로는 단순 우발적이거나 충동적인 행위처럼 보일지 몰라도 그 이면에는 나름대로 깊은 동기가 있는 경우가 많다. 물론 그런 동기 자체가 사회적 규범이라는 두터운 장벽을 뛰어넘을 만큼 강력해야 하며 그에 따른 법적, 경제적, 사회적 책임을 감내해야 한다.

그런데 이런 자의식(self-consciousness)에서 비롯된 무례한 언어 행위(impolite speech act)로서 부정적 감정을 표출하는 것은 지금까지

Grice 이론에서 가정하는 보편적인 의사소통 유형과는 질적으로 구별되는 것이다. 2장에서 우리는 때때로 협조의 원리가 무시되거나 반대로 이용되는 경우가 많고 이런 비그라이스적 소통(non-Gricean communication)을 이해하기 위해서는 Grice의 대화 원리 체계와는 다른 접근이 필요하다는 것을 보았다. 이런 이유로 이성범(2023)은 명예훼손 행위와 같은 비그라이스적 소통에서 흔히 볼 수 있는 갈등 유발적 언어 행위로서 부정적 감정의 표현은 화자나 저자의 무례 전략에서 기인한 것으로 보고 감정적이고 비이성적인 소통에 작용하는 가장 상위의 원리로서 '자신의 목적을 관철할 필요가 있을 경우 상대와 반복하고 있음을 알릴 수 있도록 최대한 효과적으로 말하라'는 반목의 원리(Animosity Principle)를 제시하고 이 원리의 하위 원리로서 '남을 인정하는 말은 가능한 한 하지 말고 남의 잘못을 지적하는 말은 가능한 한 많이 하라'는 불인정 격률(Disapprobation Maxim)과 '자기를 높이는 말은 가능한 한 많이 하고 자기를 깎아내리는 말은 가능한 한 하지 말라'는 오만 격률(Arrogance Maxim)을 설정하여 이를 토대로 온라인에 올라온 한국어와 영어의 부정적 감정 표현 발화들을 특성을 대조 분석하고 그 결과에 대한 문화적 함의를 논한 바 있다 (이성범 2023: 94-102쪽 참조).

4.4.1. 발화 수반적 목표와 사회적 목표

화용론의 고전이라 할 수 있는 Grice의 대화 함축 이론에서는 협조의 원리와 그에 수반되는 격률이 있고 이 원리와 격률의 존재와 기능에 대해 화자와 청자는 잘 인지하고 대화에 참여한다고 본다. 그 때문에 합리적인 사고와 발화를 할 것으로 생각되는 대화 참여자는 자신의 대화 상대에 협조를 할 것으로 기대되며 그런 기대로 인해 발화 표면에 드러나지 않은 화자의 의도된 의미, 즉 함축을 이해하고 공유할 수 있게 된다. 이런 협조의 원리가 지배하는 합리적이고 협조적인 소통을 그라이스적 소통이라 부를 수 있다. 그런데 Davis(1998)는 Grice의 대화 함축 이론을 따르면 함축이 발생할 수 없지만 실제로는 대화 함축이 발생할 수 있는 경우가 있다고 주장하면서 이를 "false negative (잘못된 부정)"라고 부르는데 다음과 같은 예를 들고 있다.

(1) [연인들이 한가로이 풀밭에 누워 구름을 바라보다가 한 사람이 긴 침묵을 깨고]

"Some of the clouds look like big fluffy pillows"
+> Not all the clouds look like big fluffy pillows

(Davis 1998: 61)

위 (1)의 상황은 그 발화가 일어나기 전까지 두 연인이 상당 시간 동안 대화가 없거나, 또는 둘 사이에 "용인된 목적(accepted purpose)"이 없거나, 설령 용인된 목적이 있다고 해도 그 발화 당시에는 그것이 불분명해서 특별히 무엇을 말하는 것이 필요한지 알 수 없는 경우이기 때문에 Grice의 협조의 원리는 작동할 수 없다. 그럼에도 불구하고 (1)의 발화는 "some"이라는 척도적 표현의 사용으로 인해 "not all"이라는 척도 함축(scalar implicature)이 자동적으로 발생할 수 있다. 즉 협조의 원리는 최소한 척도 함축의 경우에는 필요한 원리가 아닐 수도 있다는 것으로서 이런 함축은 협조의 원리 및 그에 부속된 양의 격률이 아닌 다른 방식으로 그 발생 과정을 밝힐 수 있을 것이라고 Davis는 주장한다. 뿐만 아니라 Davis(1998: 62)는 협조하기를 거부하는 상황에서의 대화나 심지어 대화 능력이 없는 죽은 사람에게 말하는 것 등도 그라이스의 협조의 원리가 적용될 수 없는 '비그라이스적 발화(non-Gricean speech)'라고 부르는데 우리의 관심사인 명예훼손성 발화는 바로 이와 같은 비그라이스적 발화의 대표적인 예이다.

결론적으로 Grice의 원리 체계는 모든 함축적 소통을 설명하는 유일한 방식이 아니며, 그의 가정과는 달리 많은 대화 상황에서 대화 참여자들이 대화의 목적을 공유하지 않거나 대화의 방향에 따라 요구되는 발화를 할 생각을 갖지 않고 대화에 임한다. 이런 경우 대화 참여자들은 협조의 원리를 외면하고 더 나아가 역이용하면서 자신의 목적을 달성하기 위해 비협조적이거나 공격적으로 대화에 임하는 경우가 있다. 이런 비그라이스적 소통을 이해하기 위해서는 우리는 Leech(1983)가 그의 공손 이론에서 주장한 것처럼 언어 행위에서 드러난 화자의 발화 수반적 목표(illocutionary goal, 줄여서 IG)와 그 목표를 위해 그런 식으로 발화하는 이유를 구성하는 사회적 목표(social goal, 줄여서 SG)를 구별해야 할 필요가 있다. 즉 일상 대화이든 온라인에서의 채팅이든 모든 언어 행위에는 발화 수반적 목표와 사회적 목표의 두 가지 목표가 있다. 예를 들어 "미안해"라는지 "내가 잘못했어"와 같은 '사과하기' 언어 행위의 발화 수반적 목표와 사회적 목표는 다음과 같을 수 있다.

(2) 사과하기

　a. 발화 수반적 목표:

　　그런 말을 함으로써 화자의 표면적 발화 표현에 수반되는 '나는 너에게 사과한다'라는 발화 수반력을 청자가 인지하게 하는 것

　b. 사회적 목표: 화자가 그런 사과 행위를 청자에게 함으로써 불편했던 마음을 해소하거나 더 나아가 화청자 간의 상호 위치와 역할을 재확인하여 적절한 관계를 재설정하는 것

Leech(1983)는 기존의 화행 이론이 화자의 관점에서 발화 수반 행위에 지나치게 초점을 맞추어 와서 청자의 역할이 간과되었고 화행, 즉 구체적인 맥락에서의 언어 행위가 갖는 목적에 따른 다양한 특성들을 다루지 못했다고 보았다. 대부분의 화행은 화자 혼자서 하는 고립적 행위라기보다는 청자나 제3자를 의식하고 그와의 관계 속에서 일어나는 상호 작용적 행위이다. 따라서 이를 제대로 종합적으로 파악하기 위해서 우리는 모든 언어 행위에서 대화 참여자의 발화 수반적 목표와 사회적 목표를 구별할 필요가 있다. 명예훼손 발화에서 흔

히 볼 수 있는 분노, 수치심, 허탈감, 당혹감, 적개심 등의 부정적 감정을 청자의 체면을 고려하지 않고 무례 전략에 따라 분출하는 행위의 발화 수반적 목표(IG)는 화자가 상대에 의해 생겨난 분노, 수치심, 허탈감, 당혹감, 적개심 등을 표현하고 있음을 청자에게 전달하려는 것인 반면 이런 언어 행위의 사회적 목표(SG)는 그런 갈등 조장적, 공격적 언어 행위를 함으로써 화청자 간 서로의 위치나 역할을 확인하고 화자가 원하는 관계를 설정하려는 것으로서 이런 갈등적 소통은 기존 협조의 원리나 공손의 원리로써는 그 특성과 기능을 효과적으로 설명할 수 없고 새로운 접근이 필요하다.

그렇다면 경멸이나 혐오, 수치심, 우월감, 당혹감, 분노 등의 부정적 감정을 구체적인 무례 전략에 따라 표현하는 언어 행위의 IG와 SG는 각각 무엇일까? 일단 이런 종류의 언어 행위들의 발화 수반적 목표는 화자가 당사자에 대한 또는 당사자로 인해 생겨난 경멸이나 혐오, 수치, 우월감 등을 표현하고 있다는 것을 청자에게 전달하려는 것이라고 볼 수 있다. 반면에 이런 언어 행위들의 사회적 목표는 그런 갈등 조장적, 공격적 언어 행위를 함으로써 화청자 간의 서로의 위치나 역할을 확인하고 화자가 원하는 관계를 설정하거나 확고하게 만들려는 것이다.

4.4.2. 감정 표출의 문화적 함의

긍정적 감정이든 부정적 감정이든 모든 감정의 표출은 문화적인 특성과 연관되어 있다. Chen(1993)의 조사에 따르면 미국 사회는 자신이 외모를 좋게 보이도록 노력했거나 새로운 물건을 소유하게 되었거나 특정한 과제를 잘 수행했거나 할 경우 다른 사람들로부터 칭찬받는 것을 기대하는 문화적 관습을 갖고 있어서 그런 상황에서 칭찬을 받지 않으면 실망하거나 화를 내기까지도 한다고 해석하였다. 이를 체면의 관점에서 보면, 미국 문화에서는 칭찬을 받은 사람이 만약 칭찬 내용을 부인하면 칭찬을 한 사람의 적극적 체면에 흠을 내는 결과가 될 수 있기 때문에 칭찬을 받은 사람은 어쩔 수 없이 그 칭찬을 받아들이고 감사를 표시하는 게 당연하게 생각되기도 한다는 것이다. Chen(1993)은 또한 미국 사회에서는 다른 사람의 칭찬을 굳이 부인하지 않고 품위있게 받아들여야 한다는 사회적 규범이 있다고 본다. 이를 위해서는 칭찬한 사람의 적극적인 체면 욕구를 충족시켜야 하며 동시에 자기 자신에 대해서도 적극적으로 생각해야 한다는 두 가지 면을 고려해야 한다. 반면에 중국 사회에서는 전통적으로 겸손해야 한다는 사회적 규범이 있다. 뿐만 아니라 Chen(1993)은 비록 빠르게 사회가 변화하고 있지만 여전히 중국에서는 칭찬을 한 사람은 칭찬을 받은 사람이 자신의 말에 동의할 것으로 기대하지 않는다는 사회적 규범이 있다고 주장한다. 즉 상대방이 속으로는 어떻게 생각할지 몰라도 최소한 겉으로는 겸손한 것처럼 보여야 하기 때문에 칭찬에 대한 반응 표현이 그런 방식으로 결정된다고 한다.

미국 사람들 개개인은 물론 친절하고 겸손한 사람들이 많지만, 미국이라는 나라 전체적으로는 자부심이 지나쳐서 오만하다는 평을 받는 경우가 많다. 즉 이는 앞서 보았던 Spencer-Oatey의 개인적 수준의 자긍심 체면과 집단적 수준의 사회적 정체성 체면의 구분과 일맥상통한다. Clark(2006)나 Dodson(2005)도 지적하듯이 미국인들은 세계 최강국으로서 자기 나라에 대한 애국심이 지나친 나머지 종종 다른 나라 사람들이나 미디어로부터 거만하다는 평을 받는다. 예를 들어 2009년 영국의 텔레그래프 신문 보도에 따르면 당시 오바마 대통령조차도 미국이 그동안 유럽에 대해 오만하게 굴고 유럽을 조롱하기까지 했었음을 인정한다는 말을 했다고 한다. (Toby Harnden, "President Barack Obama: America has been 'arrogant and dismissive' towards Europe", The Daily Telegraph, April 3, 2009) 또한 Glick(2006)은 11개 나라의 5000명 대학생들을 대상으로 고정관념 콘텐츠 모델(stereotype content model)과 이미지 이론 측정법(image theory measure)을 사용하여 미국의 이미지에 대해 조사하였는데 그 결과 미국은 세계를 지배하려는 의도를 가진 나라로서 따뜻함이 없고 오만하다는 인상을 주는 것으로 나왔다. 이밖에도 외국인이 보는 미국인들의 부정적 이미지로는 물질주의적 경향과 과소비, 극단적 자본주의 및 타 문화에 대한 이해 부족과 환경 문제에 대한 무관심 및 인종차별과 지나친 애국주의 등이 있다(Dodson 2005).

물론 미국에 대해 이처럼 오만하다는 부정적인 이미지만 있는 것은 아니다. Bennett(2011)은 미국인들이 평균적으로 관용을 베풀 줄 아는 사람들이라고 주장한다. 그럼에도 불구하고 여전히 대다수의 미국인들은 타 문화에 대해 상대적으로 무지하거나 무관심하며, 자기의 이해관계가 직접적으로 걸려 있는 문제에 대해서는 자신의 가치를 엄격히 고수하려는 입장을 취한다. 이 때문에 미국인들은 종종 다른 서유럽인들에 오만하다는 비판을 듣기도 한다(Crothers 2011). 그러나 이런 다분히 인상주의적이고 주관적인 논의가 학술적으로 유효한 것이 되기 위해서는 실제 상황에서의 언어 행위를 대조화용론적 접근으로 면밀히 분석하는 작업이 선행되어야 할 것이다.

한민 등(2012)은 자존심이 상할 경우 어떤 유형의 사람들은 불쾌감 및 억울함을 느끼고 자존심을 상하게 한 대상을 공격하려고 하는데 이를 "표출형 정서"라고 부른다. 이에 비해 또 어떤 사람들은 허탈감이나 자괴감, 비애감 등의 감정의 초점이 자기 자신에게 향하는데 이를 "침잠형 정서"라고 부른다. 이 용어를 우리 논의에 적용하면 대부분의 한국인들은 분노와 수치심, 당혹감의 표현에서 침잠형 정서군에 속하고 다수의 미국인들은 분노나 당혹감이 이끄는 대로 행동하는 표출형 정서군에 속한다고 말할 수 있다. 김태나(2011)의 지적처럼 무례의 양상은 문화적 배경에 따라 다르게 나타나기 때문에 모든 언어와 문화에 공통적으로 통용되는 보편적인 원리 체계로서 언어적 공손이나 무례 이론을 전개하는 것은 내재적인 한계가 있다.

그 대안으로 Leech(1983)가 제시한 공손의 원리와 공손 격률을 갈등적 소통에 원용하여 재구성한 이성범(2023)의 반목의 원리와 불인정 격률 및 오만의 격률과 같은 무례 격률은 여러 다른 나라의 문화적 특수성을 반영하는 데 초점을 맞춘 것으로서 공손 연구에 비해 소홀하게 다루어져 온 부정적 감정 표현에 내포된 무례 현상을 대조 문화적 관점에서 다루려고 시도한 것이다. 언어적 무례와 문화 사이의 연관성은 비단 부정적 감정 표현뿐 아니라 다른 언어 행위에서도 중요한 연구 과제이다. Kienpointner(1997)에 따르면 무례함의 양상은 민족마다 다르게 나타나는데 유대인들은 같은 상황에서 앵글로색슨족들에 비해 무례하다 싶을 정도로 공격적인 발화를 서슴지 않는데 이는 앵글로색슨족에게는 불쾌하게 들릴지 몰라도 유대인 집단에서는 얼마든지 받아들여지는 사회적 행위라고 한다. 그 결과 문화 간 대화에서 유대인들은 앵글로색슨족에게는 오만하고 비사교적인 집단으로 여겨질 때가 많지만, 유대인들은 그런 상황에서 자신들의 언어 행위가 대인 관계를 손상시킬 의도가 아닌 지극히 정상적인 언어 행위로서 무례와는 거리가 멀다고 주장한다(Soyer 2014). 부정적 감정의 표현 역시 이문화간 소통에서 자칫하면 오해를 불러일으킬 수 있는 부분인데 따라서 앞으로 이에 대한 보다 심층적인 대조 문화적 연구가 필요하다.

4.5. 문화와 화용론

4.5.1. 보편주의적 화용론

명예훼손과 같은 언어를 통한 중요한 사회적 소통 행위가 기존 언어학 연구에서 큰 관심을 끌거나 주목을 받지 못했던 것은 언어 사용에 대한 언어학의 하위 분야로서 화용론이 1960년대에 출범한 이후 언어 연구에 대한 내재적 접근으로 말미암아 언어의 서로 다른 측면들이 고립화하는 경향과 초기 화용론 이론이 보편적 원리 규명에 치우쳤기 때문이다. 앞에서 보았던 협조의 원리나 공손의 원리, 화행 이론 등은 모두 언어 사용의 보편적 원리라고 믿어지는 원리들이다. 이런 경향을 Mey(2001)는 언어 연구의 내재성(immanence)이라고 불렀는데 그 결과 언어학을 연구하는 사람들은 아주 일반적인 용어를 쓰는 방법 말고는, 외부인은 물론, 언어학자 서로에게조차 이야기를 건넬 수도 없게 되었다. 이처럼 언어에 대한 학술적 탐색은 언어학 안에서 온전히 이루어지고 이를 위해서 연구되어야 한다는 생각은 고대 산스크리트 문법을 정립한 파니니(Panini) 이래 유럽의 Prague학파와 초기 생성 문법에 이르기까지 일관된 생각이라고 할 수 있다. 그 결과 언어학의 방법이나 목표에 관해서는 언어학이 언어학 스스로에게만 설명할 수 있다는 틀에 갇히게 된다. 언어학, 특히 맥락에서의 언어 사용의 제 측면을 다루는 화용론이 주변의 다른 학문들로부터 독립해서 자신만의 영역을 구축해야 한다는 내재적 접근은 역사적 발전 단계로 볼 때 초기 생성 문법처럼 신생 이론에 적용될 수 있는 것으로 Kuhn의 과학사 이론에서 말하는 정상 과학(normal science) 단계에 이르면 편협하게 내재성을 고수하는 것은 오히려 학문적 미성숙의 표시라고 할 수 있다.

이런 보편주의적 화용론 연구에 대해 인류학자인 Malinowski는 Trobriand 제도에서의 현지어 연구를 통해 언어는 극단적인 구조주의 언어학의 주장처럼 '자족적인 체계(self-contained system)'가 아니며 그것이 사용되는 사회에 의존하는 것이라고 주장했다. 즉 언어는 그것이 사용되는 사회의 특정한 요구에 따라 진화하며, 언어의 사용은 전적으로 맥락의존적이어서 발화와 상황은 서로 떼려야 뗄 수 없을 정도로 연결되어 있고 상황의 맥락은 말을 이해하는 데 필수불가결하다는 것이다. 이런 주장의 배경에는 유럽인이 이 섬에 와서 원주민들이 말하는 것을 매 단어마다 번역하여 듣는다고 해도 번역이 안 된 채로 듣는 것과 거의 마찬가지로 그를 이해할 수 없고 오직 그 생활방식의 맥락을 알아야만 이해할 수 있다는 경험적 자각이 있다.

종래의 언어학에서는 주로 추상적인 규칙 체계나 언어의 상징적 서술 기능에 주목해 왔고 감정과 같은 문제는 언어적 발화에 수반될 수 있는 단지 부수적 현상으로만 간주되어 왔는데 언어학에서 인간 내면의 감정 상태를 언어가 어떻게 표상하는가에 대한 연구는 1990년대 후반부터 본격화되기 시작했다. 또한 21세기 들어 민족화용론(ethnopragmatics)이라는 분야의 발전과 코퍼스를 언어 연구에 활용하는 방법론의 개발 등으로 실증적인 분석이 활발해지면서 감정과 언어의 관계는 다양한 측면에서 연구되고 있는데 특히 감정과 언어 처리의 상호 작용, 언어의 감정 표현 기능, 감정의 언어적 지칭 수단과 문법과의 관계, 대화 및 텍스트에 표출되는 현상으로서 감정 등이 주요 연구 영역이 되고 있다.

우리는 이러한 연구 목록에다가 명예훼손 행위에 수반되는 감정 표출의 사회 문화적 원리를 추가한다. 이런 감정의 사회적 소통 방식에 영향을 주는 요인으로서는 문화적 특성, 표현성, 가치관 등이 있다. 예를 들어 일반적으로 개인주의적 성향이 강한 사회에서는 집단주의적 성향이 강한 사회에서보다 긍정적 감정 표현이 더 빈번하고 자유롭게 일어나는 경향이 있다. 반면에 집단주의 문화에서는 아무리 자신에게 즐겁고 행복한 일이 일어나도 타인을 의식해서 절제된 방식으로 표현하는 것이 기대된다. 인간을 기계와 구별시켜 주는 큰 부분인 감정은 거대한 코끼리와 같아서 자칫 섣불리 접근하면 어느 한 부분만 보고 잘못 속단하기 쉽다. 또한 접근 방법의 기본을 무시한 채 다가섰다가는 발길에 채일 수도 있다. 감정의 표현과 소통에 관한 연구는 객관적이고도 실증적인 연구 방법과 언어 의미에 대한 보편적, 문화 화용론적 연구 방법의 이해가 선행되어야 한다.

4.5.2. 문화적 특성

위에서 말한 횡단문화적 연구를 하기 위해서는 먼저 각 나라의 문화적 특성을 알아야 한다. 각 나라의 고유한 문화적 특성은 그 문화에 속한 사람들이 행복과 같은 감정을 표현하고 소통하는 데 큰 영향을 준다. 지구상에 존재하는 수많은 나라들의 문화적 특성은 과학적인 관찰과 평가 및 비교가 어려운 부분이지만 국제적인 협동 작업과 빅데이터 분석 등을 통해 보다 객관적인 자료들이 수집되어 축적되고 있다. 그런 국제적 작업의 일환으로서 Hofstede(2000)는 국가 간 문화적인 차이를 비교, 분석하기 위해 다음과 같은 문화적 차원을 설정한다.

1) 권력 거리(Power Distance)
2) 불확실성 회피(Uncertainty Avoidance)
3) 개인주의/집단주의(Individualism/Collectivism)
4) 남성성/여성성(Masculinity/Femininity)
5) 장기 지향성/단기 지향성(Long-term Orientation/Short-term Orientation)

첫 번째로 '권력 거리'는 한 사회 내의 기관이나 조직의 권력 분배가 불평등하게 이루어져 있는 정도를 얼마나 사회 구성원이 인지하고 받아들이는지를 나타내는 차원이다. '권력 거리'는 회사나 학교, 가족 등 어떤 조직에서든 서열상 아래 사람을 위 사람으로부터 격리시키는 정신적 거리를 말하는데 수직적 계층 구조의 사회나 권위주의적 문화일수록 이 권력 거리를 수치화한 '권력 거리 지수(Power Distance

Index, PDI)'가 높게 나타나며, 반면 평등지향적인 문화나 탈권위주의적 사회일수록 권력 거리 지수는 낮게 나타난다. 일반적으로 PDI가 낮은 사회는 국가의 지도층을 이루는 엘리트들이 권위주의적 가치를 지양하고, 순응성(conformity)보다는 독립성(independence)을 추구하며, 획일화 대신 개인의 창의와 자유를 더 존중한다. 반면에 PDI가 높은 사회는 권위가 공론을 통한 합의에 기반을 두기보다는 전통에 기반을 둔 경우가 많고 젊은이들은 세상이 불공평한 곳으로 보는 경향이 강하며 권력을 가진 사람들은 특권층일 경우가 많다. 권력 거리가 높은 사회일수록 나이든 사람들은 존경의 대상이지만 동시에 두려움과 기피의 대상이기도 한 반면, 권력 거리가 낮은 사회는 나이가 들었다고 해서 자연스럽게 존경의 대상이 되지도 않고 또한 두려움이나 기피의 대상도 아니다. 그런 면에서 한국은 과거에는 권력 거리가 비교적 높았지만 현재는 낮아지고 있는 사회라고 할 수 있는데 이런 변화가 명예훼손 행위에 어떤 영향을 주는지는 계속 추적 연구할 과제이다.

Hofstede et al. (2010)이 전 세계 76개 나라를 대상으로 조사한 권력 거리에서 한국의 PDI는 0-100 척도에서 60을 기록하여 41위인 반면, 일본의 PDI는 54로 한국보다 낮은 49위였다. 반면에 싱가포르의 PDI는 74로서 19위를 기록하여 수직적이고 권위주의적인 경향이 강한 문화로 나타났다. 권력 거리 지수는 일반적으로 동남아 국가에서 높게 나타났는데 말레이시아가 단연 1위로 나타났고, 서유럽 국가에서 가장 낮아서 오스트리아의 PDI는 11로서 가장 평등지향적인 문화로 나타났다. 한국은 오랜 가부장적 전통하에 수직적, 권위주의적 사회 구조를 유지하고 있었고 근대적 시민 사회로의 전환과 민주주의의 도입이 늦었으며 한국 전쟁과 그 이후로 계속 남북 대치라는 특수한 사정 때문에 군사적 문화가 팽배하여 모든 부문에서 권력 거리가 큰 문화였으나 최근 들어 개인의 권리 의식 신장과 연령이나 성에 의한 차별을 거부하고 평등을 지향하는 사회적 풍토가 조성되면서 보다 수평적이고 탈권위주의적인 사회로 이동하고 있다. 따라서 2010년의 조사에 비해 현재는 PDI가 많이 낮아졌을 것으로 추정한다. 그 결과 탈권위주의적 사회로 변모하고 있지만 권위와 위계질서에 대한 도전과 평등권 요구 등으로 인해 명예훼손 행위는 더 많아질 것으로 본다. 권력 거리가 큰 문화일수록 개방성이 낮고 경직된 소통 방식을 갖고 있기 때문에 일단 개인의 감정을 다른 사람의 눈치를 보지 않고 거리낌 없이 표현하거나 소통하는 것을 주저하거나 자제할 것으로 가정한다.

　명예훼손과 권력 거리감 사이의 관계를 보여주는 대표적인 경우로 국가 원수에 대한 명예훼손 행위를 들 수 있다. 가정에는 가장이 있고 회사에는 사장이 있듯이, 국가 원수는 한 나라의 최고 지도자로서 국민들의 지지를 통해 권력의 정당성을 인정받고 통치 행위를 수행하게 된다. 그런 과정에서 참된 지도자는 존경의 대상이 될 수 있지만 현대 민주주의국가에서는 다양한 정치 이념과 성향을 가진 집단과 세력이 크고 작은 문제에서 서로 대립하고 갈등을 빚는 경우가 흔하며 그 중심에 위치한 국가 원수는 지지자들로부터 환호를 받고 반대자들에게는 온갖 비난과 심지어는 원망과 욕설, 저주의 대상이 되기도 한다. 국가 원수는 실질적이든, 상징적이든 막강한 권위를 가진 인물로서 한 국가의 사회적 평판의 정점에 있지만 그가 가진 권한과 권력만큼 그에게 부과되는 책임과 의무도 크다. 따라서 국가 원수는 모욕이나 명예훼손으로부터 자유로울 수 없는데 이는 "없는 자리에서는 나랏님도 욕한다"라는 속담이나 "임금님 귀는 당나귀 귀"라는 고사에서도 볼 수 있듯이 오래 전부터 흔한 일이었다. 근대 시민 사회를 거쳐 민주주의 체제가 확립된 국가에서는 나라의 주인은 국가 원수가 아니라 국민이라는 주권재민의 사상이 보편화되었고 주권자인 국민은 체포나 구금될 우려 없이 국가 원수라도 공공연히 비판할 권리를 가지게 되었다. 물은 배를 띄우기도 하지만 배를 뒤집을 수도 있다. 따라서 국가 원수에 대한 명예훼손은 많은 민주주의 국가에서는 인정되지 않거나 인정되더라도 극히 예외적인 경우에 한하는 것이 보통이다. 예를 들어 국왕이 헌법상 국가 원수로 있는 스페인에서는 2011년 군주제를 비판하는 과정에서 국왕에 대한 명예훼손죄로 기소된 언론인에 대해 스페인 법원은 스페인 국왕이 상징적인 국가 원수로서 어느 정파에도 속하지 않는 중립적인 위치에서 조정자의 역할을 한다고 해서 그를 비판하는 것이 금지되지 않는다고 판결했다(Otegi Mondragon v. Spain). 국왕 역시 자유로운 토론의 대상이 될 수 있고 초헌법적 존재로 군림할 수 없다는 것을 확인한 것이다(출처: legaldb.freemedia.at/international-standards).

그러나 지구상의 다른 나라들에서는 국왕이나 국가 원수에 대한 비판이 법으로 완전히 금지되어 있다. 예를 들어 최근 인도네시아 의회는 대통령에 대한 비방을 금지하는 법을 통과시켰고 태국은 민주주의적 헌법을 가진 국가라고 하지만 국왕에 대한 비판은 엄격히 금지되어 있고 이를 어길 시에는 체포와 구금을 면할 수 없다. 2013년 1월 태국의 방콕 형사 법원은 노동운동가이자 타이 민주화 운동의 상징인 붉은 셔츠 운동을 옹호한 언론인 Somyot에게 왕실모독죄라는 죄목으로 11년형을 선고했다. 그 이전에도 국왕을 비판하는 문자 메시지를 보냈다는 이유로 60세 노인을 20년형에 처하게 해서 결국 감옥에서 죽음을 맞게 한 적도 있을 만큼(출처: 레프트21 97호 기사), 태국은 국왕에 대한 비판에 대해 무관용의 가혹한 잣대로 맞서고 있다. 일본의 경우는 헌법 제1장 천황 제1조에 "천황은 일본국의 상징이고 일본 국민 통합의 상징이며, 이 지위는 주권이 있는 일본 국민의 총의에 기초한다."고 되어 있다. 이 밖에 천황을 직접적으로 일본의 국가 원수로 규정한 법조문은 없지만 천황의 내각 총리대신 임명권과 의회 해산권 등을 인정하고 있어서 사실상 국가 원수로 보고 있다. 그러나 실질적 권한은 없는 일본의 상징적 국가 원수인 천황이지만 그에 대한 비판이나 풍자 등은 거의 찾아볼 수 없으며 한때 "천황도 패전의 책임이 있다"고 말한 여당 출신의 나가사키 시장이 살해 위협에 시달린 것만 보아도 천황은 신성불가침한, 인간 이상의 신적 초명예를 가진 존재로 받들여지는 게 보통인데 이 점이 일본의 힘이면서 동시에 일본의 한계로 지적된다.

 일본 외에도 법으로는 언론과 표현의 자유가 보장되어 있지만 실질적으로 권위주의적 통치자들을 자유롭게 비판할 수 없는 나라들이 많이 있는데 이는 문화적 접근이 필요한 부분이다. 예를 들어 일본과 마찬가지로 입헌군주제의 영국은 2022년 9월 엘리자베스 2세 여왕이 서거한 후 그 장례식을 국장으로 거행했는데 정부에서 장례 비용을 공개하지 않았지만 100억 원 이상의 비용이 들었을 거라고 추산되며 이는 모두 국민의 세금에서 충당되었다. 그런데 당시 영국의 경제상황이 매우 안 좋았고 정부 발표로는 9월 GDP가 0.2%가 감소했는데 장례 비용이 이에 영향을 주었을 거라는 분석이 있었다(The New York Times 2022. 10. 14 보도). 이에 대해 우려의 목소리가 일자 영국 정부를 비롯해서 일부 인사들은 장례 비용을 추산하는 것 자체를 무례한 행위라고 비판하고 나섰는데 이 기사를 본 영국인들이 뉴욕타임스 구독을 취소하고 나섰다고 영국의 데일리메일 신문이 보도하는가 하면 영국의 유명 방송인인 Pierce Morgan은 트위터에서 뉴욕타임스의 보도를 인용하면서 "위대한 여왕에 대해 영국인들이 어떻게 느끼는지 [미국 언론은] 이해하지 못하는 것"이라고 꼬집었다. 이를테면 아직까지도 영국은 왕실에 대해 지나친 공격성 발화는 용납하지 않는 사회적 검열이 지배하는 사회로 국왕의 명예는 신성불가침한 영역으로 생각하는 사람들이 많이 있다.

중국의 경우 공산당의 일당 독재를 법에 명시하고 이에 도전하거나 이의를 제기하는 것을 금기시하고 있고 정부에 대한 비판은 정당한 언론과 표현의 자유로 보장되기는커녕 공공의 안녕과 체제를 전복하는 위험한 행위로 간주되어 혹독한 처벌을 감수해야 한다. 이런 권위주의적 국가에서 명예훼손과 관련된 법은 만민에게 평등하게 적용되지 않고 특정인에 대해서는 예외적으로 적용되는 반쪽짜리 법에 지나지 않는다. 즉 조지 오웰의 『동물농장』에서 나폴레옹이 말한 것처럼 모든 동물은 평등하되 어떤 동물은 더 평등해서 그런 동물들은 다른 동물과 똑같이 취급될 수 없다는 논리 아닌 논리가 적용되는 것이다. 누구보다도 엄정한 사회적 평가를 받아 지도자의 자리에 올라야 할 사람들에 대한 사회적 평판의 주체를 사회 구성원에서 찾는 것이 아니라 평판의 대상인 권력자 자신이 스스로 정하는 아이러니인 것이다. 보다 중요한 사실은 이런 법적, 제도적, 사상적, 관행적 불평등과 불합리에 대해서 적지 않은 국민들이 그 부당성을 지적하기보다는 불가피성을 소극적으로 인정하거나, 서방식 민주주의는 자국에 맞지 않는다는 상대주의적 관점에서 표현과 언론의 자유에 큰 가치를 부여하지 않는 자세를 보이며 학교 교육은 이를 조장하고 관영 언론 매체는 이를 세뇌하는 데 동원되고 있다는 점이다.

이처럼 권력자에 대한 비판이 명예훼손이나 무고 혐의로 불법 행위 또는 범죄 행위가 될 수 있는 사회는 앞에서 언급한 Hofstede의 문화 차원 이론에서 권력 거리 지수(Power Distance Index)가 높은 국가일수록 가능성이 높다고 볼 수 있다. 권력 거리 지수란 한 국가나 사회 내 조직의 권력 분배가 불평등하게 이루어져 있는 것을 사회 구성원이 어느 정도라고 인지하고 받아들이는지를 나타내는 문화 지수이다. Hofstede에 따르면 수직적 계층 구조의 사회나 권위주의적 문화일수록 PDI가 높게 나타나며, 반면 평등지향적인 문화나 탈권위주의적 사회일수록 PDI는 낮게 나타난다. 이성범(2018)은 권력 거리감이 강한 문화일수록 거리감이 있는 타인들에게 자신의 행복감을 진솔하게 표현하거나 전달하는 데 소극적일 것이라고 가정하고 한국과 일본 및 싱가포르에서 실제 쓰인 행복 표현의 발화를 수집하여 분석해 본 결과 같은 상황에서도 싱가포르 < 일본 < 한국 순으로 행복 표현의 사용이 덜하거나, 직접적으로 표현되지 않고 비명시적인 방식으로 표현되는 등 표현을 자제하는 경향을 확인하였다. 한국의 경우 행복 감정을 표출하는 화자는 가장 긍정적인 표출 방식을 1이라고 하고 반대로 가장 부정적인 표출 방식을 6이라 할 때 평균 2.30의 높은 긍정적 명시성을 가진 발화를 선택하였고, 일본은 2.54로서 한국보다 약간 낮은 긍정적 명시성으로 표현했으며, 싱가포르는 2.61이라는 가장 낮은 긍정적 명시성의 표현 방식을 선택하였다. 반면에 화자의 행복 발화를 들은 한국어 청자는 2.13이라는 비교적 높은 긍정적 명시성으로 축하나 칭찬, 또는 인정의 발화를 선택한 반면, 일본 청자는 2.54였고, 싱가포르는 2.66의 긍정적 명시성으로 축하, 칭찬, 인정

의 발화를 선택하였다. 이는 앞서 보았듯이 Hofstede의 조사에서 권력 거리감 지수가 한국은 60으로 41위였고, 일본은 54로 49위였는데 비해 싱가포르는 74로 19위였다는 것과 비례하는 결과이다. 즉 한국보다는 일본이 더 권력 거리감을 많이 느꼈고 싱가포르는 한국이나 일본보다 훨씬 더 권력 거리감이 심했는데 이 권력 거리감은 행복 표현 표출 방식과 연관성이 있었다. 명예훼손은 행복과 반대쪽인 비판이나 분노의 부정적 감정의 발로인데 그런 점에서 권력자에 대한 공격적 발화로서 명예훼손 행위는 권력 거리 지수가 높을수록, 즉 권력 분배가 불평등하게 이루어져 있다고 느끼는 문화일수록 더 빈발할 가능성이 높다고 추정된다.

두 번째로 문화 이론에서 '불확실성 회피'란 불확실성에 대한 사회 구성원들의 태도를 나타내는 차원이다. '불확실성 회피 지수(Uncertainty Avoidance Index, UAI)'가 높은 국가일수록 불확실성을 회피하려는 안정 지향적인, 보수적 성향이 강한 국가이며 애매함이나 불확실함에 대해 부정적인 반응, 즉 불안하거나 초조해 하는 태도를 보인다. 따라서 이런 나라에서는 법적, 규범적 제도와 장치를 통해 불확실성을 줄이려는 노력을 기울이고 안정을 꾀하려 한다. 반면에 UAI가 낮은 국가는 변화와 가능한 대안에 대해 포용적이고 개방적인 입장을 취하며 도전과 모험, 창조적 파괴 등을 긍정적으로 평가한다. UAI가 높은 나라의 사람이 UAI가 낮은 나라의 사람들의 생활 모습을 보면 이른바 '케세라세라(que sera sera)'식의 지나치게 낙천적이고 안일

하며 무계획적이라는 인상을 가질 수 있다. 일본은 UAI가 92에 달할 정도로 매우 높아서 전 세계 76개국 중 공동 11위의 불확실성 회피 국가였고 한국은 UAI가 85로서 일본보다는 약간 낮지만 23위를 차지하여 여전히 UAI가 높은 편이었다. 전체적으로 불확실성 회피 지수가 높은 나라는 그리스와 포르투갈 등의 남유럽 국가와 과테말라, 우루과이, 엘살바도르 등의 중남미 국가인 반면 영국, 아일랜드, 스웨덴, 덴마크 등의 북유럽 국가와 중국, 베트남, 홍콩 등의 동아시아 국가들은 UAI가 낮게 나타났다.

Hofstede et al. (2010)의 연구에 따르면 불확실성 회피 지수는 앞에서 본 권력 거리 지수와 상관관계가 없고, 다음에 볼 개인주의 지수(Individualism Index)와도 정적인 상관관계를 찾아볼 수 없다. 중요한 점은 같은 아시아권이지만 한국과 일본은 불확실성 회피 성향이 높은 반면, 말레이시아, 싱가포르, 인도 등은 불확실성 회피 성향이 낮다는 점이다. 불확실성 회피란 한 문화의 구성원들이 불확실한 상황이나 불분명한 미래 예측 때문에 심리적 불안을 느끼는 것을 피하려는 것을 말하는데 이것은 원래 IBM 연구 과제에서 직업 스트레스에 관한 질문으로부터 시작되어 Hofstede(2000)에서는 직장 이외의 다양한 사회적 환경에서 각 나라의 개인이 느끼는 불안의 수준을 측정하는 수십 가지의 질문들로 확장되었다. 일례로 Hofstede(2000)의 조사에는 "당신은 일하다가 신경이 곤두서거나 긴장되는 순간을 얼마나 자주 느낍니까?"라는 문항이 포함되어 있는데 이에 대해 '항상 그렇다'(1점)

부터 '그런 적이 없다'(5점)까지의 척도에서 답하게 되어 있었다.

Hofstede(2000: 161)는 UAI가 높을수록 감정 표출이 많고 UAI가 낮을수록 감정 표출을 억제한다고 했다. 또한 Hofstede et al.(2010: 226)도 한 문화의 불안 수준이 높을수록 보다 감정 표현이 많은 문화가 될 가능성이 높다고 하였다. 그렇다면 한국의 경우 UAI가 상대적으로 높으니까 감정 표출이 많은 편에 속한 국가일 것으로 예상되는데 앞서 본 분노나 수치심, 당혹감의 경우는 일률적으로 한국이 그런 감정 표출이 많은 사회라고 단정지을 수 없다는 문제가 생긴다. 그런데 Kitayama et al.(2006)이나 Ishii(2013)의 연구에 따르면 감정의 사회적 성격에 따라 문화마다 표현성이 달라질 수 있다고 한다. 이를 받아들여 우리는 UAI가 높다고 해서 반드시 모든 감정을 많이 표출하려는 것이 아니라 감정 중에서 불안감이나 분노, 당혹감, 수치심, 경멸, 혐오 등의 부정적 감정 또는 자신과 타인을 분리하려는 감정(disengaging emotion)을 더 쉽게 표출할 것으로 생각한다. 반면에 일본이나 한국처럼 UAI가 높은 문화에서는 칭찬이나 동정, 축하, 즐거움, 희망 등의 긍정적인 감정 또는 타인을 자기 쪽으로 끌어들이려고 하는 포용적 감정(engaging emotion)의 표출은 되도록 억제할 것으로 생각한다. UAI가 높은 문화일수록 주관적 웰빙은 낮으며 행복의 느낌이 사회 구성원들 사이에 비슷한 수준으로 두루 공유되지 못하고 일부 소수 계층이나 집단에서 드문드문 찾아볼 수 있다.

한국은 주요 국가들 중에서 자살률 1위를 수년째 고수할 정도로 스트레스가 만연한 사회이다. 또한 1997년의 IMF 위기와 2007년의 서브프라임 모기지(subprime mortgage) 사태로 촉발된 금융 위기 이후 줄곧 혐오의 시대라고 불릴 정도로 자신과 뜻이 같지 않은 상대에게 너그럽지 못한 모습을 보이고 있다. 이에 더해 최근에는 코로나19가 사회경제적 약자에게 치유하기 힘든 어려움을 남기고 정상적인 인간관계를 마비시키면서 사회적 불만과 불안정을 증폭시켰다. 이를 해소하려고 노력해야 할 정치가들은 눈앞의 표에 급급한 나머지 정략적으로 세대와 지역, 성별 갈라치기를 서슴지 않고 있다. 역사적으로도 끊임없는 내우외환에 시달린 탓인지 한국어는 욕과 비속어가 다양하게 발전해 왔는데, 최근 들어서는 이런 시대상을 반영이라도 하듯 "한남충, 틀딱, 맘충, 급식충" 등 인간 이하의 표현으로 다른 정체성을 가진 집단들을 공격하는 것이 다반사가 되었다. 혐오 표현은 세대와 성, 인종, 종교, 지역 등을 가리지 않고 이질적이라고 생각되는 정체성을 가진 집단에게 무차별적으로 퍼부어진다. 그러다 보면 사회적 관용성이 사라지고 의견수렴적이고 포용적인 대화보다는 분산적이고 대립적인 발화가 성행하며 상대의 명예를 존중하기보다는 폄하하고 깎아내리려는 경향이 지배하게 된다. 이러한 혐오 표현의 창궐은 바이러스의 창궐과 같아서 정신 건강이 피폐해진 사회의 바로미터가 되고 있다. 원래부터 자원은 부족한데 추구하는 목표는 비슷해서 치열한 경쟁이 불가피한 사회인 대한민국은 남을 꺾어야 내가 살 수 있는 약육강식의 정글과 같은 생존 법칙이 어느 새 우리 문화 속에 자리 잡았다. 이런 사회일수록 Hofstede가 말하는 불확실성의 회피(Uncertainty Avoidance) 경향이 높아지게 되어 분노와 명예훼손성 발화가 증가할 가능성이 높아진다. 반면에 사회적 공감과 배려가 널리 퍼져 있고 양보와 예절이 살아 있는 곳에서는 자중자애하고 상호 존중하는 풍토 속에 상대방에 대한 부정적 감정의 표출을 자제하게 된다. 혐오의 표현이 늘어날수록 명예훼손 행위도 비례해서 늘어날 수밖에 없는데 이를 막기 위해서는 강력히 제재하는 법적인 수단도 강구해야 하겠지만 보다 더 근본적인 처방으로는 과열된 경쟁을 누그러뜨리고 상생할 수 있는 정책적 수단들을 마련하며 패권적 정치보다는 합의에 의한 통치의 모범을 보이면서, 사회적, 경제적 약자들을 배려하는 동시에 사회 전체가 보다 균등한 기회를 보장하는 방향으로 나아가 불확실성을 해소하는 것이 요구된다.

여러 언어에서의 감정 소통 현상과 관련하여 세 번째로 고려해야 할 중요한 문화 차원은 개인주의/집단주의이다. 수많은 학자들의 다양한 정의가 있지만 일반적으로 개인주의란 좁게 말하자면 독립적인 자아(independent self) 개념을 바탕으로 '나-의식(I-consciousness)'이 강하여 개인들 사이의 구속력이 약하고 자기 자신 또는 자신의 직계 가족에게 주된 관심을 가지는 느슨한 사회 구조를 추구하는 것을 의미한다. 반면 집단주의는 상호 의존적인 자아(interdependent self) 개념을 우선하기 때문에 '우리-의식(we-consciousness)'이 강하고 내집단(in-group)과 외집단(out-group)을 엄격히 구분하며 내집단에 대한 긍정적인 기대가 높고 내집단에 대한 충성이 문화적으로 기대되는 사회 구조를 추구하는 것이다. 개인주의적인 사회는 개인의 감정이 다른 집단이나 제도로부터 완전 독립되어 있고 자율, 자립, 다양성, 쾌락 등을 추구한다. 반면에 집단주의적 사회는 개인의 감정도 다른 집단이나 제도로부터 영향을 받고 질서, 단결, 전통, 소속감이 중요하다.

개인주의/집단주의는 문화에 대한 연구에서 가장 널리 논의된 사회적 특성이다. Hofstede(2000)에 따르면 개인주의 문화권에서는 독립적 자아 개념을 선호하고, 집단의 목표보다 개인의 목표를 우선시하며, 이성과 개인 간의 상호 작용을 중요하게 여기고, 상대적으로 중요한 행동 결정 요인으로서의 태도에 더 비중을 둔다. 반면, 집단주의 문화권에서는 상호 의존적 자아 개념을 선호하고 집단의 목표를 추구하며, 관련성과 집단의 관계를 중요하게 여기고, 행동 결정 요인으로서의 규범을 상대적으로 더 중요하게 여긴다고 한다. 이에 따라 명예훼손의 발생과 해석 및 처벌이 달라질 수 있다.

그런데 이런 고전적인 개인주의-집단주의 이분법은 집단의 의미있는 차이를 오히려 모호하게 만든다는 지적이 있다. Schwartz(2004)에 의하면, 개인주의적 문화로 간주되는 미국은 또 다른 개인주의적 문화인 서유럽보다 집단주의적 문화로 간주되는 동아시아와 더 유사하다. 또한 미국은 지배력(mastery), 위계(hierarchy), 배태성(embeddedness)을 높이 평가하지만, 평등주의(egalitarianism), 지적 자율성(intellectual autonomy), 조화(harmony)는 덜 중요시하는 반면, 서유럽에서 우선시되는 문화적 가치는 이와 반대된다고 주장하였다. 단 개인주의 문화라고 해서 반드시 개인적 가치를 우선시하는 것도 아니다. 미국을 비롯한 서양의 국가들은 대체로 개인주의적 성향이 강하지만 개인의 인격권보다 개방적인 의사소통을 우선하고, 풍자(satire)와 비꼼(sarcasm)이 별다른 검열 없이 사회적 커뮤니케이션으로 널리 자유롭게 통용된다. 반면에 한국의 경우는 개인보다는 집단을 우선시하는 문화지만 전통적으로 명분과 체면이 중요하게 여겨져 왔고 권위에 대한 도전이 금기시되었기 때문에 이런 것을 침해하는 언동이나 행위는 민사상으로는 물론 형사상으로도 엄격한 사법적 제재의 대상이 되고 있다. 인구에 비해 명예훼손에 대한 민사 소송이 상대적으로 덜한 미국이나 서유럽 국가들과 비교할 때 한국에서는 명예훼손 및 모욕에 대한 민형사상 소송이 최근 급증하는 추세를 보며 심각한 사회 문제로 대두되고 있어서(전병열 2014), 개인주의-집단주의를 뛰어넘는 솔직성(honesty)과 겸손성(humility), 통일성(unity)과 다원성(diversity) 등과 같은 가치에 대한 면밀한 연구가 필요하다.

  Hall(1976)은 개인주의가 발달한 문화일수록 소통에서 단어나 문장이 아닌 발화 맥락이 그다지 큰 역할을 하지 않는 '저맥락(low-context) 의사소통'의 특성을 보이고 집단주의가 발달한 문화일수록 어휘의 문자적 의미 외에도 발화 맥락에 의존하는 함축적 의미가 소통에 중요한 역할을 하는 '고맥락(high-context) 의사소통'의 특성을 보인다고 한다. 그 결과 감정을 표현하고 전달할 때에도 개인주의적인 문화에서는 솔직하고 명시적인 표현이 선호되는 반면, 집단주의적인 문화에서는 암시적이고 함축적인 표현의 사용 비율이 높다고 생각할 수 있다. 또한 개인주의/집단주의의 차이가 여러 가지 감정 표출 규칙과 관련이 있다는 주장도 있다. Koopman-Holm & Matsumoto(2011)의 조사에 의하면 개인주의 문화인 미국은 자신과 밀접한 관련이 있는 내집단(in-group)에서 혐오와 슬픔을 거리낌 없이 표출하고 이에 대한 지지를 기대하는 경향이 있다고 한다. 반면에 집단주의 문화는 자신과 거리감이 있는 외집단(out-group)에게 쉽게 분노를 표현하는 경향이 있다고 한다. 일본인들의 공공연한 외국인 차별은 내집단인 자국인들과 여러 면에서 규범과 가치, 문화를 공유하지 않는 외집단인 외국인들에 대한 이질감과 경계심이 부정적으로 표출되는 것이다. Scollon et al.(2004)의 연구를 보면 미국 대학의 아시아계 학생들은 대체로 자긍심 표출이 낮은데 그런 경향은 분노나 죄책감, 무력감 등과 같은 부정 정서와 정적 상관(positive correlation)을 보이는 반면, 유럽계 학생들은 그런 상관관계가 없다고 하면서, 그 이유로 아시아계 학생과 유럽계 학생들의 집단주의/개인주의 문화의 차이를 들고 있다. 즉 아시아 문화는 대개 사람들 사이의 관계와 상호 의존성(interdependence)을 중시하는 집단주의 문화로서 자신에 대해 긍정적 평가를 내리는 자긍심 표출이 타인과의 관계와 상호 의존성에 부정적 영향을 미칠 수 있을 것으로 우려하는 반면, 자율과 독립성(independence)을 중시하는 개인주의적인 유럽 문화는 타인의 시선을 의식하지 않고 자신의 감정을 자유롭게 표현할 수 있기 때문으로 해석한다.

　문화적 차이가 감정의 표출 방식에 중요한 역할을 한다고 보는 견해들과는 반대로 Ryff & Keyes(1995)나 Ryan & Deci(2000) 등은 기본 감정은 인류 보편적이어서 개인주의/집단주의와 같은 문화적 요인이 그런 기본 감정의 표현 자체에 큰 영향을 주지 않는다고 주장하고 있다. 우리는 지나치게 경직된 개인주의/집단주의 이분법은 여러 언어 공동체가 갖고 있는 유의미한 차이점들을 오히려 모호하게 만든다고 생각한다. Schwartz & Ros(1995)에 따르면, 전체적으로 개인주의 문화라고 생각되는 미국은 또 다른 개인주의 문화인 서유럽보다 오히려 집단주의 문화로 간주되는 동아시아와 문화적 가치 판단에서 더 유사한 점이 많다. 따라서 개인주의/집단주의 차원 외에도 감정 소통에 영향을 주는 가치 체계에 대한 면밀한 연구가 필요하다.

　한 가지 분명한 것은 명예훼손은 그 문화에서 우선시되는 가치와 직결된다는 점이다. 예를 들어 한국은 과거 어느 때보다 평등성이 중요시되는 사회로 변모하고 있어서 이 가치를 무시하는 발화는 명예훼손적 발화로 인식될 가능성이 높아지고 있다. Markus & Kitayama(1991)는 여러 문화에서 공통적으로 인정되는 가치를 힘(power), 성취(achievement), 쾌락(hedonism), 전통(tradition), 순응(conformity) 등 열 가지로 제시하였는데 이런 가치들에 대한 인식의 차이와 발화의 명예훼손성 사이의 연관성을 살펴보는 것은 흥미로운 결과를 가져다 줄 것이다. 또한 Matsumoto et al. (2008)은 비교 문화학적 관점에서 '감정 표출 규칙(emotional display rules)'과 가치 체계 및 집단의 유형 사이의 연관성을 조사했다. 감정 표출 규칙이란 사회적 상황에 의존하여 분노나 열등감과 같은 감정 표현을 조절하고 관리하는 것으로서 문화적으로 전수되는 규칙이다. 예를 들어 일본인들은 혼자 있을 때보다 높은 지위의 실험자와 같이 있을 경우 미국인들에 비해 부정적인 감정을 더 감추었다. 그러나 지금까지 이런 단순 감정 표출 외에 명예훼손 발화를 가치 체계와 연관시켜 조사하는 연구는 없었는데 명예훼손은 개인주의-집단주의라는 사회적 성격뿐 아니라 서로 다른 가치 체계에 따라 다른 방식으로 표현되거나 해석되는 다면적 현상이라고 보아야 한다.

Hofstede는 국가별 개인주의 성향을 보여주는 '개인주의 지수(Individualism Index, II)'를 제시하고 있는데 이에 의하면 한국은 II가 0-100 척도에서 18로서 조사 대상 76개 나라 중 65위를 차지하여 매우 집단주의적인 국가로 나타났다. 반면 일본은 II가 전체 평균 43보다 상회하는 46으로 35위였다. 개인주의 지수가 가장 높은 나라는 91을 기록한 미국이었으며 2위는 90점의 호주, 3위는 89점의 영국 등 북미와 서유럽의 나라 등이 개인주의가 높은 것으로 나타났고, 반대로 과테말라, 에콰도르, 파나마 등은 가장 개인주의가 낮은 문화에 속했다. 개인주의 지수가 높은 문화일수록 감정을 표현할 때 타인의 눈치를 볼 필요가 없는 등 사회적 제약이 없거나 덜할 것이므로 명예훼손 행위에 포함되는 부정적 감정의 소통 역시 보다 적극적인 방식을 택할 개연성이 높다. Matsumoto et al. (2008)에 따르면 일반적으로 개인주의 문화에서는 감정의 표현이 아무런 제약 없이 활발하게 일어나는 반면, 집단주의 문화에서는 자신에게는 매우 좋은 느낌일지라도 그런 감정을 다른 주위 사람을 의식하지 않고 거리낌 없이 말하는 것은 바람직하지 않다고 생각한다.

문화 차원의 네 번째 차원인 남성성/여성성(Masculinity/Femininity) 차원은 사회 구조에서의 성 역할 분담 및 사회 구조의 남성성, 그리고 여성성과 관련된 지향성을 나타낸다. 중요한 점은 Hofstede et al. (2010)도 강조하듯이 여성성을 여권 운동이나 양성평등과 혼동해서는 안 된다는 것이다. 남성성 지수(Masculinity Index, MI)가 높은 문화는 남녀 간의 성 역할 분담이 극명하게 나뉘고, 자기중심적이어서 자기주장이 강하고, 성취감이나 물질적인 성공에 대해 강한 집착과 선호를 나타낸다. 반대로 MI가 낮은 문화는 성 역할의 분담이 극명하게 나뉘지 않으며, 타인 중심적이고 구성원 간 관계 유지가 문화적으로 중요하게 여겨지기 때문에 사회 내 다른 구성원을 배려해 주는 경향과 삶의 질을 강조하는 특성을 보인다. 남성성이 높은 문화에서는 가정 생활의 만족도가 낮고, 어린이들은 자주 공격 성향을 보이며, 여성은 자신의 상사로 남성을 선호한다고 한다. 반면에 남성성이 낮은 문화에서는 가정 생활의 만족도가 높고 아이들의 공격성이 낮으며, 여성은 직장 상사로 여성을 선호한다고 한다. 남성성 지수는 고정불

변이 아니라 시대에 따라 달라질 수 있다. 한국의 경우 20세기 전까지만 해도 직장 선택의 제1 기준이 높은 임금이었으나 2000년 대부터 일(work)과 개인의 삶(life) 사이의 균형(balance)을 뜻하는 워라밸 풍조가 자리잡으면서 자기 계발과 취미 생활이 보장되는 직장을 선호하는 트렌드가 생겨났다. 이런 트렌드는 한국 사회 전반적으로 남성성이 낮아지는 것과 연관성이 있다. Hofstede(2000)의 조사에서 일본은 조사 대상 76개국 중 2위로 가장 남성성이 높은 문화인 것으로 나타났고 한국은 59위로 남성 중심성이 낮은 사회로 분류되었다. 다시 강조하지만 남성성이 높은 문화가 반드시 남성 우월주의적이거나 성차별이 심한 문화라는 것을 의미하지는 않는다. 다만 남성성이 높은 문화는 남녀 성의 역할 구분이 엄격하다는 점에서 남성과 여성 간 명예훼손적 발화의 발생 가능성이 그렇지 않은 문화에 비해 높을 것으로 본다. 다만 이 부분은 현지 조사와 같은 실증적 연구를 통해 확인되어야 할 사항이다.

  Hofstede의 조사에서 한국의 남성성 지수가 낮다고 해서 한국 사회가 상당히 남녀평등적 사회라는 것을 의미하는 것은 아니다. 남성성이 강한 문화는 양성평등이 낮을 것으로 생각하기 쉽지만, 이 둘은 서로 다른 개념으로서 모든 문화에서 둘 사이의 상관관계가 성립하지는 않는다. 같은 서구 문화에 속하지만 미국이나 독일, 영국과 같은 나라들은 남성성이 매우 높고 반면에 덴마크나 네덜란드, 노르웨이, 스웨덴 등은 남성성이 매우 낮은 나라이다. 또한 한국의 남성성 지수는 76개국 중 59위로 매우 낮고 미국의 남성성 지수는 19위로 높아서 미국이 한국보다 남성성이 높은 문화로 나왔지만 그렇다고 해서 미국이 한국보다 여성의 권리가 낮거나 양성평등이 낮은 문화라고 말할 수는 없다. Hofstede의 문화 이론에서 말하는 남성성이 높은 문화는 대체로 자의식이 강하고 경쟁적이며 흔히 공격적이고 목표 지향적이며, 책임감과 도전 의식이 높은 문화이다. 반면에 여성성이 높은 문화는 반드시 성차별을 해소하려 하거나 여성을 배려하려는 성향이 강한 문화라는 뜻이 아니라 남자든 여자든 경쟁보다는 협력을 중시하고 평화 지향적인 문화라는 뜻이다. 이런 여성성이 강한 문화에서는 개인의 목표 달성도 의미가 있지만 그 과정도 중요하며, 개인의 성공에 못지않게 타인과의 관계를 중요시하고 겸양지덕이 미덕이 될 수 있어서 명예훼손 발화의 가능성이 낮다고 볼 수 있다. 그런데도 불구하고 한국의 경우 양성평등이 점차 자리잡고 있고 MI는 갈수록 낮아지고 있음에도 불구하고 양성 갈등은 줄어들기보다 오히려 증가하고 있다는 것은 생각해 볼 문제이다.

흥미로운 점은 Hofstede(2000)는 같은 문화에서도 연령에 따라 여성과 남성 사이의 남성성의 차이가 바뀌는 것을 발견했는데 대체로 20대 초반에 남성과 여성의 남성성의 차이가 가장 높다가 점차 줄어들기 시작해서 45세에 이르면 완전히 일치한다. 즉 나이가 들수록 남녀 모두 보다 덜 자아지향적이 되는데 이 변화는 남성에게서 보다 급속하게 일어난다는 것이다. 한국의 경우 남녀 갈등을 가장 잘 보여주는 곳은 여성 우월, 남성 혐오 커뮤니티인 워마드나 메갈리아와, 여성시대, 쭉빵카페 등과 파우더룸, 소울드레서, 망고카페, 속닥 등 흔히 여초 사이트라고 불리는 여성 유저들의 비중이 높은 사이트 및 반대로 여성 혐오, 안티페미니즘 경향의 사이트인 일간베스트 등이라고 할 수 있는데 이런 사이트에서는 명예훼손 행위가 빈번히 일어나고 있다. 다만 이를 표현의 자유로 보고 제한하지 않을 것인지 아니면 혐오를 증폭시키는 반사회적 활동은 규제해야 하는지의 논란이 진행 중이다.

Hofstede 문화 차원 이론에서 다섯 번째 차원인 장기 지향성/단기 지향성(Long-term Orientation/Short-term Orientation)은 한 문화의 구성원들이 참을성, 영속성, 근검 절약 등을 중시하는지 아니면 안정과 여가, 신속한 결정 과정 등을 중시하는지를 보여주는 차원이다. 해당 차원의 지수인 '장기 지향성 지수(Long-term Orientation Index, LOI)'가 높을수록 끈기와 인내 및 인간관계, 서열 등을 중시하는 문화이며, 미래 지향적인 성향을 보이는 국가이다. 미래 지향성으로 인해 현재의 삶의 질이나 행복 등을 어느 정도 절제하려고 하며 장기적인 성과를 이루려는 경향을 보인다. 반면 이 LOI가 낮을수록, "carpe diem"으로 대변되듯 미래 지향적이기보다는 현재의 삶이나 행복을 더욱 중요시하며, 절제나 절약 등이 문화적 미덕으로 여겨지지 않는다. 따라서 LOI가 높은 사회는 극기와 금욕을 미덕으로 생각하는 스토이시즘(stoicism)적 사회이며 반면에 LOI가 낮은 사회는 감각적 쾌락을 인생 최고의 행복이라고 생각하는 에피큐리어니즘(epicureanism)적 사회이다. 높은 LOI는 감정 소통을 자제하는 측면이 있기는 하지만 명예훼손 행위와 직접적인 연관성이 있는지는 실증적인 연구가 필요한 부분이다.

한국은 현재 특히 젊은 세대를 중심으로 전통적인 금욕주의보다 향락주의의 성향이 높아지는 경향을 볼 수 있다. 예를 들어 종래 부모 세대에서는 열심히 벌어서 자기 집을 장만하고 나중에 이를 자식에게 물려주는 것이 중요하다고 생각한 반면, 자식 세대에서는 쉽게 장만할 수 없는 집을 얻기 위해 허리띠를 졸라매고 올인(all-in)하는 것보다 자동차부터 먼저 구입하는 것이 현명하다고 생각한다. 과거 대부분의 한국 부모들은 자기 자신보다 자식들을 위해 희생하는 것이 당연하다고 생각하고 자식들의 사교육을 위해 허리가 구부러질 정도로 일했지만, 이제는 자식의 성공에 못지않게 부모 자신의 노후 설계도 중요하다는 인식이 커져가고 있다. 뿐만 아니라 과거에는 존경을 받는 사람이 무엇인가 가치를 만들어내는 생산의 영웅이었던 것에 비해 요즘에는 멋있게 삶을 향유하는 소비의 영웅으로 바뀌고 있다. 젊은이들이 죽기 전에 꼭 해보고 싶은 일을 적은 버킷 리스트(bucket list)에는 해외 여행, 맛집 순례 등이 상위에 차지하고 있고, 프라임타임 텔레비전을 이런 내용의 프로그램이 도배하다시피 한 것은 한국이 근검 절약을 강조하던 스토익한 사회로부터 향락과 소비를 중시하는 에피쿠로스적 사회로 변모하는 추세를 잘 보여준다. 이 점은 미국도 비슷한데 공간 미술가인 Candy Chang은 돌아가신 어머니를 추모하면서 미국 뉴올리언스의 한 버려진 건물 벽에 Before I die…라는 제목의 칠판을 만들고 그곳에 아무나 자신이 죽기 전에 하고 싶은 일을 분필로 적도록 하였다. 이내 수많은 사람들의 폭발적인 반응이 있었는데 특히 "Have fun"이라든지 "Travel Round the World"와 같은 문구들이 많이 눈에 띄었다. 삶의 의미를 찾으려는 운동으로서 Before I die…는 현재 100여 개 나라에 설치되어 있는데 우리나라에도 설치되었던 Before I Die Wall에도 미국이나 유럽의 경우와 유사한 생각을 보이는 문구들이 대부분이었다.

장기 지향성의 순위표에서 상위 5개국은 중국, 홍콩, 타이완, 일본, 한국으로서 모두 동아시아의 국가들이었다. 이들은 유교 사상의 영향이 남아 있는 나라들로서 장기 지향성이란 개념은 신유교적 문화 개념이라는 평을 듣게 한다. 중국의 장기 지향성은 타의 추종을 불허할 정도로 높은 118인 반면 한국은 장기 지향성 지수가 75로서 조사 대상 23개국 중에서 5위였고, 일본은 80으로 한국보다 한 단계 더 높은 4위의 매우 장기 지향적인 문화로 평가된다. 다만 이 조사가 이루어진 지 15년도 넘었기 때문에 이 순위가 여전히 유효한지는 의문이다. 미국, 영국, 캐나다와 같은 서양권 나라들은 대체로 장기 지향성이 낮았으며, 제3세계 국가들은 가장 단기 지향적 문화인 것으로 나타났다. 장기 지향성이 높은 문화일수록 일시적이고 개인적인 감정에 휘둘려 크게 일희일비하는 것을 금하는 사회적 제약이 강할 것으로 생각되므로 우리는 장기 지향성이 높은 문화에서는 감정의 표현과 소통이 솔직하고 활발하게 일어나지 않을 것으로 예상하는데 이 점은 여러 문화권에서 장기적인 실제 조사를 통해 밝혀야 할 부분이다.

지금까지 검토한 Hofstede(2000)과 Hofstede et al.(2010)의 문화 차원 이론을 한국 문화에 적용하면, 현재 한국 문화는 물론 여러 분야에서 변화가 빠르게 일어나고 있기는 하지만, 위계와 서열이 강하며, 집단주의적 성향을 띠고, 모험성보다는 안정 지향성이 강한 경향이 있다. 또한 MZ세대와 그 이전 세대 사이의 차이가 있지만 Hofstede의 조사에서는 성취감이나 자기 주장, 물질적 성공보다는 사회 구성원 간 관계 유지 및 타 구성원에 대한 배려 등이 중요하며, 끈기와 인내, 절제를 미덕으로 삼기 때문에, 대체로 권력 거리 지수와 불확실성 회피 지수, 장기 지향성 지수는 높고, 개인주의 지수와 남성성 지수는 상대적으로 낮다고 볼 수 있다. 다만 이 결과는 10년도 지난 조사 결과이기 때문에 현재 다시 조사하면 다른 결과가 나올 가능성이 크다. 뿐만 아니라 이 조사는 국가를 하나의 단위로 취급하여 이루어지고 한 국가 내부에서의 다양한 집단들의 존재를 다루지 못하고 있다는 한계를 갖고 있다.

4.6. 공감과 배려

지금까지 이 책에서 우리가 살펴본 명예훼손은 반목과 사회적 갈등을 조장하는 행위인데 민주주의 사회에서 언론의 자유를 향유하고 있는 사회 구성원이라면 그 대가로 이런 사회 갈등 조장적 행위를 직시하고 이를 줄이려고 노력해야 한다. 그런 방법으로는 시민 각자가 될 수 있는 대로 포용적인 언어 행위를 구사하고 같은 조직이나 집단의 구성원들끼리 공감의 폭을 넓히며 상대방의 입장을 배려하고 이런 생각을 자주 말로써 표현하는 것이다. 부비트랩과 같은 사회에서 탈피하려면 그 어느 때보다 공감과 배려가 필요해지는데 그러면 공감과 배려란 무엇이고 어떤 기제에 의해 작동되는가?

원래 공감의 경우 언어학보다는 심리학에서 먼저 연구가 시작되었다. '공감(empathy)'이란 용어는 Gladkova(2010)에 의하면 원래 독일의 심리학자인 Lipps가 1903년에 사용한 'Einfühlung'이란 독일어 단어에서 비롯되었다고 한다. 'Einfühlung'이란 '안으로'라는 뜻의 ein과 '느끼다'라는 뜻의 fühlen이 결합된 명사형으로서 '들어가서 느끼는 것'이라는 뜻이다. 우리말로는 흔히 '공감' 또는 '감정 이입'으로 번역되기도 한다. 이 단어는 영어로 처음에는 'sympathy'로 번역되었지만 Titchner(1909)가 이를 그리스어의 'empatheia'로 번역한 이래로 1913년부터는 'empathy'로 바뀌어 현재까지 사용되고 있다. Freud(1960: 186)는 공감을 "대화 상대방의 정신적 상태를 고려해서 자기 자신을 그 속에 넣어 그를 비교함으로써 이해하려고 노력하는 것"이라고 하면서 타인을 이해하는 데 공감의 중요성을 역설한 바 있다. '공감'의 정의는 학자마다 조금씩 차이가 있지만 일반적으로 '지각되는 대상의 특성과 지각하는 주체의 활동을 합치려는 경향'으로 정의된다.

'공감'은 심리 치료의 방법론으로 쓰이는데 이 공감 개념을 언어학 연구에 본격적으로 도입한 학자는 Kuno(1972), Kuno and Kaburaki(1977)라고 할 수 있다. 이들은 주로 통사적 현상에 초점을 맞추어 특정 구문이나 통사적 현상을 설명하는 데 있어 심리적인 공감의 개념이 유용할 뿐 아니라 근원적 동기를 제공한다고 주장했다. Chomsky 생성 이론에서의 탈목적론적 형식주의 일변도에서 탈피하여 최초로 심리학적 개념을 문법 구문 설명에 응용한 것인데 Kuno & Kaburaki(1977: 627)의 예를 보면 다음과 같다.

(1) a. John hit Mary. _____ equally distant from John and Mary
    b. John hit his wife. _____ closer to John
    c. Mary's husband hit her. _____ closer to Mary

(2) a. Mary was hit by John. _____ closer to Mary
    b. ??John's wife was hit by him. ??His wife was hit by John. _____ unacceptable
    c. Mary was hit by her husband. _____ closer to Mary

위의 (1)과 (2)의 예문들은 각기 그 명제 내용은 동일하지만 보는 관점이 다른데 이를 Kuno는 "카메라 각도(camera angles)"가 다르다고 한다. 이 카메라 각도가 바로 공감(empathy)으로서 이는 화자가 어떤 사건에 등장하는 대상들을 바라보면서 그의 시선으로 기술하는 것을 말한다. 예를 들어 영어의 수동태 문장은 화자가 자신의 카메라 각도를 심층 구조의 주어보다 목적어에 맞추어 보고 이해하려는 동기에서 말해지는 문장이다. 이러한 Kuno의 분석을 확장하여 의미 화용론에서는 Yokohama(1999)가 러시아어의 소유격 변이 현상을 공감 표현의 화행으로 해석하기도 하였다.

화용론에서 공감은 언어 행위의 특성을 기술할 때 유용한 개념이다. 많은 언어 행위 중에서 공감-지향적(empathy-oriented) 언어 행위란 언어적 상호 작용에서 화자가 상대방과 공감의 필요성을 인식하고 이를 증대시키려는 목적으로 발화하는 행위를 말한다. 그런데 공감은 크게 정적인 면과 지적인 면으로 나눌 수 있는데 상대방의 감정을 이해하고 자신의 감정을 가능한 한 비슷하게 접근하려고 하려는 발화 수반적 의도를 가진 언어 행위를 '동정하기 화행(speech act of sympathy)'이라고 할 수 있고 상대방이 힘들거나 불행한 상황에 처해 있을 때 그의 감정을 이해하는 노력을 보이는 것은 '연민의 화행(speech act of commiseration)'이다. 연민은 동정과 달리 상대방이 나쁜 상황에 처해 있다는 것을 전제로 한다. 이 전제하에 화자는 그를 달래기 위해 또는 용기를 불어넣기 위해 격려나 위로의 말을 할 수 있다. 반면에 동정은 좋을 수도 있고 나쁠 수도 있는데 연민과 달리 그 사람과 화자가 동등한 지위에 있다.

반면에 상대방의 생각 중에서 감정과는 구분되는 지적인 내용에 대해 자신도 생각이 같거나 이해할 수 있음을 표현하는 행위로서 동의하기(agreement)와 합의하기(consent)의 언어 행위가 있다. 동의하기는 상대방이 제시한 의견이나 생각, 제안 등을 듣고 그 타당성이나 가능성을 같이 생각한다고 말하는 것이고 합의하기는 화자 자신도 논의 과정에 동시 참여하면서 제안도 하고 조정도 하면서 의견의 차이를 좁혀 화청자 상호 공동으로 일치하는 최종 결과물을 내는 것을 말한다. 즉 공감-지향적 언어 행위의 두 측면은 다음과 같다.

1) 정적인 측면: 동정의 언어 행위, 연민의 언어 행위
2) 지적인 측면: 동의의 언어 행위, 합의의 언어 행위

Boxer(1993)는 미국 영어 화자들의 간접적 불평(indirect complaining) 화행 및 연민 화행을 성(gender)과 사회적 지위 등의 사회언어학적 변수로 분석하고 있다. 이때 연민 화행은 김용환(2003)의 지적대로 상대방을 측은하게 여기고 불쌍하게 보는 마음을 전달하는 정서적 공감 행위이다. 이는 화자의 주관적 선택에 의해 일방향으로 진행되는 행위라는 점에서 인지적 이해 능력으로서의 진정한 양방향 공감 표현 화행과는 구별된다. 또한 Boxer의 연구는 개인적이고 사교적인 대화에서의 불평 및 연민 화행을 다루고 있어 대형 참사나 Black Lives Matter와 같은 국가적 사건에 대한 공분이나 집단적 공감 표현과는 차이가 있어서 그대로 적용될 수 없으며 새로운 접근 방법이 요구된다.

마지막으로, 공감과 흔히 같이 쓰이지만 배려(solicitude)란 타인에 대해 관심을 갖고 그를 보살펴 주거나 그에게 도움이 되는 것을 제공하려고 마음을 쓰는 것을 말한다. 배려의 언어 행위는 이러한 배려의 마음을 적절한 언어로써 표현하는 행위이다. 예를 들어 친구들끼리 주말에 놀러갈 것을 준비할 때 자동차가 없는 친구에게 "그날 내가 차를 갖고 네 집으로 갈게"라고 말하는 것은 보통의 경우 그 사람을 배려하는 말로 받아들여진다. 물론 배려 행위는 말로써 표현되지 않을 때 오히려 더 가치를 발휘하는 경우가 많다. 예를 들어 운동 경기장이나 공연장에서 뒤에 앉은 사람을 위해 모자를 벗어주는 것도 일종의 배려라고 할 수 있다. 그러나 이를 굳이 말로 "모자를 벗어드릴까요?"라고 물어서 확인하는 것은 배려의 효과를 감소시킬 수 있다. 앞서 본 공감이 상대방에 들어가 그 속에서 그가 느끼는 것을 찾아 일치시키려는 노력인 반면, 배려는 상대방에 대해 보다 나은 상황을 만들어줌으로써 좋은 관계를 형성하려는 노력을 말한다. 다만 공감과 배려는 법 이전의 도덕과 예양의 문제인데 때로는 이 경계가 불분명해질 때가 있다. 예를 들어 앞서 말한 것처럼 비행기에서의 금연은 더 이상 배려가 아니라 법 규범이 되었듯이, 아파트와 같은 공동주택에서 금연은 타인을 위한 배려라는 인식을 넘어 마땅히 지켜야 할 규칙으로 강제성을 부여하는 경향이 늘고 있다. 공감과 배려는 숨 막히고 각박한 사회에서 창궐할 수 있는 명예훼손이라는 바이러스를 예방하거나 감소시킬 수 있는 백신 및 치료 약과 같은 역할을 한다.

공감과 배려는 그냥 누구나 자연스럽게 배울 수 있는 것이 아니라, 경험과 교육을 통해 지적으로나 정서적으로 성숙하며 의지적으로 실천력이 있는 민주 시민만이 보유할 수 있는 아름다운 능력이다.

소통의 시대를 맞아 사회적으로 성숙한 소통을 위해 가장 필요한 것이 이상에서 살펴본 공감과 배려이다. 정보 통신 기술은 급속도로 발전하고 있지만, 이를 이용한 사회적 소통의 윤리와 문화적 문제들에 대한 사회적 합의는 기술 발전의 속도를 따라잡지 못하고 있다. 그 결과 다양한 소통 매체들에서 매일같이 봇물 터지듯 쏟아져 나오는 언어의 오남용 현상은 정보화 시대를 맞아 반드시 해결해야 할 과제로 남아 있다. 명예훼손은 현재 가장 대표적인 언어의 오남용 현상으로 이를 슬기롭게 해결하는 것이 우리 모두의 명예가 달린 문제이다.

4.7. 명예훼손의 언어와 법과 문화

명예훼손은 언어와 법, 그리고 문화라는 세 가지 차원에서 통합적으로 접근해야 그 전체적인 모습을 온전히 파악할 수 있다. 그런데 이 세 가지 차원은 과연 통합이 가능한 차원일까? 언어학자가 보는 명예훼손 행위와 실무를 맡은 법관이 판단하는 명예훼손 행위는 항상 일치할 수 있을까? 또한 법과 도덕은 인간의 사고와 행위를 지배할 수 있지만, 같은 상황에서 동일한 해석을 내리지 않을 때가 있듯이 명예훼손 행위도 언어나 법 이외에 문화적 요소까지 고려하면 또 다른 평가와 판단이 나올 수 있다. 그런 점에서 언어와 법, 문화는 명예훼손 행위를 구성하는 세 가지 축이지만 제 각기 자립적인 성격이 강해서 이들을 상호 연결하고 통합하는 것은 매우 어려운 일이다. 그렇다고 해서 언어, 법, 문화의 관계가 비유적으로 말하면 우리의 착시 때문에 원래는 불가능한 데도 마치 서로 잘 이어진 것처럼 보이는 아래 좌측의 펜로즈 삼각형(Penrose triangle)과 같은 것은 아니며, 우측 그림처럼 입체적 공간을 형성하는 x, y, z 좌표축의 연합과 같은 것으로 생각한다.

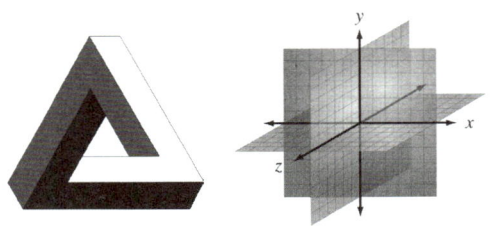

그림-7. 펜로즈 삼각형과 3차원 좌표축
(출처: commons.wikimedia.org)

이 세 가지 축이 어떤 모습을 취하고 있고 어떻게 상호 작용하느냐에 따라 그 위에 세워지는 입체로서 명예훼손의 정체는 다르게 나타날 것이다. 이는 역으로 여러 집단이나 나라에서의 명예훼손의 정의와 해석이 다른 것은 각각의 언어 사용과 법체계 및 문화 의식이 다르기 때문에 발생하는 당연한 현상이라는 점을 함의한다. 그런데 중요한 것은 이러한 차이가 세계화 시대에 명예훼손을 둘러싼 국제적 갈등이나 쟁점에서 상호 소통의 어려움을 내포한다는 점이다. 따라서 이 세 가지 차원에 대한 면밀한 검토와 이해가 급선무이다. 지금까지 명예훼손에 관심이 있는 사람들이 명예훼손을 구성하는 언어, 법, 문화의 세 가지 차원을 인식하지 못한 것은 아니었으나 이를 총체적으로 접근하기보다는 각론적으로 파악하는 데 주력해 왔다. 이제 우리는 각론에 머물기보다 이를 상호 대조하고 연결하여 종합적인 안목을 갖는 단계로 넘어가야 할 것이다.

법과 언어

"법은 언어의 직업이다"라는 말은 법이라는 것이 단순한 규칙의 집합이 아니라, 언어를 통해 만들어지고 해석되는 매우 복잡하고 정교한 체계라는 것을 의미한다. 무엇보다 법은 언어로 구성되고 생명력을 얻으며 언어 사용을 통해 그 가치가 발현된다는 점을 깊이 생각해야 한다. 법은 법률 조문, 판례, 계약서 등 다양한 형태의 문서로 구성되는데 이러한 문서들은 모두 언어를 사용하여 작성되며, 언어의 선택과 표현 방식에 따라 법의 의미가 달라질 수 있다. 지금까지 이 책의 많은 사례들을 통해 보았듯이 명예훼손을 둘러싼 법적 난맥상은 언어에 대한 이해가 완전하지 않기 때문이다. 법은 언어를 통해 해석된다. 법조문은 추상적이고 모호한 표현을 포함하는 경우가 많기 때문에 법조문의 의미를 정확하게 파악하기 위해서는 언어학적 지식과 해석 능력이 필요하다. 명예훼손을 다루는 판사나 검사, 변호사 등 모든 관계자들은 법조문을 해석하고 적용하는 과정에서 언어의 미묘한 차이를 놓치지 않고 최적의 판단을 내려야 한다.

법은 사회적 상호 작용의 도구이다. 법은 사회 구성원들 사이의 관계를 조절하고 갈등을 해결하는 역할을 한다. 이런 과정에서 법은 언어를 통해 의사소통하고 설득하는 도구로 활용된다. 예를 들어 법정에서 변호사는 언어를 사용하여 증거를 제시하고 상대방을 설득하려고 한다. 법률 전문가들은 언어를 정확하고 효과적으로 사용하여 법률 문서를 작성하고, 법조문을 해석하고, 의견을 개진해야 하며, 일반인들은 법률 문서를 읽고 이해하기 위해 언어에 대한 기본적인 소양을 갖추어야 한다. 또한 자신의 권리를 주장하고 법적인 문제를 해결하기 위해 법률 전문가와 효과적으로 소통하기 위해서도 언어 능력이 중요하다. "법은 언어의 직업이다"라는 말은 법이 언어와 밀접하게 연결되어 있으며, 법을 제대로 이해하고 활용하기 위해서는 언어에 대한 이해가 필요하다는 것을 강조하는 것이다. 결론적으로, 법은 언어를 통해 사회를 구성하고 유지하는 데 중요한 역할을 한다. 따라서 법을 공부하고 활용하는 사람들은 언어에 대한 깊이 있는 이해를 가지고 있어야 함은 두말할 나위가 없다.

법과 문화

법과 언어가 밀접하게 연결되어 있듯이 법과 문화 역시 서로 영향을 주고받는 복잡한 관계를 맺고 있다. 법은 문화의 산물이면서 동시에 문화를 형성하는 힘이기도 하다. 무엇보다 법은 사회 구성원들의 행동 기준을 제시하고, 이를 통해 사회의 가치관을 형성하고 강화한다. 예를 들어 헌법에 명시된 기본권은 개인의 존엄성과 자유를 중시하는 사회 문화를 반영한다. 또한 법은 사회 변화를 이끌어내는 강력한 도구가 될 수 있다. 인종 차별 금지법이나 성 소수자 권리 보호법과 같이 사회적 약자를 보호하고 차별을 해소하기 위한 법률들은 사회의 인식 변화를 가져오고 새로운 문화를 형성하는 데 기여할 수 있다. 뿐만 아니라 법은 우리의 일상생활에 직접적인 영향을 미쳐 생활 방식을 변화시킬 수 있다. 예를 들어 교통 법규나 환경법 등은 우리의 행동 방식을 제한하고, 새로운 규범을 만들어 사회 문화를 변화시켜 나간다.

문화는 법의 내용을 형성한다. 법은 진공상태에서 만들어지는 것이 아니라 특정 사회의 문화적 배경과 가치관을 반영하여 만들어진다. 예를 들어 종교적 신념이 강한 사회에서는 종교 관련 법률이 많이 존재할 수 있고, 학생 인권이나 교사 인권 개념이 강조되는 곳에서는 그런 인권 보호를 위한 법적 장치들이 만들어진다. 법 조항은 많은 부분 추상적인 개념을 포함하고 있기 때문에 법을 각각의 상황에 맞게 구체적으로 해석하는 과정에서 문화적 배경과 가치관이 중요한 역할을 한다. 판사는 법 조항을 해석할 때 일정 부분 사회적 통념과 도덕적 가치를 고려하게 된다. 이 책의 여러 사례에서 보았듯이 명예훼손과 관련된 법 집행 과정에서도 문화적 요인이 작용할 수 있다. 경찰이나 검찰은 문화적 특성을 고려하여 사건을 처리하고, 사회 구성원들은 법을 어떻게 받아들이고 따를 것인지에 대해 문화적 배경에 따라 다른 태도를 보일 수 있다. 그러나 이것이 지나치면 법 집행에서 여론이나 법 감정에 휘둘릴 수 있는 위험성이 있다. 흔히 "추상(秋霜)과 같은 법"이란 말로 법의 엄정함을 강조하지만 법은 고정불변의 절대적이고 경직된 규정이 아니라 인권 보호와 정의 사회 확립이라는 대명제하에 시대 변화와 사회 변화에 맞춰 유연하게 해석되어야 한다. 법과 문화는 서로에게 영향을 주고받으며 동시에 변화하는 동적인 관계를 형성한다. 사회가 변화함에 따라 법도 변화하고, 새로운 법은 다시 사회 문화에 영향을 미치는 순환 과정이 반복된다. 결론적으로, 법과 문화는 서로 밀접하게 연결되어 있으며, 각각이 다른 측면에서 사회를 형성하고 변화시키는 중요한 역할을 한다.

문화는 인간이 살아가는 데 관련된 자연을 제외한 모든 것이라고 포괄적으로 보는 사람들도 있지만 엄밀히 말해 법이 문화의 하위 개념이라고 단정하기는 어렵다. 법과 문화는 서로 긴밀하게 연결되어 있지만, 각각 독자적인 영역을 가지고 있기 때문이다. 그렇지만 이 둘은 상호 작용하며 서로에게 영향을 미친다. 법은 아무리 자연법적인 원리를 고수하더라도 일정 부분 사회 구성원들의 합의된 가치관과 신념을 반영하여 만들어지며, 사회가 변화함에 따라 문화도 변화하고, 이에 따라 법도 변화한다. 예를 들어 고등학교 수업 시간에 선생님이 학생에게 "이 바보 같은 놈아. 초등학생도 다 아는 걸 모르다니… 나가 죽어. 넌 공부할 필요가 없어"라고 지우개를 던지면서 꾸짖는 것은 영화 〈친구〉와 같은 시절에는 가능했지만 요즘은 당장 학생 인권 조례를 위반한 언행으로 문제가 될 수 있다.

반면에 법이 문화에 영향을 미칠 수도 있다. 법은 사회 구성원들의 행동 규범을 제시하고, 이를 어길 경우를 교정 명령이나 처벌을 내려 공유된 가치를 확인시키고 안정적인 문화를 유지하게 한다. 또한 법은 사회 구성원들의 가치관을 변화시키는 데 기여할 수 있다. 그런데 법과 문화는 종종 상충하는 경우가 있다. 예를 들어 전통적인 가치관과 현대적인 법률이 충돌하거나, 다문화 사회에서 다양한 문화적 가치관이 공존하면서 법적 문제가 발생할 수 있다. 이러한 상황에서 해결 방안을 모색하기 위해서는 사회 구성원 모두가 주체적으로 참여하여 끊임없이 논의하고 합의점을 찾아야 하며, 법 교육을 통해 시민들이 법의 중요성을 인식하고, 법과 문화의 관계를 이해하도록 노력해야 한다. 법과 문화의 충돌은 단기간에 해결될 수 있는 문제가 아니며 점진적인 변화를 통해 사회적 합의를 이루어나가야 하는데 이 과정에 언어를 통한 사회적 소통이 정상적으로 작동하는 것이 선결 조건이 된다.

문화와 언어

문화와 언어는 서로 깊이 연결되어 있어, 하나가 변화하면 다른 하나에도 영향을 미치는 밀접한 관계를 맺고 있다. 마치 동전의 양면과 같이 언어는 문화를 반영하고, 문화는 언어를 형성하는 상호 작용을 통해 발전해 왔다. 언어는 문화를 반영한다. 우선 모든 언어는 고유한 어휘와 문법 구조를 가지고 있는데 이는 해당 문화권 사람들의 사고방식에 영향을 줄 수 있다. 예를 들어 시간을 표현하는 방식이나 공간 개념을 나타내는 언어는 문화적 가치관을 반영한다. 즉 언어에는 문화의 가치관과 신념이 담겨 있다. 특정 문화에서 중요하게 생각하는 개념이나 가치는 그 언어에 반영되어 더욱 강조된다.

뿐만 아니라 언어는 사람들 사이의 관계를 형성하고 유지하는 데 중요한 역할을 한다. 인사말, 존댓말, 칭찬 등 다양한 언어 표현은 사회적 상황과 관계에 따라 달라지며, 이는 문화적인 특징을 반영한다. 역으로 문화는 언어를 형성한다. 사람들이 살아가는 환경과 경험은 언어의 발달에 큰 영향을 미친다. 자연환경, 사회 구조, 역사적 사건 등이 언어에 반영되어 다양한 표현을 만들어낸다. 사회가 변화하면 언어도 함께 변화한다. 새로운 기술, 문화 트렌드, 사회적 이슈 등이 언어에 반영되어 새로운 단어나 표현이 생겨나고 기존 언어의 의미가 변화하기도 한다. 한 민족이나 집단이 공유하는 문화적 가치관은 그 민족이나 집단의 언어 사용 방식에 영향을 미친다. 앞에서 보았듯이 직접적인 표현을 선호하는 문화에서는 간접적인 표현보다는 직설적인 언어를 사용하는 경향이 있으며 체면을 중시하는 문화에서는 체면 위협의 가능성이 높은 표현을 말할 필요가 있을 때에는 울타리 표현(hedge)을 써서 에둘러 말하거나 적절한 공손 전략을 선택하여 전달하는 것이 매우 중요해진다.

언어는 문화의 창이며 문화는 언어의 생태계이다. 즉 언어는 문화를 표현하고 전달하는 창구 역할을 하고 그런 문화라는 토양 위에서 언어라는 나무는 성장하고 변화하기도 하고 소멸하기도 한다. 우리는 언어를 통해 다른 문화를 이해하고, 문화적 다양성을 존중할 수 있다. 따라서 특정 언어에 대한 이해가 없이는 그 사람들의 문화를 알 수 없다. 명예훼손은 언어 사용 중에서도 매우 독특한 사용 방식이기 때문에 해당 언어에 대한 지식과 더불어 그 언어를 품고 있는 문화에 대한 이해가 반드시 필요하다. 특히 유기체로서 언어와 문화는 서로 영향을 주고받으며 함께 진화한다. 문화가 변화하면 언어도 변화하고, 언어가 변화하면 문화에도 영향을 미치는 상호 작용을 통해 서로는 발전해 왔다. 또한 외국어를 배우는 것은 단순히 문법과 어휘를 익히는 것을 넘어, 해당 문화를 이해하고 소통하는 과정이다.

결론적으로, 언어와 법, 문화는 상호 작용하며 변화하는 유기적인 관계이다. 언어의 직업인 법은 단순히 문화의 하위 개념이 아니라, 문화와 함께 사회를 구성하고 발전시키는 중요한 요소이다. 우리 사회는 정보 통신의 시대를 맞이하여 그 어느 때보다 개인의 인격권과 표현의 자유에 대한 의식이 높지만 다른 한편으로는 그 어느 나라보다 체면치레와 생존 경쟁이 치열한 나머지 사회적 갈등과 명예훼손의 문제가 날로 심각해지고 있다. 그럴수록 상생과 공존이 중요한 덕

목이 되고 있는데 이를 위해서는 명예훼손의 세 차원인 언어와 법, 문화를 잘 이해하고, 더 나아가 서로의 명예를 존중하는 모든 사회 구성원들의 실천적 노력이 절실히 요구된다.

참고 문헌

참고 문헌

강창우. 2017. 공손성 규범의 의도적인 위반에 대한 상호 문화적 고찰. 독일어문화권연구, 26: 315-338.

고명식. 2000. 대륙법의 역사와 기초. 세종.

고영인. 1994. 대학생의 분노 표현 양식과 우울 및 공격성과의 관계. 부산대학교 박사 학위 논문.

김병수. 2018. 배심원 교육을 통한 공정한 국민참여재판의 실현. 법학연구, 59(3): 35-63.

김열규. 1997. 욕, 그 카타르시스의 미학. 사계절.

김용운. 1994. 일본인과 한국인의 의식구조. 한길사.

김용환. 2003. 공감과 연민의 감정의 도덕적 함의. 철학, 76, 155-180.

김은미·이동후·임영호·정일권. 2011. SNS혁명의 신화와 실제. 도서출판 나남.

김지혜. 2015. 차별 선동의 규제: 혐오 표현에 관한 국제법적·비교법적 검토를 중심으로. 법조, 64(3): 36-77.

김태나. 2011. 한국어 발화에서의 무례(無禮) 연구 - 무례 유형과 서양의 무례(impoliteness) 유형 비교. 한국어 교육, 22.3: 99-131.

김향숙. 2001. '憤怒' 표현 慣用語에 나타난 意味 연구. 어문 연구, 29: 93-110.

남효순. 2010. 인터넷과 법률 3. 법문사.

대법원. 2018. 영미법 개론. 사법연수원.

류상영. 2013. 분노에 대한 한일 비교 분석: 문화적 배경과 정치 경제적 현실.

　　　　일본학연구, 40: 23-42.

문재완. 2008. 언론법. 늘봄.

박선영. 2002. 언론정보법연구. 법문사.

박아란. 2015. 미디어와 명예훼손. 커뮤니케이션북스.

박용상. 2019. 영미 명예훼손법. 한국학술정보.

서수균·권석만. 2005. 분노 사고 척도의 개발과 타당화 연구: 일차적 분노 사
　　　　고와 이차적 분노 사고. 한국심리학회지: 임상, 24: 187-206.

서철원. 2005. 미국 불법행위법. 법원사.

신평. 2001. 명예훼손에 있어서 표현의 자유와 명예권 간의 가치 조화. 공법
　　　　연구 제29집, 1-17.

신평. 2004. 판례에 나타난 명예훼손 소송에 있어서의 의견과 사실의 이분
　　　　론. 세계헌법연구 제9호, 23-60.

안상운. 2011. 명예훼손이란 무엇인가. ㈜살림출판사.

야마다 다카시. 2009. 명예훼손 - 표현의 자유를 둘러싼 공방. 도쿄: 이와나미
　　　　쇼텐.

양명희·김은진. 2007. 청소년의 분노와 자기 개념 명확성, 성격 특성과의 관
　　　　련성 탐구. 한국청소년연구, 18. 1: 163-184.

이상윤. 2009. 영미법. 박영사.

이성범. 2004. 대회참여자의 역할과 유형에 관한 화용적 분석: 노무현 대통령
　　　　과 검사와의 대화를 중심으로. 언어와 정보 사회, 5, 27 - 57.

이성범. 2015/2019. 소통의 화용론 - 커뮤니케이션에 대한 화용적 접근. 1판/2

판. 한국문화사.

이성범. 2016. 공적인 분노 표현 행위에 대한 한국어, 영어, 일본어 대조화용적 연구. 언어와 정보 사회, 제29호: 267-294.

이성범. 2017. 마이클 브라운 피격 사건에 대한 네티즌 분노 반응 표현 연구. 영미문화연구, 39: 269-296.

이성범. 2018. 한국, 일본, 싱가포르의 행복 감정 소통에 관한 문화횡단적 연구. 서울대학교 아시아연구소. 세계 속의 아시아연구 시리즈 024. 진인진.

이성범. 2020. 명예훼손성 발화에 대한 한국어 사용자의 지각과 대응 유형. 언어, 45(3): 579-600.

이성범. 2023. 언어의 재발견: 사회적 소통과 거시화용론. 도서출판 소통.

이성범·한승훈. 2014. 체면과 권리의 관점에서 본 부부 대화의 불통 및 오해. 한국어 의미학, 43: 133-158.

이우영. 2013. 미국법상 판례 변경의 소급효 및 그 제한의 법리에 대한 헌법적 분석 - 미국법 초기에서 Sunburst판결(1932)까지의 법리의 변천 과정-. 서울대학교 법학, 54(3): 249-282.

이유미. 2011. 의사소통과 화용론. 한국어의미학회 28차 학술대회 발표 논문.

이재진. 2009. 인터넷 언론 자유와 인격권. 한나래.

이정민·이익환. 1998. 한국어 화 표현에 나타나는 은유와 환유. 한글 및 한국어 정보처리 학술 대회 발표 논문.

이정복. 2005. 한국 사회의 차별 언어. 도서출판 소통.

이주영. 2015. 혐오 표현에 대한 국제인권법적 고찰-증오 선동을 중심으로. 국제인권법총론.

이준희. 2011. 화행과 화용론. 한국어의미학회 28차 학술대회 발표 논문.

이한나. 2021. 명예훼손죄 및 모욕죄의 언어학적 분석. 언어과학, 28(1): 185-205.

이한나. 2022. 코로나19 팬데믹 시대의 비난에 대한 화용론적 연구. 언어과학, 29(1): 139-158.

이해윤. 2023. 법언어학의 이해. 역락.

이혜용. 2011. 의사소통적 특성을 고려한 정표 화행의 유형 분류. 한국어 의미학, 34: 319-347.

임지룡. 2000. '화'의 개념화 양상. 언어, 25.4: 693-721.

임지룡. 2010. 감정의 그릇 영상 도식적 양상과 의미 특성. 국어학, 제57집: 31-73.

장세경·장경희. 1994. 국어 관용어에 관한 연구: 정서 표현을 중심으로. 동아시아문화연구, 25(0), 295-318.

장춘익 (역). 2006. 의사소통 행위 이론. 도서출판 나남.

전겸구. 2000. 분노의 종합적 이해를 위한 시도. 미술치료연구, 7(1): 1-31.

전겸구·한덕웅·이장호. 1998. 한국판 상태-특성 분노 표현 척도(STAXI-K): 대학생 집단. 한국심리학회지: 건강, 3: 18-22.

전병열. 2014. 소셜미디어와 명예훼손: 정보 사회와 커뮤니케이션. ㈜경향뉴스원.

전성희. 1995. 여고생의 분노 수준 및 분노 표현 유형에 따른 우울, 불안, 인기도의 차이. 연세대학교 석사 학위 논문.

정성미. 2008. 신체어 감정 관용 표현의 서술어 의미 연구: 긴장과 분노 감정 표현을 중심으로. 한국어 의미학, 27: 243-265.

정양숙. 2004. 청소년의 문화 성향과 자기 노출, 분노 수준 및 분노 표현 양식과의 관계. 서강대학교 석사 학위 논문.

정종수·신아영. 2013. 정표 화행에 관한 연구. 인문과학연구, 제36집: 259-286.

정지우. 2014. 분노 사회. 도서출판 이경.

조긍호·김은진. 2001. 문화 성향과 동조 행동. 한국심리학회지, 15: 139-165.

진은영·서영미. 2012. 남자 고등학생의 분노 표현, 자살 생각 및 인터넷 중독 정도 간의 관계. 한국콘텐츠학회 논문지, 12.1: 430-437.

차형근·조병래·최영훈 (편저). 2000. 언론과 명예훼손. 나남출판.

채유경. 2001. 청소년 분노 표현 방식의 모델 및 조절 효과 검증. 전남대학교 박사 학위 논문.

최석재. 2008. 감정 동사의 유형과 그 의미 특성. 어문논집, 58: 127-159.

탁희성·최수형. 2011. 형사 정책과 사법 제도에 관한 연구(V) - 국민 참여 재판 제도의 평가와 정착화 방안. 한국형사정책연구원 연구총서 11-27.

표성수. 1997. 언론과 명예훼손. 육문사.

하마베 요이치로. 2005. 명예기소재판: 언론은 어떻게 심판받을 것인가? 평범사.

하시우치 타케시·홋타 슈고 (편저). 2012. 법과 언어. 서경숙·니시야마 치나

역. 2016. (주)박이정.

한국언론학회. 2011. 한국 사회의 디지털 미디어와 문화. 커뮤니케이션북스.

한민·서신화·이수현·한성열. 2012. 한국인의 자존심 개념과 특성에 대한 연구. 한국심리학회지: 문화 및 사회 문제, 19(2): 203-234.

한병구. 2000. 언론과 윤리법제. 서울대학교출판부.

한승훈. 2014. 언어학적 오해(misunderstandings)와 불통(miscommunications)에 대한 융합적 접근. 언어, 39(3), 655-676.

한승훈. 2022. 공격 화행의 양면성 대조 연구: 가족 담화와 토론 담화를 중심으로. 신영어영문학, 81, 181-212.

한승훈·이성범. 2015. 청자 의도(H-intentions)의 개념화와 방향성 연구. 어학연구, 51(3), 815-841.

허영. 2019. 한국헌법론, 15판. 박영사.

홍종선·정연주. 2009. 감정 동사의 범주 규정과 유형 분류. 한국어학, 45: 387-420.

Adam, H. and Shirako, A. 2013. Not all angers are created equal. *Journal of Applied Psychology*, Vol 98(5), Sep. 2013, 785-798.

Asano-Cavanagh, Y. 2016. Japanese interpretations of "pain" and the use of psychomimes. In C. Goddard and Z. Ye (eds.), *"Happiness" and "pain" across Languages and Cultures*, 87-108. Amsterdam: Benjamins.

Averill, J. R. 1982. *Anger and Aggression: An Essay on Emotion*. New York:

Springer.

Baker, R. 2011. *Defamation Law and Social Attitudes: Ordinary Unreasonable People*. Cheltenham: Edward Elgar.

Bix, B. H. 2002. Natural Law Theory: The Modern Tradition. In Jules L. Coleman & Scott Shapiro (eds.), *The Oxford Handbook of Jurisprudence and Philosophy of Law*. Oxford: Oxford University Press.

Blum-Kulka, S., House, J. and Kasper, G. 1989. *Cross-cultural Pragmatics: Requests and Apologies*. Norwood, NJ: Ablex.

Blum-Kulka, S. and Olshtain, E. 1984. Requests and apologies: a cross-cultural study of speech act realization patterns (CCSARP). *Applied Linguistics* 5(3): 196-213.

Bolinger, D. 1980. *Language: The Loaded Weapon*. London: Longman.

Boxer, D. 1993. Complaints as positive strategies: what the learner needs to know. *TESOL Quarterly*, 27: 277-299.

Bradley, M. M. and Lang, P. J. 1999. *Affective norms for English words (ANEW): Instruction manual and affective ratings*. Technical Report C-1, The Center for Research in Psychophysiology, University of Florida.

Brown, P. and Levinson, S. 1978. Universals in language usage: Politeness phenomena. In E. Goody (ed.), *Questions and Politeness: Strategies in Social Interaction*. Cambridge: Cambridge University Press.

Brown, P. and Levinson, S. 1987. *Politeness: Some Universals in Language Use*. Cambridge: Cambridge University Press.

Bruner, J. 1990. *Acts of Meaning*. Cambridge, MA: Harvard University Press.

Cap, P. 2021. Pragmatics: from the micro to the macro. *Topics in Linguistics*, 10: 6-19.

Chen, R. 1993. Responding to compliments: A contrastive study of politeness strategies between American English and Chinese speakers. *Journal of Pragmatics*, 20(1): 49-75.

Cho, H.-S. and Kim, M.-H. 2012. The difference of ego-state and life position on a mother's self-differentiation. *The Journal of Korea Open Association for Early Childhood Education*, 17(6): 201-218.

Chon, K. K., Kim, K. H., and Ryoo, J. B. 2000. Experience and Expression of Anger in Korean and American. *Korean Journal of Rehabilitation Psychology* 7(1): 61-75.

Chua, A. 2007. *Day of Empire: How Hyperpowers Rise to Global Dominance - and Why They Fall*. NY: Doubleday.

Clark, H. H. 1996. *Using Language*. Cambridge: Cambridge University Press.

Clark, J. 2006. That 'ugly American' image is getting a makeover guide. USA Today.

Cole, S. and Bird, J. 2000. *The Medical Interview: The Three Function Approach*. Elsevier.

Cornelius, R. R. 1996. *The Science of Emotion: Research and Tradition in the Psychology of Emotions*. Prentice Hall.

Coulthard, M. and Johnson, A. 2007. *An Introduction to Forensic Linguistics: Language in Evidence*. Oxford: Routledge.

Crook, J. 2004. On covert communication in advertising. *Journal of Pragmatics* 36: 715-738.

Crothers, L. 2011. The cultural roots of isolationism and internationalism in American foreign policy. *Journal of Transatlantic Studies*, 9(1): 21-34.

Culpeper, J. 1996. Towards an anatomy of impoliteness. *Journal of Pragmatics*, 25: 349-367.

Culpeper, J. 2011. *Impoliteness: Using Language to Cause Offence*. Cambridge: Cambridge University Press.

Dascal, M. 1991. *Cultural Relativism and Philosophy: North and Latin American Perspectives*. New York: E. J. Brill.

Davis, W. A. 1998. *Implicature*. Cambridge: Cambridge University Press.

Deetz, S. 1982. Critical interpretive research in organizational communication. *The Western Journal of Speech Communication*, 46.

Dodson, M. 2005. Confronting stereotypes of culture: American Stereotypes, University of Washington Tacoma, *The Ledger*, November 21, 2005.

Dragas, M. L. 1995. Curing a bad reputation: reforming defamation law. *University of Hawai'i Law Review* 113: 113-164.

Edwards, L. L., J. S. Edwards, and P. K. Wells. 2008. *Tort Law for Legal Assistants*. New York: Cengage Learning.

Ekman, P. 1993. Facial expression and emotion. *American Psychologist*, 48(4): 384-392.

Erikson, E. H. (ed.). 1978. *Adulthood*. W. W. Norton & Co.

Fanego, T. and Rodríguez-Puente, P. 2019. *Corpus-based Research on Variation in English Legal Discourse*. Amsterdam: John Benjamins.

Fernandez, E. 2008. The angry personality: A representation on six dimensions of anger expression. In G. J. Boyle, D. Matthews & D. Saklofske (eds.), *International Handbook of Personality Theory and Testing, Vol. 2: Personality Measurement and Assessment*, pp. 402-419, London: Sage.

Fetzer, A. (ed.). 2007. *Context and Appropriateness: Micro Meets Macro*. Amsterdam: Benjamins.

Finnis, J. 2002. Natural law: the classical tradition. In Jules Coleman and Scott Shapiro, (eds.), *The Oxford Handbook of Jurisprudence and Philosophy of Law*. Oxford: Oxford University Press, 1-60.

Fiske, J. 1990. *Introduction to Communication Studies*. London: Routledge.

Fox, E. 2008. *Emotion Science: An Integration of Cognitive and Neuroscience Approaches*. Palgrave Macmillan.

Freud, E. L. (ed.). 1960. *Letters of Sigmund Freud*. NY: Basic Books.

Gamble, A. and Watanabe, T. 2004. *A Public Betrayed: An Inside Look at Japanese Media Atrocities and Their Warnings to the West*. Washington, DC: Regnery Publishing, Inc.

Garner, B. A. 1995. *A Dictionary of Modern Legal Usage*. Oxford: Oxford University Press.

Geertz, C. 1975. *The Interpretation of Cultures*. London: Hutchinson.

Gibbons, J. (ed.). 1994. *Language and the Law*. London: Longman.

Gibbons, J. 2003. *Forensic Linguistics: An Introduction to Language in the Justice System*. Oxford: Blackwell.

Gladkova, A. 2010. 'Sympathy', 'compassion', and 'empathy' in English and Russian: A linguistic and cultural analysis. *Culture & Psychology*. 16: 267-285.

Glick, P. 2006. Anti-American Sentiment and America's Perceived Intent to Dominate: An 11-Nation Study. *Basic & Applied Social Psychology*, 28(4), 363-373.

Goffman, E. 1967. *Interaction Ritual: Essays on Face-to-Face Behavior*. New York: Doubleday.

Goodwin, S. A., Operario, D., & Fiske, S. T. 1998. Situational power and interpersonal dominance facilitate bias and inequality. *Journal of Social Issues*, 54(4), 677-698.

Graham, B. L. 2018. *Social Identity and the Law: Race, Sexuality and*

Intersectionality. New York: Routledge.

Grant, T. 2008. Approaching questions in forensic authorship analysis. In J. Gibbons & M. T. Turell (eds.), *Dimensions of Forensic Linguistics*. Amsterdam: Benjamins.

Gray, T. and Martin, B. 2006. Defamation and the Art of Backfire. *Deakin Law Review* 11.2: 115-136.

Grice, H. P. 1975. Logic and conversation. In P. Cole and J. Morgan (eds.), *Syntax and Semantics, Vol. 3: Speech Acts*, 41-58. New York: Academic Press.

Grice, H. P. 1989. *Studies in the Way of Words*. Cambridge: Cambridge University Press.

Gu, Y. 1990. Politeness phenomena in modern Chinese. *Journal of Pragmatics*, 14: 237-257.

Hall, E. T. 1976. *Beyond Culture*. New York: Academic Press.

Han, S. 2014. *A Study of Intentional Miscommunications and Misunderstandings in Marital Conversations: An Integrated Approach of Pragmatics and Action Theory*. Doctoral dissertation submitted to Sogang University.

Harré, H. R. 2005. *Modeling: Gateway to the Unknown*. Oxford: Elsevier.

Hayakawa, S. I. and Hayakawa, A. R. 1991. *Language in Thought and Action*, 5th ed., Harvest.

Hofstede, G. 2000. *Culture's Consequences, International Differences in Work-related Values*. London: Sage.

Hofstede, G. 2015. National Differences in Communication Styles. Chapter 1 in D. Brzozowska and W. Chłopicki (eds.), *Culture's Software: Communication Styles*, Cambridge Scholars Printing, 1-14.

Hofstede, G., Hofstede, G. J., and Minkov, M. 2010. *Cultures and Organizations: Software of the Mind*, Third Edition. New York: McGraw-Hill.

Hutton, C. 2009. *Language, Meaning and the Law*. Edinburgh: Edinburgh University Press.

Ishii, K. 2013. The meaning of happiness in Japan and the United States. In K. R. Scherer, J. R. J. Fontaine, & C. Soriano (eds.), *Components of Emotional Meaning: A Sourcebook*, pp. 473-476.

Jacquet, J. 2015. Is shame necessary?: New uses for an old tool. *Vintage*.

Joskowicz-Jabloner, L. and Leiser, D. 2013. Varieties of trust-betrayal: Emotion and relief patterns in different domains. *Journal of Applied Social Psychology*, 43(9), 1799-1813.

Kienpointner, M. 1997. Varieties of rudeness: Types and functions of impolite utterances. *Functions of Language*, 4(2): 251-287.

Kincaid, D. L. 1987. The convergence theory of communication, self-organization, and cultural evolution. In D. L. Kincaid (ed.), 209-221.

Kitajima, N. 2012. The protection of reputation in Japan: a systematic analysisof defamation cases. *Law & Social Inquiry*, 37(1): 89-118.

Koopmann-Holm, B., and Matsumoto, D. 2011. Values and display rules for specific emotions. *Journal of Cross-Cultural Psychology* 42(3): 355-371.

Kövecses, Z. 1995. Anger: Its language, conceptualisation, and physiology in the light of cross-cultural evidence. In Taylor & MacLaury (eds.), 181-196.

Kuno, S. 1972. Functional sentence perspective: A case study from Japanese and English, *Linguistic Inquiry*, 3: 269-320.

Kuno, S. and Kaburaki, E. 1977. Empathy and syntax. *Linguistic Inquiry*, 8: 625-672.

Kwon, H. K. 2015. The impacts of identity verification and disclosure of social cues on flaming in online user comments. *Computers in Human Behavior*, 51: 363-372.

Lee, S. 2012a. Explicitness of defamatory statements and the recipients' judgments of the speaker's liability: An experimental pragmatic account. Paper presented at the Second International Conference on Law, Language and Discourse. Hangzhou, China.

Lee, S. 2012b. A pragmatic analysis of defamation and slanderous remarks. *Korean Journal of Linguistics*, 37(2): 401-416.

Leech, G. 1983. *Principles of Pragmatics*. Essex: Longman.

Leech, G. 1990. *Semantics: The Study of Meaning*. Penguin Books.

Lidsky, L. B. 2000. Silencing John Doe: Defamation & discourse in cyberspace. *Duke Law Journal* 49.4: 855-946.

Litman, D. and Allen, J. F. 1990. Discourse processing and commonsense plans. In P. R. Cohen, J. Morgan, and M. E. Pollack (eds.), *Intentions in Communication*, 365-388. Cambridge, MA: MIT Press.

Locher. M. A. 2004. *Power and Politeness in Action*. Cambridge: Cambridge University Press.

Lutz, C. A. 1990. Engendered emotion: Gender, power, and the rhetoric of emotional control in American discourse. In C. A. Lutz & L. Abu-Lughod (eds.), *Language and the Politics of Emotion*, 69-91.

MacKinnon, N. J. and Heise, D. R. 2010. *Self, Identity and Social Institutions*. Palgrave MacMillan.

Marieke de Mooij. 2014. *Human and Mediated Communication around the World: A Comprehensive Review and Analysis*. Burgh-Haamstede: Springer.

Markus, H. R. and Kitayama, S. 1991. Culture and the self: Implications for cognition, emotion, and motivation. *Psychological Review*, 98: 224-253.

Martin, B. and Gray, T. 2005. How to make defamation threats and actions backfire. *Australian Journalism Review* 27.1: 157-166.

Matsumoto, D., Takeuchi, S., Adayani, S., Kouznetsova, N. and Krupp, D. 1998. The contribution of individualism vs. collectivism to cross-national differences in display rules. *Asian Journal of Social Psychology*, 1(2): 147-165.

Matsumoto, D., Yoo, S. H., and Fontaine, J. 2008. Mapping expressive differences around the world: The relationship between emotional display rules and individualism versus collectivism. *Journal of Cross-cultural Psychology*, 39: 55-74.

McNamara, L. 2007. *Human Rights Controversies: The Impact of Legal Form*. London: Routledge.

McWhorter, J. 2017. *Talking Back, Talking Black: Truths about America's Lingua Franca*. Bellevue Literary Press.

Media Law Resource Center. 2004. *MLRC Bulletin*. New York: Media Law Resource Center.

Melkonian, H. 2011. *Defamation, Libel Tourism, and the Speech Act of 2010: The first Amendment Colliding with the Common Law*. Amherst: Cambria Press.

Mellinkoff, D. 1963. *The Language of the Law*. Boston: Little, Brown and Co.

Merryman, J.. 2007. *The Civil Law Tradition: an Introduction to the Legal Systems of Europe and Latin America*. 3rd ed. Stanford University

Press.

Mey, J. 2001. *Pragmatics: An Introduction*. Oxford: Blackwell.

Milo, D. 2008. *Defamation and Freedom of Speech*. Oxford: Oxford University Press.

Moore, M. 1985. A natural law theory of interpretation. *Southern California Law Review*, 58: 277-398.

Mulken, M. V., Enschot, R. V. and Hoeken, H. 2005. Puns, relevance and appreciation in advertisements. *Journal of Pragmatics*, 37(5):707-721.

Nordquist, R. 2020. "What Are 'Snarl Words' and 'Purr Words'?" http://thoughtco.com/snarl-words-and-purr-words-1692796.

Nussbaum, M. 2004. *Hiding from Humanity: Disgust, Shame, and the Law*. Princeton: Princeton University Press.

Ogburn, W. F. 1957. Cultural lag as theory. *Sociology & Social Research*, 41, 167-174.

Parkinson, M. G. and Parkinson, L. M. 2006. *Law for Advertising, Broadcasting, Journalism, and Public Relations*. London: Routledge.

Pateman, T. 1987. *Language in Mind and Language in Society*. Oxford: Oxford University Press.

Patterson, T. E. 2009. *The American Democracy*. New York: McGraw-Hill.

Peiro, J, and Meliá, J. 2003. Formal and informal interpersonal power in organisations: Testing a bifactorial model of power in role. *Applied*

Psychology, 52(1): 14-35.

Pintore, A. and Jori, M. (eds.). 1997. *Law and Language: The Italian Analytical School*. translations by Z. Bankowski, S. Stirling and A. Pirrie. Liverpool: Deborah Charles Publications.

Polelle, M. 2020. Racial and ethnic group defamation: a speech-friendly proposal. *Boston College Third World Law Journal*, 23.2.

Prosser, W. L., Keeton, W. P. Dobbs, D. B., and Keeton, R. E. (eds.), 1984. *Prosser and Keeton on Torts*, 5th Edition. St. Paul, MN: West Publishing Co.

Ramsfield, J. J. 2005. *Culture to Culture: A Guide to U.S. Legal Writing*. Carolina Academic Press.

Reich, R. B. 2017. *Economics in Wonderland*. Fantagraphics.

Reich, R. B. 2020. *The System: Who Rigged It, How We Fix It*. Vintage.

Rigney, A. 1994. Fame and defamation: Toward a socio-pragmatics. *Semiotica* 99: 53-66.

Russell, J. A. 1980. A circumplex model of affect. *Journal of Personality and Social Psychology*, 39: 1161-1171.

Russell, N. 2006. *Morals and the Media: Ethics in Canadian Journalism*. Vancouver: UBC Press.

Ryan, R. M. and Deci, E. L. 2000. Self-determination theory and the facilitation of intrinsic motivation, social development, and well-being.

American Psychologist, 55(1): 68-78.

Ryff, C. D. and Keyes, C. L. M. 1995. The structure of psychological well-being revisited. *Journal of Personality and Social Psychology*, 69: 719-727.

Schane, S. 2006. *Language and the Law*. New York: Continuum Press.

Schieman, S. 2010. The sociological study of anger: Basic social patterns and contexts. In M. Ptegal et al. (eds.), *International Handbook of Anger*, pp. 329-347, Amsterdam: Springer.

Schober, M. F. and Clark, H. H. 1989. Understanding by addressees and overhearers. *Cognitive Psychology*, 21(2), 211-232.

Schwartz, S. H. 2004. Mapping and interpreting cultural differences around the world. In H. Vinken, J. Soeters, & P. Ester (eds.), *Comparing Cultures, Dimensions of Culture in a Comparative Perspective*, 43-73. Leiden, the Netherlands: Brill.

Schwartz, S. H. and Bardi, A. 2001. Value hierarchies across cultures: Taking a similarities perspective. *Journal of Cross-Cultural Psychology* 32(3), 268-290.

Schwartz, S. H. and Ros, M. 1995. Values in the West: a theoretical and empirical challenge to the individualism-collectivism cultural dimension. *World Psychology*, 1. no. 2.

Scollon, C. N., Diener, E., Oishi, S., & Biswas-Diener, R. 2004. Emotions across cultures and methods. *Journal of Cross-Cultural Psychology*, 35(3): 304-326.

Searle, J. R. 1979. *Expression and Meaning: Studies in the Theory of Speech Acts*. Cambridge: Cambridge University Press.

Searle, J. R. 1990. Collective intentions and actions. In P. R. Cohen, J. Morgan, and M. E. Pollack (eds.), *Intentions in Communication*, 401-415. Cambridge, MA: MIT Press.

Sharifi, S. and Ebrahimi, S. 2012. Assessing speech acts of curses and prayers in Persian. *Theory & Practice in Language Studies*, 2.9: 1911-1916.

Shuy, R. W. 2001. Discourse analysis in the legal context. In D. Schiffrin, D. Tannen, and H. E. Hamilton (eds.), *The Handbook of Discourse Analysis*, 437-452. Oxford: Blackwell.

Shuy, R. W. 2010. *The Language of Defamation Cases*. Oxford: Oxford University Press.

Sinclair, J. McH. 2004. *Trust the Text: Language, Corpus, and Discourse*. London: Routledge.

Soyer, F. 2014. *Popularizing Anti-Semitism in Early Modern Spain and its Empire*. Leiden, the Netherlands: Brill.

Spencer-Oatey, H. 2000. Rapport management: a framework for analysis. In H. Spencer-Oatey (ed.), *Culturally Speaking: Managing Rapport through Talk Across Cultures*. London: Continuum, 11-46.

Spencer-Oatey, H. 2002. Managing rapport in talk: using rapport sensitive incidents to explore the motivational concerns underlying the management of relations. *Journal of Pragmatics*, 34: 529-545.

Spencer-Oatey, H. 2005. (Im)politeness, face and perceptions of rapport: Unpackaging their bases and interrelationships. *Journal of Politeness Research*, 1: 95-119.

Sperber, D. and Wilson, D. 1986/1995. *Relevance: Communication and Cognition*. 1st/2nd edition. Oxford: Blackwell.

Spielberger, C. D., Jacobs, E. H., Russell, S. F., and Crane, G. A. 1983. Assessment of anger: The state-trait anger scale. *Advances in Personality Assessment, vol. 2*, N.Y.: LEA, 159-187.

Spielberger, C. D., Krasner, S. S., and Solomon, E. P. 1988. The experience, expression and control of anger. In M. P. Janisse (ed.), *Individual Differences, Stress, and Health Psychology*. NY: Springer Verlag.

Stadler, S. A. 2011. Coding speech acts for their degree of explicitness. *Journal of Pragmatics*, 43: 36-50.

Svartvik, J. 1968. *The Evans Statements: A Case for Forensic Linguistics*. University of University of Göteborg Press.

Tajfel, H. and Turner, J. C. 1979. An integrative theory of inter-group conflict. In W. G. Austin and S. Worchel (eds.), *The Social Psychology of Inter-group Relations*, 33-47. Monterey, CA: Brooks/Cole.

Tangney, J. P., & Fischer, K. W. (eds.). 1995. *Self-conscious emotions: The psychology of shame, guilt, embarrassment, and pride*. NY: Guilford Press.

Thomas, J. E. 1999. A Pragmatic Approach to Meaning in Defamation Law. *Wake Forest Law Review*, 34, 333-408.

Tiersma, P. M. 1987. The Language of Defamation. *Texas Law Review* 66: 303-350.

Tiersma, P. M. 1999. *Legal Language*. Chicago: University of Chicago Press.

Tiersma, P. M. and Solan, L. M. 2012. *The Oxford Handbook of Language and Law*. New York: Oxford University Press.

Ting-Toomey, S. and Dorjee, T. 2015, Intercultural and intergroup communication competence: Toward an integrative perspective. In A. F. Hannawa & B. H. Spitzberg (eds.), *Communication Competence*, 503-538. De Gruyter Mouton.

Titchener, E. B. 1909. *Lectures on the Experimental Psychology of the Thought-Processes*. MacMillan Co.

van Osch, Y., Breugelmans, S., Zeelenberg, M. and Fontaine, J. 2013. The meaning of pride across cultures. In Fontaine, J. R., Scherer, K. R., and Soriano, C. (eds.), *Components of Emotional Meaning: a Sourcebook*. Oxford: Oxford University Press.

Vivanco, V. 2006. Implicatures and explicatures in English and Spanish commercial messages: Pragmatic level versus semantic level. *GEMA* 6(2): 31-47.

Watts, R. J. 2005. Linguistics Politeness Research: Quo Vadis? In: Ehlich, K. and Ide, S. (eds.), *Politeness in Language: Studies in Its History, Theory and Practice*. Berlin: Mouton de Gruyter.

West, R. 2006. Unenumerated duties. Georgetown Law Faculty Publications and Other Works, 404.

Wierzbicka, A. 1990. The semantics of emotions: fear and its relatives in English. *Australian Journal of Linguistics* 10(2): 359-375.

Williams, B. 2002. *Truth and Truthfulness*. Princeton: Princeton University Press.

Wilson, D. and Sperber, D. 2004. Relevance theory. In G. Ward and L. Horn (eds.), *Handbook of Pragmatics*, 607-632. Oxford: Blackwell.

Yokohama, O. T. 1999. The speech act empathy hierarchy and Russian possessives. In A. Kamio and K. Tekami (eds.), *Function and Structure*. Amsterdam: John Benjamins.

부록

1. 명예훼손성 발화의 지각과 대응에 관한 설문 조사
2. 영어 설문 조사
3. 중국어 설문 조사
4. 참고한 대표적 명예훼손 관련 자료 목록

부록 1: 명예훼손성 발화의 지각과 대응에 관한 설문 조사

설문 조사에 응해 주셔서 감사합니다.

본 설문 조사는 명예훼손성 발화에 대한 한국어 성인 모어 사용자의 인식과 반응을 알아보기 위한 조사입니다. A4 용지 2쪽 분량으로 응답 시간은 약 10분 정도 소요될 것으로 예상됩니다. 19세 이상의 한국어 성인 모어 사용자가 아닌 경우에는 설문 조사 참여가 제한됨을 양지하시기 바랍니다.

본 조사는 응답자의 개인 정보를 일체 묻거나 수집하지 않습니다. 아울러 모든 응답 과정은 외부에 공개되지 않으며 조사 결과는 명예훼손성 발화에 대한 언어학적 분석이라는 학술적 목적 이외에 다른 목적이나 용도로 사용되지 않습니다.

위 사실을 숙지하고 다음과 같이 선택합니다. (아래 둘 중 하나를 클릭해 주십시오.)

☐ 나는 19세 이상 성인으로 설문에 동의합니다. (☞설문 내용으로 이동합니다.)
☐ 나는 설문에 동의하지 않습니다. (☞설문 조사에서 퇴장합니다.)

설문

다음 제시된 각 상황을 보고 답해주십시오. 각 상황마다 상대방의 말이 내게 불편하거나 명예를 훼손하는 말로 생각될 수 있습니다. 먼저 상대방 말이 얼마나 불편하게 들리는지 0부터 5까지 숫자 중 하나로 밑줄 위에 답하고, 그 말에 대해 어떻게 응답할 것인지 한국어로 한두 문장을 밑줄 위에 써주십시오.

상황 1: 전혀 낯선 사람이 내 블로그에 "이 블로그 주인은 아내 몰래 누군가와 불륜 관계에 있다"고 잘못된 글을 올렸다. 그 블로그의 주인인 나는 사실 아내에게 성실한 모범적인 결혼 생활을 하고 있다.

① 그 말이 얼마나 당신의 명예를 훼손한다고 생각합니까? 0부터 5까지 중 하나로 답하시오 (0=전혀 명예훼손적이지 않다, 1=아주 미미하게 명예훼손적이다, 2=조금 명예훼손적이다, 3=다소 명예훼손적이다, 4=매우 명예훼손적이다, 5=극도로 명예훼손적이다):___
② 그 말에 대해 당신은 뭐라고 답하겠습니까?: _____
_____

상황 2: 내 직장 동료 중의 하나가 다른 여러 동료들 앞에서 내가 고등학교 중퇴자라고 말했다. 이는 사실로서 만약 윗사람이 알게 되면 내 일자리가 위태롭게 되어 결국 쫓겨날 지도 몰라서 나는 이 사실을 직장 사람들에게 감추어 왔다.

① 그 말이 얼마나 당신의 명예를 훼손한다고 생각합니까? 0부터 5까지 중 하나로 답하시오 (0=전혀 명예훼손적이지 않다, 1=아주 미미하게 명예훼손적이다, 2=조금 명예훼손적이다, 3=다소 명예훼손적이다, 4=매우 명예훼손적이다, 5=극도로 명예훼손적이다):___
② 그 말에 대해 당신은 뭐라고 답하겠습니까?: _____
_____

상황 3: 내가 한 잡지에 쓴 글에 대해 누군가가 그 잡지 웹사이트에 평을 올렸다. 그는 내가 내 인터뷰에 응한 사람들에게 돈을 주었다고 거짓 주장을 했다. 대부분의 저명 언론인들은 자신과의 인터뷰에 응한 사람들에게 돈을 주지 않는다. 물론 돈을 준다고 해서 범죄는 아니지만 이는 일반적으로 비윤리적인 것으로 받아들여진다.

① 그 말이 얼마나 당신의 명예를 훼손한다고 생각합니까? 0부터 5까지 중 하나로 답하시오 (0=전혀 명예훼손적이지 않다, 1=아주 미미하게 명예훼손적이다, 2=조금 명예훼손적이다, 3=다소 명예훼손적이다, 4=매우 명예훼

손적이다, 5=극도로 명예훼손적이다):___
② 그 말에 대해 당신은 뭐라고 답하겠습니까?: _____
_____

상황 4: 나는 음주 운전으로 인해 운전 면허가 정지된 적이 있다. 나랑 수업을 같이 듣는 친구 중 하나가 이 사실을 어떻게 알게 되어 트위터에 "주의! 우리 생물학 수강생 중에 페라리를 무분별하게 음주 운전한 사람이 있다"라고 글을 올렸다. 비록 그가 내 이름을 밝히지는 않았지만 모든 수강생들은 내가 한때 페라리를 몰았다는 것을 알고 있다.

① 그 말이 얼마나 당신의 명예를 훼손한다고 생각합니까? 0부터 5까지 중 하나로 답하시오 (0=전혀 명예훼손적이지 않다, 1=아주 미미하게 명예훼손적이다, 2=조금 명예훼손적이다, 3=다소 명예훼손적이다, 4=매우 명예훼손적이다, 5=극도로 명예훼손적이다):___
② 그 말에 대해 당신은 뭐라고 답하겠습니까?: _____
_____

이상입니다.

설문에 참여해 주셔서 감사합니다.

부록 2: 영어 설문 조사

Directions: Please respond to the following situations. For each situation, you might find a certain statement uncomfortable, slanderous or libelous. First, please give your rating in a 5-point scale, and then write down your reply in one or two sentences.

Situation 1: Someone unfamiliar posted a false comment on my blog saying, "The blog's author had been given a dishonorable discharge from the Army." In fact, I, the blog's author, am an honorably discharged war-veteran.

① How much defamatory do you find the comment is? Give your rating in a 0 to 5 scale (0=not defamatory at all, 1=very slightly defamatory, 2=a little defamatory, 3=moderately defamatory, 4=strongly defamatory, 5=extremely defamatory): _____

② To the comment, you would repy: _____
_____

Situation 2: One of my co-workers told a bunch of other co-workers that I am a high-school dropout, which is true. However, I didn't want to disclose the fact to the people I work with, because if the boss knows the fact, my job can be in jeopardy and I can even be fired.

① How much defamatory do you find the statement is? Give your rating in a 0 to

5 scale: (0=not defamatory at all, 1=very slightly defamatory, 2=a little defamatory, 3=moderately defamatory, 4=strongly defamatory, 5=extremely defamatory) :____

② To the statement, you would repy:_____

_____

Situation 3: Someone wrote a comment to a magazine article written by me on the magazine's website, falsely accusing me, the article's author, of paying interview subjects for an interview. Most reputable journalists don't pay their subjects for interviews. It is not a crime to pay a subject for an interview, but it is generally considered unethical.

① How much defamatory do you find the comment is? Give your rating in a 0 to 5 scale: (0=not defamatory at all, 1=very slightly defamatory, 2=a little defamatory, 3=moderately defamatory, 4=strongly defamatory, 5=extremely defamatory) :

____

② To the comment, you would reply: _____

_____

Situation 4: I had my driver's license suspended for drunk-driving. One of my classmates came to know this somehow and wrote a tweet: "Beware! We have a reckless drunk driver of a Ferrari in our biology class." Even though he didn't mention my name, everyone in the class knows that I drove a Ferrari.

① How much defamatory do you find the tweet is? Give your rating in a 0 to 5 scale: (0=not defamatory at all, 1=very slightly defamatory, 2=a little defamatory, 3=moderately defamatory, 4=strongly defamatory, 5=extremely defamatory) :＿＿。

② To the statement, you would reply: ＿＿＿＿＿＿＿＿＿＿＿＿＿＿＿＿
＿＿＿＿＿＿＿＿＿＿＿＿＿＿＿＿＿＿＿＿＿＿＿

부록 3: 중국어 설문 조사

问卷调查

请看下面提示的各方面情况再作答复。每种情况都可能认为对方的话对我不好听或有损名誉。首先,将诽谤的名誉损害程度作为从零到5的数字之一,在底线写上数字。然后用中文写一两句你对语言如何回应。

情况一:
一个完全陌生的人在我的博客上说"这个博客的主人背着他妻子有婚外情",上传了错误的文章。那个博客的主人我买了。我跟我的妻子过着诚实的模范的结婚生活。
① 你觉得那句话会损害你的名誉吗? 从0到5,请回答其中之一。(0=完全不损害名誉,
1=非常轻微的损害名誉, 2=有点损害名誉, 3=相当损害名誉, 4=非常损害名誉, 5=极度损害名誉)。_____
② 对于那句话,你会怎么回答?:
_____
_____

情况二:
我的一个单位同事在其他几位同事面前说,我是高中辍学者。这是事实,如果领导知道了,我的工作就危险了,最后可能被赶出去了,所以我把这个事实一直瞒着单位的人。
① 你觉得那句话会损害你的名誉吗? 从0到5,请回答其中之一。(0=完全不损害名誉, 1=非常轻微的损害名誉, 2=有点损害名誉, 3=相当损害名誉, 4=非常损害名誉, 5=极度损害名誉)。_____
② 对于那句话,你会怎么回答?:

_____
_____

情况三:
有人对我写在一本杂志上的文章在那家杂志网站上作了评论。他谎称我把钱给了接受我采访的人。大部分著名媒体人不给那些接受过采访的人钱。当然,给钱并不构成犯罪,但通常被认为是不道德的。
① 你觉得那句话会损害你的名誉吗? 从0到5,请回答其中之一。(0=完全不损害名誉,1=非常轻微的损害名誉,2=有点损害名誉,3=相当损害名誉,4=非常损害名誉,5=极度损害名誉)。_____
② 对于那句话,你会怎么回答?:
_____
_____

情况四:
我因酒后开车而被吊销了驾驶执照。一个和我一起听课的朋友,怎么知道这个事情,在微博上发了这样一条微博:"注意! 在修生物学课程的学生中,有人无差别地驾驶法拉利。"虽然他没有透露我的名字,但所有学员都知道,我曾经驾驶过法拉利。
① 你觉得那句话会损害你的名誉吗? 从0到5,请回答其中之一。(0=完全不损害名誉,1=非常轻微的损害名誉,2=有点损害名誉,3=相当损害名誉,4=非常损害名誉,5=极度损害名誉)。_____
② 对于那句话,你会怎么回答?:
_____
_____

부록 4: 참고한 대표적 명예훼손 관련 자료 목록

A. 대한민국의 명예훼손 판례(사건 번호)

1. 최장집 대 월간조선 사건(98가합3441)

2. 한상진 대 KBS 사건(92나35846)

3. 한국 논단의 경실련 명예훼손 사건(97가합93499)

4. 언론인 전과 오보 사건(95나41965)

5. 여성 앵커 이혼 배경 보도 사건(92사합64112)

6. 이혼 소송 주부 청부 폭력 오보 사건(96다17257)

7. 김대중 X파일 보도 사건(97가합88220)

8. 가정 파탄 주장 발언 보도 사건(90가합15032)

9. 윤정희 대 클라쎄 사건(97나14240)

10. 대학 총장의 한통 노조 비판 발언 사건(97나23466)

B. 명예훼손 관련 보도(기사 제목)

1. 故 노무현 전 대통령 유족, 정진석 의원 사자(死者) 명예훼손 혐의 고소

2. '창렬스럽다' 김창렬 식품 회사 상대 명예훼손 고소

3. '송가연 소속사' 수박이앤엠 "송가연, 명예훼손죄로 형사 고소 검토"

4. "노무현 8천억 원" 발언한 김경재 기소…명예훼손 혐의
5. 박원순, 이명박 전 대통령 고소·고발 "명예훼손 및 사찰 활동"
6. 트럼프 변호인 "대통령 재임 기간 명예훼손 소송 진행하면 안돼"
7. KBS 새노조 '비위 폭로'에 협박 문자에 강규형 이사… 명예훼손·배임
8. 김상곤 청문회, 논문 표절 공방…"즉각 사퇴" vs "명예훼손"
9. '푸른 바다' 측 "표절 '무혐의' 처분, 명예훼손·무고 대응 방침"
10. 이다지 · 고아름 표절 공방에 이어 명예훼손까지 법정 다툼 예고
11. MBC 다큐 '6월 항쟁 30주년' 담당 PD, MBC 간부 명예훼손 혐의로 고소
12. "명예훼손 vs 표현의 자유" 손연재 악플단 30대 벌금형에 누리꾼 의견 분분
13. YMC 측 "워너원 사생 논란, 직원 관련 없다…명예훼손 법적 조치 취할 것"
14. 고영주 방송문화진흥회 이사장, 문재인 전 대통령 관련 명예훼손 공판
15. 홍석현, '명예훼손 혐의'로 홍준표 檢 고발
16. "날 '살인마'라 표현" 안양 초등생 살해범이 고소한 명예훼손 사건, 검찰서 '각하'
17. 김정민 vs 손태영 대표, 협박에 명예훼손 고소戰 추가
18. 페이스북 '좋아요' 눌렀다가 명예훼손 처벌…스위스 판결
19. "아버지 위독한데 발리 여행"… 백남기 딸 비꼰 기자 등 명예훼손으로 재판 회부
20. 트럼프 "예쁜 한국 여성은 대북 협상해야지…" 차별 발언 논란
21. "뭐 어때, 아무도 모를텐데"… '대나무숲' 익명 고백 명암
22. "출산아 숨지자 '병원장 악마' 1인 시위…"

23. 이학수, '이건희 평전' 저자 상대 명예훼손 소송

24. '김치녀·한남충'…온라인 차별·비하 시정 요구 5년간 6천 건

25. "文 허위 비방" 신연희 '재판 받아 억울'…내달 9일 선고"

26. '아이돌 연령 제한' 양현석부터 '페미니스트' 한서희까지…연예계 빈번한 '언어 폭력'

27. "싸가지", "미쳤나" 인터넷 공간선 익명의 분노 화르르

28. 막말·갑질 논란 해임 경찰관, 이번엔 명예훼손 피소

29. "MB 측, '김윤옥 특활비 명품 구입' 의혹 제기 박홍근 고소"

30. 권성동, '수사 외압 주장' 안미현 검사 '명예훼손' 고소

C. 외국의 명예훼손 판례

1. Garrison v. Louisiana, 379 U.S. 64

2. Gertz v. Robert Welch, Inc., 418 U.S. 323

3. Time, Inc. v. Firestone, 424 U.S. 448

4. Milkovich v. Lorain Journal Co., 497 U.S. 1, 18-21

5. Santa Barbara News-Press v. Ross, 541 U.S. 1083

6. New York Times Co. v. Sullivan, 376 U.S. 254

7. No. 1-01-3827, The American Italian Defense Association (AIDA) v. Time Warner Entertainment Company

8. Ash v. Tyson Foods, Inc., 546 U.S. 454 (2006)

9. Johnson v. Bradstreet (Co., 87 Ga. 79)

10. Miami Herald v Tornillo 418 US 241).

11. Dikoko v Mokhatla (CCT62/05) [2006] ZACC 10; 2006 (6) SA 235 (CC); 2007 (1) BCLR 1 (CC) (3 August 2006)

12. Port Elizabeth Municipality v Various Occupiers 2005 (1) SA 217 (CC)

13. Reynolds v Times Newspapers Limited. House of Lords. (1999)

14. Charman v Orion Publishing Group & others (No. 3) (CA) [2007] EWCA Civ 972; [2008] 1 AllER 750

15. Chappell v TCN Channel Nine Pty Ltd, (1988) COMMON LAW DIVISION HUNT J, 20

16. Macquarie Bank Limited v Berg (1999) NSWSC 526

17. Cook v Cook 162 CLR 376

18. Australian Broadcasting Corporation v O'Neill 227 CLR 57

19. 일본 도쿄 지방 법원 1969년 8월 5일 판시 689호

20. 일본 최고 재판소 1998년 5월 27일 판시 1006호

색인

ㄱ

가르릉 표현 114, 122, 125, 127
가짜 뉴스 421
가치 16, 18, 22, 279, 280, 341, 384, 468, 470
가해자 214, 215, 216, 217, 268, 313, 332, 440
간접 화법 207
갈등적 언어 행위 229, 230
감정 규준 136, 140, 287
감정분출형 354, 356, 365, 370, 371, 372
감정의 환형 모델 142, 440
감정 표출 규칙 471
갑을 관계 221, 226, 231
개인주의 187, 189, 190, 191, 339, 342, 453, 466, 467, 468, 469, 470
개인주의 지수 471, 478
개인적 체면 431, 432
객관적 명예 22
거시화용론 55, 291
격률 194, 195, 443
경멸 440, 446, 464
경쟁적 언어 행위 228, 229
고맥락 의사소통 468
공감 287, 479, 481, 483, 484
공손 전략 428, 492
공손성 239, 428, 429
공연성 330, 333

공익 300, 301, 309, 312, 313
공인 90, 91, 221, 298, 299, 300, 301, 303, 305, 311, 312, 333, 339
과잉 금지 원칙 306
광보 47, 112
교제권 433, 434, 439
구경꾼 213, 214, 215
국가 모독죄 31
권력 거리 342, 454
권력 거리 지수 454, 455, 461, 462, 478
글말 270
글말 명예훼손 40, 269
깔개형 사회 49, 393, 404

ㄴ

남성성 342, 472, 473
남성성 지수 472, 473, 478

ㄷ

다문화 대화 234
다문화 사회 490
다중 과제 대화 218, 219
단보 47, 111
당혹감 287, 440, 446, 449, 464
대독자 209, 210
대류법 250, 251, 252, 255, 263
대변인 209, 210
대응 전략 346, 351, 357
대조화용론 146, 449
도덕률 256

도청자 213, 214, 215

ㅁ

막말 108, 110

맥락 가정 322, 323

면책 특권 69

명시성 290, 326

명예 17, 18, 106, 190, 191, 258

명예훼손도 111, 112

명예훼손성 지각도 360, 361, 362, 363, 364, 365, 366, 367, 368, 369, 371, 372

모욕 35, 36, 37, 108, 109, 120, 123, 124, 198, 202, 203, 226, 258

목격자 214, 215, 216, 217

목표-공유적 행위 196

목표-분점적 행위 196

무례 발화 368

무례 전략 345, 442

무례한 의사소통 231

문화 간 소통 17

문화 지체 41

문화적 포용력 237

미국법률협회 39, 253

미투 44, 59, 75, 275, 313

민속심리학 145

민족화용론 452

ㅂ

반목의 원리 442, 450

반양의 격률 197

반양태의 격률 197

반적합성의 격률 197

반증가능성 325

반질의 격률 197

발화 행위 230, 248

발화 결과적 효과 317, 326, 338

발화 수반력 406

발화 수반적 목표 228, 444, 445, 446

발화 수반적 의도 206, 207, 317, 326, 338, 436

발화 수반 행위 230, 249

배려 287, 438, 483, 484

법 감정 387, 388, 393

법률 언어 373, 377, 379

법언어학 29, 40, 55, 56, 286, 289, 292, 293, 316, 318, 319, 337

보통 언어 운동 375

보통법 38, 99, 251, 266

본질적 명예훼손 266, 291, 416

부비트랩형 사회 49, 404

분노 142, 143, 152, 192, 287, 440, 446, 449, 464

분노 실현 전략 154

분노 충동성 지수 170

불통 196, 436

불확실성 회피 342, 462, 463, 466

불확실성 회피 지수 462, 463, 478

비그라이스적 의사소통 195, 197, 442

비대칭적 의사소통 114, 226, 237, 240, 434

ㅅ

사교성 권리 433
사교적 소통 59
사물 존댓말 242
사실성 365, 367, 369, 372
사실의 적시 285, 315, 364
사이버 명예훼손 261, 262, 271, 333
사자 명예훼손 35, 97, 259, 261, 384, 385
사적 제재 387, 392, 417
사회 상규 120, 203, 312
사회적 갈등 395, 397, 398
사회적 규범 53, 447
사회적 소통 59, 61, 484
사회적 목표 228, 444, 445, 446
사회적 적절성 291, 312, 418
사회적 정체성 체면 433, 439
소셜 댓글 296
손말 40, 41, 270
송신자 45, 209, 215, 217
수사적 화법 207
수신자 45, 217
수치심 287, 440, 446, 449, 464
숨겨진 편견 118, 121, 125
스토이시즘 476
스폰지형 사회 49, 404
실정법 256, 257
실제 악의 82, 84, 93

ㅇ

악감정 441
알권리 295

약화사 206, 230
언론의 자유 274, 275, 280, 304, 309, 415, 423
에피큐리어니즘 476
연민 481, 482
영미법 250, 251, 252, 254, 263, 271, 310, 385
온라인상의 명예훼손 261
온라인 실명제 293
우호적 언어 행위 91, 228
울타리 표현 206, 319, 491
위법성 조각 사유 269
위험범 110
유령 저자 209, 210
으르렁 표현 114, 122, 125, 126, 130, 132, 133, 134
응답자 유형 가설 370
의견 표명 206, 268, 285, 321, 341
의미론적 의미 316
이의 115, 116, 117, 118, 121, 125
이중 화법 127, 128
익명성 96, 290
인격권 16, 38, 49, 70, 262, 268, 272, 275, 279, 280, 281, 282, 291, 320, 393, 440, 468, 492
인종 차별 85, 87, 88, 408, 409, 412, 413, 414, 416, 419, 421
인지 부조화 52
인터넷 실명제 294, 295, 296
입말 270
입말 명예훼손 40, 269

ㅈ

자긍심 체면 433, 439
자부심 27
자연법 248, 256, 257
장기 자향성 342, 475, 477
장기 지향성 지수 475, 478
재게재 규칙 88
재유포 110
저맥락 의사소통 468
저자 209
적정성 조건 198, 199, 200
적합성 이론 322, 326
전달자 209, 210
전략적 봉쇄소송 92
전략적 의사소통 226
전파자 209, 212
정체성 60, 63, 64, 65, 66, 67, 68, 190, 428
정황적 명예훼손 267, 292
조화 관계 244, 427, 430, 432, 434
조화 관계 관리 430, 431
조화 관계 지향 435, 436, 437
종교적 갈등 422
주관적 명예 22
주변 청자 213, 214, 215
중보 47, 111
중심 청자 213, 214, 215
증오 범죄 238
지역 감정 405, 408
직접성 203, 204, 208
집단적 체면 431, 432
집단주의 187, 189, 190, 191, 342, 453, 466, 469, 470
징벌적 손해 배상 84, 305, 310, 335

ㅊ

창조자 209, 212
청자 213
청자의 지각 436
체면 26, 38, 229, 275, 339, 427, 428, 429, 430, 431, 433, 440, 447, 491
축소사 206, 230
친숙성 372
침잠형 정서 449
침해범 110

ㅋ

코퍼스 언어학 289

ㅍ

판례법주의 253
패러디 88, 89, 91, 99, 409, 410
평등 79
평등권 49, 262, 433, 434, 439
포용성 66, 68
표의 115, 121
표출형 정서 449
표현의 자유 130, 131, 268, 272, 274, 275, 279, 280, 281, 282, 291, 293, 296, 320, 339, 398, 399, 416, 421,

459, 460, 492
풍자 274, 298, 307, 328, 468
플레이밍 64, 293
피해자 214, 216, 217, 268, 317, 440

ㅎ

함축 25, 292, 316, 322, 324, 443, 444
합작적 언어 행위 228
항상성 287
해결모색형 354, 356, 365, 370, 371, 372
허위 사실 131, 324, 327, 328, 329, 330, 338, 339, 344, 364
허위 사실의 적시 119, 260, 292
현실적 악의 300, 303, 304, 305, 332
혐오 109, 287, 314, 404, 421, 424, 440, 446, 464, 465, 466
혐오의 시대 439
혐한 277, 278
협상 68
협조의 원리 194, 195, 226, 233, 434, 442, 443, 444
화용론 24, 26, 55, 56, 193, 207, 239, 262, 318, 321, 337, 441, 443, 451, 452, 481
화용론적 의미 316
화용적 요소 414
화자 209, 215
회피형 354, 356, 370, 371
힘 226, 227, 243, 470